Wunderwerke

Nigel Hawkes

Wunderwerke

Die großen Konstruktionen
Vom Amun-Tempel zum Astrodome

Südwest Verlag München

Titel der englischen Originalausgabe:
STRUCTURES. Man-Made Wonders of the World
Übersetzung ins Deutsche: Dr. Marcus Würmli, Tutzing
Bearbeitung der deutschen Ausgabe: Dr. Udo Lorenz, Dresden

Copyright © 1990 Marshall Editions Developments Limited, London

Alle Rechte vorbehalten; ohne Erlaubnis des Originalverlages
darf kein Teil in irgendeiner Form veröffentlicht werden.

Alle Rechte der deutschsprachigen Ausgabe (1991)
Südwest Verlag GmbH & Co. KG, München

Satz: OK Satz GmbH, Gröbenzell
Druck und Bindung bei Industria Gráfica SA, Barcelona

Chefredaktion: Ruth Binney
Redaktion: Anthony Lambert
Mitarbeit: Elizabeth Loving
Lexikalische Arbeit: Gwen Rigby und Anthony Lambert
Herstellung: Barry Baker und Janice Storr

Printed in Spain

ISBN 3-517-01279-3

Inhalt

Einführung	7
Übersichtskarte	8

MONUMENTALE STANDBILDER	**10**
Der ägyptische Obelisk in London	12
Die Terrakotta-Armee	16
Ein Bildnis aus Granit	20
Ein Denkmal für die Freiheit	24
Die Baumeister einer Nation	28
Ein Denkmal für den Sieg	32
ARCHITEKTONISCHE LEISTUNGEN	**36**
Schrein für den Windgott	38
Ein legendäres mexikanisches Grabmal	42
Pyramiden: Heiligtümer alter Völker	46
Eine Festung für die Kreuzfahrer	48
Die Stadt der Päpste	52
Das Labyrinth des Kaisers	58
Inspiration aus der Natur	64
Gaudis gotisches Meisterwerk	70
Gaudis schöpferisches Genie	74
Eine Treppe zum Himmel	76
Weitere Bauwerke von Eiffel	80
Ein Wald aus Stahl und Beton	82
Ein riesenhafter Golfball	90
Das gläserne Dach	94
Ein Bauwerk als Symbol für Australien	98
Das ultimative Stadion	104
Symbol einer Stadt	108
Die höchsten Türme	112
Ein privates Xanadu	114
Die größte Kirche der Welt	118
Eine Welt inmitten einer Welt	122

TRIUMPHE DER BAUTECHNIK	**126**
Die längste Bastion	128
Verbindung zweier Meere	134
Kanäle auf der ganzen Welt	140
Gleise quer durch eine Nation	142
Eine Linie durch die Taiga	146
Ein Triumph in Beton	150
Nutzung der Wasserkraft	154
Die Zähmung des Meeres	156
Die Eroberung der Alpen	160
Die bedeutendsten Autostraßen der Welt	164
Darbys Meisterwerk aus Eisen	166
Die größte Spannweite	170
Berühmte Brücken	174
Massiver Bau auf dem Meeresboden	176
Stromgeneratoren der Zukunft	180
Ein nuklearer Goliath	184
Die Nutzung der Sonnenwärme	188
LEISTUNGEN DER TIEFBAUTECHNIK	**192**
Ein unterirdisches Mausoleum	194
Eine Fabrik im Berg	198
Ein riesenhafter Tunnel für Kollisionen	202
Eine Eisenbahn unter dem Meer	206
Bedeutende Tunnel	210
ASTRONOMISCHE BAUWERKE	**212**
Eine kosmische Zeitmaschine	214
Das raffinierteste Radioteleskop	218
Musterung des Himmels	222

ANHANG	**226**
Lexikon	226
Bibliographie	235
Register	236

Einführung

Was hat der Panama-Kanal mit dem Vatikan gemeinsam, der Mount Rushmore mit der großen Chinesischen Mauer? Alle vier sind einzigartige menschliche Leistungen, ein Ausdruck jener Megalomanie, die die großen Bauherrn der Welt antreibt. Der Trieb, etwas Großes, Bemerkenswertes zu schaffen und damit Spuren in der Geschichte zu hinterlassen, scheint Menschen aller Kulturen und historischer Perioden gemeinsam zu sein. Hinter jedem großen Bauwerk steht normalerweise auch ein bedeutender Mann: ein Ingenieur, ein Architekt, ein Priester, ein Kriegsherr, ein König oder Präsident.

Die ältesten Bauwerke in diesem Buch wurden von den Ägyptern errichtet. Die modernsten sind riesige wissenschaftliche Instrumente in Chile und der Schweiz. Mit ihnen erforschen Wissenschaftler den unendlichen Weltraum und die unendlich kleinen Strukturen des Atoms. Zwischen diesen beiden Zeitmarken liegt die ganze Geschichte der Baukunst und der Bautechnik: eine Ansammlung von Palästen, Kirchen, Skulpturen, Brücken, Talsperren, Kanälen, Eisenbahnen und Tunneln. Wir haben sie in dieses Buch wegen ihrer Größenordnung, ihrer technischen Kühnheit oder ihrer schieren Exzentrizität aufgenommen.

Das Buch will kein erschöpfendes Lexikon sein und folgt auch keinen absoluten Regeln. Die meisten Bauwerke, die hier beschrieben sind, stellen die größten oder wichtigsten ihrer Art dar, doch sind wir diesem Auswahlprinzip nicht sklavisch gefolgt. Einige Konstruktionen wurden aufgenommen, weil sie eine interessante Geschichte haben oder einen Meilenstein in der Technikhistorie darstellen. Andere Werke empfahlen sich wegen ihrer merkwürdigen Eigenschaften. Einige berühmte Bauwerke wurden nicht aufgenommen, weil sie jeder kennt. So wurden viele Bücher über die ägyptischen Pyramiden geschrieben, doch die viel größere Pyramide von Cholula in Mexiko ist weitgehend unbekannt, und auch die Forscher wissen nicht viel über sie. Wichtige Bauwerke oder Konstruktionen, für deren ausführliche Beschreibung nicht genügend Platz war, sind hinten im Lexikon aufgeführt.

Die Lage der Bauwerke

Die ältesten Bauwerke, die in diesem Buch beschrieben werden, liegen zum größten Teil im Nahen und Mittleren Osten, wo sich die Wiege der westlichen Zivilisation befand. Sie stehen mit der Religion der damaligen Zeit in Zusammenhang. Die Religion inspirierte auch danach viele bemerkenswerte Gebäude.

Vor allem die Industrielle Revolution in Europa und Nordamerika eröffnete aber völlig neue Gebiete für die Baukunst und Bautechnik. Man entwickelte Verfahren zur Massenproduktion von Metallen, und die Erfindung neuer Baustoffe wie des Stahlbetons erlaubte es, die bisherigen Grenzen der Bautechnik viel weiter zu stecken. Die Nachfrage nach neuen besseren Werkstoffen hält bis auf den heutigen Tag an, und sie machte auch erst die Raumfahrt möglich.

ERSTES KAPITEL

Monumentale Standbilder

Bildhauer wissen, daß Statuen viel mehr Eindruck hinterlassen, wenn sie überlebensgroß sind. Praxiteles machte seinen Hermes von Olympia, der den kleinen Dionysos trägt, 2,10 Meter hoch. Auch Churchills Statue am Parliament Square in London ist größer als sein Vorbild. Michelangelo ging noch einen Schritt weiter: Sein David mißt 4,10 Meter, weil er ursprünglich hoch oben am Dom von Florenz stehen sollte. Doch nur wenige Bildhauer hatten das Vermögen, die Ausrüstung, die Zeit oder das Geld, in diesen Dimensionen zu wirken.

Riesige, monumentale Skulpturen mit mehrfacher Überlebensgröße sprächen direkt die Gefühle und Emotionen an, so glaubte der Schöpfer des Mount Rushmore, Gutzon Borglum. In einem Zeitalter, wo alles groß war, mußten Skulpturen seiner Auffassung nach gigantisch sein. Seine Idee war aber nicht neu. Schon die Ägypter hatten mit der Sphinx und ihren Obelisken, die aus einem einzigen Steinblock gewonnen wurden, gezeigt, daß solche Größe atemberaubend sein konnte. Im 10. Jahrhundert n. Chr. schlugen Anhänger des Jainismus in Südindien aus festem Granitstein das heilige Bild des Bahubali. Es geriet so groß, daß Touristen es heute noch bewundern. Aber sogar ein Borglum ließ sich auf den erfolglosen Versuch ein, die weitaus bekannteste Monumentalskulptur, die Freiheitsstatue im New Yorker Hafen, zu verbessern.

Dem ersten chinesischen Kaiser Qin Shi Huang-ti waren große Mengen lieber als Monumentalität. Sein Mausoleum umgab er mit nicht weniger als 8000 Kriegern aus gebranntem Ton. Die Auswirkungen waren dieselben: Seine Terrakotta-Armee sollte durch die ungeheure Zahl der Statuen überwältigen, und das tut sie auch. Ebenso beeindruckend ist die große Statue »der Mutter Heimat« in Wolgograd, auch wenn ihr als Kunstwerk keine besondere Bedeutung zukommt.

Riesige Skulpturen haben die einzige Aufgabe, das betreffende Abbild zu verherrlichen. Sie feiern einen Sieg, eine Idee oder das Leben eines Menschen. Sie sprechen über die Jahrhunderte und die Kulturen hinweg in einer Sprache, die alle verstehen können. Sie stehen noch, wenn kleinere Kunstwerke längst verlorengegangen, abtransportiert oder zerstört sind. Unter allen Bauwerken haben sie die größere Chance, Jahrtausende zu überleben.

Monumentale Standbilder
Die Nadeln der Kleopatra
Das Grab von Qin Shi Huang-ti
Die Statue des Bahubali
Die Freiheitsstatue
Der Mount Rushmore
Die Statue der Mutter Heimat

Der ägyptische Obelisk in London

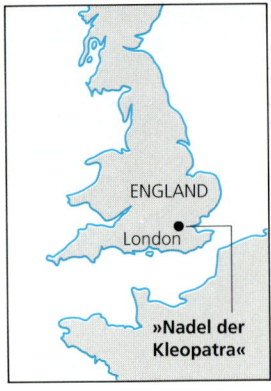

Zahlen und Daten

3500 Jahre alte Obelisken zeugen vom handwerklichen Können der alten Ägypter.

Auftraggeber:
Thutmosis III.

Bauzeit:
um 1504–1450 v. Chr.

Material: Granit

Höhe:
in London 20,87 Meter,
in New York 21,18 Meter

Gewicht:
in London 189 Tonnen,
in New York 203 Tonnen

Die Obelisken gehören zu den bemerkenswerten Denkmälern der altägyptischen Zivilisation. Es handelt sich um schmale schlanke Steinpfeiler mit vier Seiten, die sich nach oben verjüngen. Obelisken bestehen aus einem einzigen Stück Granit. Sie wurden mit Inschriften und Zeichnungen versehen und poliert. Vor 4000 Jahren schufen die Menschen diese Steinpfeiler mit ganz einfachen Werkzeugen.

Den größten Obelisken mit einem Gewicht von 462 Tonnen und einer Höhe von über 32 Meter gab wahrscheinlich Pharao Thutmosis III. in Auftrag.

Er steht heute auf der Piazza San Giovanni im Lateran zu Rom. Ein noch größeres Exemplar liegt heute noch unvollendet in einem Steinbruch in der Nähe von Assuan. Auch zwei der interessantesten Obelisken gab Thutmosis III. in Auftrag. Sie standen wie Wachen am Eingang zum Sonnentempel in Heliopolis, nördlich des heutigen Kairo. Später nannte man sie die »Nadeln der Kleopatra«. Heute steht einer davon in London, der andere in New York. Wie wurden diese riesigen Steinblöcke gewonnen und ohne Metallwerkzeuge zugeschnitten? Wie wurden sie ohne Räder transportiert und ohne Kräne, Gerüste und sogar Rollen aufgerichtet?

Die Obelisken hatten eine teils religiöse, teils zeremonielle Bedeutung. Sie wurden zu Ehren des Sonnengottes errichtet, so z. B. der erste in Heliopolis, dem Hauptzentrum des Sonnenkults. Die Inschriften auf den Obelisken feierten die Leistungen der Herrscher: die Eroberung von Ländern, Siege über Rivalen, Jahrestage der Königsherrschaft. Die Inschriften auf den »Nadeln der Kleopatra« in der Mitte jeder Seite preisen die Tugenden von Thutmosis III. Weitere Hieroglyphen, die 200 Jahre später angebracht wurden, erinnern an die Siege des großen Pharaos Ramses II.

Die »Nadeln der Kleopatra« bestehen aus rotem Granit und kommen wahrscheinlich aus dem Steinbruch in Assuan, wo heute noch das eine unvollendete Riesenexemplar liegt. Wären die Arbeiter im Steinbruch nicht auf einen unerwarteten Riß im Granit gestoßen, der sie zur Arbeitsaufgabe zwang, so wäre jener unvollendete Obelisk der größte von allen. Er hätte eine Höhe von 41 Meter und ein Gewicht von 1186 Tonnen. Für Archäologen zählt dieser Fund zu den kostbarsten, denn er zeigt ihnen, wie die anderen Obelisken hergestellt wurden.

Zunächst mußten die Ingenieure einen Felsabschnitt mit völlig ungestörtem Gestein ausfindig machen, aus dem der Obelisk aus einem Stück geschnitten werden konnte. Dazu bohrte man Schächte in das Gestein. Hatte man den Standort gewählt, so wurde zunächst die Oberfläche des Gesteins geglättet. Arbeiter erhitzten Ziegelsteine und legten sie auf die Oberfläche. Dann begoß man sie mit kaltem Wasser. Die Gesteinsoberfläche bildete durch die Temperaturunterschiede Risse und Spalten aus, so daß man unebene Stellen leichter entfernen konnte.

Der nächste Arbeitsgang bestand darin, zu beiden Seiten des Gesteinsblocks tiefe grabenähnliche Einschnitte zu setzen. Wie dies bewerkstelligt worden war, begriff man erst nach dem Fund zahlreicher Knollen des Minerals Dolerit in der Nähe des Steinbruchs. Diese Knollen haben einen Durchmesser zwischen 10 und 30 Zentimeter und wiegen 5 Kilogramm oder mehr. Sie kommen natürlicherweise in der arabischen Wüste vor, und von dort waren sie hierhergebracht worden. Die Arbeiter montierten die Knollen auf Rammen. Durch stundenlanges Stampfen wurde das Gestein zerkleinert. Wahrscheinlich arbeiteten gleichzeitig mehrere tausend Männer jeweils in Gruppen zu dritt. Zwei standen aufrecht, hoben den Rammbock und ließen ihn fallen. Der dritte kauerte sich wohl nieder und lenkte die Bewegungen des Rammbocks.

Die Arbeit muß sehr langsam vonstatten gegangen sein. Wahrscheinlich brauchte man sechs Monate bis ein Jahr, bis die gewünschte Tiefe erreicht war. Im nächsten Schritt ging es darum, auch den Boden des Obelisken vom Gestein abzulösen. Dem englischen Archäologen Reginald Engelbach zufolge geschah dies ebenfalls durch Rammen. Zunächst mußte ein Arbeitstunnel unterhalb des Obelisken geschaffen werden. Holzstämme mußten den Obelisken abstützen, während immer mehr Material von der Unterseite waagerecht weggeschlagen wurde. Einige Forscher sind der Ansicht, auch Holzkeile seien zum Einsatz gekommen. Man habe sie nach und nach in die Spalte geschlagen oder sie sogar dauernd befeuchtet, damit das Holz quoll und den Stein sprengte. Andere Archäologen meinen, die Arbeiter hätten stets nur die Doleritknollen verwendet.

Mit den Arbeiten zur Dekoration der Obelisken begann man möglicherweise schon, während sich dieser noch im Steinbruch befand. Die endgültige Beschriftung, darunter auch die Vergoldung der Oberflächen und der pyramidenförmigen Spitze fanden aber sehr wahrscheinlich erst nach dem Aufstellen an seinem Bestimmungsort statt.

Das nächste Problem bestand darin, den Obelisken aus seiner Grube im Steinbruch auf Lastschiffe zu bringen und den Nil hinunter bis zu seinem Standort zu transportieren. Hunderte von Männern wurden dazu benötigt. Sie verwendeten große Holzbalken als Hebel. Abwechselnd wurde die eine Seite des Obelisken, dann die andere angehoben. Jedesmal wurde frisches Material unter den Gesteins-

Der Londoner Obelisk steht auf dem Embankment an der Themse. Bevor Inschriften u. a. m. angebracht werden konnten, mußten Arbeiter die Oberflächen glätten. Sie verwendeten dazu Smaragdstaub oder Doleritknollen. Die Qualität der Oberfläche prüfte man damals mit einer Gegenfläche, die man mit rotem Ocker versehen hatte. Man preßte sie auf den Obelisken und erkannte sofort die unebenen Stellen. Diese wurden dann abgeschliffen. Die Inschriften wurden mit einem Schleifmittel eingeschnitten: Dazu verwendete man höchstwahrscheinlich Kupferwerkzeuge. Kupfer war das einzige härtere Metall, das die Ägypter besaßen, aber es war dennoch zu weich, und unterlag einem ständigen Verschleiß.

riesen gelegt. Auf diese Weise hoben ihn die Arbeiter so weit in die Höhe, wie das umgebende Gestein. Zum Abtransport mußte man nunmehr einen Durchgang freihämmern.

Die Archäologen sind sich nicht sicher, ob die Steinbrucharbeiter Walzen zum Transport einsetzten. Es wurden bisher keine gefunden. Doch ganz ohne Walzen hätten bis 6000 Männer an vierzig Stellen arbeiten müssen, um die große Reibung zu überwinden. Wahrscheinlich wurden am Ufer des Nils Lastschiffe an Land gezogen und buchstäblich im Sand vergraben. Dies geschah wohl zu einer Jahreszeit, da der Fluß wenig Wasser führte. Dann transportierten die Männer die riesigen Obelisken auf diese künstlichen Sandbänke.

Sie entfernten den Sand, so daß der Pfeiler auf die Lastschiffe zu liegen kam. Nach dem Ansteigen des Wasserspiegels mit der jährlich einsetzenden Flut konnte die Reise zu dem Bestimmungsort beginnen.

Thutmosis III. schuf mindestens sieben Obelisken, fünf in Theben und zwei in Heliopolis. Vier davon sind noch vorhanden, keiner allerdings an seinem ursprünglichen Ort. Die beiden »Nadeln der Kleopatra« haben eine außergewöhnliche Ge-

DIE NADELN DER KLEOPATRA

Der ägyptische Obelisk in London

schichte. Über ein Jahrtausend standen sie in Heliopolis, während Ägypten nacheinander von den Äthiopiern, den Persern und den Griechen unter Alexander dem Großen beherrscht wurde. Er gründete Alexandria, jene Stadt, in der die spätere Königin Kleopatra als letzte Herrscherin der Dynastie der Ptolemäer regierte und am Ufer des Mittelmeers für Julius Cäsar einen Palast erbauen ließ.

Als Kleopatra 30 v. Chr. starb, geriet Ägypten erneut unter Fremdherrschaft, diesmal des Römischen Reiches. Die Römer veranlaßten den Transport der Obelisken von Heliopolis nach Alexandria. Jahrhunderte später erst bekamen sie die Bezeichnung »Nadeln der Kleopatra«.

Die Obelisken standen weitere 1500 Jahre in Alexandria, während der Palast der Kleopatra verfiel und verschwand. Man weiß nicht, warum einer der beiden umstürzte. Jedenfalls sah ihn im Jahre 1610 der Reisende George Sandys. Als Napoleon Bonaparte 1798 in Ägypten landete und den Mittleren Osten von den Türken erobern wollte, wurde er von der britischen Marine und einem britischen Landheer zurückgeschlagen. Die Türken, die das Land beherrschten, waren damit einverstanden, daß die Briten den umgestürzten Obelisken mitnahmen. Napoleon hatte beide Obelisken rauben wollen.

65 Jahre lang nach dem Einverständnis der Türken geschah jedoch nichts. Der Obelisk lag weiterhin im Sand, und viele Touristen, schlugen sich ein Stück davon als Souvenir ab. Im Jahr 1867 geriet der Gesteinsriese in große Gefahr, weil ein griechischer Kaufmann mit Namen Giovanni Demetrio das Land, auf dem er lag, gekauft hatte, und es für sich erschließen wollte. Da sich der Obelisk aber in einem Stück nicht wegbewegen ließ, wollte er ihn zerkleinern und die Bruchstücke als Baumaterial verwenden. General Sir James Alexander hörte davon, machte die Öffentlichkeit darauf aufmerksam und entwickelte einen Plan, das Denkmal nach London zu bringen.

Es wurde ein besonderes röhrenförmiges Schiff entworfen, das den Block mit einem geschätzten Gewicht von 188 Tonnen nach England bringen sollte. Die »Cleopatra«, wie das zigarrenförmige Schiff hieß, wurde von einem Frachtdampfer, der »Olga«, ins Schlepptau genommen. Solange die See ruhig war, ging alles gut, obwohl die Kommunikation zwischen den beiden Schiffen schwierig war und die »Cleopatra« wie eine Schaukel wippte. Im Golf von Biskaya kam jedoch ein Sturm auf, und das Schlepptau mußte gekappt werden. Als das Wetter wieder besser wurde und die »Olga« sich auf die Suche nach der »Cleopatra« machte, war diese verschwunden.

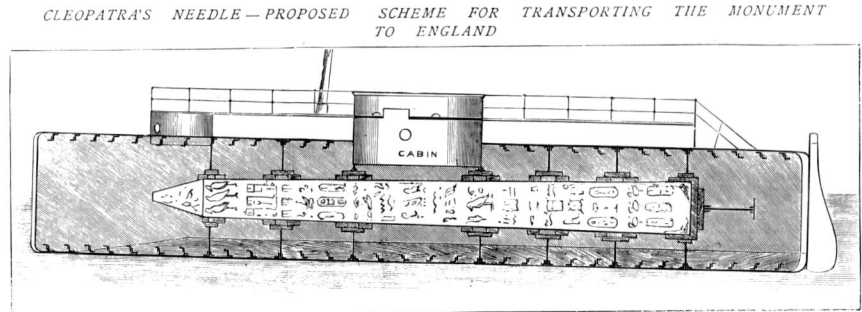

CLEOPATRA'S NEEDLE — PROPOSED SCHEME FOR TRANSPORTING THE MONUMENT TO ENGLAND

LONGITUDINAL SECTION OF THE CYLINDER

EXTERIOR OF THE CYLINDER CONTAINING THE NEEDLE

Die »Cleopatra« war jedoch nicht gesunken. Sie lag nur in seichtem Wasser, und die Wellen schlugen über ihr zusammen. Ein anderes englisches Schiff, die »Fitzmaurice«, sichtete die »Cleopatra« und schleppte sie unter enormen Schwierigkeiten in den Hafen von Ferrol. Nachdem die Ansprüche der Eigner der »Fitzmaurice« befriedigt waren, konnte die »Cleopatra« schließlich themseaufwärts geschleppt werden. Ihre kostbare Fracht stellte man auf dem Embankment auf. Den zweiten Obelisken transportierten 1880 die Amerikaner in einem etwas seetüchtigeren Schiff in ihr Land und stellten ihn im New Yorker Central Park auf.

Diese beiden Kulturdenkmäler sowie weitere, die sich heute in Paris, Istanbul und Rom befinden, waren aus Ägypten abtransportiert worden, bevor sich in der heutigen Welt das Gewissen regte, daß man eine andere Nation nicht einfach ihrer Kulturschätze berauben dürfe. Rom kam schon in frühen Zeiten zu seiner Obeliskensammlung. Dasselbe gilt für Istanbul. London, Paris und New York erhielten diese Monumente erst im 19. Jahrhundert.

Die Röhre, in der die »Nadel der Kleopatra« nach London gebracht wurde, fertigte man in Alexandria. Kurz nach dem Stapellauf riß ein Fels ein Leck in das Schiff. Man besserte die »Cleopatra« aus und versah sie mit zwei Kielen. Der englische Kapitän mußte seiner Mannschaft, die aus sechs Männern bestand, eine höhere Heuer bezahlen, weil Zweifel an der Sicherheit des Schiffes bestanden.

MONUMENTALE STANDBILDER

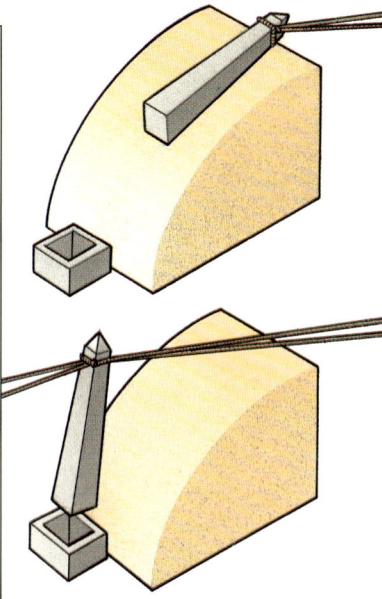

Um ihre Obelisken aufzustellen, verwendeten die Ägypter dem französischen Archäologen Henri Chevrier zufolge riesige Aufschüttungen. Sie erlaubten es, daß der Obelisk auf seinen Sockel abgesenkt wurde. Sand sollte verhindern, daß er zu schnell nach unten rutschte. In einem Winkel von ungefähr 34 Grad rastete er in einer Einkerbung des Sockels ein. Mit Seilen richteten ihn die Ägypter dann senkrecht auf.

Die Aufstellung des Obelisken im September 1878 am Ufer der Themse. Zum Entladen und Hochheben verwendete man hydraulische Winden und eine Art Förderschnecken. Man baute ein riesiges Holzgerüst, um das »Wunderwerk« schließlich senkrecht auf seinen Sockel stellen zu können. Die »Nadel« wurde dabei so fein um ihren Schwerpunkt ausbalanciert, daß sie von einem Mann bewegt werden konnte.

DAS GRAB VON QIN SHI HUANG-TI

Die Terrakotta-Armee

Zahlen und Daten

Eine der spektakulärsten Grabstätten der Welt

Urheber: Qin Shi Huang-ti

Bauzeit: 246–209 v. Chr.

Material: Terrakotta

Anzahl der Figuren: ungefähr 8000

Die Soldaten und Pferde (gegenüberliegende Seite) wurden in den Gräben, wo sie entdeckt wurden, belassen. An den meisten stark beschädigten Figuren wurden jedoch ausgiebige Restaurierungsarbeiten vollzogen. Schätzungen zufolge wird man ungefähr 600 Pferde, 7000 Krieger und 100 Kriegswagen ausgraben. Die Pferde der Qin wurden auf Ausdauer gezüchtet. Sie mußten im Galopp mit hoher Geschwindigkeit weite Entfernungen zurücklegen können.

Im März 1974 machten sich Arbeiter der Volkskommune von Yanzhai, 25 Kilometer von der alten chinesischen Hauptstadt Xi'an entfernt, Sorgen um ihre Ernte, die zu verdorren drohte. Auf der Suche nach Wasser bohrten sie einen Brunnen und stießen statt dessen auf eine der spektakulärsten archäologischen Entdeckungen des 20. Jahrhunderts. Sie fanden einige Terrakotta-Fragmente in Gestalt tönerner und gebrannter Krieger und Pferde.

Seit jener Zeit haben die Archäologen eine ganze Armee von Terrakotta-Kriegern ausgegraben. Sie meinen, daß es am Ende an die 8000 Figuren sein könnten. Die Figuren sind leicht überlebensgroß und mit großer Kunstfertigkeit gestaltet. Seit mehr als 2000 Jahren liegen sie nun in der Erde. Anhand dieser Terrakotta-Armee können wir einen Blick werfen auf die Welt des Kaisers, der China einigte, Qin Shi Huang-ti. Dieser bemerkenswerte Mann schuf die erste totalitäre Gesellschaft der Erde. Er regierte mit einer Mischung aus Effizienz und überaus großer Härte.

Die Krieger waren als Hofstaat gedacht, um den Kaiser zu beschützen und ihn in die nächste Welt zu geleiten. Er wurde 259 v. Chr. geboren und gelangte 246 v. Chr. als dreizehnjähriger junger Mann auf den Thron des Staates Qin. Fast unmittelbar danach begann er trotz seiner Jugend mit dem Bau eines prächtigen Grabes, das ihn nach seinem Tod aufnehmen sollte. Erst 36 Jahre später sollte er dort seine letzte Ruhe finden. Bis dahin annektierte er die restlichen sechs Reiche, die es damals in China gab. Als Kriegsherr und Verwalter hatte er in der Geschichte kaum seinesgleichen. Er vereinigte verschiedene Befestigungsanlagen, die frühere nördliche Staaten zu ihrem Schutz gebaut hatten, zur einheitlichen großen Chinesischen Mauer. Seine Armee war mit Schwertern und Pfeilspitzen aus Bronze ausgestattet. Die Soldaten hatten Armbrüste, deren Bolzen Panzerungen durchschlagen konnten.

Qin Shi Huang-ti schuf einen zentralisierten autokratischen Staat mit einheitlicher Gesetzgebung und Währung, einheitlichen Maßen und Gewichten und einer Schrift. Er ließ fünfzig Schritt breite baumbestandene Straßen bauen, die von der Hauptstadt des Reiches Qin, Xi'an, konzentrisch ausgingen. Er herrschte durch Gewalt und Terror. Nach seinen Gesetzen konnten ganze Familien für die Verbrechen eines Mitgliedes hingerichtet werden, und Millionen von Männern wurden für die Armee und den Arbeitsdienst verpflichtet. Er gestattete keine Gedankenfreiheit, verbrannte Bücher und ließ Gelehrte lebendig begraben. Er schuf das Muster autoritärer Gesetze, die bis auf den heutigen Tag in China überleben.

Während seines Lebens baute Qin Shi Huang-ti mehrere Paläste und ein riesiges Mausoleum, das erst noch ausgegraben werden muß. Alte chinesische Mythen erzählen, daß unter diesem rund 75 Meter hohen Erdhügel sich eine Grabkammer befindet. Ihre Decke ist mit Perlen verziert, welche die Sterne darstellen. Der Steinboden stellt eine Karte des Qin-Reiches dar, wobei die Flüsse aus Quecksilber bestehen. Das Grab wurde mit Schätzen angefüllt und durch gespannte Armbrüste gesichert, die jeden Eindringling mit Pfeilen bedrohten. Hier wurde der Kaiser im Jahr 209 v. Chr., ein Jahr nach seinem Tod, bestattet. Mit ihm wurden auch seine Frauen, von denen ihm keine ein Kind geschenkt hatte, sowie die Handwerker, die in das Geheimnis des Grabes eingeweiht waren, lebendig begraben.

Ob diese Legenden zutreffen, werden erst spätere Zeugen beurteilen können. Die Terrakotta-Armee diente eindeutig als Wache. Sie wurde ungefähr eineinhalb Kilometer östlich vom Mausoleum aufgefunden. Alle Soldaten schauen nach Osten, vielleicht weil der Kaiser befürchtete, daß ein Angriff aus dieser Richtung und damit aus den sechs eroberten Reichen zu erwarten sei. Einige Archäologen äußerten die Vermutung, es habe sich hier nur um ein Lager gehandelt. Warum aber die Krieger nicht bei ihrem toten Kaiser waren, konnten sie nicht erklären. Drei Jahre nach seinem Tod wurde das Grab des Kaisers von einem rebellierenden General geplündert. Er entdeckte auch die Terrakotta-Armee in den unterirdischen Gewölben, und er befahl, das Dach darüber in Brand zu setzen, so daß es über den Figuren zusammenbrach und viele Figuren zerstörte.

Die Krieger wurden in drei getrennten Gruben gefunden. Die größte nahm bis 6000 Soldaten und über 100 Pferde auf. Sie ist über 200 Meter lang, über 60 Meter breit und rund 5 Meter tief und besteht aus einer Reihe von Gräben oder Korridoren, die durch Wälle voneinander getrennt sind. Ursprünglich bestand das Dach aus Baumstämmen, gewobenen Matten und Schichten aus Gips und Erde. Bisher

DAS GRAB VON QIN SHI HUANG-TI

Die Terrakotta-Armee

wurden ungefähr 1000 Krieger und 24 Pferde ausgegraben. Die Pferde ziehen zu viert hölzerne Kriegswagen, von denen aber nur wenige die Jahrhunderte überdauert haben. Die beiden anderen Gruben sind ähnlich, nur kleiner. Die zweite zählt rund 1000 Krieger, die dritte 68. Aus der Anordnung der dritten Grube können wir schließen, daß es sich um das Stabsquartier handelte. Dort waren die Offiziere stationiert, welche die Armeen in den beiden anderen Gruben befehligten.

Die Krieger selbst sind zwischen 173 und 195 Zentimeter hoch und waren damit größer als der Durchschnittschinese zur Qin-Periode. Zur Herstellung verwendete man eine Kombination zwischen Abformen und freier Gestaltung von Hand. Für die Köpfe verwendete man mehrere Dutzend unterschiedlicher Formen. Damit erhielt man Rohgüsse, denen man dann von Hand Individualität verlieh.

Für jeden Krieger wurden die Ohren und Schnurrbärte in besonderen Formen hergestellt und später an ihnen befestigt. Auch der Kopfschmuck, die Lippen und die Augen wurden wahrscheinlich getrennt gefertigt. Das Material war ein Ton, der beim Brennen ungefähr 18 Prozent seines Volumens verlor. Die ungebrannten Figuren müssen also noch beträchtlich größer gewesen sein. Köpfe und Rümpfe wurden getrennt gefertigt und dann miteinander verbunden. Um sicherzugehen, daß sie aufrecht standen, nahmen die Arbeiter für die unteren Körperteile dickere Lehmschichten.

Gelehrte haben bei den Gesichtern der Krieger dreißig Typen unterschieden. Sie gehören zu zehn größeren Kategorien, die mit den chinesischen Schriftzeichen bezeichnet werden, die ihnen am meisten ähnlich sehen. Das Gesicht, das wie das Schriftzeichen für das Wort »you« aussieht, gehört zu den mächtigsten Kriegern. Es ist an den Wangen breiter als an der Stirn. Die entsprechende Gesichtsform »breitere Stirn als Wangen« repräsentiert das chinesische Schriftzeichen »jia« und ist unter der Vorhut am häufigsten, weil dieses Gesicht sehr wach aussieht. Viele Gesichter haben festgeschlossene Lippen und starrblickende Augen. Damit wollten die Künstler den Eindruck von Mut und Beharrlichkeit vermitteln. Andere Gesichter drücken Kraft, Vertrauen, Nachdenklichkeit oder Erfahrung aus.

Die Bildhauer schufen eine Armee individueller Krieger, von denen keine zwei einander gleich sind. Es handelt sich weder um mechanische Kopien echter Krieger noch um reine Phantasiegestalten. Sie stellen vielmehr eine Galerie idealtypischer Figuren dar, wie man sie auch in einer guten Armee finden kann, angefangen vom jungen enthusiastischen Subalternen bis zum erfahrenen, weisen Offizier.

Die Panzer der Krieger sind geschickt ausgeführt und wurden individuell ihren Trägern angepaßt. Auch die Pferde sind kraftvoll gestaltet und entsprechen den Idealvorstellungen, die Fachleute der Qin-Zeit einige Jahrhunderte zuvor aufgestellt hatten: säulenähnliche Vorderbeine, gebogene Hinterbeine, hohe Hufe, schlanke Fesseln, flammende Nüstern, breites Gebiß. Die Sättel sind mit Quasten geschmückt und ursprünglich rot, weiß, braun oder blau gefärbt. Steigbügel fehlen und deuten darauf hin, daß die Reiter der kaiserlichen Armee sie nicht brauchten.

Im Dezember 1980 machte man westlich vom Kaisergrab in einer Entfernung von 18 Meter einen bemerkenswerten Fund: ein paar Streitwagen aus Bronze mit Pferden und Wagenlenkern. Im Gegensatz zu den Terrakotta-Kriegern waren sie um ein Drittel kleiner als ein Mensch, aber noch mit größerer Sorgfalt gestaltet. Die Bronzewagen waren

Der Hangar über den Gruben mit den Kriegern bedeckt eine Oberfläche von über 15 000 m². Diese Terrakotta-Armee war ein Ersatz für die frühere Praxis der Menschen- und Tieropfer. An der Spitze der Armee befanden sich die Bogenschützen. An der rechten Flanke fuhren die Kriegswagen, an der linken ritt die Kavallerie. Den großen Pulk bildete die Infanterie mit eingestreuten Streitwagen.

MONUMENTALE STANDBILDER

Auf dem Bild links erkennt man, daß der Boden aus Ziegelsteinen besteht. Alle Krieger schauen nach Osten. Man nimmt an, daß Qin Shi Huang-ti einen Angriff aus dieser Richtung erwartete, aus den sechs Königreichen, die er eroberte. Die mächtige Ziegelschicht läßt erkennen, warum die Armee erst bei Bohrarbeiten entdeckt wurde.

Die Panzerung der Terrakotta-Krieger (oben rechts) lieferte wichtige Informationen über den Stand der damaligen Militärtechnik. Es handelt sich hier um einen Fußkrieger. Man weiß jetzt, wie die Panzer für Generäle, Kavalleristen und Wagenlenker aussahen. Selbst die Haare der Krieger wurden individuell gestaltet (rechts).

natürlich viel besser als die Holzwagen erhalten. Die Pferde und die Wagenlenker waren ursprünglich bemalt, doch ist die Bemalung heute zu einem Grauweiß ausgebleicht.

Das Zaumzeug der Pferde ist mit Gold- und Bronzedekorationen geschmückt. Es ist kaum daran zu zweifeln, daß man während der weiteren Ausgrabung des Mausoleums noch bedeutende Funde machen wird.

Die ganze Armee, die für die Macht und den Größenwahn von Qin Shi Huang-ti spricht, muß Hunderte von Handwerkern jahrelang beschäftigt haben. Ihre Aufgabe, den toten Herrscher zu beschützen, konnte sie zwar nicht erfüllen. Aber sie bietet uns Einblick in eine Welt, in der hervorragende Handwerkskunst mit Gewalt und Grausamkeit koexistierte. Es gibt keine spektakulärere Gedenkstätte als die Terrakotta-Armee von Qin Shi Huang-ti.

So mögen die Krieger ausgesehen haben.

Das Museum neben der Ausgrabungsstätte enthält einige Figuren. Sie zeigen, wie die Krieger vielleicht früher ausgesehen haben mögen. Durch das Brennen erhielten die Figuren eine glatte Oberfläche. Man bemalte sie mit Pigmenten, vermischt mit Gelatine, um ihnen ein noch lebensnäheres Aussehen zu verleihen. Es haben sich aber nur noch Spuren dieser Farbgebung erhalten.

Ein Bildnis aus Granit

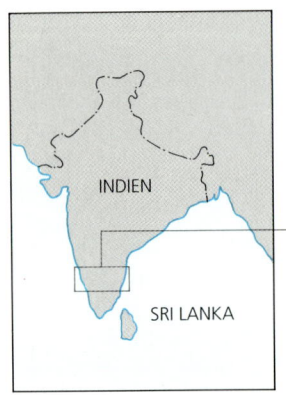
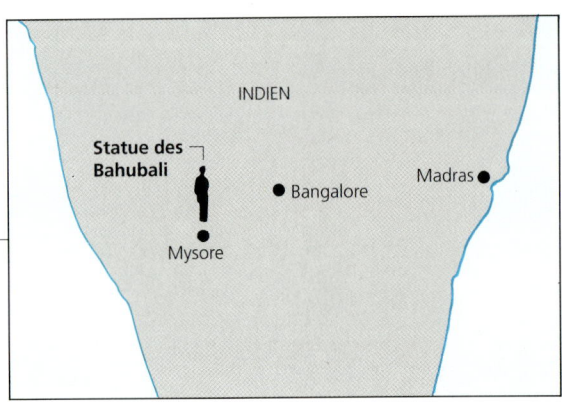

Zahlen und Daten

Das Bildnis gilt als die größte monolithische Statue, die aus einem einzigen Gesteinsstück herausgemeißelt wurde.

Urheber: König Chamundaraya

Erbaut: 981

Material: Granit

Höhe: 17,4 Meter

Ungefähr alle zwölf Jahre unternehmen die Gläubigen der Jain-Religion eine Pilgerreise zur kleinen Stadt Shravana Belgola im südindischen Karnataka. Auf der Spitze eines Hügels steht dort die monolithische Statue eines nackten Mannes. Sie ist etwas über 17 Meter hoch und wurde vor 1000 Jahren aus festem Granit herausgemeißelt. Von einer Plattform aus, die um den Kopf der Statue herum errichtet worden ist, gießen die Pilger Wasser, Milch, Ghee, Joghurt und Sandelholzpaste über die heilige Statue. Das große Bildnis leuchtet in der Sonne, wenn die Priester Mantras singen und ihre Gongs schlagen. Zum letztenmal wurde die Zeremonie 1981 durchgeführt, als man den 1000. Jahrestag der Statue feierte.

Wie dieses bemerkenswerte Bildnis geschaffen wurde, weiß man heute nicht mehr. Seine Geschichte ist im Laufe der Zeit verlorengegangen, wurde begraben unter den zahlreichen Mythen und Legenden. Die Statue stellt jedenfalls Bahubali dar, einen der Söhne Rishabhas, des Gründers der Jain-Religion. Als König verzichtete er auf weltliche Macht und ging auf die Suche nach dem wahren Leben und der Erleuchtung. Rishabha erkannte, wie flüchtig der Erfolg in dieser Welt ist, verließ seine beiden Frauen und über hundert Kinder und suchte im Wald Erleuchtung. Bevor er wegging, bestimmte er, daß sein Sohn Bharata im Reich von Ayodhja regieren sollte. Ein anderer Sohn, Bahubali, sollte das Fürstentum von Pondnapura übernehmen. Bharata wurde ein mächtiger König; nur Bahubali weigerte sich, seine Vormachtstellung anzuerkennen.

Der Legende zufolge kämpften die Brüder miteinander, zunächst indem sie sich durch Blicke aus der Fassung zu bringen versuchten. Es folgte ein Ringkampf. Bahubali gewann die Kämpfe. Am Ende des Ringkampfes hob er seinen Bruder hoch in die Luft, um ihn auf den Boden zu schmettern. Plötzlich überkam ihn eine Ernüchterung. Gewissensbisse befielen ihn und er ließ Bharata sanft auf den Boden nieder. Ohne einen Augenblick zu zögern, ging er in den Wald, riß sich das Haar aus, verharrte dann, die Arme an den Körperseiten, die Füße aneinander. In dieser Stellung suchte er Erleuchtung. Ein ganzes Jahr lang blieb er so stehen. Die Ameisen bauten ihre Nester um seine Füße herum, und Lianen wuch-

Der Aufstieg zur Statue führt über 614 Stufen, die aus Felsgestein herausgemeißelt wurden. Der Weg nimmt seinen Anfang bei einem Wasserbecken in Shravana Belgola (links). Da die Statue von den Klöstern verdeckt wird, die um sie herum gebaut wurden, sehen die Pilger sie in ihrer vollen Größe erst im letzten Augenblick. Zunächst verliert man sie jedoch aus dem Gesichtsfeld. Doch plötzlich steht sie in ihrer Ehrfurcht gebietenden Größe ganz nah vor ihnen (rechts). Das Gerüst in ihrem Rücken wurde für die regelmäßig wiederkehrende Zeremonie errichtet. Die Figur von Bahubali ist aus über zwanzig Kilometer Entfernung zu sehen.

DIE STATUE DES BAHUBALI

Ein Bildnis aus Granit

sen an seinen Beinen empor. Schließlich kamen Bharata und zwei Schwestern Bahubalis in den Wald, um ihm zu huldigen. Da verschwanden sein Ärger und sein Stolz. Bahubali erreichte nun die höchste Stufe der Erleuchtung.

Man nimmt an, daß die Statue, die sich auf einem Hügel in 1020 Meter Höhe befindet, im Jahre 981 auf Geheiß des mächtigen Generals Chamundaraya errichtet wurde. Er war ein König der Ganga-Dynastie. Es gibt leider keine zeitgenössische Beschreibung über den Arbeitsablauf. Eine lange Inschrift auf einer reichgeschmückten Säule, die Chamundaraya zur selben Zeit errichten ließ, berichtete vielleicht darüber, doch die Schrift wurde später gelöscht und durch eine andere ersetzt.

Am Ort der Statue selbst berichten uns Inschriften in drei Sprachen, Kannada, Tamil und Marathi, daß Chamundaraya das Bildnis erstellen ließ. Sie schweigen sich aber darüber aus, wie dies geschah. Da die Statue enorm hoch ist und aus einem einzigen Granitstück gemeißelt wurde, müssen viele Männer jahrelang daran gearbeitet haben.

Vom Kopf bis zur unteren Hälfte der Oberschenkel ist die Statue vollplastisch, der Rest ein stark hervortretendes Relief. Die Schultern sind breit, die Taille schmal. Die Unterschenkel sind etwas unproportioniert. Die Arme hängen an den Körperseiten gerade nach unten, die Daumen sind nach vorne gerichtet. Von der ganzen Figur strömt Gelassenheit aus. Zu Bahubalis Füßen wurden Ameisenhügel mit Schlangen eingemeißelt, und Lianen umwinden seine Beine. Der Granit, aus dem die Statue besteht, ist glatt, homogen und hart. Er bietet ideale Voraussetzungen für ein solches Kunstwerk. Schon seit seiner Erschaffung ist es eines der großen Wunder Indiens.

Die Statue hat übrigens viele Namen. Sie wird oft Gommata oder Gommateshwara genannt, sei es, weil Gommata ein anderer Name für Chamundaraya war, sei es, weil das Wort »prächtig« oder auch »Hügel« bedeutet. Der einzige Fehler der Statue ist ein verkürzter Zeigefinger an der linken Hand. Dafür gibt es eine Anzahl Erklärungen. Eine behauptet, Chamundaraya habe die Verstümmelung des Fingers befohlen, weil nach Abschluß der Arbeiten die Statue einfach zu vollkommen war. Damit wollte er bewußt den bösen Blick ablenken.

Einer anderen Theorie zufolge wurde die Statue als Racheakt während der Herrschaft von König Vishnuvardhana im 12. Jahrhundert beschädigt. Ein Guru der Jain soll den König, der einen Finger verloren hatte, dadurch geärgert haben, daß er sich weigerte, von dessen verstümmelter Hand Nahrung anzunehmen. Aus Rache ließ er die Statue beschädi-

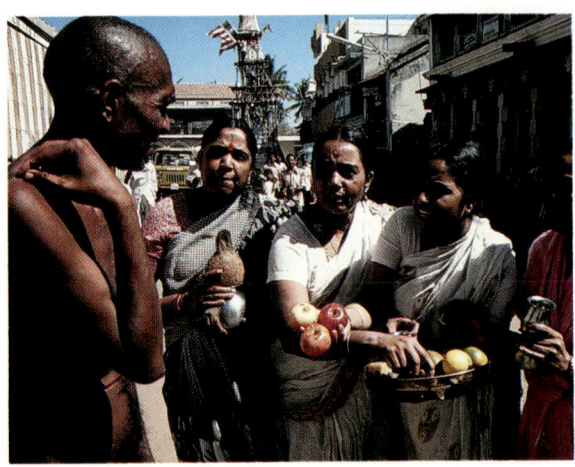

Bei der Zeremonie mit dem langen Namen Mahamastakabhisheka gießen Frauen Opfergaben über den Kopf der Statue. Dieser Ritus wurde zum erstenmal 1398 ausgeführt und wiederholt sich seither in regelmäßigen Abständen. Im Jahr 1981 kamen eine Million Pilger (rechts) hierher, was den Bau von sieben Satellitenstädten notwendig machte.

Die nackten Indras, die Priester der Jain-Tempel, leiten die Zeremonie des Mahamastakabhisheka. Ein Bericht von 1780 sagt uns, daß sie die 1008 glänzenden Metalltöpfe verehrten, in denen heiliges Wasser auf den Hügel getragen wurde, um es schließlich über den Kopf der Statue zu gießen.

gen. Bei solchen bunten Legenden ist es enttäuschend, einfach festzustellen, daß die Steinmetze wahrscheinlich auf einen Riß im Gestein stießen, so daß das Ende des Fingers von selbst abfiel. Sie machten das Beste daraus, indem sie an das Ende des verkürzten Fingers einen Fingernagel einmeißelten.

Die Erhaltung der Statue obliegt dem Archäological Survey of India. Da sie nun schon mehr als ein Jahrtausend ungeschützt im Freien steht, begann die glatte graue Oberfläche zu verwittern. Die großen Mengen Milch, Ghee und Joghurt, die in unregelmäßigen Abständen darüber gegossen wurden, führten zu einer Ansammlung von Fetten, die das Wachstum von Moosen und Flechten begünstigte. Alarmierender noch ist das Auftreten kleiner Risse auf der gesamten Oberfläche, besonders aber im Ge-

MONUMENTALE STANDBILDER

Um die Gaben über den Kopf Bahubalis gießen zu können, wird ein großes, reich geschmücktes Gerüst errichtet. Nach der Fertigstellung der Statue ließ sie König Chamundaraya mit Milch begießen. Soviel er jedoch über den Kopf schütten ließ, die Milch floß nicht über den Nabel hinaus. Dann kam eine alte Frau namens Gullakayajji mit einigen Tropfen Milch in der Schale einer Frucht und goß sie über die Statue. Diese Milch bedeckte nicht die Statue, sie floß auch ins Tal und bildete dort einen Teich. An dieses Wunder erinnert eine Statue von Gullakayajji im Innern des Klosters, das die große Statue umgibt.

Die Gaben zu Füßen der Statue zeigen uns, was sich alles über den Kopf von Bahubali ergoß: Kokosmilch, Joghurt, Ghee, Bananen, Datteln, Mandeln, Mohnsamen, Milch, Goldmünzen, Safran, gelbe und rote Sandelholzpasten, Zucker, bei der Zeremonie von 1887 sogar neun verschiedene Edelsteine.

sicht. An manchen Stellen platzt das Gestein blätternartig ab. In den frühen fünfziger Jahren begann man mit einer Anzahl von Experimenten, um herauszufinden, nach welchem Verfahren man am besten das Fett herauslösen, die Statue reinigen und reparieren konnte.

Vor der Zeremonie des Mahamastakabhisheka erhält die Statue heute einen vorläufigen Überzug aus in Öl gelöstem Paraffin. Die Fettstoffe in der Milch und den übrigen Gaben fließen dann über die Steinoberfläche, ohne in die Poren einzudringen. Nach dieser Vorbehandlung ist es auch viel leichter, die Statue danach wieder zu reinigen.

Die Statue von Shravana Belgola ist das größte Bild von Bahubali, aber nicht das einzige. Es gibt noch vier weitere Kopien. Die größte steht in Karkal, erreicht ungefähr 12 Meter und wurde 1432 geschaffen.

Eine zweite Version in Enur stammt aus dem Jahr 1604 und ist 10 Meter hoch. Eine prächtige Bronzestatue des Bahubali aus dem 9. Jahrhundert befindet sich im Prince of Wales Museum of Western India in Bombay.

Keines dieser Kunstwerke kann aber mit dem Original konkurrieren, dessen Größe durch das Geheimnis seiner Entstehung nur noch erhöht wird. Es steht, so schrieb ein Schriftsteller, »wie ein Riese über dem Wald eines verzauberten Schlosses, unverletzt, über die Jahrhunderte allerdings geschwärzt von den Monsunen. Der ruhige Blick ist nach Osten auf eine nahegelegene, von Wäldern bestandene Gebirgskette gerichtet«.

DIE FREIHEITSSTATUE

Ein Denkmal für die Freiheit

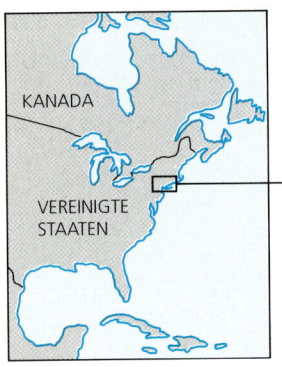

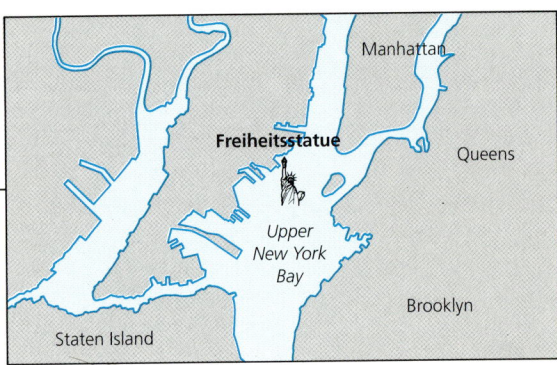

Zahlen und Daten

Ein Geschenk Frankreichs an die Vereinigten Staaten zur Hundertjahrfeier der Unabhängigkeit von Großbritannien. Die Freiheitsstatue war zu ihrer Zeit das größte Denkmal der Erde.

Urheber: Frédèric Auguste Bartholdi

Bauzeit: 1875–1886

Material: Kupfer, Eisen

Höhe: 93,5 Meter

Bedloe's Island ist eine 4,8 Hektar große Insel in der Upper New York Bay. Sie stellt den idealen Standort für die Freiheitsstatue dar. Die Insel heißt nach ihrem Besitzer, Isaac Bedloe. Für alle Schiffe, die den Hafen nützen und den Hudson River befahren, ist die Freiheitsstatue ein Wahrzeichen.

Keine Statue hat einen mächtigeren Symbolgehalt als die Kolossalskulptur einer Frau, die den Hafen von New York dominiert und die die Fackel der Freiheit hochhält. Für Millionen Einwanderer aus Europa war sie der erste Anblick bei der Landung mit dem Schiff. Die Freiheitsstatue bedeutete für sie ein neues Leben in einem neuen Land. Einer jener Einwanderer berichtet darüber: »Sie war ein wundervoller Anblick nach einer elenden Überfahrt im September. Mit ihrem hocherhobenen Arm versprach sie uns allen sehr viel, und ihre Fackel erleuchtete den Weg.«

Genauso wollte der Bildhauer Frédéric Auguste Bartholdi seine Statue verstanden wissen. »Groß wie die Idee, die sie verkörpert, ausstrahlend über die beiden Welten.« Den Vorschlag für eine solche Statue hatte als erster der Historiker und Politiker Edouard de Laboulaye anläßlich eines Abendessens nahe Versailles im Jahr 1865 unterbreitet. Er wollte damit die Freundschaft zwischen Frankreich und den Vereinigten Staaten zur Zeit der amerikanischen Revolution ausdrücken und den hundertsten Geburtstag der Vereinigten Staaten als Nation feiern. Bartholdi war damals noch jung, genoß aber einigen Ruf und nahm an diesem Abendessen als Gast teil. Er unterstützte die Idee. Als er 1871 die Vereinigten Staaten besuchte, fand er sofort den richtigen Platz dafür, nämlich eine kleine Insel in der Upper New York Bay südwestlich von Manhattan. Nach Frankreich zurückgekehrt, schuf er die ersten kleinen Modelle einer Frauenfigur, die eine Fackel hochhält.

Geld für die Freiheitsstatue zu finden, erwies sich als keine leichte Aufgabe. Über Lotterien und Dinnerparties trieb schließlich die Französisch-amerikanische Gesellschaft in Frankreich das Geld auf. Der große Sockel wurde mit amerikanischen Beiträgen gebaut. Eine besondere Rolle dabei spielte Joseph Pulitzer mit seiner Zeitung »The World«. Bartholdi entschied sich für eine Statue aus getriebenen Kupferblechen, die an einem Eisengerüst befestigt wurden. Bronze oder Stein wären zu teuer und zu schwer für den Transport gewesen. Barholdi wußte, daß es mit diesem Material funktionieren konnte, denn er hatte die über 23 Meter hohe Statue des heiligen Karl Borromäus von G. B. Crespi am Lago Maggiore in Italien untersucht. Er entschied sich für eine doppelt so hohe Statue; sie sollte die größte der Welt sein.

Für den Entwurf der Stützkonstruktion suchte er zunächst den Rat Eugène-Emmanuel Viollet-le-Ducs, des Hohepriesters der Neugotik in Frankreich. Dieser starb jedoch 1879, bevor er die Arbeit zu Ende geführt hatte, und Bartholdi wandte sich an Gustave Eiffel, einen kühnen Ingenieur und Spezialisten für Eisenkonstruktionen. Eiffel schlug als Stützskelett ein Gerüst aus Eisen vor, das fest im Sockel verankert werden sollte. Es sollte aus Eisenfachwerk mit Querverstrebungen bestehen. An diesem festen Gerippe würde man eine Sekundärstruktur befestigen, die den ungefähren äußeren Formen der Statue entsprach. Daran sollten flache elastische Eisenstäbe direkt die Außenhaut, aus 300 getriebenen Kupferplatten bestehend, tragen.

Zunächst stellte Bartholdi eine Reihe zunehmend größerer Tonmodelle her. Dabei verfeinerte und vervollkommnete er die Form der Statue. An seinen Modellen, die ein Drittel der späteren Größe aufwiesen, formten Handwerker der Firma Gaget, Gauthier et Cie. in Paris Gipsmodelle in der endgültigen Größe. Aus ihnen stellte man dann Formen her, indem man sie mit einem Holzgerüst umgab. Die Kupferbleche erhielt man dann durch Treiben und Hämmern auf dessen Innenseite. Die Bleche waren etwa zwei Millimeter stark. An den Rändern überlappten sie sich, und zur Befestigung wurden Nietlöcher gebohrt. Um sicherzugehen, daß das Verfahren auch wirklich funktionierte, wurde die Statue im Hof von Gaget, Gauthier et Cie. probeweise zusammengesetzt.

Im Jahr 1885 – neun Jahre nach der 200-Jahr-Feier, für die sie eigentlich gedacht war – war die Statue endlich auf dem Weg nach New York.

Aber auch hier waren die Arbeiten am mächtigen Sockel in Verzug geraten. Der amerikanische Architekt Richard Morris Hunt hatte ihn entworfen. Der Sockel mit rund 27 Meter Höhe, hat einen 19,5 Meter hohen Unterbau. Hunt wählte einen leicht ägyptisierenden Stil. Das Podest läßt die Statue voll zur Geltung kommen. Der Bau am Sockel begann 1883 und wurde 1886 fertiggestellt. Die Skulptur mußte also noch fünfzehn Monate lang in ihren Lattenkisten warten. Dann wurde sie von unten her ohne Außengerüst errichtet. Gleichzeitig mit dem Innengerüst wurde auch die Außenhaut mit Nieten befestigt. Im Oktober 1886 konnte die Freiheitsstatue eingeweiht werden.

Ein Denkmal für die Freiheit

In Paris wurden Gipsmodelle der Bestandteile der Freiheitsstatue in Originalgröße geschaffen. Um sie herum baute man eine Negativform aus Holz. Auf diesen Formen wurden dann die Kupferbleche getrieben.

Das Konstruktionsverfahren funktionierte gut, hatte aber einen entscheidenden Nachteil. Die Stäbe des Eisengerüstes reagierten elektrolytisch mit den Kupferplatten. Es kam zu Korrosionserscheinungen, die zur Folge hatten, daß 1980 die Statue einen großen Teil ihrer Festigkeit verloren hatte. Die Stützstäbe hatten sich gedehnt und so das Abreißen oder Herausfallen der Nieten bewirkt. Dadurch eindringendes Regenwasser verschlimmerte das Problem nur noch. Die Innenseite der Kupferplatten wurde zwar zur Konservierung oft gestrichen. Doch dadurch wurde auch Wasser gebunden, und an manchen Stellen hielt nur noch der Anstrich abgebrochene Gerüstteile fest. Die Fackel und die Stützstruktur für den erhobenen rechten Arm waren in besonders schlechtem Zustand.

So mußte man eine umfangreiche Restaurierung durchführen, damit die Statue auch ein zweites Jahrhundert überleben konnte. Jeder Eisenstab in der Stützstruktur wurde durch einen Stab aus rostfreiem Stahl ersetzt. Die Arbeit war langwierig, da immer nur wenige Stäbe auf einmal ausgewechselt werden konnten, so daß die Statue immer unversehrt blieb. Zur Befestigung nahmen die Arbeiter die ursprünglichen Nietlöcher. Innerhalb eines Jahres hatte man 3000 Meter Stützstäbe des Gerüsts ersetzt.

Die wichtigste Reparatur betraf die Fackel. Bartholdi wollte ursprünglich die Flamme der Fackel, die vergoldet werden sollte, von einem Licht auf der Fackelplattform anstrahlen lassen. In letzter Minute gab man diesen Plan auf, weil man Angst hatte, das starke Licht würde die Schiffslotsen im Hafen stören. Statt dessen schnitt man Bullaugen in die Außenhaut und setzte Lichter ein. Die Wirkung war natürlich viel schwächer, und Bartholdi verglich sie mit dem Licht eines Glühwürmchens. Im Jahr 1916 wandelte der amerikanische Bildhauer Gutzon Borglum, der später durch den Mount Rushmore berühmt wurde, die Flamme in eine Laterne um, indem er Löcher in sie hineinschnitt, bernsteinfarbenes Glas einsetzte und ein Licht im Inneren installierte. Die Flamme sah nun ganz anders aus, als sie Bartholdi entworfen hatte. Vor allem kam es auch durch Eindringen von Wasser zu starken Korrosionserscheinungen.

Zur Zeit der Restaurierung in den achtziger Jahren war die Flamme in einem derart schlechten Zustand, daß man sie völlig erneuern mußte. Man faßte den Entschluß, die Fackel so zu restaurieren, daß sie dem Original von Bartholdi möglichst nahekam.

Borglums Laterne wollte man entfernen und im Museum der Freiheitsstatue ausstellen. Es war eine französische Firma, Les Métalliers Champenois aus Reims, die den Auftrag bekam. Sie lieferte eine vergoldete Flamme, möglichst getreu dem Original. Dann installierte man moderne Lichtquellen, die natürlich viel intensiver strahlen als die Lichtquellen zu Bartholdis Zeiten. Heute glüht die Flamme nachts genauso, wie Bartholdi sich das ursprünglich vorgestellt hatte.

Ein ungewöhnlicher Anblick: Die Freiheitsstatue über dem Handwerksbetrieb von Gaget, Gauthier et Cie. Die Kupferplatten wurden von unten her montiert. Dabei setzte man nur in eines von zehn Löchern Nieten ein. Der Abbau wurde dadurch natürlich stark erleichtert. Am Ende verpackten Arbeiter die Metallteile zur Verschiffung nach New York in 210 Lattenkisten.

MONUMENTALE STANDBILDER

Fackel

Zugang zur Fackel

Beobachtungsplattform in der Krone

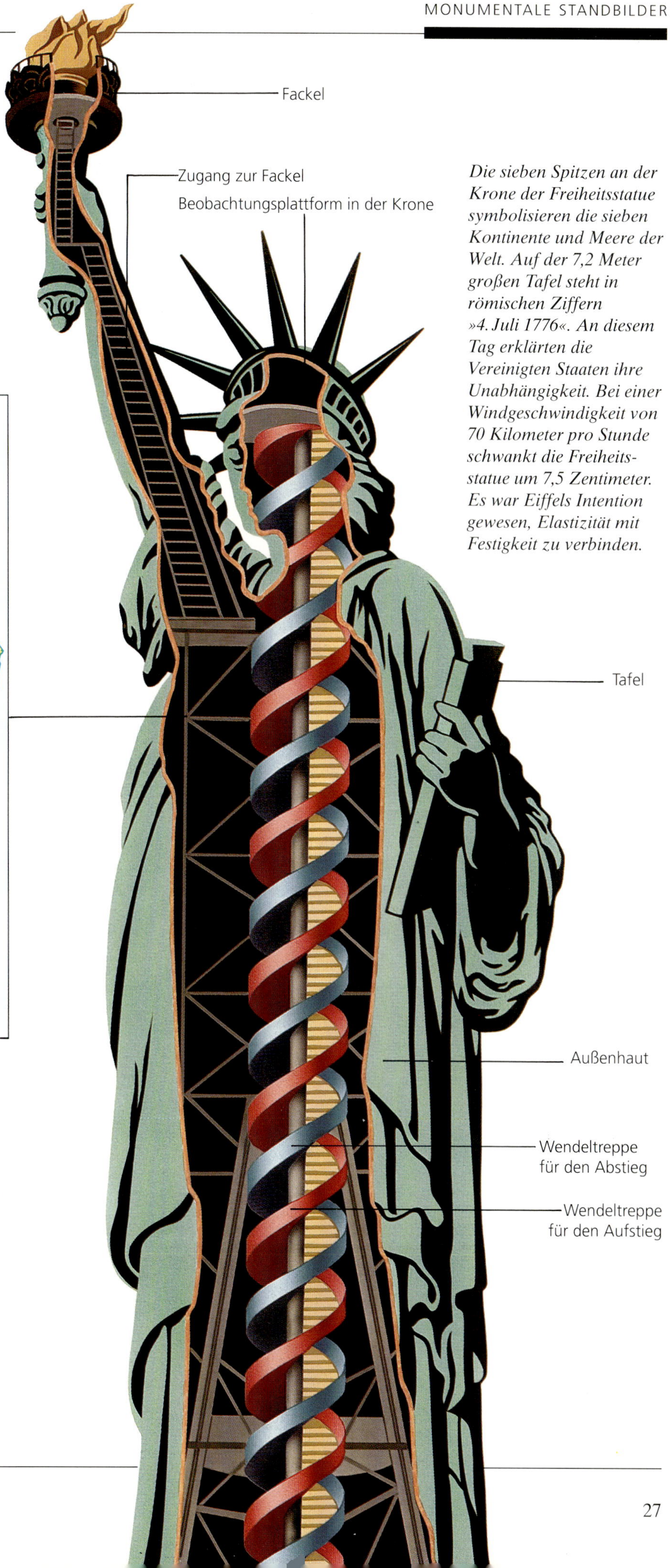

Die sieben Spitzen an der Krone der Freiheitsstatue symbolisieren die sieben Kontinente und Meere der Welt. Auf der 7,2 Meter großen Tafel steht in römischen Ziffern »4. Juli 1776«. An diesem Tag erklärten die Vereinigten Staaten ihre Unabhängigkeit. Bei einer Windgeschwindigkeit von 70 Kilometer pro Stunde schwankt die Freiheitsstatue um 7,5 Zentimeter. Es war Eiffels Intention gewesen, Elastizität mit Festigkeit zu verbinden.

Die Fackel und die Flamme kamen als erste in die Vereinigten Staaten. Sie wurden auf der Ausstellung in Philadelphia zur Hundertjahrfeier 1876 gezeigt. Nach einer weiteren Ausstellung im Madison Square Park in New York kehrten die Teile 1883 wieder nach Paris zurück, wo die Flamme verändert wurde.

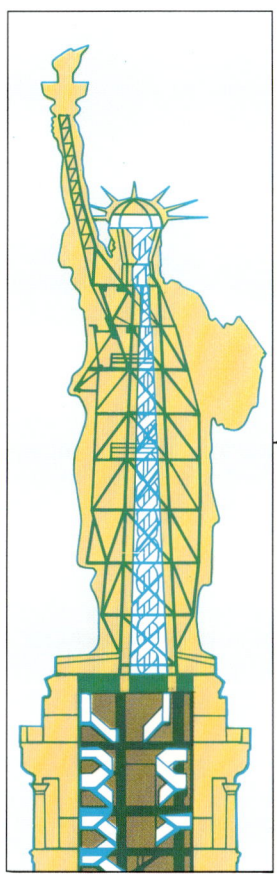

Ein Computerdiagramm (links) des Eisenskeletts der Freiheitsstatue. Es wurde während der Restaurierung in den Jahren 1982–1986 hergestellt. Die Gerüste, die am zentralen Turm befestigt wurden, gehen auf eine Idee von Viollet-le-Duc zurück. Die beiden Wendeltreppen (oben) führen bis zur Krone. Die Beobachtungsplattform hat 25 Fenster und kann 30 Besucher aufnehmen.

Tafel

Außenhaut

Wendeltreppe für den Abstieg

Wendeltreppe für den Aufstieg

Die Baumeister einer Nation

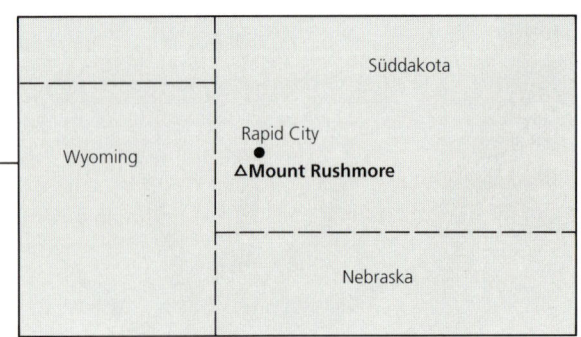

Zahlen und Daten

Die größte Skulptur der Welt, herausgemeißelt aus einem Granitfelsen.

Bildhauer: Gutzon Borglum

Bauzeit: 1927–1941

Material: Granit

Höhe: 18 Meter

Entferntes Gestein: 450 000 Tonnen

Der Vorarbeiter William Tallmen hängt am unteren Augenlid von Jefferson, als dieses noch nicht fertig gemeißelt war. Um zu verhindern, daß die Augen wie tot aussahen, meißelte Borglum die Pupille so tief heraus, daß sie fast stets Schatten wirft. In der Mitte blieb ein Gesteinszapfen stehen, der Licht zurückwerfen soll.

In den Black Hills von Süddakota in den Vereinigten Staaten schuf der Bildhauer Gutzon Borglum die größte Skulptur der Welt, indem er die Gesichter von vier amerikanischen Präsidenten in Granitfelsen meißelte. Jedes Gesicht ist ungefähr 18 Meter hoch, und für die Gestaltung der gesamten Gruppe mußten ungefähr 450 000 Tonnen Gestein mit Sprengstoff, Schlagbohrhämmern und Meißeln entfernt werden. Die Nasen sind sechs Meter lang, die Münder 5,3 Meter breit, und allein die Augen haben einen Durchmesser von 3,3 Meter. Abgebildet sind die vier Präsidenten George Washington, Thomas Jefferson, Abraham Lincoln und Theodore Roosevelt. Hätte man auch die ganzen Körper im gleichen Größenverhältnis wie die Köpfe herausgemeißelt, wären die Skulpturen etwa 140 Meter hoch.

Die Arbeiten am Mount Rushmore nahmen über fünfzehn Jahre in Anspruch. Die meiste Zeit davon verbrachte man aber nicht am Fels, sondern beim Spendensammeln. Die Idee stammt von Doane Robinson, einem Rechtsanwalt und Schriftsteller, der in den frühen zwanziger Jahren das Amt eines Geschichtsschreiber in Süddakota ausübte. 1923 kam er auf den Gedanken, man könne mehr Touristen anlocken, wenn man eine gewaltige Skulptur in den Blackhills in Auftrag gebe. Es gelang ihm nicht, den Bildhauer Lorado Taft dafür zu begeistern. Doch dann sprach Robinson mit Gutzon Borglum über seine Idee. Er hatte den richtigen Mann gefunden, vielleicht sogar den einzigen, der genügend Selbstvertrauen und die Fähigkeit hatte, um seinen Traum in die Realität umzusetzen.

Borglum war ein erfolgreicher Bildhauer, mit Sinn für Publicity und mit sehr wenig Feinfühligkeit. Er wurde als Sohn eines dänischen Einwanderers geboren, studierte Kunst in San Francisco und Paris und arbeitete drei Jahre in London, bevor er sich in New York niederließ. Er schuf für die Kathedrale St. John the Divine in New York hundert Statuen und entwickelte eine Vorliebe für Monumentalskulpturen, als er einen Kopf von Abraham Lincoln aus einem sechs Tonnen schweren Marmorblock meißelte, der heute in der Capital Rotunda in Washington steht.

Seit jener Zeit war er überzeugt, daß nur Riesenskulpturen den Geist des »kolossalen Zeitalters« ausdrücken konnten. »Volumen und große Masse haben auf den Beobachter größere emotionale Auswirkungen als die Qualität der Form«, schrieb er. »Die Qualität der Form spricht den Geist an; das Volumen schockiert die Nerven oder Seelenzentren und hat emotionale Auswirkungen.« Borglum nörgelte darüber, daß es in ganz Amerika nicht ein Monument gebe, das größer als eine Schnupftabakdose sei, und er machte sich daran, dieses Manko zu beheben. Sein Arbeitsmaterial war der Mount Rushmore, ein 120 Meter hoher und 150 Meter breiter Granitabbruch, der wie eine Zitadelle aus Stein über Fichtenwäldern und grüner Vegetation thronte.

Obwohl Borglum mehr als einmal behauptete, Geld für dieses Projekt aufzutreiben, sei eine einfache Sache, traf dies keineswegs zu. Schließlich überredeten Borglum, Robinson und die beiden Senatoren aus Süddakota den Kongreß, 250 000 Dollar dafür bereitzustellen. Das entsprach der Hälfte der erwarteten Kosten. Die andere Hälfte mußte durch Spenden aufgebracht werden. Die Vorlage passierte den Kongreß, und Calvin Coolidges Unterschrift erfolgte gerade noch zur rechten Zeit: Innerhalb weniger Monate löschte der Börsenkrach im Jahr 1929 ganze Vermögen aus. Schon ein Jahr später wäre kein Geld mehr übrig gewesen für ein so offenkundig frivoles Unternehmen, wie Gesichter in einen Berg zu meißeln.

Nach außen hin gab sich Borglum überzeugt, daß er nun genügend Geld zur Verfügung hatte, um mit den Arbeiten zu beginnen. Er wußte aber sehr wenig über die Eigenarten des Gesteins und ob man es überhaupt bearbeiten konnte. Er hatte auch noch keine Vorstellungen davon, wie die fertigen Skulpturen aussehen sollten. Der Kopf von Washington, so entschied er, müsse dominieren. Er begann also mit dessen Ausarbeitung, ohne endgültig entschieden zu haben, wie die anderen Köpfe schließlich angeordnet werden sollten. Der einzige erfolgversprechende Weg, so meinte er, sei es, die Köpfe nach den vorhandenen Felsformen zu gestalten: »Bildhauerei an einem Berg muß als natürlicher Teil zu diesem Berg gehören; sonst ist es nur ein scheußlicher Fremdkörper.« Hatte er Washingtons Kopf einmal vollendet, so wollte er schauen, wie sich der nächste Kopf damit am besten verbinden ließe.

Borglum hatte den Mount Rushmore teilweise deswegen ausgewählt, weil er glaubte, das feinkörnige Gestein ließe sich gut bearbeiten. Es war unglaublich hart, besaß aber trotz allem eine verwitterte Oberfläche, die ganz abgetragen werden mußte, damit möglichst Gestein ohne Risse zutage trat. Für den ersten Kopf, den des ersten Präsidenten George Washington, entfernte Borglum ungefähr neun Meter Gestein. Der Kopf der am stärksten zurückversetzt ist, machte die Entfernung von 36 Meter Gestein notwendig.

Die Ähnlichkeit und Lebensnähe der Gesichter war durchaus ein Problem. Borglum löste es mit einer einfachen Methode, die er selber entwickelt hatte. Zunächst schuf er Modelle, die ein Zwölftel so groß waren wie die endgültige Skulptur. Ein Inch auf dem Modell entsprach also einem Fuß am Berg. In der Mitte des Kopfes montierte Borglum ein frei drehbares Zeigerinstrument. Auf einer Platte konnte man den jeweiligen Winkel des Zeigers messen. Von diesem hing ein Senkblei, das sich längs der Zeigerachse und in der Höhe verschieben ließ. Jeder Punkt auf dem Gesicht des Modells war somit definiert durch den Winkel des Zeigers, durch den Punkt am Zeiger, von dem das Lot hing, und von der Länge des Lotes. Ein ähnlicher, aber viel größerer

Der Mount Rushmore (1717 Meter) beherrscht die Umgebung. Die Felsen sind nach Osten ausgerichtet, was den besten Lichteinfall für die Skulpturen gewährleistet. Wie die Skulpturen von George Washington, Thomas Jefferson, Theodore Roosevelt und Abraham Lincoln angeordnet wurden, entschied Borglum auf pragmatische Weise, indem er einfach mit Washington begann.

DER MOUNT RUSHMORE

Die Baumeister einer Nation

Zeiger mit einem neun Meter langen Arm wurde dann auf dem Berg montiert. Die Messungen am Modell übertrug man nun auf den Berg. Markierungen zeigten an, wieviel Gestein entfernt werden mußte. Die Arbeiter kamen mit diesem System sehr gut zurecht, und es bewährte sich für die ganze Skulpturengruppe.

Borglum beschäftigte Bergleute und Steinbrucharbeiter, die mit Sprengstoffen und Drucklufthämmern umgehen konnten. Sie waren es allerdings nicht gewohnt, wie Spinnen an einem Berg zu hängen, der fast 1800 Meter hoch war. An ihre Arbeitsstelle gelangten sie in einer Art Schaukelsitz, und ein Mann an einer Winde sorgte für die richtige Höhe. Zunächst schlugen sie zwei Bolzen ins Gestein und verbanden sie mit einer Kette. Damit besaßen sie ein Widerlager, um Kraft auf das Gestein anwenden zu können. Dieses war nämlich so hart, daß die Bohrer sehr schnell stumpf wurden, und ein Schmied war die ganze Zeit damit beschäftigt, die Meißel wieder zu schärfen.

Die Arbeiten begannen damit, daß die Steinmetzen eiförmige Gebilde aus dem Fels herausmeißelten. Um zu den endgültigen Formen des Gesichtes zu gelangen, mußten dann noch ein bis zwei Meter Gestein abgeschlagen werden. Dann trat der Zeiger in Funktion, der die Gesichtsformen vom Modell auf den Berg übertrug. Durch wabenförmiges Bohren und Meißeln schufen die Arbeiter die groben Umrisse des Gesichtes. Die endgültigen Arbeiten wurden dann nach den Anweisungen von Borglum durchgeführt, der auf geniale Weise erkannte, was nötig war, um das Gesicht zum Leben zu erwecken. So gestaltete er zum Beispiel den Bart von Lincoln durch vertikale Linien im Gestein viel lebhafter. Roosevelts Brille deutete er durch die Brücke über der Nase und den feinen Rahmen um die Augen herum an.

Die Arbeiten an dem Monument zogen sich durch die dreißiger Jahre. Wenn das Geld ausging oder wenn das Wetter zu ungemütlich wurde, mußten häufig Pausen eingeschoben werden. Als Borglum am 6. März 1941 starb, war der Mount Rushmore fast fertig. Letzte Hand legte dann sein Sohn Lincoln Borglum an, der bereits im Alter von fünfzehn Jahren am Zeigerinstrument gearbeitet hatte. Die endgültigen Kosten lagen knapp unter einer Million Dollar. An nur einer Stelle – an Jeffersons Oberlippe – lag ein größeres Gebiet mit Feldspat, das sich nicht bearbeiten ließ. Hier mußte ein 60 Zentimeter langes und 25 Zentimeter breites Stück Granit eingesetzt und mit geschmolzenem Schwefel befestigt werden. Heute besuchen jährlich zwei Millionen Menschen das Mount Rushmore National Memorial.

Borglum veränderte die ursprüngliche Lage von Jeffersons Kopf nach dem Beginn der Arbeiten. Wie man hier von der Straße aus sieht, sollte er sich links von Washingtons Kopf befinden (unten), doch das Gestein war nicht günstig, und überdies gefiel Borglum die Perspektive nicht. Ein Riß im Gestein durch Jeffersons Nase hindurch zwang ihn, das Gesicht noch einmal zurückzuversetzen.

Jeffersons roh herausgemeißeltes Gesicht zeigt die verwendete Bienenwabentechnik: Man bohrte zahlreiche Löcher nebeneinander und entfernte das dazwischenliegende Gestein mit einem Meißel. Der Granit war so hart, daß Borglum seinem Vorsatz, kein Dynamit zu verwenden, untreu werden mußte. Mit Drucklufthämmern hätte die Arbeit Jahrzehnte gedauert. Die feineren Arbeiten führte man dann mit leichteren Drucklufthämmern durch.

MONUMENTALE STANDBILDER

Jeffersons und Washingtons Kopf dahinter waren fertig, als man mit Roosevelt und Lincoln begann. Jefferson war der einzige, den man so porträtierte, wie er vor seiner Präsidentschaft aussah. Die Anzahl der Männer, die an einem Monument arbeiteten, schwankte je nach Wetter und finanzieller Lage. Bisweilen war es nur einer, dann wieder waren es 70, im Durchschnitt aber ungefähr 30. Die Arbeit begann um 7.30 Uhr, nachdem die Männer die 760 Stufen auf die Bergspitze hinaufgeklettert waren. Für den Nachschub sorgte eine Seilbahn, die neben Jeffersons Kopf verankert war.

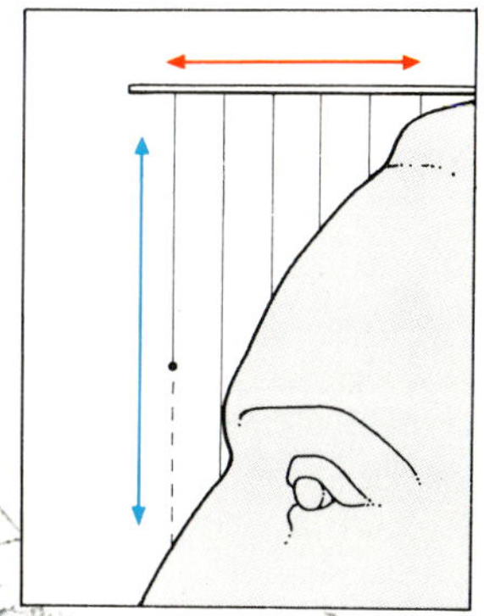

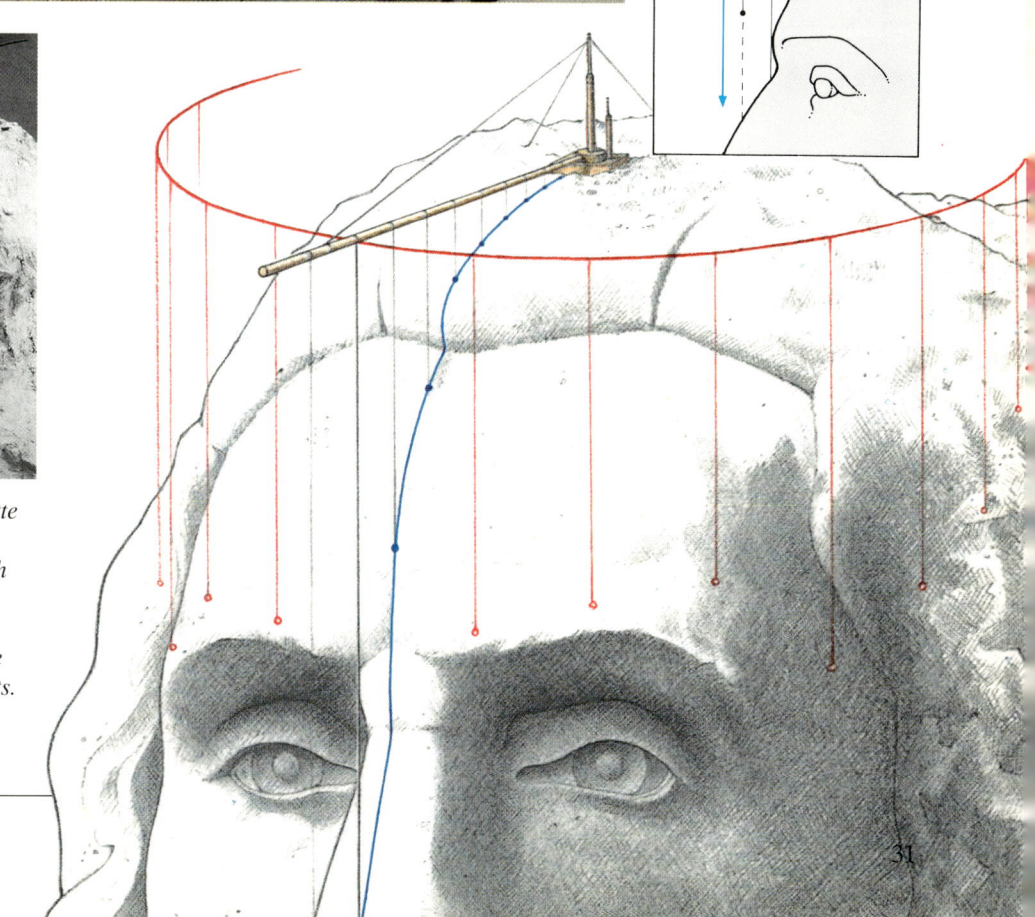

Anhand von Borglums Modellen übertrug man die Maße mit Hilfe eines Zeigers auf den Berg. In der Mitte jedes Kopfes war ein frei schwenkbarer Zeiger (oben) angebracht.

Der Zeiger (rechts) hatte auch eine Winkelmeßplatte. Das Lot ließ sich längs des Zeigerarms verschieben. Als dritte Koordinate verwendete man die Länge des Lots.

Ein Denkmal für den Sieg

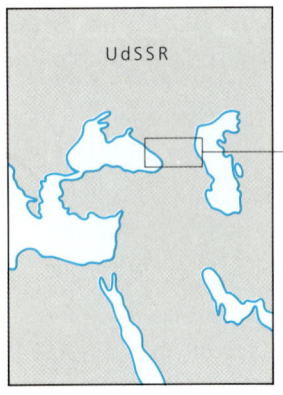
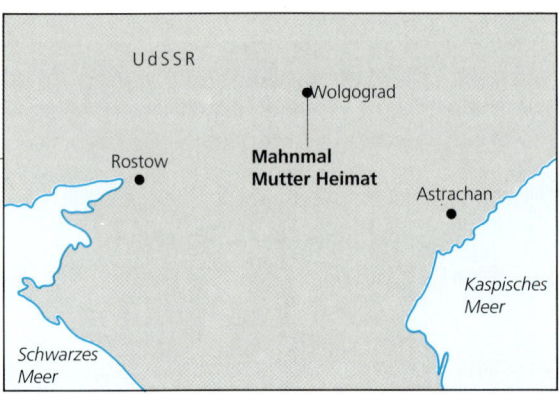

Zahlen und Daten

Das größte aus dem Vollen gearbeitete Standbild der Erde

Bildhauer: Jewgenij Wutschetitsch

Bauzeit: 1959–1967

Material: Stahlbeton

Höhe: 81 Meter

Im Winter 1942–43 wurde am Ufer der Wolga bei Stalingrad eine der entscheidenden Schlachten des Zweiten Weltkriegs geschlagen. Im August 1942 waren die deutschen Streitkräfte auf einem acht Kilometer langen Frontabschnitt nördlich von Stalingrad durchgebrochen. Die zweiundsechzigste sowjetische Armee war von der Einkesselung und Vernichtung durch die sechste deutsche Armee unter dem Kommando von General Friedrich Paulus und der vierten Panzerarmee bedroht.

In der Folge kam es zu einer der erbittertsten Verteidigungsschlachten. Jede Person wurde mobilisiert, um den Feind zu bekämpfen. Angreifer wie Verteidiger durchlebten eine unvorstellbare Zeit und hatten riesige Verluste. Zwischen Februar und April 1943 wurden 147 200 Deutsche und 47 700 Russen getötet. Zu Beginn der Schlacht standen in diesem Gebiet 48 190 Häuser. Am Ende waren 41 685 durch Bomben, Feuer oder Artilleriebeschuß zerstört.

Die vielleicht zähesten Kämpfe fanden auf einem kleinen Hügel im Norden des Stadtzentrums statt. Die Russen nennen ihn Mamajew-Hügel nach dem tatarischen Khan Mamaj, der dort einst sein Lager aufgeschlagen hatte. Auf den Kriegskarten ist er als »Höhe 102« eingetragen – und damit ist die Meereshöhe gemeint. Der Kampf um diesen entscheidend wichtigen Hügel dauerte Ende 1942 über vier Monate lang.

Am 26. Januar 1943 vereinigten sich Einheiten der 21. sowjetischen Armee, die von Westen herankamen, mit der 62. Armee, die bisher allein die Last der Verteidigung getragen hatte. Durch diese Vereinigung wurden die deutschen Truppen zweigeteilt und einzeln geschlagen.

Der Kampf war dort so gewaltig, daß die Form des Hügels verändert wurde, und obwohl strenger Winter herrschte, blieb er schwarz, denn der Schnee schmolz durch die Geschoßeinwirkungen. Im Frühjahr wuchs kein Gras darauf. Jede Handvoll Erde vom Mamajew-Hügel enthielt sieben oder acht Geschosse oder Granatsplitter.

Der Hügel überragt heute noch die Stadt, die nach Stalins Tod und vor allem nach dessen Ächtung in Wolgograd umbenannt wurde. Heute befindet sich dort das größte Kriegsdenkmal der Sowjetunion. Das Hauptstück bildet ein Standbild aus Stahlbeton. Die Mutter Heimat ruft ihre Söhne zur Verteidigung auf. Das Standbild schuf der Bildhauer Jewgenij Wutschetitsch. Es handelt sich um die größte aus dem Vollen gearbeitete Statue der Welt. Von der Säulenbasis bis zur Spitze des Schwertes, das in die Luft ragt, ist das Mahnmal 82 Meter hoch. Allein das Schwert, das aus rostfreiem Stahl besteht, ist über 27 Meter lang und wiegt 14 Tonnen.

Das Standbild ist ohne Zweifel beeindruckend und von jedem Punkt der Stadt aus zu sehen. Es stellt aber nur ein Element in einem majestätischen Kriegsdenkmal dar, das der Besucher wie ein sich entfaltendes Drama erfahren soll. Das Gesamtkonzept geht auf Wutschetitsch zurück. Im Jahr 1959 war er als Sieger aus einem Wettbewerb hervorgegangen, der für eine Gedenkstätte für die Toten von Stalingrad ausgeschrieben worden war. Die Arbeiten dauerten acht Jahre. Die feierliche Einweihung erfolgte am 15. Oktober 1967.

Wutschetitsch, der 1974 starb, schuf viele Skulpturen, die das sowjetische Volk und dessen Triumph im Großen Vaterländischen Krieg verherrlichen. Zu seinen Arbeiten gehören über vierzig Büsten von Generälen, Offizieren und Soldaten, und mindestens zehn sowjetische Städte haben Denkmäler von ihm. Er war auch verantwortlich für das Mahnmal der sowjetischen Armee am Treptower Park in Berlin. Wutschetitsch war 1908 in Dnjepropetrowsk auf die Welt gekommen, hatte an der Kunstschule in Rostow und an der Akademie der Künste in Leningrad studiert. Er kämpfte selber im Krieg und wurde schwer verwundet. Danach arbeitete er im Grekow-Studio, das sich auf die Darstellung kriegerischer Gemälde spezialisiert hatte.

Das Mahnmal, das er für Wolgograd entwarf, ist ein unversöhnliches Lehrstück, eine Politbürorede in Stein. Es beginnt am Fuße des Hügels, an der Leninallee. Ein Relief auf einem Stein zeigt eine Prozession, die den Hügel hinaufschreitet. Die Gesichter der Männer und Frauen sind von Kummer beladen, doch voll Entschlossenheit. Sie tragen Blumen, Kränze und Fahnen, um das Andenken der Toten zu ehren. An der Spitze der Prozession stehen ein Mann, der mit seiner Hand in die Richtung des Hügels weist, sowie ein Mädchen, das einen bescheidenen Blumenstrauß trägt. Beide zeigen auf eine Treppenflucht, die zu einer leicht ansteigenden Pappelallee führt. Sobald man den Fuß auf den Weg setzt, wird das riesenhafte Standbild der Mutter

MUTTER HEIMAT, WOLGOGRAD

Ein Denkmal für den Sieg

Heimat auf dem Hügel sichtbar. Sie steht gegen den Wind, ihr flatternder Schleier zeigt es an. Mutter Heimat scheint irgend etwas zu rufen, und sie deutet zur Wolga hin. Die Botschaft muß nicht interpretiert werden. Mutter Heimat ruft ihre Kinder zur Verteidigung auf. Bevor man zu diesem Standbild gelangt, kommt man an einem kleineren vorbei. Es handelt sich um einen Soldaten, der sich aus einem Wasserbecken erhebt. Er ist bis zur Taille nackt, hält in seiner Rechten eine Granate und in der Linken eine Maschinenpistole. Dieser idealisierte Soldat der Roten Armee ist immerhin 12 Meter groß. Wutschetitsch nannte diese Skulptur »Halten bis zuletzt!« und behauptete, sie repräsentiere das gesamte sowjetische Volk, das seinem Feind einen vernichtenden Schlag beibringe. »Seine Figur verkörpert den Widerstand gegen den Faschismus«, sagte Wutschetitsch, dessen Prosa mit seinen Skulpturen einige Ähnlichkeit aufweist.

Neben diesem symbolischen Klotz des sozialistischen Realismus hatte er die interessante Idee, zwei hohe Mauern zu bauen. Sie sollten sich in der Perspektive treffen und das Auge auf eine gewaltige Ruine lenken. Wie das ganze Mahnmal sind auch diese Mauern gigantisch geworden, über 48 Meter lang und 18 Meter hoch. Auf der geschwärzten Mauer sind Inschriften und Kampfszenen wiedergegeben. »Vorwärts, nur vorwärts!« lesen wir hier zum Beispiel. Am Ende der rechten Mauer ist eine wahre Begebenheit aus der Schlacht dargestellt. Ein junges Mitglied der kommunistischen Jugendorganisation Komsomol, Michail Panikakha mit Namen, soll einen deutschen Panzer dadurch zerstört haben, daß er, da ihm keine Granaten mehr übrigblieben, sich selbst mit einem brennenden Molotow-Cocktail in der Hand auf ihn stürzte. Der Panzer und er selbst verbrannten bei diesem Inferno.

Beim weiteren Aufstieg kommt man zum Heldenplatz. Auch er ist von Mauern umgeben, auf denen weitere Heldentaten dargestellt sind. Dann folgt die Ruhmeshalle, außen mit grauen Betonmauern, innen ein riesiger glitzernder Raum. Die Wände sind mit Kupfer belegt und vergoldet, und in der Mitte der Halle hält eine riesige Marmorhand eine Fackel mit einer ewigen Flamme. Die Fackel trägt die Aufschrift »Ruhm, Ruhm, Ruhm«, und eine Ehrengarde der Garnison von Wolgograd hält hier Wache.

Vielleicht waren sich der Schöpfer und seine Kollegen nicht sicher, ob die vielen Reliefs, Inschriften und Skulpturen ohne weitere Hilfen das sowjetische Publikum beeindrucken würden. So verwenden sie auch Geräusche und Töne, um die richtige Stimmung aufkommen zu lassen. An der Ruine hört man Musik von Bach, Kriegergesänge, Gefechtslärm, die Rufe

Für den ganzen Komplex des Mahnmals brauchte man acht Jahre Bauzeit. Man mußte über eine Million Kubikmeter Erde bewegen und über 20 000 Kubikmeter Beton verarbeiten. Links vom Standbild der Mutter Heimat sehen wir das Denkmal »Schmerz einer Mutter«. Es dient als Ausgleich für die massive Ruhmeshalle auf der gegenüberliegenden Seite des Platzes. Die Mutter, die sich über ihren toten Sohn beugt, erinnert an eine Pietà, die die menschliche Verbundenheit zwischen Christus und der Jungfrau Maria zum Ausdruck bringt.

von Soldaten und die knisternde Stimme eines Radiosprechers. In der Ruhmeshalle ist feierliche Musik aus Schumanns »Träumerei« zu hören.

In der Nähe der Ruhmeshalle befindet sich ein weiterer Platz, Platz der Trauer genannt. Hier steht die Statue »Schmerz einer Mutter«. Sie zeigt eine Frau, die sich über ihren toten Sohn beugt. Schließlich folgt noch ein kurzer Anstieg bis zur Basis des Sockels, auf dem das Standbild der Mutter Heimat steht. Längs des Betonweges, der auf den grasbewachsenen Abhängen nach oben führt, liegen die Gräber von Helden der Sowjetunion, die in dieser Schlacht umkamen. »Dem Gardeoberleutnant Wladimir Petrowitsch Khasov, Held der Sowjetunion, ewigen Ruhm!« »Dem Hauptfeldwebel Pawel Michailowitsch Smirnow, Held der Sowjetunion, ewigen Ruhm!«

Wenn man auf diesen Wegen geht, sieht man das Standbild von verschiedenen Winkeln. Schließlich gelangt man zum Sockel. Beim Hochschauen bemerkt man – so die Worte eines sowjetischen Schrift-

MONUMENTALE STANDBILDER

Das Standbild der Mutter Heimat (links) ist nicht auf dem Sockel befestigt, sondern ruht dort fest durch ihr Eigengewicht. Allein der Schleier, vom Wind aufgebläht, soll 250 Tonnen wiegen. Das Standbild wirkt von allen Punkten imposant.

stellers –, daß die Kolossalstatue mit ihren weit ausgebreiteten Armen den halben Himmel umfaßt. Im Hintergrund ertönt leise Glinkas Hymne »Ruhm«. An Winterabenden wird die Statue von Scheinwerfern bestrahlt.

Das ganze Ensemble ist typisch sowjetisch und stellt bildhaft einen der Hauptgründe dar, warum die kommunistische Partei beansprucht, dieses Land zu regieren – nämlich der Sieg im Großen Vaterländischen Krieg. Für viele Kommunisten und vor allem für Kriegsveteranen ist ein Besuch des Mahnmals eine tiefe emotionale Erfahrung. Jüngere, kritischer gestimmte Sowjetbürger sehen es als grandioses Produkt jener Jahre, in denen Leonid Breschnew das Land in die Stagnation führte. Im Volksmund heißt die Mutter Heimat auch »Breschnews Tantchen«. Doch eines sollte man bedenken: In einer früheren Ära wäre es nicht möglich gewesen, eine solche Statue zu schaffen, sondern Stalin hätte sich selbst darauf abbilden lassen. Und das wäre wohl schwerer zu ertragen gewesen.

Das Standbild »Halten bis zuletzt!« (oben) befindet sich auf der zentralen Achse des Komplexes und besteht aus wasserfestem Stahlbeton, verkleidet mit einigen Granitplatten. Birken, die typischen Bäume der russischen Wälder, umgeben das Wasser, aus dem sich die Statue erhebt.

Die Ruhmeshalle (links) ist mit 34 Mosaikfahnen geschmückt. Darauf stehen die Namen von 7200 Sowjetsoldaten, die bei Stalingrad fielen. Der Boden ist mit schwarzem, grauem und rotem Marmor belegt.

ZWEITES KAPITEL

Architektonische Leistungen

Große Gebäude wollen etwas aussagen. Einige verherrlichen Gott oder symbolisieren die Macht eines Herrschers: Tempel, Kathedralen und Paläste werden gebaut, seitdem der Mensch zum erstenmal einen Stein auf den anderen gesetzt hat. Einige Gebäude wollen den Reichtum darstellen, andere dienen dem Krieg, und wiederum andere sind Schreine für die Kultur oder den Sport. Manche Gebäude spiegeln den über Jahrhunderte hinweg aktuellen Wunsch wider, immer höher zu bauen. So entstanden Gebäude, die an die Grenzen der damaligen Bautechnik gingen – und manchmal auch darüber hinaus.

Viele Türme sind manchmal zusammengestürzt, wenn der Ehrgeiz größer war als das technische Wissen von der Belastbarkeit solcher Gebäude. Einer der bemerkenswertesten Türme, die zusammenfielen, war der gotische Spitzturm von Fonthill Abbey, der im Lexikon weiterer Meisterwerke am Ende dieses Buches aufgeführt ist.

Obwohl diese Gebäude sehr unterschiedliche Verwendungszwecke haben, wären sie ohne Funktion nicht geschaffen worden. Architekten arbeiten im Gegensatz zu anderen Künstlern nicht ohne Auftraggeber, die ihre Rechnungen auch bezahlen wollen.

Alle Gebäude, die wir hier beschreiben, erheben auf irgendeine Weise den Anspruch, einzigartig zu sein. Sie sind entweder die ersten, die umfangreichsten oder höchsten ihrer Art, die originellsten oder phantastischsten. Einige darunter können den Anspruch erheben, der Baukunst ein neues Gebiet eröffnet zu haben, zum Beispiel der Crystal Palace, der Eiffelturm oder der Superdome von New Orleans. Andere wurden ausgewählt, weil sie die Besessenheit eines einzelnen Menschen widerspiegeln, etwa von Antonio Gaudi oder Felix Houphouët-Boigny. Es gibt geheimnisvolle Gebäude wie die große Pyramide von Cholula, Sciencefiction-Phantasien wie Biosphere II oder so verrückte Gebäude wie die Oper von Sydney, bei der eine wundervolle Idee in die Realität umgesetzt werden mußte, wie schwierig sich dies auch erweisen mochte.

Jede bedeutende Kultur hat große Gebäude hervorgebracht. Bisweilen sind sie das einzige, was von der betreffenden Kultur noch übriggeblieben ist. Im folgenden geben wir eine Auswahl aus den bemerkenswertesten Schöpfungen von Architekten und Bauherren der vergangenen viertausend Jahre. Wenn Architektur erstarrte Musik ist, wie dies der deutsche Philosoph Schelling behauptete, so begegnen Sie im folgenden einigen der lautesten und schönsten Töne, die der Mensch jemals geschaffen hat.

Architektonische Leistungen
Der Amun-Tempel
Die Pyramide von Cholula
Pyramiden – antike Heiligtümer
Der Krak des Chevaliers
Der Vatikan
Die verbotene Stadt
Der Crystal Palace
Paxtons Einfluß
Die Kathedrale Sagrada Familia
Gaudis schöpferisches Genie
Der Eiffelturm
Weitere Bauwerke von Eiffel
Manhattan
Das Epcot Center
Das Olympiastadion in München
Die Oper von Sydney
Der Superdome
Der CN Tower
Die höchsten Türme
Der Palast des Sultans von Brunei
Die Basilika der Friedenskönigin
Biosphere II

Schrein für den Windgott

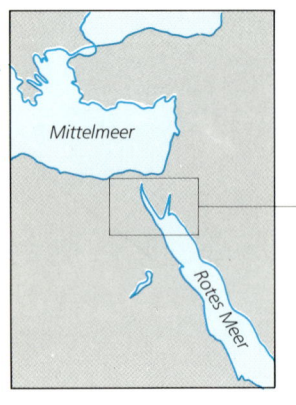

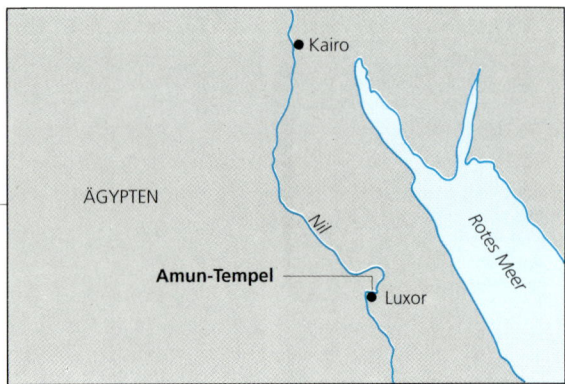

Zahlen und Daten

Das größte religiöse Gebäude, das jemals gebaut wurde

Hauptsächliche Erbauer: Thutmosis I., Ramses II.

Bauzeit: um 1524–1212 v. Chr.

Material: Granit, Sandstein und Kalk

Oberfläche des großen Hofes: 8920 m²

Am Ufer des Nils, an einer Stelle, die bei den alten Ägyptern als Geburtsort der ganzen Welt galt, liegt das größte religiöse Gebäude, das jemals gebaut wurde. Der Tempel des Amun in Karnak (einst dem antiken Theben) ist aber mehr als nur ein Gebäude, und seine Geschichte erstreckt sich über 1300 Jahre. Er ist eine Art Kalender der ägyptischen Zivilisation, Schicht für Schicht in einem verwirrenden Durcheinander niedergelegt, und er beeindruckt mehr durch seine Größe als durch seine Schönheit. Als Theben über Ägypten herrschte, dienten im Amun-Tempel 81 000 Sklaven. Die Stadt erhielt von 65 weiteren Städten Steuerzahlungen in Form von Gold, Silber, Kupfer und Edelsteinen. Die zahlreichen Gebäude haben eines gemeinsam. Sie wurden zur Verherrlichung des großen Gottes Amun errichtet und sollten ihren Erbauern ein langes Leben und große Macht gewähren.

Die alten Ägypter hatten viele Götter und bauten ihnen auch zur Besänftigung und Verehrung viele Schreine. Einige Götter waren nur von rein lokaler Bedeutung, während andere den Status eines »großen Gottes« erhielten, zum Beispiel der Sonnengott Re, der auch über Heliopolis hinaus als Lebensspender verehrt wurde, und Amun, der Gott des Windes und der Fruchtbarkeit, der ursprünglich nur in Theben verehrt wurde. Mit seiner Gemahlin Mut und seinem Sohn Chons bildete Amun eine Dreieinigkeit und wurde zum König der Winde. Doch selbst die größten Götter standen untereinander nicht in Konflikt und konnten sich das Wesen jedes anderen einverleiben. Auf diese Weise übernahm Amun auch den Charakter des Sonnengottes. Er wurde zu Amun-Re und erlangte zumindest in Theben noch größere Bedeutung. Immer mehr betrachtete man andere Götter als Facetten oder Erscheinungsformen des Amun. Dieser nahm viele Gottheiten in sich auf, und so kam er der Vorstellung eines alleinigen Gottes wie in der jüdisch-christlichen Tradition sehr nahe.

Der Bau des Amun-Tempels fiel mit dem Aufstieg und Fall Thebens zusammen. Heute ist nur dieser Tempel übriggeblieben, weil die große Stadt Theben wie alle ägyptischen Wohnhäuser aus Schlammziegeln bestand und folglich die Zeiten nicht überlebte. Selbst die Häuser, in denen die Pharaonen lebten, waren aus Lehm, und die Einrichtung war nur auf ein Lebensalter ausgerichtet. Beim Tempel lagen die Dinge jedoch anders. Er sollte eine Ewigkeit überdauern und bestand aus Granit, Sandstein und Kalk. Diese Gesteine wurden mit ganz primitiven Techniken und Werkzeugen gewonnen und geformt.

Der Granit kam aus Steinbrüchen bei Assuan, der Kalk aus Tura nahe Kairo, der Sandstein von vielen Stellen längs des Niltales. Die weicheren Steine wurden offensichtlich mit einem hackenähnlichen Werkzeug gewonnen, doch bisher haben die Archäologen noch kein Stück davon gefunden. Steinplatten wurden offensichtlich mit einer Säge zugeschnitten. Sie bestand wahrscheinlich aus Kupfer, und man verwendete ein Schleifmaterial wie Quarzsand dazu, um ihre Schneidkraft zu erhöhen. Löcher bohrten die Arbeiter ebenfalls mit Hohlbohrern aus Kupfer. Die entsprechenden Bohrlöcher wurden gefunden, doch von Sägen und Bohrern fand man bisher keine Reste.

Die Bautechniken der alten Ägypter waren ziemlich primitiv. Der Amun-Tempel beispielsweise hatte keinerlei Fundamente. Konnte man die Säulen auf anstehendes festes Gestein auflegen, gab man sich damit zufrieden. Eine Überschwemmung im Jahr 1899 trug die lockeren Fundamente des großen Säulensaales ab, wodurch elf Säulen einstürzten. Dabei hatte man die Gelegenheit, die Fundamente zu studieren. Sie bestanden aus nicht viel mehr als einem Graben, der zur Niveauregulierung mit Sand ausgefüllt wurde, und einer ungefähr einen Meter dicken Schicht aus obenaufliegenden lockeren kleinen Steinen.

Der heilige See (links) grenzt an den südöstlichen Teil des Tempelkomplexes und versinnbildlicht das Urwasser Nun, in dem sich die Priester des Amun reinigten. Die 134 Säulen der großen Säulenhalle (rechts) sind in 16 Reihen angeordnet. Die Säulen in der zentralen Doppelreihe erreichen eine Höhe von 21 Meter. Die Oberflächen sind mit Reliefs und Inschriften geschmückt.

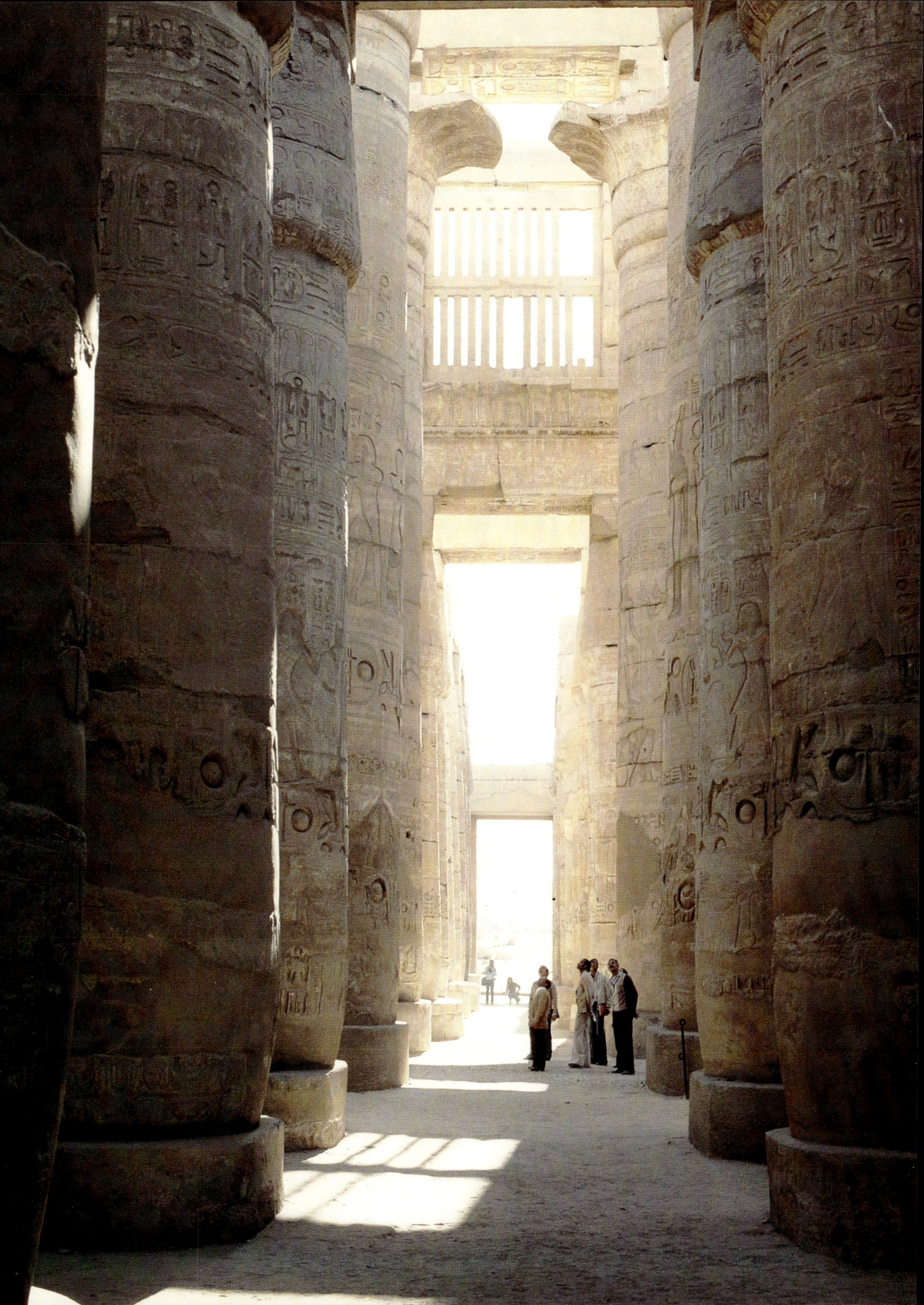

DER AMUN-TEMPEL VON KARNAK

Schrein für den Windgott

Das größte und prächtigste Gebäude in Karnak ist die große Säulenhalle. Sie besteht aus einem Säulenwald – ursprünglich waren es 134 gewesen. Es handelte sich um das größte Gebäude dieser Zeit. Die Säulenhalle bedeckte ein 103,4 Meter langes und 51,5 Meter breites Gebiet. In der Mitte verläuft eine doppelte Reihe von Säulen von 21 Meter Höhe und 9,9 Meter Umfang.

Auf beiden Seiten stehen sieben weitere Säulenreihen, von denen jede 14,6 Meter hoch ist. Auf dem Platz der Säulenhalle hätte die Kathedrale Notre Dame von Paris Platz gefunden. Ursprünglich war die ganze Säulenhalle mit Steinblöcken überdacht, in der Mitte natürlich am höchsten. Fenster im Lichtgaden des Schiffes ließen Licht ins Innere eindringen.

Die Errichtung dieses riesenhaften Gebäudes war eine erstaunliche Leistung, denn die Ägypter kannten nur ganz einfache Werkzeuge. Rollen besaßen sie nicht, und die Blöcke, die sie zu Säulen zusammenfügten, mußten sie auf Rampen aus Lehmziegeln an Ort und Stelle transportieren. Gerüste wurden zwar verwendet, doch nur in einem kleinräumigen Bereich zur Dekoration und endgültigen Bearbeitung des Steins. Die Männer, die den Tempel bauten, arbeiteten in Gruppen mit festen Schichtzeiten. Jede Gruppe hielt in einem Tagebuch die geleistete Arbeit fest. Darin wurden auch die Gewichte der Kupferwerkzeuge verzeichnet, die jedermann ausgehändigt bekam, und man findet darin auch die Gründe für die Abwesenheit von der Arbeit vermerkt. Die Arbeiter erhielten Nahrung, Holz, Öl und Kleider, manchmal auch einen Bonus in Form von Wein, Salz oder Fleisch.

Ramses I. plante die Säulenhalle und begann auch mit deren Bau. Er regierte aber nur zwei Jahre; 1318 v. Chr. kam sein Sohn Seti I. auf den Thron. Den Bau schloß Ramses II. ab, der 1290 v. Chr. seinem Vater auf den Thron gefolgt war und 67 Jahre regierte. Ramses II. war ein großer Baumeister. Er schuf mehr Tempel und Monumente als alle anderen Pharaonen, darunter auch den Tempel von Abu Simbel. Die Dekoration an der Außenseite der großen Säulenhalle schildert den Krieg, den Ramses II. gegen die Hethiter führte. Darunter finden wir auch den Text eines Friedensvertrages, des ersten Nichtangriffspaktes der Weltgeschichte. Eingemeißelt ist auch ein Gebet, mit dem Ramses II. Amun um Hilfe bat, als er vom größten Teil seiner Armee verlassen worden war und der Übermacht der Hethiter gegenüberstand. »Ich rufe zu dir, mein Vater Amun. Mitten unter Fremden, die ich nicht kenne. Alle Völker haben sich gegen mich verschworen. Ich bin allein, und niemand ist bei mir... Aber ich rufe zu dir und

Durch das Kelchkapitell (links) erhielten die Baumeister eine umfangreiche Auflage mit einem Durchmesser von 3,6 Meter.

Die Verzierungen der großen Säulenhalle lieferten den Archäologen zahlreiche wichtige Informationen. Die Ägypter verwendeten kaum Gewölbe und keine Bögen. Ihre Tempel bestehen aus einer Vielzahl von Säulen, auf denen flache Steinblöcke aufliegen. Die begrenzte Tragkraft von Kalk und Sandstein machte zahlreiche Säulen notwendig.

Widderköpfige Sphinxe (rechts) bilden eine Allee zwischen dem Tempelkomplex und dem Nil. Sie tragen Sonnenscheiben auf den Köpfen und eine Statue des Pharaos unter dem Kinn. Die Figuren symbolisieren die Stärke des Sonnengottes (Löwe) und gleichzeitig seine Fügsamkeit (Widder).

ARCHITEKTONISCHE LEISTUNGEN

Festhalle von Thutmosis III.

Erstes Heiligtum

Zweiter Hof

Vierter Hof

Sogenannter Versteck-Hof

Dritter Hof

Die Ziffern geben Pylonen an

Große Säulenhalle

Tempel von Ramses III.

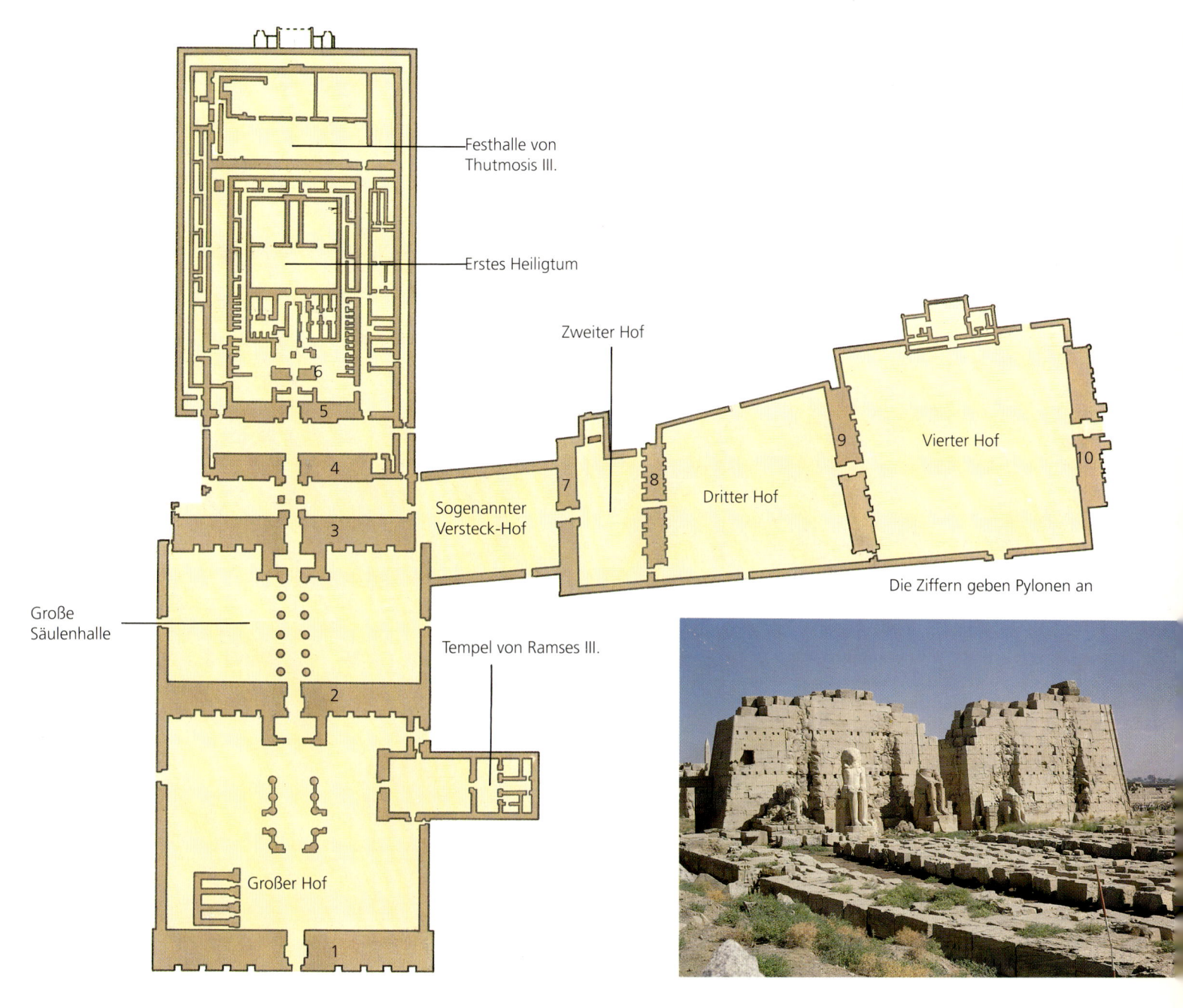

Großer Hof

sehe, daß Amun für mich besser ist als Millionen von Fußsoldaten und Hunderttausende von Streitwagen.« Die Nordwand stellt die Schlachten von Seti I. im Libanon, in Südpalästina und Syrien dar.

Die Säulenhalle, wie wir sie heute sehen, ist das Ergebnis von Rekonstruktionsarbeiten überwiegend französischer Archäologen. Als Napoleon und seine Armee die Halle zu Ende des 18. Jahrhunderts entdeckten, war sie eine Ruine. Die Säulen standen schräg oder waren umgefallen, und Sand bedeckte fast alles.

Die große Säulenhalle ist nur einer von zwanzig Tempeln, Schreinen und Zeremonialhallen in Karnak. Der letzte Bau, der hier ausgeführt wurde, war ein großer Pylon. Dieser Torturm geht auf die letzten einheimischen Pharaonen zurück, die Ptolemäer. Er ist 14,9 Meter breit, 43,6 Meter hoch und 113 Meter lang. Eine unvollendete Wand zeigt noch die rohe Bearbeitung der Steine, und auch die Rampen aus Lehmziegeln, mit denen die Steinblöcke herantransportiert wurden, stehen noch an Ort und Stelle.

Durch das Tor dieses großen Pylons gelangt man in den großen Hof, den die lybischen Pharaonen der 22. Dynastie (945–715 v. Chr.) erbauten. An der Südwand dieses Hofes befindet sich einer der schönsten ägyptischen Tempel, der Tempel von Ramses III. Der gesamte Tempelbezirk ist so groß, daß er zehn europäische Kathedralen aufnehmen könnte. Der Amun-Tempel kontrollierte auf dem Höhepunkt zur Zeit von Ramses III. mindestens sieben Prozent der ägyptischen Bevölkerung und neun Prozent des Landes. Er besaß 81 000 Sklaven, 421 000 Stück Rinder, 433 Gärten, 46 Bauhöfe und 83 Schiffe.

Den achten Pylon baute die Königin Hatschepsut. Es war Amenhotep III. (1417–1379 v. Chr.) gewesen, der Pylonen in Karnak einführte. Sie bewachen den Eingang zu einem Tempel. Die Wände sind nach innen geneigt, und die Außenwände zeigen normalerweise Verzierungen, die von den Eroberungskriegen des betreffenden Herrschers erzählen. Schlitzartige Aussparungen an den Wänden nahmen Fahnenmasten auf.

DIE PYRAMIDE VON CHOLULA

Ein mexikanisches Grabmal

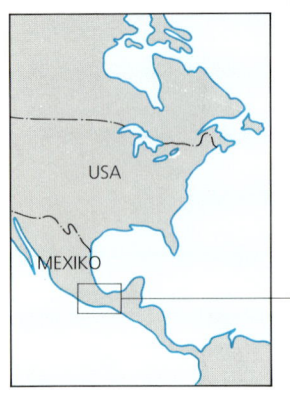

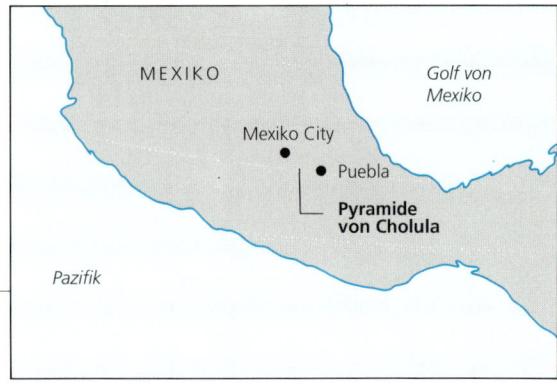

Zahlen und Daten

Die größte Pyramide der Welt

Bauzeit: 2. bis 8. Jh. n. Chr.

Material: Adobe

Höhe: ca. 60 Meter

Basis: 426 Meter im Quadrat

Nahe der ruhigen, verschlafenen mexikanischen Stadt Cholula steht eine Kirche im Kolonialstil mit goldenen und grünen Dachziegeln auf einem merkwürdig aussehenden Hügel, der sich aus der Ebene erhebt. Die Kirche wurde von den Spaniern gebaut, die Mexiko eroberten, und ist unter dem Namen Nuestra Señora de los Remedios bekannt. Sie ist nur eine von vielen Kirchen dieser Stadt, und die Erbauer wußten damals gar nicht, daß ihr Gotteshaus auf einem noch viel bemerkenswerteren religiösen Bauwerk stand. Der Hügel ist nämlich keine natürliche Struktur, sondern die größte Pyramide der Welt und das größte Bauwerk der Neuen Welt. Es handelt sich in Wirklichkeit sogar nicht um eine, sondern um vier Pyramiden, von denen jede über der Vorgängerin erbaut wurde.

Zur Zeit der Eroberung durch die Spanier war die rund 60 Meter hohe Pyramide, die an jeder Seite 427 Meter lang ist, bereits eine Ruine und von dichtem grünen Buschwerk überwachsen. Mit dem Bau der Pyramide hatten die Menschen wohl im 1. oder 2. Jahrhundert n. Chr. begonnen. Bis zum 8. Jahrhundert wurde die Pyramide immer wieder vergrößert. Einzelne Änderungen brachten die Bewohner bis ins 12. Jahrhundert hinein an. Es müssen viele tausend Menschen am Bau beteiligt gewesen sein. Das Kommando führte eine Priesterkaste, die über alle Macht verfügte. Die früheren kleineren Pyramiden von Cholula sind zur selben Zeit wie die beiden großen Pyramiden in Teotihuacán entstanden. Diese größere Stadt liegt 160 Kilometer weiter im Norden und war damals Hauptstadt eines großen Reiches.

Die große Pyramide von Cholula ist aus Adobe erbaut, aus luftgetrockneten Lehmziegeln. Auf der Außenseite wurden kleine Steine angebracht und alles mit Mörtel oder Lehm verputzt. Das Innere der Pyramide umfaßt ein ganzes Netz von Tunneln, teilweise mit bemalten Wänden. Ein Treppenhaus aus behauenen Steinen führt bis zur flachen Plattform hoch. Außerhalb der Pyramide liegt ein Platz, der fast einen halben Hektar groß ist und ursprünglich zum Treppenhaus im Inneren der Pyramide führte. Am Rande des Platzes befinden sich Gebäude. Einige sind mit Wandgemälden geschmückt, die in ihrem Stil an die Gemälde von Teotihuacán erinnern. Eines zeigt aber einen unterschiedlichen Stil. Es handelt sich um ein über 45 Meter langes Relief. Es stellt eine zeremonielle Trinkszene dar, die vielleicht zur Erntezeit stattgefunden hat. Die Figuren sind lebensgroß in einem frei fließenden Stil dargestellt. Es handelt sich ausschließlich um Männer, wenn man von zwei alten Frauen absieht. Die Szene verrät eine große Ausgelassenheit. Die meist nackten Trinker zeigen schon dicke Bäuche, die verraten, daß das Trinkgelage schon weit fortgeschritten ist. Forscher nehmen an, daß das Relief in der Zeit zwischen dem 2. und 3. Jahrhundert ausgeführt wurde.

Die Menschen von Cholula verehrten wie die von Teotihuacán den Gott Quetzalcoatl. Er tritt in Form einer gefiederten Schlange auf und trägt die Federn des Vogels Quetzal, der heute noch in einem kleinen Gebiet an der Grenze zwischen Mexiko und Guatemala lebt. Die Federn dieses Vogels waren im alten Mexiko wegen ihrer Seltenheit und Schönheit hochbegehrt, und das Wort »quetzal« bedeutet allgemein etwas besonders Wertvolles.

Doch was waren das für Menschen, die die größte Pyramide der Welt errichteten? Niemand weiß es. Sie gingen den Tolteken und Azteken voraus, die diese Gebiete später eroberten. Über ihre Sprache und ihre Sitten wissen wir nur wenig. Auch wie weit ihre politische Macht in den Jahrhunderten, da die Pyramide gebaut wurde, reichte, ist uns nicht bekannt. Die riesigen Ausmaße und die Organisation, die dahinter stand, deuten aber auf eine Elite hin, die ein großes Gebiet ihr eigen nannte.

Die besser erhaltenen Ruinen in Teotihuacán liefern uns einige Hinweise über Cholula. Es liegt auf der Hand, daß die beiden Städte in Verbindung standen. Die Stadt Teotihuacán wies einen rechtwinkligen Grundriß auf und bedeckte ein Gebiet von über 20 km². Die Hauptverkehrsader, die »Straße der

43

DIE PYRAMIDE VON CHOLULA

Ein mexikanisches Grabmal

Toten«, nahm ihren Anfang bei der riesigen Mondpyramide und führte an der noch größeren Sonnenpyramide vorbei. Auf der ganzen Länge dieser Straße befanden sich weitere pyramidenähnliche Plattformen, die an der flachen Oberseite jeweils einen Tempel trugen.

Die riesige Sonnenpyramide erreicht eine Höhe von fast 66 Meter. Eine Seite ist ungefähr 225 Meter lang. Schätzungen zufolge dauerte der Bau dreißig Jahre, wobei 3000 Männer beschäftigt waren. Für den Bau brauchten die Arbeiter ungefähr 800 000 Kubikmeter Material. Die Pyramide von Cholula ist nicht ganz so hoch, weist aber eine fast viermal so große Basis auf. Für ihren Bau waren fast 3,3 Millionen Kubikmeter Material erforderlich. Wir können also annehmen, daß ungefähr 10 000 Arbeiter vierzig Jahre lang damit beschäftigt waren.

In Wirklichkeit gab es allerdings mehrere Bauphasen. Die kleineren Pyramiden lieferten das Fundament für die größeren. Der ganze Bau mag also Jahrhunderte gedauert haben, wobei zwischen den einzelnen Bauvorhaben durchaus längere Pausen lagen. Ein Vergleich: Die große Cheops-Pyramide, die bereits in alter Zeit zu den sieben Weltwundern zählte, war ursprünglich 146,6 Meter hoch; heute sind es nur noch 136,8 Meter, da die Spitze abgetragen wurde. Eine Seite maß 230,4 Meter, und die Pyramide umfaßte 2,57 Millionen Kubikmeter.

Die Menschen, die die Pyramiden von Cholula und Teotihuacán bauten, hatten nur einfache steinzeitliche Werkzeuge zur Verfügung. Sie schufen damit aber nicht nur die monumentale Architektur der Pyramiden, sondern auch Keramiken und Steinskulpturen. An der Ostseite des großen Platzes von Cholula fanden die Archäologen eine riesenhafte Steinplatte, die zehn Tonnen wiegt. Längs ihrer Stirnkante ist das Motiv ineinander verschlungener Schlangen eingemeißelt. An der Westseite der Pyramide fand man einen stilisierten Schlangenkopf in gradlinigem Stil.

Die Handwerker, die diese Gegenstände schufen, waren offensichtlich keine Krieger. Weder Teotihuacán noch Cholula haben irgendwelche Befestigungen. Das könnte erklären, warum diese Priesterkulturen so schnell verschwanden, als nomadisierende Kriegervölker aus dem Norden eindrangen. Auf dem Höhepunkt ihrer Macht beherbergte Teotihuacán mindestens 125 000 Menschen, vielleicht sogar 200 000. Die Stadt war damit größer als beispielsweise Athen. Um das Jahr 750 n. Chr. – einige meinen auch früher – verschwand die Stadt abrupt und vollständig. Cholula war nie so groß und überlebte vielleicht etwas länger. Aber auch sie wurde überrannt und ihre Kultur ausgelöscht.

Als Cortés in Mexiko eintraf, war die Stadt Cholula bereits durch die Hände von mindestens drei Einwanderervölkern gegangen. Am bekanntesten sind die Tolteken, die die Stadt 1292 übernahmen. 1359 mußten sie dem Königreich von Huexotzingo weichen. Obwohl keines dieser Völker die religiösen Überzeugungen der Erbauer dieser Pyramide teilte, betrachteten sie diese doch als ein großes Wunder. Cortés selbst berichtete, die Stadt Cholula, die »so schön aussah wie irgendeine Stadt in Spanien«, habe aus 20 000 Häusern und 400 Pyramiden bestanden.

Zu Beginn des 19. Jahrhunderts unternahm der deutsche Forschungsreisende und Wissenschaftler Alexander von Humboldt die ersten Versuche zur Erforschung der alten mexikanischen Kulturen. Als

Der größte Teil der Pyramide von Cholula besteht aus Adobe, also luftgetrockneten Lehmziegeln. Sie wurden mit kleinen Steinen verkleidet und erhielten einen dicken Überzug aus Mörtel und Lehm. Auf dieser Unterlage konnte man auch Gemälde anbringen. Die Spanier sollen in Cholula 364 Kirchen gebaut haben.

ARCHITEKTONISCHE LEISTUNGEN

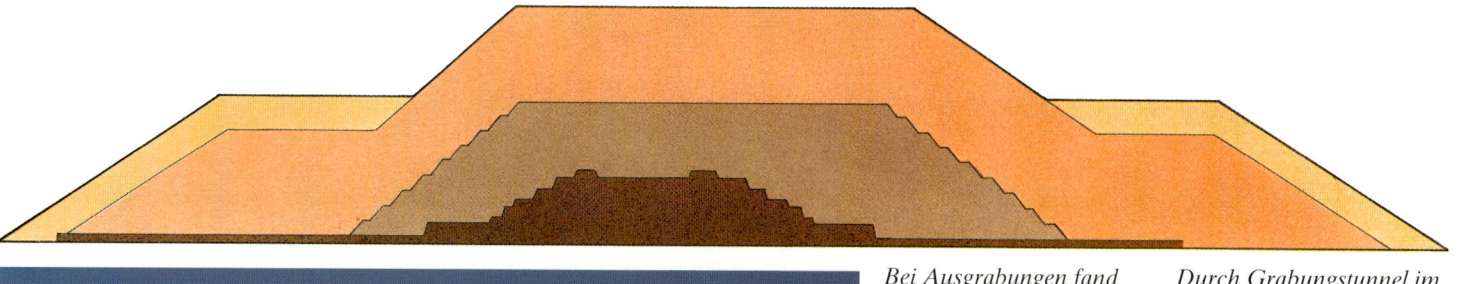

Bei Ausgrabungen fand man mehrere Steindenkmäler (links). Sie waren allerdings ziemlich zerstört, mußten restauriert und an ihrem ursprünglichen Platz wieder aufgerichtet werden. Dieses Denkmal an der Ostseite des Platzes ist ungefähr 3,60 Meter hoch, wobei allerdings die Oberseite fehlt. An der Außenseite sind wahrscheinlich stilisierte Schlangen eingemeißelt.

Durch Grabungstunnel im Innern der Pyramide konnte man feststellen, daß sich darunter mindestens vier Strukturen verbergen. Offensichtlich wurde die Pyramide immer wieder vergrößert (oben). Die erste war 114 x 108 Meter groß, während die vierte und letzte schließlich ein Geviert von 426 Meter Seitenlänge bedeckte. Damit mißt die Grundfläche immerhin über 18,1 Hektar.

erster vermaß er die Pyramide, die er als »Berg aus ungebrannten Ziegeln« beschrieb. Er war überrascht von der Ähnlichkeit mit den altägyptischen Pyramiden und dem Zikkurat von Belus in Babylon.

Merkwürdigerweise gibt es auch eine Verbindung zwischen den Legenden über diese Pyramide vor der Zeit der Konquista und der Legende von der Sintflut und vom babylonischen Turm. Humboldt zufolge wurde die Pyramide nach einer großen Überschwemmung gebaut, die das Land verwüstet hatte. Sieben Riesen hatten sich vor der Flut retten können, und einer davon baute die Pyramide, um an den Himmel zu stoßen. Die Götter ärgerten sich darüber und legten Feuer an die Pyramide, um sie zu zerstören. Cortés soll einen Meteoriten gesehen haben, der einer Kröte ähnlich sah und der auf der Spitze der Pyramide niedergegangen sein soll.

Ein so geheimnisvoller Bau wie die Pyramide von Cholula zieht Legenden förmlich an. Nur mit viel Mühe gelingt es, den Kern herauszuschälen, der darin steckt. 1931 begann man in Cholula mit Ausgrabungen. Bisher wurden über fünf Kilometer Gänge freigelegt, um den Geheimnissen auf die Spur zu kommen. Dabei wurden die verschiedenen Schichten des Pyramidenbaus deutlich.

Man entfernte die jahrhundertealte Schicht aus Erde und Vegetation von den Plattformen und Plätzen. Aber Details über die Menschen, die Cholula erbauten, und über ihr so plötzliches und vollständiges Verschwinden harren noch der Entdeckung.

Ausgrabungen am Rand der Pyramide legten eine Reihe großer Plätze und Höfe frei. Sie waren in gutem Zustand, da über ihnen eine rund 9 Meter dicke Erdschicht lag. Die Bauten um diese Höfe herum waren allerdings zerfallen. Bisher wurde nur ein kleiner Teil der ganzen Pyramide ausgegraben.

Pyramiden: Heiligtümer alter Völker

Die ersten Pyramiden bauten die alten Ägypter, und die allererste überhaupt war das Grab für König Djoser (um 2668–2649 v. Chr.) aus der dritten Dynastie. Die Form entstand fast durch Zufall aufgrund der Lage. Das Grab brauchte Höhe, um dominant zu wirken. So vergrößerte man den Grundriß und fügte zusätzliche Stufen aus Lehmziegeln hinzu. Im folgenden Jahrtausend wurde jeder König, der etwas auf sich hielt, unter einer Pyramide vergraben. Die größte war die Cheops-Pyramide. Sie hielt den Rekord als höchstes Gebäude der Welt länger als jedes andere vom Menschen errichtete Gebäude, nämlich von der Zeit um 2580 v. Chr. bis 1307 n. Chr., als sie von der Lincoln Cathedral in England abgelöst wurde.

Der Tempel des Riesenjaguars in Tikal, Guatemala

Die Pyramide liegt in der größten Maya-Stadt und stammt wahrscheinlich aus der Zeit um 800 n. Chr. Der Name des Tempels geht auf ein eingeschnittenes Motiv auf einem Fenstersturz zurück. Eine Seite der Pyramide wurde teilweise restauriert, um die Aufeinanderfolge der neun Terrassen zu zeigen. Obenauf steht ein Tempel mit drei Räumen. Im Innern des Tempels wurde ein Grab gefunden. In einem gewölbten Grabraum befanden sich die Reste eines Skeletts zusammen mit 180 Artefakten aus Jade sowie mit Perlen, Alabaster, Keramik und Muschelschalen. Die Stadt Tikal bedeckte einst über 117 Quadratkilometer.

Der Zikkurat von Ur

Der Zikkurat oder Tempelturm ist die größte Ruine der alten Stadt Ur im heutigen Irak. Sie hatte ihre Blütezeit ungefähr um 3500 v. Chr. Die Zikkurate trugen wahrscheinlich wie die zentralamerikanischen Pyramiden oben einen Tempel. Vielleicht enthielten sie auch Grabkammern wie in Ägypten.

Die Mondpyramide in Teotihuacán, Mexiko

Eine Seite dieser Pyramide ist über 120 Meter lang. Die Mondpyramide stellte den »Brennpunkt« der Stadt dar. Mit ihrem Bau wurde ungefähr um 30 n. Chr. begonnen. Die zweite große Pyramide war der Sonne geweiht. Sonne und Mond wurden durch riesige vergoldete Steinidole dargestellt.

ARCHITEKTONISCHE LEISTUNGEN

Die Pyramiden von Giseh, Ägypten

Im Südwesten von Kairo liegt die höchste Pyramide der Welt. Ursprünglich war sie 146,6 Meter hoch. Durch Abtragung mißt sie heute nur noch 136,8 Meter. In ihrer ursprünglichen Form umfaßte sie knapp über 2 570 000 Kubikmeter Material. Man schätzt, daß die Pyramide 2,3 Millionen Kalksteinblöcke enthält, von denen jeder zweieinhalb Tonnen wiegt. Die größte der drei Pyramiden von Giseh wurde von Chufu, auf griechisch Cheops, erbaut, der von ungefähr 2589 bis 2566 v. Chr. regierte. Während der Regierungszeit seines Vaters Sneferu kamen die Pyramiden mit außen glatten und nicht treppenartig gestuften Wänden auf.

Die Pyramide des Wahrsagers von Uxmal, Mexiko

Die Maya-Stadt Uxmal befindet sich im nördlichen Yucatán. Die Gesamthöhe der Pyramide beträgt etwas über 34,7 Meter. Man kann vier Stufen in ungewöhnlicher elliptischer Form unterscheiden. Ganz oben steht ein Tempel, der über zwei Treppen erreicht werden kann. Bei den Restaurierungsarbeiten erkannten die Forscher mindestens fünf Bauphasen. Es war bei den Maya üblich, ein neues Gebäude über ein altes zu bauen. Der Name der Pyramide geht auf eine Legende zurück. Ihr zufolge wurde ein Zwerg König, weil er wahrsagen konnte. Schließlich baute er sich selbst diese imposante Pyramide.

Eine Festung für die Kreuzfahrer

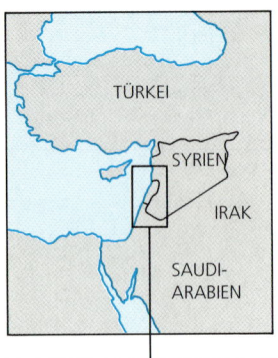

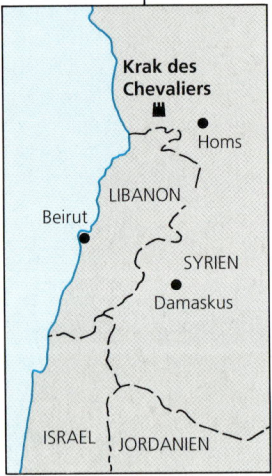

Zahlen und Daten

Die wichtigste Festung der Kreuzfahrer. Mit militärischen Mitteln wurde sie nie eingenommen.

Bauzeit: Beginn im 11. Jahrhundert, weiterer Ausbau bis ins 13. Jahrhundert

Maximale Garnisonsstärke: 2000 Mann

Hauptquartier des Johanniterordens: 1142–1271

Den Krak des Chevaliers halten viele Kenner für die schönste mittelalterliche Burg. Sie erinnert an die Kreuzzüge und die religiösen Leidenschaften, die zwei Jahrhunderte lang Tausende von Männern zum Krieg in ein fremdes Land führten. Er war die größte Festung, welche die Kreuzfahrer im heiligen Land errichtet hatten. 130 Jahre lang, von 1142 bis 1271, gehörte sie dem Johanniterorden. Der Krak des Chevaliers steht auf einem Vorsprung über einer fruchtbaren Ebene, im heutigen Syrien. Als Festung war er praktisch uneinnehmbar. Er fiel nur durch eine List. T. E. Lawrence nannte ihn »das vielleicht besterhaltene und bewunderungswürdigste Kastell auf der ganzen Erde«.

Wie andere Kreuzfahrerkastelle auch, wurde der Krak des Chevaliers errichtet, um die Eroberungen christlicher Heere zu schützen. Diese waren am Ende des 11. Jahrhunderts nach Palästina gekommen, um die heiligen Stätten den islamischen Besetzern zu entreißen. Den Anstoß zu den Kreuzzügen gab Papst Urban II. beim Konzil von Clermont im Jahr 1095. Er versprach den Kreuzfahrern damals die Absolution von ihren Sünden, im Leben großen Reichtum und nach dem Tod den Eingang ins Paradies. Christus selbst sei ihr Anführer in diesem heiligen Krieg. Die Botschaft wirkte elektrisierend. »Niemals hatte eine einzige Rede eines Mannes derart außergewöhnliche und langanhaltende Folgen«, schrieb einmal ein Historiker darüber. Die Kriegsgelüste eines zunehmend selbstbewußten und abenteuerlustigen europäischen Adels wurden sanktioniert von den religiösen Zwecken der Kreuzfahrt.

Nachdem der erste Kreuzzug im Jahr 1099 zur Wiedereroberung Jerusalems geführt hatte, fuhren viele Kreuzfahrer nach Hause, weil sie nun ihr Gelübde erfüllt hatten. Einige blieben jedoch im heiligen Land und schufen in einem schmalen Streifen längs dem Mittelmeer Kreuzfahrerstaaten. Um diese vor islamischen Angriffen zu schützen, erbauten sie Kreuzfahrerburgen. Die größte war der Krak des Chevaliers. Der Name ist eine Mischung aus Arabisch und Französisch: Das arabische Wort für die Festung, »Kerak«, wurde zu Krak verballhornt, und mit den Chevaliers meinte man die Ritter des Johanniterordens. Sie übernahmen 1140 ein bereits bestehendes Kastell an dieser Stelle und bauten es in großem Umfang aus.

Der Krak gehörte zu einem ganzen Netz von Kreuzfahrerburgen, die alle auf Bergplateaus angelegt wurden und von den Grenzen Syriens im Norden bis zu den Wüsten südlich des Toten Meeres reichten. Normalerweise waren sie nicht weiter als einen Tagesritt voneinander entfernt, und sie konnten sich durch Feuer auf den Zinnen nachts Meldungen durchgeben. Sie verfügten über eine eigene Wasserversorgung, entweder in Reservoiren, die aus dem Fels gehauen wurden, oder durch natürliche Quellen. So konnten sie monatelang einer Belagerung standhalten. Mit Hilfe dieser Burgen konnten die Kreuzfahrer und ihre Nachfolger zwei Jahrhunderte lang einer moslemischen Übermacht trotzen.

Der Krak stand in der Grafschaft von Tripolis, die der Graf Raymond von Toulouse und St.-Gilles in Syrien gegründet hatte. Er starb 1105, und seine Nachfolger nahmen 1110 Besitz von einer kleinen arabischen Burg, der »Festung der Kurden«. Sie bauten sie schnell aus, doch 1142 fand der herrschende Graf, daß die Verantwortung zu groß für ihn wurde, und er übergab sie einem militärischen Orden, dem Ritter-Orden des heiligen Johannes vom Spital zu Jerusalem. Dieser Johanniterorden hatte sich durch seine krankenpflegerische Tätigkeit die Dankbarkeit der Kreuzfahrer erworben und wurde durch Zuwendungen groß und mächtig. Unter der Leitung der Johanniter wurde der Krak zur wichtigsten Burg im »heiligen« Land. Die meisten Bauarbeiten wurden nach einem Erdbeben im Jahr 1202 durchgeführt, das zum Einsturz einiger Befestigungen geführt hatte.

Der Grundriß des Krak ist konzentrisch und weist zwei Mauerkreise mit einer Reihe von Türmen auf. Die Mauern sind unglaublich dick, und der Grundriß läßt das Konzept einer Verteidigung in die Tiefe deutlich erkennen. Durch die Aufeinanderfolge von Mauern wollte man Überraschungsangriffe verhindern. Es gelang damit auch, die Waffen, die man bei Belagerungen einsetzte, möglichst fernzuhalten, so daß sie im Inneren der Burg keinen Schaden anrichten konnten. Die Wände bestehen aus 38 Zentimeter hohen und fast 1 Meter langen zugehauenen Blöcken. Den Kern bildete, der mittelalterlichen Praxis zufolge, eine Mischung aus Bruchstein und Mörtel.

Unterhalb der drei höchsten und stärksten Türme der inneren Burg befindet sich eine schräge Mauer, die über 24 Meter tief in einen Burggraben abfällt, der auch als Wasserreservoir diente. Der Neigungswinkel dieser Mauer wirkt überraschend, denn es sieht so aus, als würde er eine Besteigung durch Belagerer erleichtern. Als T. E. Lawrence den Krak 1909 besuchte, konnte er diese Wand barfüßig etwas über die Hälfte hinaus erklettern. Er meinte, es sei nicht die Aufgabe dieser Mauer gewesen, Angreifer vom Unterminieren abzuhalten, da die Burg auf festem Gestein errichtet ist; sie sollte auch nicht gegen Rammböcke schützen, da sie für einen solchen Angriff einfach zu dick war. Der Grund müsse vielmehr darin bestanden haben, angreifende Truppen daran zu hindern, so nahe an die Mauer zu gelangen, daß die Verteidiger sie nicht mehr beschießen konnten.

Demselben Zweck dienten auch die Pechnasen an den Außenmauern der Burg. Es handelt sich um kleine Vorsprünge nahe den Zinnen. Von ihnen aus hatte man eine ungehinderte Sicht auf die Belagerer und konnte Steine und heißes Pech auf sie werfen. Die Pechnasen am Krak sind klein, nur 40 Zentimeter breit. Sie boten damit nur einem einzigen Krieger Platz.

Um zu verhindern, daß Angreifer den Haupteingang einnahmen und einfach durchbrachen, ist die Aufgangsrampe verwinkelt und macht drei abrupte Wendungen. Ein blinder Angriff war damit nicht möglich. Der Haupteingang wurde auch von einer Zugbrücke, einem Graben, vier Eingängen, einer Pechnase und mindestens einem Fallgatter geschützt.

In den Tagen vor der Erfindung des Schießpulvers war der Krak des Chevaliers nicht zu erobern. Als die Burg zum Johanniterorden gehörte, stand hier eine Garnison von ungefähr 2000 Mann. An der

Der Krak des Chevaliers steht auf einem 700 Meter hohen Bergrücken. Man hat von ihm aus einen sehr guten Fernblick. Die meisten Türme sind rund und nicht viereckig, um Schäden durch Belagerungswaffen wie Katapulte möglichst gering zu halten. Der Haupteingang mit seinem gotischen Bogen ist eine Hinzufügung.

DER KRAK DES CHEVALIERS

Eine Festung für die Kreuzfahrer

Zu den drei größten Türmen gehörte auch der Hauptturm; er steht an der einzigen Stelle, die einem direkten Angriff ausgesetzt war – im Süden. Früher hatte man die Haupttürme an der Stelle errichtet, die am leichtesten zu verteidigen war. Das hatte man jedoch als taktischen Fehler erkannt. Unter dem Hauptturm erkennen wir die abschüssige Mauer. Sie hatte die Aufgabe, Angreifer von der Turmmauer fernzuhalten, so daß sie ein leichtes Ziel wurden.

Eine Rekonstruktion (rechts) aus der Vogelperspektive, von nordöstlicher Richtung gesehen. Im Vordergrund befindet sich der Haupteingang mit der gotischen Spitzform. Mit der Windmühle mahlte man Getreide. Die Türme hatten kein Dach, um die Verteidiger zu schützen, weil kein Holz und kein Schiefer zur Verfügung standen.

Nordwand befand sich eine Windmühle, die Getreide mahlte. Im Rittersaal aus dem 13. Jahrhundert fanden Zusammenkünfte und Bankette statt, und jeden Tag wurde in der Kapelle eine heilige Messe nach lateinischem Ritus gelesen. Die Anführer der Burgbesatzung bewohnten Räume im Südwestturm.

Der Krak wurde mehrmals belagert, doch nie eingenommen. 1163 griff der Emir Nur ed-Din den Krak an, machte aber den Fehler, eines Tages außerhalb der Mauern Siesta zu halten. Die Ritter überraschten ihn mit einem Ausfall und schlugen sein Heer in die Flucht. Eine Generation später zog der große Kriegsherr Saladin auf, beobachtete die Burg einen Monat lang und zog sich dann zurück, ohne mit der Belagerung begonnen zu haben.

Im Laufe der Zeit verloren die Kreuzfahrer im heiligen Land jedoch an Macht. Eine Festung nach der anderen fiel: Jerusalem im Jahr 1244, Antiochia 1268. Auch der Krak war immer mehr von Feinden umgeben, deren Selbstvertrauen zunahm. 1268 schrieb der Großmeister des Johanniterordens nach Europa und bat um Hilfe. Er berichtete, die Festungen Krak und Markab hätten insgesamt nur noch eine Garnison von 300 Mann. Doch es kam keine Hilfe. 1271 schloß Sultan Beibars die Burg mit seinen Truppen ein. Er schaffte es, die Außenmauer zu überwinden. Doch vor den großen Toren mußte er kapitulieren. Im Schutze ihrer Mauern konnten die Ritter noch monatelang ausharren.

Schließlich ersann Beibars eine Kriegslist. Ein geschickt gefälschter Brief wurde den Verteidigern ausgehändigt. Er stammte offensichtlich vom Grafen von Tripolis und befahl der Garnison, sich zu ergeben. Die Ritter verließen ihre Festung, und so fiel der Krak des Chevaliers. Sie erhielten sicheres Geleit bis zur Küste und ritten einfach weg. »Nur eines blieb übrig, die Schatten der Falken, die über der Festung rüttelten, und die von der Sonne ausgebleichten Steine«, schrieb ein Schriftsteller.

Die drei höchsten und stärksten Türme

Innere Burg

Äußerer Mauerring

Äußerer Graben

Pechnasen

Schießscharten

ARCHITEKTONISCHE LEISTUNGEN

- Bergfried
- Wehrgang
- Rittersaal
- Kapelle

Die Gewölbe des Kreuzgangs spiegeln die Qualität der Maurerarbeiten wider. Der Raum des Großmeisters des Johanniterordens im Bergfried ist besonders fein gearbeitet, mit gotischen Bögen, zarten Pilastern und einem dekorativen Fries.

Das Innere der Burg liegt höher als die Außenmauer. Damit ließ sich auch die erste Linie leichter verteidigen.

- Haupteingang
- Haupteingang zum Innenhof
- Böschung

51

Die Stadt der Päpste

Obwohl der Vatikan einer der kleinsten Staaten der Erde ist, steht auf seinem Boden doch die zweitgrößte und für viele auch die schönste Kirche der Welt. Im Vatikan können wir auch das schönste Deckengemälde – in der Sixtinischen Kapelle – und die größte Antikensammlung der Welt in den Museen bewundern. Dazu kommt eine riesige, berühmte Bibliothek. Nirgendwo sind so viele Schätze der Renaissance auf so kleinem Raum vereinigt.

Es war an diesem Ort, wo der heilige Petrus, der erste Papst, wahrscheinlich im Jahr 67 hingerichtet wurde. Er wurde von seinen christlichen Mitbrüdern in einem einfachen Grab am Abhang eines Hügels begraben. Über seinem Grab baute später Konstantin der Große eine Basilika, die trotz der Verwüstungen, die Goten, Hunnen, Vandalen und Sarazener anrichteten, über tausend Jahre lang Bestand hatte.

Zur Regierungszeit von Papst Nikolaus V. (1447–1455) war das alte Gebäude am Zusammenbrechen. Die Wände ragten über eineinhalb Meter weit vor und konnten jeden Augenblick einstürzen. Nikolaus entschied sich für den Bau einer neuen Kirche. Doch erst zur Regierungszeit von Papst Julius II. (1503–1513) geschah etwas. Julius beschloß, eine neue Peterskirche zu bauen, welche »die Größe der jetzigen und der zukünftigen Zeit darstellen… und alle anderen Kirchen des Universums in den Schatten stellen sollte«. Als Architekten wählte er Donato Bramante.

Bramante entwarf ein Gebäude in der Form eines griechischen Kreuzes. Die vier gleich langen Arme sollten in der Vierung von einer riesigen Kuppel gekrönt werden. 1507 wurden die Fundamente gelegt, und 1510 hatten 2500 Bauarbeiter unter Bramantes Leitung die vier kolossalen Pfeiler der Vierung vollendet. Bramante starb 1513. Ein Jahr darauf bestimmte Papst Leo X. den jungen Raffael zum Chefarchitekten. Raffael hatte bereits die Fresken in den vatikanischen Stanzen vollendet. Zur Gestaltung des Petersdoms trug er jedoch nicht viel bei, denn er starb 1520 im Alter von 37 Jahren.

Raffael war ein angenehmer Mann, der auch anderen das Leben weniger beschwerlich machen wollte, bisweilen allerdings mit alarmierenden Ergebnissen. Er ließ zum Beispiel zu, daß die Bauleute Hohlräume in den Fundamenten beließen, um dort ihr Essen, ihre Werkzeuge und Brennholz zu lagern. Einige Jahre später waren diese Hohlräume den Belastungen nicht gewachsen und stürzten ein. An ihre Stelle mußte massives Mauerwerk treten, das den künftigen Belastungen standhalten konnte.

Nach Raffaels Tod schritt der Bau nur langsam voran. Er kam 1527 zum Stillstand, da Rom von spanischen Truppen geplündert wurde. Als man in den dreißiger Jahren jenes Jahrhunderts die Arbeit wieder aufnehmen wollte, waren die vier Pfeiler von Bramante schon mit Gras und Kräutern zugewachsen. Im nächsten Jahrzehnt änderte Antonio de Sangallo die Baupläne nach langen Streitigkeiten, und nach dem Tod Sangallos und seines Nachfolgers im Jahr 1546 beauftragte Papst Paul III. den 71jährigen Michelangelo mit den Arbeiten.

Michelangelo übernahm nur widerwillig die volle Verantwortung. Er arbeitete an der Kirche, ohne dafür bezahlt zu werden. Er verlangte unbeschränkte Vollmacht und erhielt sie. Er konnte alle Veränderungen anbringen, die er wollte, durfte

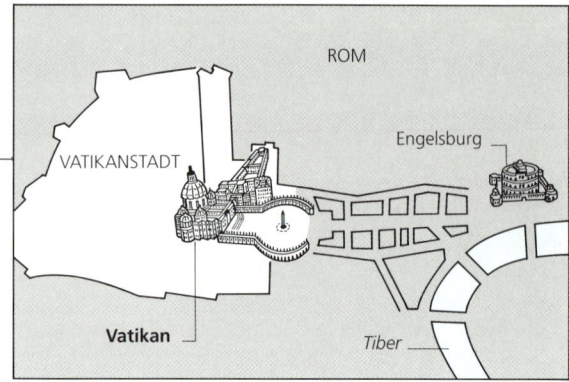

Zahlen und Daten

Die größte Sammlung von Renaissancekunst auf der ganzen Welt

Architekten des Petersdoms: Bramante, Michelangelo

Bauzeit: 1507–1612

Materialien: Stein und Ziegel

Länge: 211,5 Meter

Oberfläche: 5054m^2

Der Vatikanstaat (links) hat eine Oberfläche von 43,7 Hektar und enthält dreißig Straßen und Plätze, fünfzig Palazzi, außer dem Petersdom zwei Kirchen, eine Radiostation, einen Bahnhof und eine große Druckerei. Im Vordergrund rechts erkennen wir die Engelsburg, die Kaiser Hadrian im Jahr 130 erbauen ließ.

Der päpstliche Altar, gesehen vom Haupteingang des Petersdoms. Oberhalb des Altars befindet sich der 29 Meter hohe Baldachin von Bernini. Er wird von vier gedrehten Säulen aus Goldbronze getragen. Darüber erhebt sich die Kuppel von Michelangelo, die eine innere Höhe von 137,8 Meter und einen Durchmesser von 47,9 Meter aufweist.

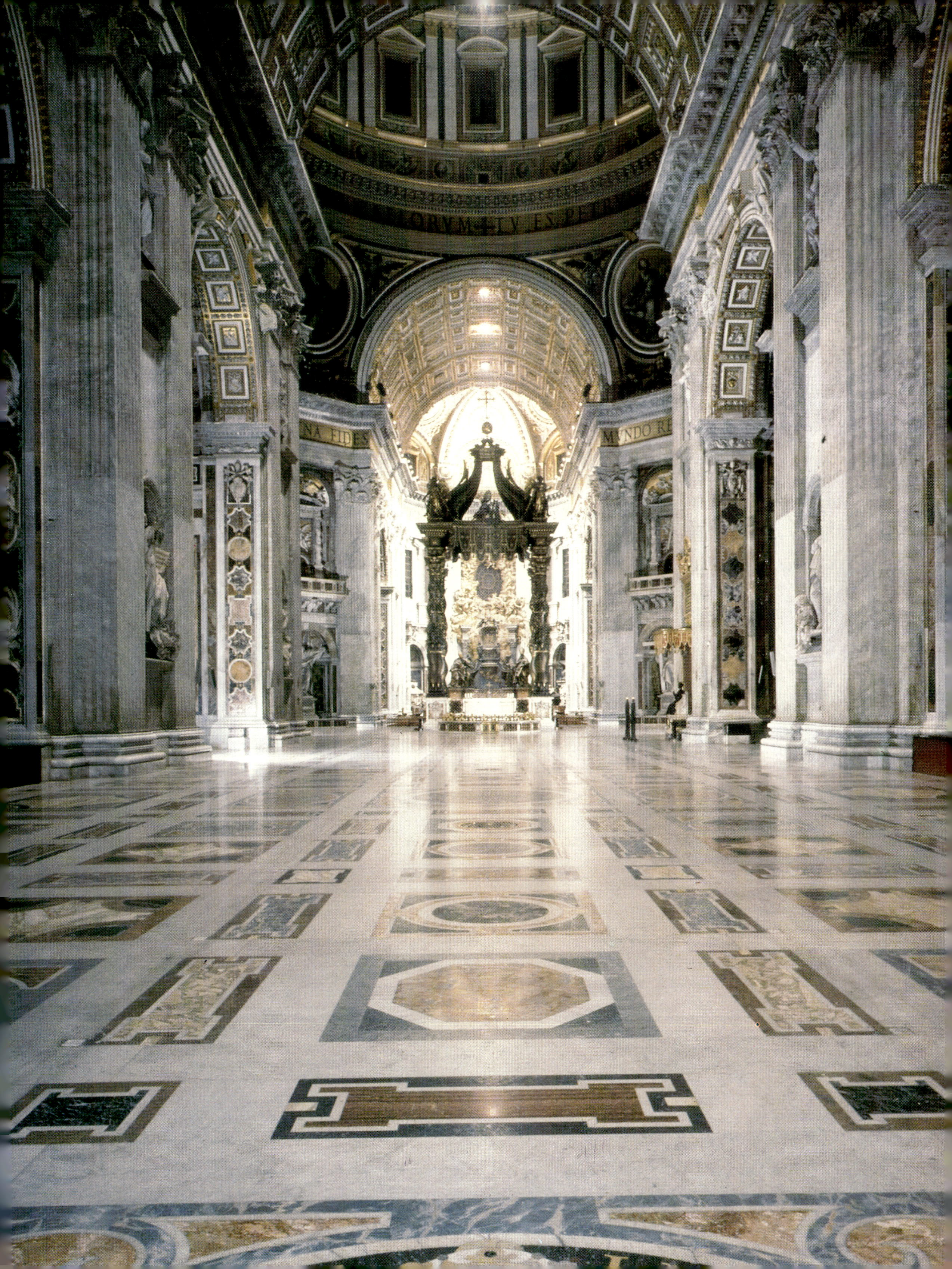

DER VATIKAN

Die Stadt der Päpste

sogar Teile der bereits bestehenden Basilika abreißen und konnte mit dem Geld frei schalten und walten, ohne formell abrechnen zu müssen. Die heutige Peterskirche ist im wesentlichen die Leistung Michelangelos. Doch er wurde heftig kritisiert, und neidische Rivalen versuchten, ihn zu verleumden. Als er 1564 starb, hatte er siebzehn Jahre seines Lebens diesem Bau gewidmet, und das unter fünf Päpsten. Der Unterbau für die riesige Kuppel war damals schon fertig.

Nach endlosen Verzögerungen brauchte man 26 Jahre zur Fertigstellung der Kuppel. Erst 1590 wurde der Schlußstein eingesetzt, und Papst Sixtus V. konnte einen feierlichen Dankgottesdienst in der Basilika abhalten. Die Kuppel sieht nicht so aus, wie Michelangelo sie wollte, denn sie fiel größer und stärker eiförmig aus.

Baumodelle zeigen, daß auch die Struktur geändert wurde. Michelangelo hatte drei Schalen aus Ziegeln vorgesehen, während die jetzige Kuppel nur deren zwei aufweist. Sechzehn Rippen aus Stein versteifen die Kuppel, und die Zwischenräume wurden

Der Anblick des Petersplatzes (oben) ist nahezu jedermann in der westlichen Welt vertraut, weil der Papst von hier aus an hohen Feiertagen Ansprachen hält und seinen Segen erteilt. Berninis Kolonnaden mit 284 Säulen und 88 Pfeilern in vier Reihen tragen ein Gebälk, auf dem 140 Heiligenstatuen stehen.
Oben auf der Kuppel des Petersdomes steht eine Laterne, darauf eine fast zweieinhalb Meter große Kupferkugel und darüber ein Kreuz. Über spiralförmig gewundene Treppen im Innern der Kuppel kann man zur Aussichtsplattform in der Laterne gelangen.

ARCHITEKTONISCHE LEISTUNGEN

Die Pinakothek (links) stellt die Gemäldegalerie des Vatikans dar. Sie umfaßt fünfzehn Räume im Renaissancestil und wurde 1932 eröffnet. Napoleon zwang 1797 Papst Pius VI., der eine Sammlung alter Meister angelegt hatte, die besten Arbeiten an Frankreich auszuliefern. 77 davon wurden 1850 zurückgegeben.

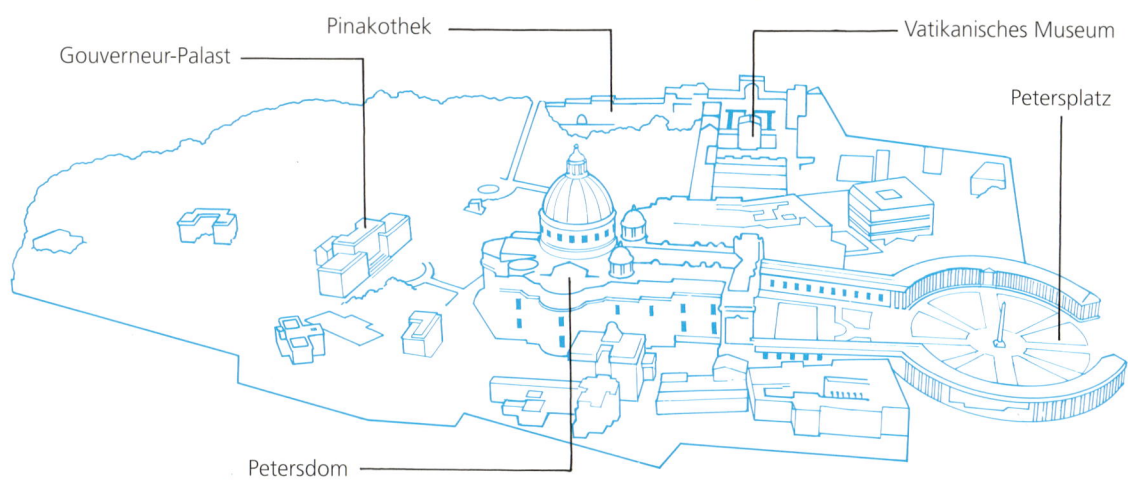

Die Vatikanischen Museen (oben) enthalten die größte Antikensammlung der Welt. Darunter sind mehrere tausend Statuen und 460 alte Meister. Der größte Teil der Sammlung geht auf die Zeit von Papst Clemens XIV. (1769–1774) zurück und besteht aus etruskischen, ägyptischen und griechischen Stücken, von denen viele in Rom gefunden wurden. Neben den fünfzehn Räumen der Pinakothek gibt es auch eine Sammlung moderner religiöser Kunst in 55 Sälen. Die vatikanische Bibliothek enthält 800 000 Bücher, 80 000 Manuskripte und über 100 000 Holzschnitte und Stiche.

Blick von der Kuppel des Petersdomes (rechts) über den Petersplatz und die Via della Conciliazione. Sie wurde von Mussolini erbaut, wobei zwei Straßenzüge mit alten Häusern abgerissen werden mußten. Am Ende dieser Straße links liegt die Engelsburg. Bernini brachte 1668 auf ihrer Balustrade zehn große Engelsfiguren an.

DER VATIKAN

Die Stadt der Päpste

Ein spiralförmiges, nur sachte ansteigendes Treppenhaus verbindet den Eingang mit den Vatikanischen Museen. An den Seiten stehen Statuen von Raffael und Michelangelo. Vom Haupteingang des Museums bis zur Sixtinischen Kapelle, die den Höhepunkt eines jeden Rombesuches darstellt, muß man ungefähr 800 Meter durch marmorverkleidete Gänge gehen.

im Zickzackmuster mit Ziegeln ausgefüllt. Drei Reihen von Fenstern lassen Licht in den Raum zwischen den beiden Schalen eindringen. Spiralförmig angelegte enge Treppengänge führen bis zur Aussichtsplattform der Laterne ganz oben auf der Kuppel. Anfänglich waren in die Kuppel drei Ketten eingebaut worden, um zu verhindern, daß die Rippen unter dem Gewicht der Laterne des türmchenartigen Aufsatzes, nachgaben. Später erkannte man, daß dies nicht ausreiche. Auf den Außenseiten der Rippen erschienen Risse. Zwischen 1743 und 1744 zog man fünf weitere Ketten ein, eine sechste 1748. Seit jener Zeit sind keine weiteren Bewegungen mehr festzustellen.

Im Jahr 1598 beauftragte Clemens VIII. Guiseppe Cesari mit der Gestaltung der Mosaiken, die das Innere der Kuppel schmücken sollten. Abgebildet sind Christus, die Jungfrau Maria, Apostel, Heilige und Päpste. Durch die Öffnung im Scheitelpunkt der Kuppel sieht man Gottvater, der die Menschheit segnet. Am unteren Rand erkennt man die dunkelblauen Buchstaben der 1,5 Meter hohen Inschrift: Tu es Petrus et super hanc petram aedificabo ecclesiam meam et tibi dabo claves regni caelorum (»Du bist Petrus, der Fels, und auf diesem Felsen werde ich meine Kirche erbauen, und ich werde dir die Schlüssel zum Himmelreich geben.«)

Doch selbst jetzt war die Basilika noch nicht vollständig. Das Problem bestand darin, daß sie nach dem Plan von Michelangelo nicht das ganze Gebiet

Die Pracht des Vatikans zeigt sich auch in der Dekoration selbst eines Wartesaals im Staatssekretariat. Die Wände wurden von Raffael bemalt, den der Medici-Papst Leo X. (1513–1521) zum Direktor seiner Sammlung römischer Kunst ernannt hatte.

ARCHITEKTONISCHE LEISTUNGEN

der ehemaligen konstantinischen Basilika umfaßte. Große Teile von ihr mußten noch abgerissen werden. Durfte aber Boden, der über so viele Jahrhunderte hinweg durch Gottesdienste geheiligt worden war, einfach außerhalb der neuen Basilika liegen? Papst Paul V. entschied sich dazu, das Hauptschiff zu verlängern. Er machte damit aus dem griechischen Kreuz von Bramante und Michelangelo ein lateinisches. Carlo Maderna entwarf das neue Schiff. Eine Armee von tausend Männern arbeitete Tag und Nacht und vollendete das Werk 1612.

Ein Detail blieb noch übrig, und an diesem erkennen wir den Petersdom sofort: Es sind die beiden halbkreisförmigen Kolonnaden, die den riesigen Petersplatz umgeben. Bernini entwarf sie und vollendete deren Bau 1667. Insgesamt sind 284 dorische Säulen und 88 Pfeiler vorhanden.

Der Petersdom ist das Werk vieler Menschen. Über eineinhalb Jahrhunderte wurde daran gebaut. Das Deckengemälde der Sixtinischen Kapelle hingegen war das Werk eines einzigen Menschen. Goethe meinte, wer die Sixtinische Kapelle noch nicht gesehen habe, könne keine richtige Auffassung davon haben, was ein einzelner Mann zu schaffen vermag. Dieser Mann war Michelangelo. Im März 1508 erhielt er von Papst Julius II. den Auftrag, die zwölf Apostel an die Decke der Kapelle zu malen. Michelangelo nahm den Auftrag nur widerwillig an und entschied sich dann für mehr: Er bemalte die gesamte Decke, insgesamt 900 Quadratmeter. Er arbeitete al fresco, obwohl er mit dieser Technik gar nicht besonders vertraut war. Michelangelo brauchte Helfer: Sieben meldeten sich, doch nach einer kurzen Probezeit schickte er alle wieder weg. Er verschloß die Tür und machte sich allein an die Arbeit.

Auf einem Gerüst malte Michelangelo auf dem Rücken liegend. Farbe tropfte ihm in die Augen und ins Haar, und Papst Julius quengelte auch noch, wann er denn endlich fertig werde. »Wann ich kann«, antwortete Michelangelo. Die Arbeitsbedingungen waren miserabel. Er brauchte vier Jahre für die Fertigstellung und signierte dann sein Werk nicht mit seinem eigenen Namen. Mit einem Alpha und einem Omega schrieb er es Gott zu, denn nur mit dessen Hilfe habe er es beginnen und vollenden können. Das Ergebnis war einer der großen Triumphe der Renaissance, ein Fresko, das seither von allen Menschen bewundert wird.

Die Sixtinische Kapelle ist nach Papst Sixtus IV. (1471–1484) benannt, der sie als Privatkapelle der Päpste bauen ließ. Das wichtigste Kunstwerk darin ist das Deckenfresko von Michelangelo. Er schuf es in der Zeit zwischen 1508 und 1541. Es erzählt von der Schöpfungsgeschichte und zeigt Gestalten des Neuen und Alten Testaments. 1980 begann man mit der Restaurierung der Fresken. Zehn Jahre später wurde sie abgeschlossen. Noch heute sind sich die Kunstverständigen über deren Wert uneins. Die einen sprechen von einem »künstlerischen Tschernobyl«, während die anderen höchstes Lob zollen.

DIE VERBOTENE STADT

Das Labyrinth des Kaisers

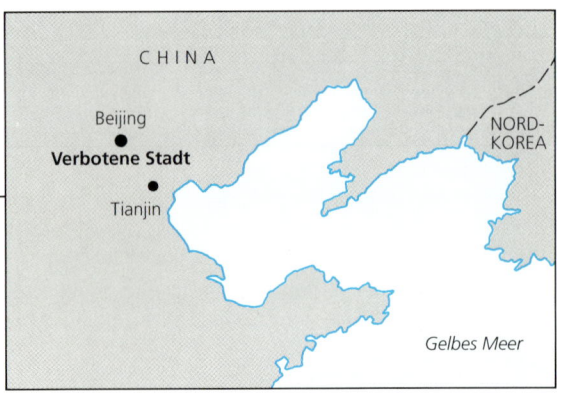

Zahlen und Daten

War jahrhundertelang der am meisten geheimnisumwitterte Palast der ganzen Welt

Erbauer: Yung Lo

Bauzeit: 1406–1420; zum größten Teil restauriert

Material: Holz und Ziegel

Anzahl der Räume: 9000

Im Herzen der Stadt Beijing (Peking) liegt der Ort, »wo Erde und Himmel aufeinandertreffen, wo die vier Jahreszeiten miteinander verschmelzen, wo sich Regen und Wind versammeln und wo Yin und Yang sich in Harmonie befinden«. Gemeint ist der Palast des Kaisers, die verbotene Stadt. Von diesem Gebäudekomplex aus herrschten die Ming-Kaiser und später die Mandschu 500 Jahre lang über China. Ihnen zur Seite standen Konkubinen und Eunuchen, und zitternde Bürokraten, welche die Anordnungen der Himmelssöhne gehorsam zur Ausführung bringen mußten. Kein gewöhnlicher Bürger durfte seinen Fuß in die verbotene Stadt setzen.

Die verbotene Stadt, wie wir sie heute sehen, liegt an einer Stelle, die ursprünglich die mongolischen Kaiser der Yuan-Dynastie (1279–1368) ausgewählt hatten. Der eigentliche Bau erfolgte jedoch unter der Herrschaft des dritten Ming-Kaisers Yung Lo, der zwischen 1403 und 1423 regierte. Er gelangte nach einer Revolte gegen den Enkel des ersten Ming-Kaisers Hung Wu an die Macht. Dieser wurde als »der grausamste und unvernünftigste Tyrann der gesamten chinesischen Geschichte« beschrieben. Hung Wus gewalttätiges Temperament, seine Grausamkeit erschreckte seine Beamten so sehr, daß sie Abschied von ihren Familien nahmen, wenn sie zu einer Audienz mußten.

Nach Hung Wus Tod kam für kurze Zeit sein sechzehn Jahre alter Enkel an die Macht. Doch sein eigener Onkel entthronte ihn bald. Trotz seines Namens, der »immerwährende Glückseligkeit« bedeutet, war Yung Lo ebenso grausam und launenhaft wie Hung Wu. Er entschied, die Hauptstadt Chinas von Nanjing näher an seine Machtbasis in Nordchina zu verlegen. Im Jahr 1404 begann der Wiederaufbau von Beijing. Der größte Teil der verbotenen Stadt wurde in den Jahren zwischen 1406 und 1420 gebaut. Es waren daran bis 100 000 Handwerker und eine Million Arbeiter beteiligt.

Den Plan, nach dem Yung Lo bauen ließ, soll er von einem berühmten Astrologen in einem versiegelten Umschlag erhalten haben. Der Bau beruht auf geomantischen Prinzipien, wobei jedes wichtige Gebäude einen Körperteil symbolisiert. Er ist nach einer Längsachse ausgerichtet, der Achse des Universums, und die Rolle des Kaisers bestand darin, »im Zentrum der Erde zu stehen und die Völker innerhalb der vier Meere zu stabilisieren«, wie der konfuzianische Gelehrte Meng Tzu meinte. Die Hauptachse verläuft von Norden nach Süden, wobei eine Reihe von Höfen und Pavillons in strenger Folge nebeneinander stehen. Das gesamte Gebiet umfaßt ungefähr 100 Hektar. Es ist von einem Graben und einer zehn Meter hohen Mauer umgeben und weist vier Tore auf.

Die verbotene Stadt ist zweigeteilt. Die Staatsgebäude, darunter sechs Hauptpaläste, liegen im einen Teil, die Wohngebäude in einem anderen. Insgesamt zählt man 75 Hallen, Paläste, Tempel, Pavillons, Büchereien und Studios, die durch Höfe, Pfade, Gärten, Brücken und Mauern miteinander verbunden sind. Die ganze Stadt umfaßt 9000 Räume.

Die verbotene Stadt wurde nicht aus Stein, sondern Holz erbaut. Das hatte zur Folge, daß die Gebäude sehr viel schneller durch Feuer, Pilz- und Insektenbefall zerfielen oder zerstört wurden als bei einer Verwendung dauerhafter Baumaterialien. Unter den Gebäuden der heutigen verbotenen Stadt sind nur wenige nach europäischen Auffassungen sehr alt.

Als die Mandschuarmeen 1644 Peking plünderten und die Ming-Kaiser stürzten, wurden viele Gebäude der verbotenen Stadt zerstört. Für den Wiederaufbau sorgte der Qing-Kaiser Qianglong (1736–1795). Weitere Hinzufügungen gehen auf die Kaiserin Dowager Cixi im 19. Jahrhundert zurück. Warum die chinesischen Kaiser keine dauerhaften Baumaterialien wählten, ist nicht klar. Ihre eigenen Mausoleen jedenfalls ließen sie aus Stein erbauen. Am plausibelsten ist die Erklärung, daß die Kaiser sich mehr mit dem ewigen als dem irdischen Leben beschäftigten und damit mehr Energie und Ressourcen für jene Gebäude zur Verfügung stellten, die sie nach dem Tode aufnehmen sollten.

Vom architektonischen Gesichtspunkt aus fallen uns vor allem zwei Dinge auf: Die exotische Krümmung der Dächer und die brillanten Farben der Gebäude. Obwohl die Chinesen mit ihren Bauverfahren flache Dächer besser hätten bauen können als gekrümmte, entschieden sie sich doch aus ästhetischen Gründen für diese. Sie schätzten den Kontrast zwischen den geraden Linien der Pfeiler und Fundamente und den weich ausschwingenden Kurven der Dächer.

Wenn man durch das südliche Tor, das Wumen – das ursprünglich dem Kaiser vorbehalten war –, die verbotene Stadt betritt, so gelangt man zuerst in einen großen Hof. Vom Tor herab inspizierte der Kaiser seine Armeen, bestimmte über Leben und Tod seiner Gefangenen und verkündete dem versammelten Hof den Kalender des neuen Jahres. Seine Macht war so absolut, daß er die Tage und Monate des Jahres festlegen konnte. Zur Inspektion seiner Truppen standen ihm Elefanten zur Verfügung.

Wenn man durch das Tor der höchsten Harmonie (Taihemen) trat, gelangte man in einen zweiten, noch größeren Hof, in dem die größeren kaiserlichen Audienzen abgehalten wurden. Hier fand der gesamte kaiserliche Hof Platz, der vielleicht aus 100 000 Menschen bestand. Durch Seitentore traten sie ein: Zivilpersonen vom Osten, Militärs vom Westen. Sie

Der Hof zwischen dem südlichen Eingangstor zur verbotenen Stadt und dem Tor der höchsten Harmonie (links) ist der erste von mehreren offenen Räumen, die zwischen den verschiedenen Hallen liegen. Durch den Hof fließt ein Fluß. Er wird von fünf Brücken überquert, die die fünf Tugenden symbolisieren.

DIE VERBOTENE STADT

Das Labyrinth des Kaisers

Der Blick vom Aussichtshügel gen Süden zum südlichen Eingangstor und zum Platz des himmlischen Friedens (Tiananmen) zeigt die Ausmaße der verbotenen Stadt und die elegant geschwungenen Dächer. Im Vordergrund befindet sich das nördliche Eingangstor, das Tor des göttlichen militärischen Genius.

mußten lautlos vor dem Kaiser stehen und sich währenddessen neunmal auf den Boden werfen.

Bei diesen Audienzen standen die Höflinge vor der ersten von drei hintereinanderliegenden Zeremonialhallen. Sie standen alle auf einer erhöhten Marmorterrasse, dem Drachenboden. Die Halle der höchsten Harmonie (Taihedian) wurde 1420 erbaut und 1697 restauriert. Sie ist das größte Gebäude der verbotenen Stadt, hat einen Grundriß von über 2000 Quadratmetern und erreicht eine Höhe von 35 Meter. Kein Gebäude in ganz Beijing durfte höher sein. Die Halle wurde für besondere Gelegenheiten verwendet, etwa den Geburtstag des Kaisers. Hier stand sein Thron mit zwei Elefanten zu seinen Füßen und einem Schirm dahinter, der mit seinen Drachenmotiven langes Leben und die Einheit von Erde und Himmel symbolisierte. Zwanzig Säulen tragen das Dach; die sechs in der Mitte sind mit dem kaiserlichen Drachen geschmückt.

In der zweiten kleineren Halle, der Halle der vollkommenen Harmonie (Zhonghedian), bereitete sich der Kaiser für diese höchsten Zeremonien vor, indem er seine Insignien anlegte. Die dritte Halle, Halle der beschützenden Harmonie (Baohedian) genannt, wurde für Prüfungen verwendet. Dabei wähl-

te man geeignete Kandidaten für die Verwaltung aus. Es galt das Prinzip, die Kandidaten nach ihren Verdiensten auszusuchen. In der Praxis herrschte allerdings viel Korruption, und die Prüfungen wurden immer formelhafter. Die zukünftigen Beamten mußten nur noch die Grundsätze des Konfuzius auswendig können. In dieser Halle empfing der Kaiser auch Könige, die ihm tributpflichtig waren. Die Vorräume zur Halle dienen nun als Ausstellungssäle für Gegenstände aus der Kaiserzeit und die Geschenke fremder Herrscher. Viele sind noch in ihrer ursprünglichen Verpackung vorhanden und zeigen deutlich, wie wenig die Chinesen die Gaben der »Barbaren« schätzten.

Jenseits der drei großen Hallen, im inneren Hof, befanden sich die Gebäude, in denen die Kaiser wohnten. Das erste Gebäude, der Palast der himmlischen Reinheit (Qianqinggong), war die Residenz der letzten vier Ming-Kaiser. Im letzten Gebäude, im Palast der Erdenruhe (Kuminggong), lebte die Kaiserin. Dort verbrachten der Kaiser und die Kaiserin – der Tradition zufolge – auch ihre Hochzeitsnacht. Der eigentliche Hochzeitsraum ist rot ausgemalt und weist dekorative Fruchtbarkeitssymbole auf. 1922 wurde er zum letztenmal für die Kinderhochzeit des

ARCHITEKTONISCHE LEISTUNGEN

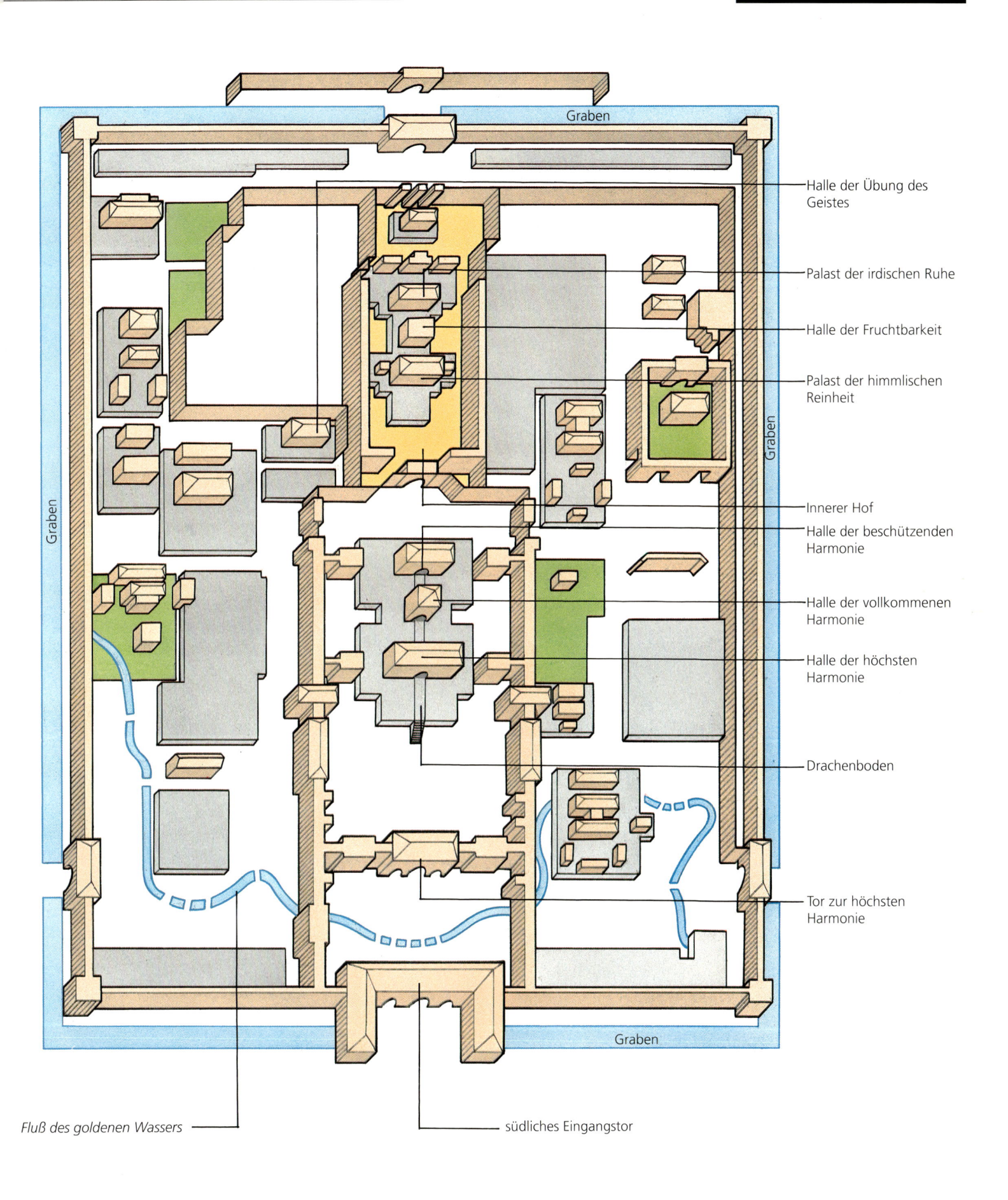

- Halle der Übung des Geistes
- Palast der irdischen Ruhe
- Halle der Fruchtbarkeit
- Palast der himmlischen Reinheit
- Innerer Hof
- Halle der beschützenden Harmonie
- Halle der vollkommenen Harmonie
- Halle der höchsten Harmonie
- Drachenboden
- Tor zur höchsten Harmonie

Fluß des goldenen Wassers

südliches Eingangstor

Graben

DIE VERBOTENE STADT

Das Labyrinth des Kaisers

Der Drachenboden bildet das Fundament für drei große Hallen zwischen dem Tor zur höchsten Harmonie und dem Tor der himmlischen Reinheit. Die Treppenstufen zu beiden Seiten eines Flachreliefs mit himmlischen Drachen waren ausschließlich für die Sänfte des Kaisers bestimmt. Der letzte Bewohner des Palastes war Puyi, über den Bertolucci seinen Film »Der letzte Kaiser« drehte.

letzten Mandschukaisers Puyi verwendet. Zwischen diesen beiden Gebäuden befindet sich die Halle der Einheit oder Fruchtbarkeit (Jiaotaidian). In ihr feierte man Geburtstage und bewahrte die Siegel früherer Kaiser auf. Heute kann man dort eine wichtige Erfindung der Chinesen betrachten, eine 2500 Jahre alte Wasseruhr. Die Halle der himmlischen Reinheit ist von einem Komplex aus Häusern, Arztpraxen, Bibliotheken und Wohngebäuden für Palastdiener umgeben. In dieser Halle erteilte der Kaiser seine Instruktionen für die Nachfolge. Jeder Kaiser schrieb den Namen seines Nachfolgers auf zwei Stücke Papier. Das eine behielt er bei sich, und das andere verbarg er hinter einer Platte an der Wand, auf der die Wörter »aufrecht und hell« standen. Nach dem Tod des Kaisers verglichen die Berater die beiden Papiere. Stand derselbe Name darauf, so wurde dieser Mann zum Kaiser ernannt.

Die sechs Hallen bildeten die Nordsüdachse der verbotenen Stadt. Sie dienten vor allem zeremoniellen Zwecken. Den größten Teil ihrer Zeit weilten die Kaiser in einem anderen Gebäude im Westen, der Halle der Ausbildung des Geistes (Yangxingdiang). Ihr ganzes Leben verbrachten die Kaiser in dieser verbotenen Stadt. Sie setzten ihren Fuß nur selten dorthin, wo ihre Untertanen lebten. Auf der ganzen Welt gab es nur wenige Dynastien, die ein so abgeschiedenes, autokratisches Leben führten. Das Essen für die chinesischen Kaiser war überreich, den sexuellen Appetit befriedigten Hunderte von Konkubinen, und die täglichen Arbeiten im Palast errichteten Eunuchen. Sie waren die einzigen Männer, die im Innern der verbotenen Stadt leben durften.

Während der Ming-Dynastie spielten die Eunuchen eine zunehmend dominierende Rolle. Man glaubte, sie seien loyal und zuverlässig, weil sie keine eigenen Familien hatten und mit den Palastfrauen auch keine verbotenen Beziehungen anknüpfen konnten. Die meisten Eunuchen rekrutierte man aus den Reihen von Verbrechern, deren Bestrafung die Kastration war. Die Chinesen glaubten nämlich, daß ein Mensch, der nicht vollständig sei, nicht in die himmlische Glückseligkeit eingehen könne. Deswegen trugen die Eunuchen die abgeschnittenen Teile in konservierter Form mit sich herum, oder sie sorgten mindestens dafür, daß sie nach ihrem Tod zusammen mit ihnen begraben wurden. Hung Wu hatte versucht, die Zahl der Eunuchen auf einhundert zu begrenzen. Am Ende der Ming-Ära im Jahre 1644 lebten in der verbotenen Stadt jedoch 70 000 Eunuchen. Weitere 30 000 verrichteten Verwaltungsarbeiten außerhalb.

Während die Ming-Kaiser schwächer wurden, gewannen die Eunuchen an Macht. In den zwanziger Jahren des 17. Jahrhunderts gelangte die Regierungsgewalt zuerst in die Hände einer Konkubine, und dann in die eines 52 Jahre alten Eunuchen namens Wei Chung-hsien. Wei übte einen so starken Einfluß auf den Kaiser, einen fünfzehnjährigen Jungen, aus, der sich hauptsächlich für die Tischlerei interessierte, daß er der eigentliche Regent war. Zu seinen Ehren wurden Tempel errichtet, während er Gegner in »unzählbarer Menge« hinrichten ließ, wie die offizielle Geschichtsschreibung der Ming verlautete. Wei verlor seine Macht, als der Kaiser plötzlich starb, und er beging Selbstmord, um sich dem Gefängnis zu entziehen. Die Ming-Dynastie fiel dann bald an die Mandschus, die einen Teil der verbotenen Stadt verbrannten und das ganze Silber einschmolzen.

Im 19. Jahrhundert regierte eine Konkubine in der verbotenen Stadt, nämlich die autokratische Kaiserin Dowager Cixi. Ihre Macht ergab sich aus der Tatsache, daß sie unter allen Konkubinen des Kaisers Hsien Feng die einzige war, die ihm einen Sohn und Erben geboren hatte. Hsien Feng starb, als das Kind fünf Jahre alt war. Cixi übernahm die Macht und vertrieb andere Höflinge. Als ihr Sohn mit neunzehn Jahren starb, schlug sie noch einmal zu. Sie bestand darauf, daß wiederum ein junger Kaiser bestimmt wurde, so daß sie ihre Regentschaft beibehalten konnte. Als dieser Kaiser dann den Thron übernahm und Reformen einleitete, meldete sich Cixi ein drittes Mal und übernahm erneut die Macht.

ARCHITEKTONISCHE LEISTUNGEN

Die verschiedenen baulichen Elemente der verbotenen Stadt sind unterschiedlich gefärbt: Die erhöhten Fundamente sind weiß; die Säulen und Wände dunkelrot (links außen), die Dächer leuchtend goldgelb (links). Diese Farbe war nur dem Kaiser vorbehalten.

Cixi war engstirnig, brutal und fremdenfeindlich. Sie machte gemeinsame Sache mit den Mitgliedern einer »Gesellschaft der Fäuste, der Rechtlichkeit und Eintracht«. Als diese Gesellschaft, die wir als Boxer bezeichnen, Missionare angriff, weigerte sich Cixi, dem Unwesen ein Ende zu bereiten. Im Juni 1900 griffen die Boxer Botschaftsgebäude in Peking an. Im August trafen westliche Streitkräfte zur Rettung der belagerten Diplomaten ein. Schließlich wollte Cixi Reformen einführen, die dreißig Jahre zuvor vielleicht die Dynastie hätten retten können. Nun war es aber zu spät. 1908 starb sie, und 1911 triumphierte die Revolution unter Sun Yat Sen.

Versuche zur Wiedereinführung des Kaisertums mißlangen in den zwanziger Jahren, und in den dreißiger Jahren, während der japanischen Besetzung, verschwanden viele wertvolle Objekte aus der verbotenen Stadt. Die Streitkräfte von Chiang Kaishek nahmen bei ihrem Rückzug im Jahr 1949 noch mehr mit. Sie mußten vor den kommunistischen Kräften Mao Zedongs China verlassen und gingen nach Taiwan ins Exil. Am 1. Oktober 1949 stand Mao auf der Terrasse des Tors zum himmlischen Frieden und proklamierte die Volksrepublik China. Das ist die bislang letzte Dynastie, die China regiert. Heute bildet die verbotene Stadt den Hintergrund für die Massenkundgebungen auf dem Platz des himmlischen Friedens (Tiananmen), der uns vor allem durch das Massaker an den Studenten ein Begriff geworden ist.

Die komplizierten Schnitzarbeiten unter den Traufen (oben links) hatten rein ornamentale Funktion). Bei einigen Gebäuden wurden die Schnitzereien so umfangreich, daß eine Extrakolonnade deren Gewicht übernehmen mußte. Bronzelöwen flankieren den Drachenboden (oben rechts).

DER KRISTALLPALAST

Inspiration aus der Natur

Zahlen und Daten

Das erste Ausstellungsgebäude aus Glas und Eisen

Planung: Joseph Paxton

Bauzeit: 1850–1851

Materialien: Gußeisen und Schweißstahl, Glas

Länge: 563,3 Meter

Breite: 124,4 Meter

Die revolutionären Verfahren, mit denen der Kristallpalast errichtet wurde, paßten zur Leitidee der Weltausstellung. Großbritannien wollte damit seine führende Stellung im Industriezeitalter dokumentieren. Königin Victoria und Prince Albert (unten) bei der Eröffnung.

Nur wenige Gebäude wurden so schnell geplant und mit derart halsbrecherischer Geschwindigkeit errichtet wie der Kristallpalast (Crystal Palace) in London. Es verging weniger als ein Jahr von der ersten Idee Joseph Paxtons bis zum Tag der Einweihung im Jahr 1851 durch Königin Viktoria. Der Kristallpalast wurde für die große Weltausstellung gebaut, war doppelt so groß wie St. Paul's Cathedral und bedeckte im Hyde Park 7,7 Hektar. Im Querschnitt fand eine 32,9 Meter hohe ausgewachsene Ulme leicht Platz. Für die Konstruktion brauchte man über 4500 Tonnen Gußeisen und Schweißstahl, 170 000 Kubikmeter Holz und 300 000 Glasscheiben. Der Kristallpalast war ein revolutionäres Gebäude, das den modernen Skelettbau vorwegnahm. Der eigentliche Bau nahm nur sieben Monate in Anspruch.

Paxton formulierte seine brillante Idee genau zum richtigen Augenblick. Mit der großen Weltausstellung wollte Großbritannien seine Vorherrschaft im Ingenieurwesen beweisen. Das lag besonders Prince Albert am Herzen. Eine königliche Kommission plante und organisierte die Weltausstellung. Die Entscheidung über das Gebäude überließ sie einem Komitee aus Ingenieuren und Architekten. Zu ihnen gehörten Charles Barry, der die Houses of Parliament gebaut hatte, Isambard Kingdom Brunel und Robert Stephenson. Das Komitee arbeitete sich durch 245 Baupläne hindurch und war dann am Ende seiner Weisheit angelangt. Voller Verzweiflung reichte es dann einen eigenen Plan ein, der hauptsächlich das Werk Brunels war. Ebenso verzweifelt akzeptierten die Kommissionsmitglieder ihn. Es war ein häßlicher, großer, doch gedrungener Backsteinbau mit einer Eisenkuppel darüber. Er erforderte mindestens 16 Millionen Backsteine. Selbst wenn man diese hätte auftreiben können, erschien doch mehr als zweifelhaft, ob noch genügend Zeit war, um sie auch aufeinanderzulegen. Die Zeitung »The Times« schrieb voller Entsetzen über den Plan, und viele teilten ihre Ansicht. In diese hektische Atmosphäre platzte Joseph Paxton hinein, der Chefgärtner des Duke von Devonshire. Paxton, 1803 geboren, Sohn eines Bauern, hatte eine geringe Schulbildung. Der Duke hatte jedoch seine Talente erkannt und ihm, als er 23 Jahre alt war, die Betreuung seiner Gärten in Chatsworth überlassen. Hier wirkte Paxton Wunder; er grub Seen, leitete Flüsse um und versetzte Hügel, um den Besitz des Duke zu verschönern. Hier baute er auch ein Lilienhaus und verwendete für das Bauskelett das Prinzip, das hinter der Blattstruktur der Amazonas-Seerose *Victoria regia* steht. Das Gebäude war noch nicht lange fertig, als sich Paxton entschloß, dasselbe Bauverfahren für eine Halle der großen Weltausstellung anzuwenden. Obwohl es schon fünf vor Zwölf war, war die Kommission doch bereit, seinen Vorschlag noch in Betracht zu ziehen, sofern er innerhalb von vierzehn Tagen in ihren Händen sei. »Ich werde nach Hause gehen, und nach neun Tagen bringe ich Ihnen die fertigen Pläne«, sagte Paxton.

Paxton ging schnurstracks zum Hyde Park und schaute sich den Bauplatz an. Der Anblick bestärkte ihn in seiner Entscheidung, eine stark vergrößerte Version seines Lilienhauses zu bauen. Ein solcher Entwurf hatte viele Vorteile: Man konnte den Bau schnell errichten; da er keine Mörtel und kein Pflaster enthielt, war er sofort trocken und bezugsfertig; Demontage und Wiederaufbau waren ebenfalls leicht möglich. Damit reagierte Paxton auch auf Kritiken, die behaupteten, die Weltausstellung würde den Hyde Park zerstören. Und konnte man keinen endgültigen Platz für die Aufstellung des Gebäudes finden, so besaßen die verwendeten Materialien immerhin noch Schrottwert.

Drei Tage später machte Paxton seine ersten flüchtigen Skizzen. Dennoch enthielten sie bereits seine wesentlichen Vorstellungen. Das Gebäude sollte rechteckig aussehen und aus vorgefertigten Teilen montiert werden. Die Pfeiler sollten aus Eisen, die Wände aus Glas sein. Innerhalb einer Woche waren die Pläne fertig. Eine weitere Woche brauchten die Baufirma Fox & Henderson und die Glasfabrik, um genaue Kostenvoranschläge zu machen. Sie berechneten, daß Paxtons Gebilde mit seinen 205 Meilen Fensterrahmen, den 3300 Eisenpfeilern, den 2150 Trägern und den 84 000 m² Glas 150 000 Pfund kosten würde. Wenn sie das Material nach der Demontage behalten könnten, würde sich die Rechnung auf nur 79 800 Pfund belaufen. Das Komitee hatte keine andere Wahl und mußte akzeptieren. Selbst der höhere Rechnungsbetrag war nämlich niedriger als die Schätzung.

Als man mit dem Aufbau begann, trat Paxtons genialer Entwurf klar zutage. Die Eisenpfeiler waren innen hohl, damit Regenwasser vom Dach abfließen

65

DER KRISTALLPALAST

Inspiration aus der Natur

Paxton verwendete für den Bau dieselben Prinzipien, die er schon beim Lilienhaus des Duke of Devonshire angewandt hatte. Er selbst ließ sich vom Blattaufbau der südamerikanischen Seerose Victoria regia inspirieren.

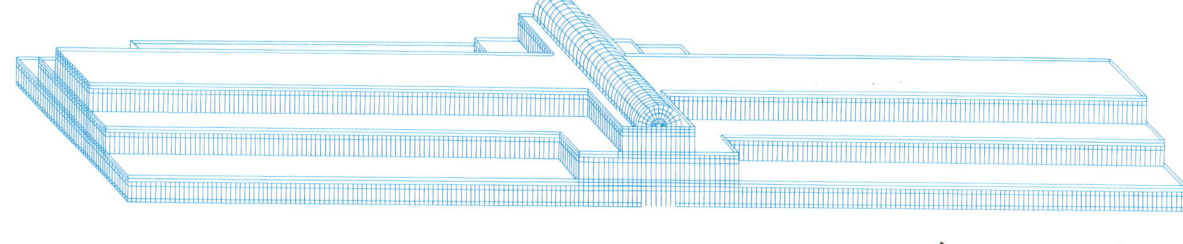

konnte. Sie konnten mit bemerkenswerter Geschwindigkeit aufgestellt werden. Die Träger befestigte man quer darüber. Mit etwas Übung errichteten die Arbeiter in sechzehn Minuten drei Pfeiler und legten zwei Träger darüber, wie Paxton selbst berichtete. Kaum war das erste Stockwerk gebaut, errichteten weitere Teams kurz danach das zweite. Spezialmaschinen an Ort und Stelle stellten die vielen Meilen der »Paxtonschen Dachtraufen« her. Es handelte sich um hölzerne Dachsparren, die ausgekehlt wurden und das Wasser ableiten konnten, das auf der Innenseite der Fensterscheiben kondensierte.

Die Bögen des Querschiffes, das den riesigen Glaskasten in ein elegantes Gebäude verwandelte, bestanden aus Holz und wurden von oben her eingebaut. Waren sie an Ort und Stelle, so begann man mit den Glasarbeiten. In einer Woche fixierten 80 Männer 18 000 Glasscheiben. Für die Erhöhung ihrer Produktivität wollten die Glaser eine Erhöhung des Tageslohnes von vier auf fünf Shilling. Sie gingen dafür in den Streik. Fox & Henderson reagierte auf typisch viktorianische Weise darauf. Die Firma entließ die Streikführer und bot den übrigen Arbeitern die Gelegenheit, wieder an ihre Arbeit zurückzukehren – zum alten Lohn. Sie taten es.

Jedermann war erstaunt darüber, wie schnell das Gebäude im Hyde Park wuchs. Die Zeitschrift »Punch« gab ihm auch seinen Namen – Crystal Palace –, und der Dichter William Thackeray veröffentlichte darin sogar ein paar lobpreisende Verse.

Der Kritiker waren es nun weniger geworden. Einige meinten zwar, ein starker Sturm oder Hagelschlag würde zum Zusammenbruch des Gebäudes führen. »The Times« befürchtete, die offiziellen Salutschüsse zur Ankunft von Königin Victoria am Eröffnungstag könnten »das Dach des Palastes so zum Erschüttern bringen, daß Tausende von Ladies zu Hackfleisch zerschnippelt würden«. Ein solches Desaster blieb aber aus, und der Eröffnungstag am 1. Mai 1851 war ein Triumph ohnegleichen. »Als wir die Mitte des Gebäudes betraten, eröffnete sich ein magischer Anblick«, schrieb Königin Victoria in ihr Tagebuch, »so geräumig, so glorios, so ergreifend.«

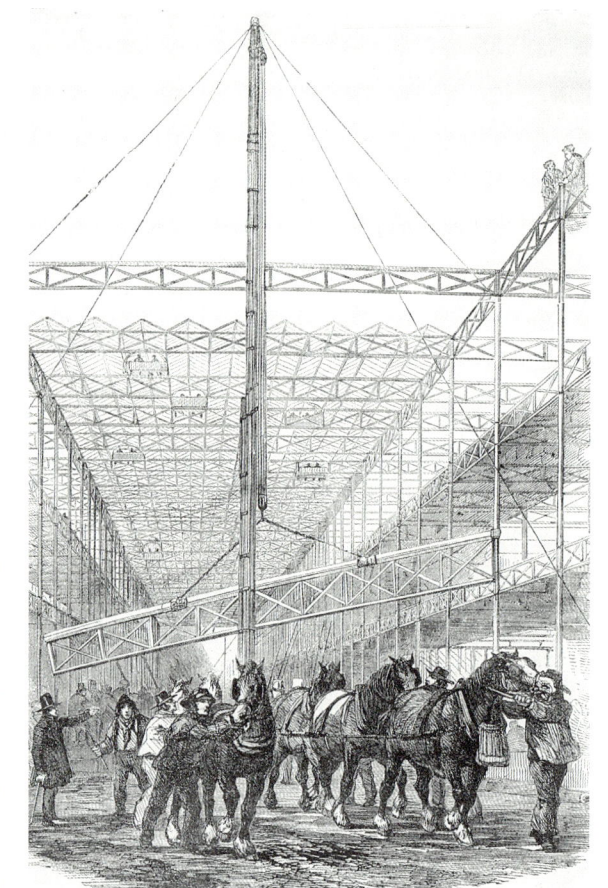

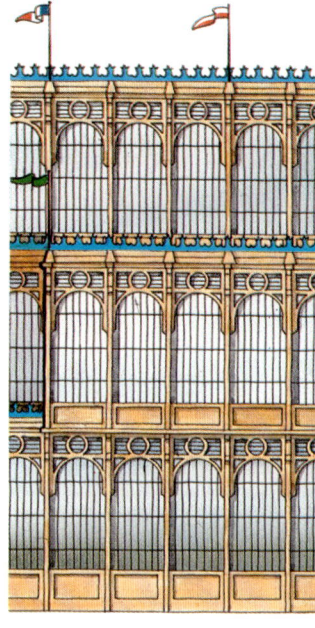

Paxtons Genie zeigte sich auch an der Schnelligkeit, mit der der Bau voranschritt. Drei Bäume, Rollen und Pferde machten ein Baugerüst überflüssig (unten links).

Zu jenem Zeitpunkt war das riesige Gebäude bereits mit Millionen von Gegenständen gefüllt, von denen viele die tiefgreifende Geschmacklosigkeit der viktorianischen Epoche verrieten.

Die Ausstellung wurde zu einem riesigen Erfolg, und mit den Gewinnen finanzierte man weitere, dauerhaftere Gebäude in London. Daraus entstand der heutige Museumskomplex zwischen der Brompton Road und dem Hyde Park – mit dem Victoria and Albert Museum, dem Science und dem Natural History Museum. Über sechs Millionen Besucher gingen durch die Drehtüren, bevor die Weltausstellung am 11. Oktober ihre Pforten schloß.

Verständlicherweise sorgte sich Paxton um das Überleben seines Meisterstücks, und er führte eine Kampagne an, die es an seinem Standort im Hyde Park belassen wollte. Die Opposition war aber zu stark, und das Parlament verwarf diesen Vorschlag. Zu jener Zeit hatte Paxton aber bereits eine halbe

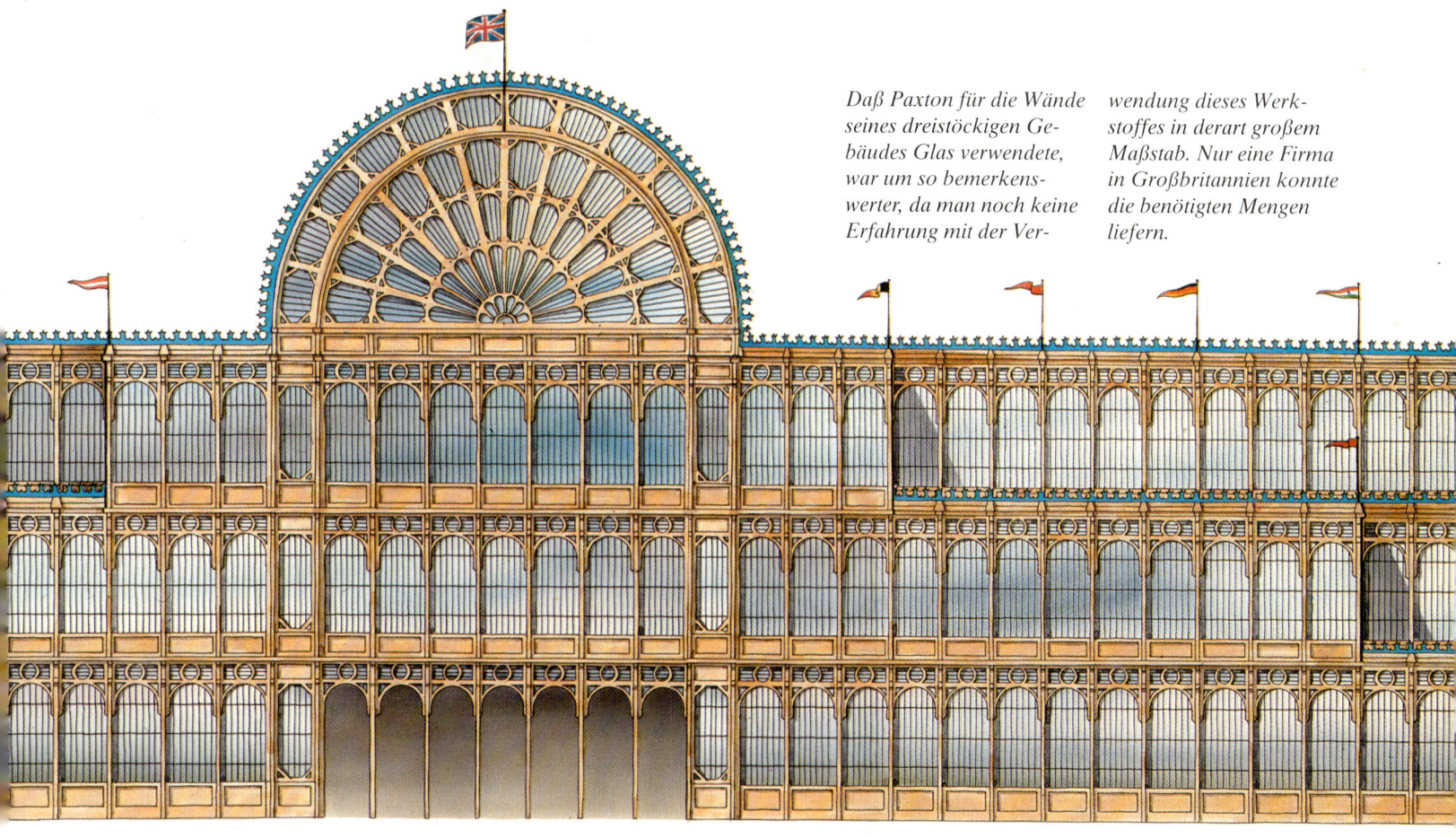

ARCHITEKTONISCHE LEISTUNGEN

Daß Paxton für die Wände seines dreistöckigen Gebäudes Glas verwendete, war um so bemerkenswerter, da man noch keine Erfahrung mit der Verwendung dieses Werkstoffes in derart großem Maßstab. Nur eine Firma in Großbritannien konnte die benötigten Mengen liefern.

Das Querschiff, das rechtwinklig zur Längsachse des Palastes verlief, war die brillante Idee des Ausstellungskomitees. Den Anlaß dazu gab eine starke Opposition gegen das Fällen von Bäumen. Mit dem 33 Meter hohen Querschiff war es möglich, eine Gruppe von Ulmen am Leben zu lassen.

Für den ganzen Kristallpalast wurden 84000 m² Glasscheiben benötigt. Das Glas war nur eineinhalb Millimeter dick und wurde von Chance Brothers in Birmingham geliefert. Die Glaser arbeiteten auf kleinen Laufwagen mit Rädern, die in die Auskehlungen der Paxtonschen Ablaufrinnen paßten. Das Regenwasser floß vom rippenartigen Dach in Dachtraufen und von dort in die 20 Zentimeter weiten hohlen Eisenpfeiler. »The Times« warnte damals davor, daß die Erschütterungen durch die Salutschüsse das Glasdach zum Splittern bringen könnten, so daß »Tausende von Ladies zu Hackfleisch zerschnippelt würden«.

DER KRISTALLPALAST

Inspiration aus der Natur

Die Aufstellung in Sydenham war nicht die Lösung, die Paxton bevorzugte, als die große Weltausstellung am 11. Oktober 1851 zu Ende ging. Er hatte gehofft, daß der Kristallpalast im Hyde Park stehenbleiben und in einen Winterpark und Garten mit reichlich Bäumen und Pflanzen umgewandelt werden könnte. Das Parlament verwarf diesen Vorschlag. Doch Paxton hatte bereits eine halbe Million Pfund gesammelt, um ein Grundstück zu kaufen und das Gebäude dort neu zu errichten.

Paxton schuf in Sydenham Hill nicht nur die beabsichtigte botanische Sammlung, sondern kopierte auch Statuen, Uhren und Vasen früherer Kulturen und baute prächtige Brunnen. Die beiden Türme zu beiden Enden (oben) wurden von Isambard Kingdom Brunel gebaut, um den benötigten Wasserdruck zu bekommen. Nach der Fertigstellung verbrauchten 12 000 Düsen 32 Millionen Liter Wasser je Stunde.

Million Pfund an Spenden gesammelt, um das Gebäude und einen neuen Standort zu kaufen. Vorgesehen war ein Gelände von 80 Hektar in einem mit Bäumen bestandenen Parkgebiet oben auf dem Sydenham Hill am südlichen Ende Londons. Hier wurde das Gebäude wieder aufgerichtet, größer und schöner als zuvor. Der Kristallpalast von Sydenham war eineinhalbmal so groß wie der vom Hyde Park. Vom einen Ende zum anderen erstreckte sich ein gewölbtes Dach, und das Querschiff war doppelt so breit. Nach dem Bau brachte man außergewöhnliche Objekte darin unter. Verschiedene Höfe stellten unterschiedliche Perioden der Kunstgeschichte dar. Hunderte von Skulpturen – darunter auch einige Kolossalstatuen –, ferner Bäume, Kunstgalerien, eine Galerie berühmter Menschen, ein Theater, eine Konzerthalle mit 4000 Sitzen und mit einem Raum in der Mitte für ein großes Orchester mit 4000 Musikern sowie eine große Orgel mit 4500 Pfeifen fanden darin Platz.

Der Kristallpalast von Sydenham war weder ein Museum noch eine Konzerthalle oder ein riesiger Park; er war alles gleichzeitig und damit vielleicht das erste Beispiel dessen, was wir heute nüchtern Mehrzweckhalle nennen. Eine Familie konnte einen ganzen Tag darin verbringen. Sie erfreute sich am Bau und an all dem, was es zu sehen gab, und am Abend genoß sie ein riesiges Feuerwerk, für das der Kristallpalast bald berühmt wurde. Hier wurden auch die ersten Filme einer größeren Anzahl von Menschen gezeigt. Es gab Ballonaufstiege, Hochseilakte, Shows, Ausstellungen, Konferenzen, Pantomimen und andere spektakuläre Ereignisse wie einen Überfall, bei dem vor 25 000 Zuschauern ein ganzes Dorf zerstört wurde.

Paxtons Einfluß

Joseph Paxton kam 1803 in Milton Bryant in der Nähe von Woburn in Bedfordshire auf die Welt. Seine Familie lebte in ärmlichen Verhältnissen. Durch seine Intelligenz und harte Arbeit machte er den Duke of Devonshire auf sich aufmerksam. Im Alter von 23 Jahren wurde Paxton mit der Betreuung der Gärten des Duke in Chatsworth beauftragt.

Dort erbaute Paxton ein Lilienhaus, nach Prinzipien, die er dann beim Kristallpalast anwendete. Sie hatten tiefgreifende Auswirkungen. Die Bahnhöfe von King's Cross, St. Pancras und Paddington wurden nach denselben Prinzipien erbaut. Der Kristallpalast war der erste Skelettbau, der aus wenigen vorgefertigten Teilen in großen Serien montiert werden konnte. Anstelle von Außenmauern, sorgte ein Innenskelett für die Stabilität des Baus.

ARCHITEKTONISCHE LEISTUNGEN

St. Pancras Station, London

Die Halle für die Endstation von Midland Railway in London planten R. M. Ordish und W. H. Barlow, der Paxton beim Kristallpalast bereits zur Hand gegangen war. Die Eisenrippen, die das Dach tragen, sind untereinander durch Träger verbunden.

Das Bond Centre, Hongkong

Dieses Hochhaus, das vom australischen Unternehmer Alan Bond erbaut wurde, ist typisch für Tausende von Bürogebäuden auf der ganzen Welt, die Glasfassaden verwenden. Zum Bau nimmt man vorgefertigte Teile, welche die Kosten reduzieren und gleichzeitig die freie Gestaltung des Architekten stark einschränken.

Willis Faber Dumas Offices, Ipswich, England

Der Bürokomplex wurde von Foster Associates entworfen und 1975 fertiggestellt. Bei diesem Gebäude hat die Außenhaut keine strukturelle Funktion mehr. Ein Stahl- und Betonskelett im Innern und der Ersatz der Fensterrahmen durch Silikon- oder Neoprengelenke machen es möglich, daß die Außenhaut völlig aus Glas ist.

DIE SAGRADA FAMILIA

Gaudis gotisches Meisterwerk

Zahlen und Daten

Die ungewöhnlichste Kathedrale der Welt

Architekt: Antonio Gaudi y Cornet

Baubeginn: 1882

Materialien: Stein, Backstein, Stahl und Beton

Höhe: 170 Meter

Anzahl der Sitzplätze: über 13 000

Seit mehr als hundert Jahren wird an einer Kirche in Barcelona gebaut. Sie ist riesengroß, phantastisch und wird nie fertig werden, der Traum eines Architekten, der seiner Phantasie freien Lauf ließ. Die Kathedrale La Sagrada Familia – »Die Heilige Familie« – ist ein ganz ungewöhnliches Gebäude; Pfeiler verzweigen sich wie Bäume, und riesengroße durchbrochene Türme stehen still vor einem leeren Schiff. Die Kirche wurde als das Werk eines Genies und als das Produkt einer kranken Phantasie beschrieben: Nur wenige Bauwerke haben so starke und entgegengesetzte Emotionen ausgelöst. Die Sagrada Familia begann ihre Existenz als durchaus respektable neugotische Kirche. Sie sollte in der »neuen Stadt« von Barcelona gebaut und von einer geistlichen Vereinigung finanziert werden, die den heiligen Josef und die heilige Familie besonders verehrte. Ein Bauplatz wurde gekauft, und der Diözesanarchitekt Francisco de Paula del Villar entwarf eine Kirche. Der Grundstein wurde 1882 gelegt.

Bald kam es zu einem Zerwürfnis zwischen dem Architekten und der geistlichen Bruderschaft. An seine Stelle trat ein nur einunddreißigjähriger Mann, Antonio Gaudi. Was für Gaudi als Bauauftrag begann, wuchs sich zu einer lebenslangen Beschäftigung. Dabei wuchsen Religiosität und Kunst zu einer fast verzehrenden Leidenschaft aus. Gaudi vollendete das Gebäude nicht, und es wird auch weiterhin unvollendet bleiben. Dennoch ist es das größte Denkmal in Barcelona und Ausdruck eines der außergewöhnlichsten Konzepte der gesamten westlichen Architektur.

Der Stil, den Gaudi für die Sagrada Familia ausformte, ist schwer zu beschreiben, denn es gibt ihn sonst nirgendwo auf der Welt. Gaudi machte Anleihen bei der gotischen Kunst, doch die wogenden, fast flüssigen Formen der Steinmetzarbeiten erinnern sehr an den Jugendstil. Man hat den Eindruck, als seien die Zeichnungen von Aubrey Beardsley oder die Silberarbeiten jener Epoche zu Stein ge-

Der Hochaltar (links) liegt unter der zentralen Kuppel. Gaudis Konzept sah als einzigen Schmuck einen gekreuzigten Christus vor, wobei sich ein Weinstock um die Basis des Kreuzes winden sollte. Die sieben Kapellen in der Apsis sollten den Freuden und Leiden des heiligen Josef gewidmet sein.

Die Arbeiten an der Fassade mit der Darstellung der Geburt Christi (rechts) begannen 1899. Die Fertigstellung zog sich bis 1930 hin. Die vier Glockentürme sind, von links nach rechts, den Aposteln Barnabas, Simon, Thaddäus und Matthias geweiht. Dieser Teil der Fassade wird am Morgen von der Sonne beleuchtet.

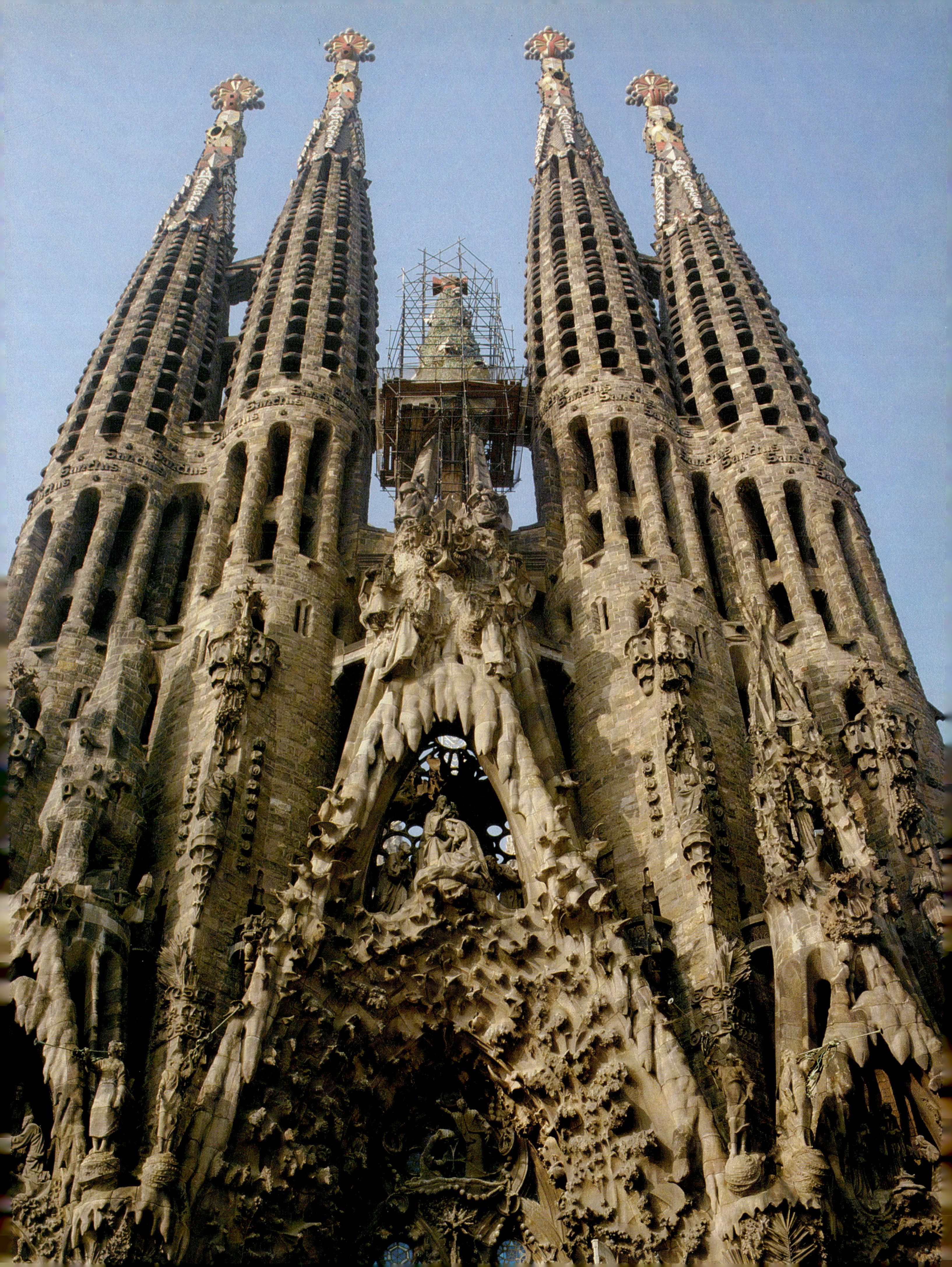

Gaudis gotisches Meisterwerk

worden. Gaudi verdankt am meisten John Ruskin und William Morris und dem französischen Architekten der Neugotik Viollet-le-Duc. Gaudi arbeitete seit der Auftragserteilung im Jahr 1883 bis zu seinem Tod im Jahre 1926 so lange an der Kirche, daß sich darin auch seine wechselnden Ansichten über Architektur und Religion widerspiegeln.

Gaudi vergrößerte die Kirche in einem ersten Schritt. Er hätte auch gern ihre Lage geändert, aber die Fundamente waren bereits gelegt. Im ersten Jahrzehnt baute er die Krypta in einem mehr oder minder gotischen Stil. Als wichtigstes neues Element führte er naturalistische Ornamente ein. Doch von den neunziger Jahren an begann seine Phantasie zu blühen. Er gab die konventionellen Ideen von Villar auf und setzte an deren Stelle eine wild wuchernde Dekoration mit Motiven aus der Welt der Menschen, der Pflanzen und der Tiere.

Um 1895 entwarf Gaudi die Ostfassade. Damit stieß er auf Widerspruch, denn die Bewohner von Barcelona wurden bereits ungeduldig. Sie hielten die Westfassade, die der Stadt gegenüberstand, für viel dringlicher. Gaudi rechtfertigte seine Entscheidung damit, daß das Thema der Ostfassade die Geburt von Jesus Christus sei und daß sie deswegen vor der Westfassade gebaut werden müsse, die er der Passion widmen wolle. Gaudi sah die Kirche bereits nicht mehr als Gebäude, das so schnell wie möglich fertiggestellt werden sollte, sondern als eigenständigen religiösen Ausdruck, einen Katechismus in Stein.

Seine Pläne wurden immer ehrgeiziger und komplexer. Um die Kirche wollte er achtzehn Türme bauen, die in der Mitte einen 170 Meter hohen Turm umschließen sollte. Dieser wäre so hoch wie der Kölner Dom und viel höher als St. Paul's in London oder der Petersdom in Rom geworden. Gaudi wollte mit diesen Türmen die zwölf Apostel, die vier Evangelisten, die Jungfrau Maria und – mit dem höchsten – Jesus Christus versinnbildlichen. Mit den drei Fronten der Kirche wollte Gaudi die Geburt, den Tod und die Auferstehung Christi darstellen.

Die reichliche Verwendung von Symbolismen erkennen wir auch in den Details. Gaudi scheint glatte Oberflächen gehaßt zu haben. Dem Besucher fällt sofort die Dynamik der Dekoration auf – mit Tieren, Pflanzen, Figuren, Bäumen und anderen Steinmetzarbeiten, die jeden Fußbreit bedecken. Viele Skulpturen sollten nach Gaudis Vorstellungen bemalt werden. Um die Kirche herum plante er eine klosterähnliche Struktur, die das Innere vor dem Straßenlärm abschirmen sollte.

Die vier Türme der Ostfassade, jeder 100 Meter hoch, waren die letzten Teile der Kiche, die unter Gaudis Leitung errichtet wurden. Er selbst erlebte nur noch die Fertigstellung des südlichsten Turms, der dem heiligen Barnabas gewidmet ist. Seit seinem Tod gingen die Arbeiten an der Kirche weiter – allerdings mit einer langen Unterbrechung von 1936, als der spanische Bürgerkrieg zur Einstellung der Arbeiten führte, bis 1952. Doch selbst heute ist die Kirche noch längst nicht fertig. Zur Zeit wird der Versuch unternommen, sie für die Olympischen Spiele in Barcelona im Jahr 1992 fertigzustellen.

Die Konzeption von Gaudi kann man nur bruchstückweise erkennen, z. B. nachts, wenn das Innere erleuchtet ist und das Licht durch den durchbrochenen Stein scheint. Dann stellt die Sagrada Familia, wie Gaudi erhoffte, den Stein gewordenen Ausdruck der Worte Christi dar: »Ich bin das Licht der Welt.«

Die Kirche La Sagrada Familia befindet sich in einem Teil Barcelonas, der erst in unserem Jahrhundert bebaut wurde. Die Türme der Ostfassade (oben) sind deutlich düsterer gefärbt als die in neuerer Zeit errichteten Türme. Daran erkennen wir die Auswirkungen jahrzehntelanger Umweltverschmutzung. Im Giebel des Ostportals ist die Krönung der Jungfrau Maria dargestellt.

ARCHITEKTONISCHE LEISTUNGEN

Innenansicht der Ostfassade mit der Darstellung der Geburt Christi. Über die Plazierung der Statuen entschied Gaudi auf pragmatische Weise: Arbeiter stellten naturgetreue Gipsmodelle im Licht des frühen Morgens auf, und Gaudi betrachtete sie aus der Entfernung. Sie wurden dann nach seinen Wünschen so lange verschoben, bis alles klappte.

Ein Detail der Ostfassade (unten) zeigt die wild wuchernde Dekoration und die symbolischen Darstellungen, die die gesamte Außenoberfläche bedecken. Wir blicken hier auf zwei Fenster oberhalb des Ostportals. Unterhalb der Fenster ist die Geburt Christi dargestellt. Der musizierende Engel wurde 1936 während des spanischen Bürgerkriegs zerstört und später ersetzt.

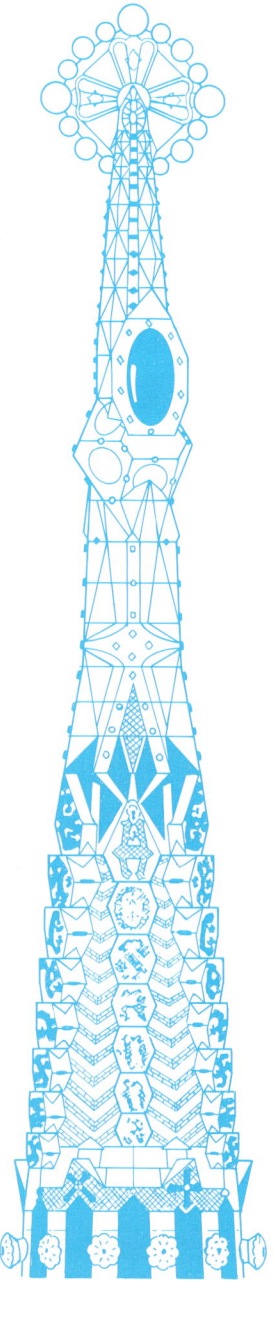

Die Zinnen der Türme sind mit Mosaiken geschmückt. Abgebildet sind die Kennzeichen des Bischofs, also Kreuz, Mitra, Krummstab und Ring. Die Wörter »Hosanna« und »Excelsis« sind abwechselnd mit senkrecht übereinanderstehenden Buchstaben angebracht.

Gaudis schöpferisches Genie

Antonio Gaudi y Cornet kam am 25. Juni 1852 in Reus, Tarragona, auf die Welt. Er war ein feuriger Katalane und gläubiger Katholik, und seine Bauwerke sind der künstlerische Ausdruck eines politischen Wiederauflebens des Katalanentums. Trotz seiner geringen Schulbildung konnte Gaudi aufgrund seines starken Charakters und seiner Intelligenz von 1873 an in Barcelona Architektur studieren. Obwohl durch und durch Katalane, war er in seinem privaten und geistlichen Leben sehr konservativ. Er war nicht verheiratet, machte keine Reisen und leitete auch keine Architektenschule. Es war eine Vision, die mit ihm starb – zu einer Zeit, als der geometrische und funktionale internationale Stil der modernen Architektur aufkam.

Den Park Güell (rechts) wollte Gaudi ähnlich einer englischen Gartenvorstadt gestalten. Es wurde aber nur der eigentliche Park gebaut. Hier arbeitete er bis 1914. Der Park ist heute öffentlich zugänglich und enthält eine Kirche, Bäume, Skulpturen und ein griechisches Theater. Das Bild zeigt die Kolonnaden des Marktes mit den hundert Säulen.

Die Casa Batlló in Barcelona (oben) entstand durch den Umbau eines bereits existierenden Gebäudes. In den Jahren zwischen 1905 und 1907 überzog Gaudi das Gebäude mit einem Mosaik, das den Himmel, Wolken und Wasser darstellt. Das Haus erhielt ein drachenähnliches Dach aus glasierten Ziegeln, die Fenster dünne Säulen, die dem Gebäude den Spitznamen »Haus der Knochen« eintrug.

ARCHITEKTONISCHE LEISTUNGEN

Den großen Platz im Park Güell (rechts) umgibt eine Bank, die in serpentinenartigen Linien verläuft. Die Rückenlehne wird ganz von einem Mosaik aus Keramik- und Glasscherben eingefaßt. Darunter sind auch Bruchstücke von Tellern und Flaschen. In seiner pragmatischen Art des Arbeitens war Gaudi mehr ein mittelalterlicher Handwerker als ein moderner Architekt.

Gaudi wurde bei seiner Verwendung natürlicher Formen von den Schriften des Kunstkritikers John Ruskin beeinflußt. Er entnahm der Natur nicht so sehr einzelne Elemente, sondern verwendete die Formen möglichst als Ganzes. Abgesehen von dieser Eidechse im Park Güell (oben), übernahm er in seine Kompositionen auch die Formen von Blüten, Samen, Bäumen, Schnecken, Hunden, Fischschuppen, Knochen und Muskeln.

Mosaiken am Verwaltungspavillon des Parks Güell betonen die Form des Gebäudes. Die Verwendung farbiger Fliesen geht in Spanien auf die Araber zurück. Gaudis Liebe zum Dekor, zu Farben und ungewöhnlichen Formen verrät Humor und Formgefühl. Gaudi wird in Barcelona sehr verehrt, weil er der Stadt kraftvolle und bisweilen doch spielerisch anmutende Gebäude schenkte.

Eine Treppe zum Himmel

Zahlen und Daten

Der bekannteste Turm der Welt, erbaut zum 100. Gedenktag an die französische Revolution

Konstrukteur: Gustave Eiffel

Bauzeit: 1887–1889

Material: Schmiedeeisen

Höhe: 301,7 Meter

Der Eiffelturm beherrscht die Silhouette von Paris mit einer Eleganz, die selbst die früheren Kritiker verblüffte.

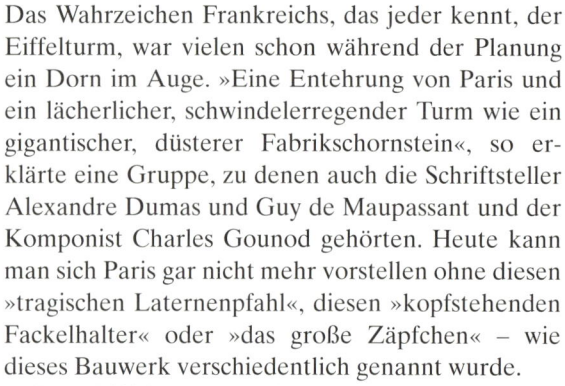

Das Wahrzeichen Frankreichs, das jeder kennt, der Eiffelturm, war vielen schon während der Planung ein Dorn im Auge. »Eine Entehrung von Paris und ein lächerlicher, schwindelerregender Turm wie ein gigantischer, düsterer Fabrikschornstein«, so erklärte eine Gruppe, zu denen auch die Schriftsteller Alexandre Dumas und Guy de Maupassant und der Komponist Charles Gounod gehörten. Heute kann man sich Paris gar nicht mehr vorstellen ohne diesen »tragischen Laternenpfahl«, diesen »kopfstehenden Fackelhalter« oder »das große Zäpfchen« – wie dieses Bauwerk verschiedentlich genannt wurde.

Der Eiffelturm wurde zum hundertsten Geburtstag der französischen Revolution gebaut. Damals fand eine Weltausstellung, die Exposition Universelle, in Paris statt. Die Organisatoren machten sich Gedanken über ein zentrales Hauptwerk für die Ausstellung. Dabei zogen sie auch die bizarre Idee in Erwägung, ein 300 Meter hohes Modell der Guillotine zu errichten. Die beste Idee stammte von Gustave Eiffel, einem Ingenieur, der bereits für seine Eisenkonstruktionen berühmt war. Er hatte mit diesem Material, das damals billiger war als Stahl, bereits Brücken, Kuppeln und Dächer gebaut. Auf die Idee des Turms kamen zwei jüngere Mitarbeiter seiner Ingenieurfirma, Maurice Koechlin und Emile Nougier, die auch die ersten Berechnungen anstellten. Eiffel trug die Vorstellungen den Organisatoren der Exposition vor und gewann deren Unterstützung.

Es war das ausgesprochene Ziel, das höchste Gebäude der Welt zu errichten, 300 Meter hoch. Zu jener Zeit hielt das Washington Monument in Washington DC den Rekord, ein steinerner, 168,9 Meter hoher Obelisk. Das höchste ältere Gebäude war die große Cheops-Pyramide, die auf 146,9 Meter kam. Eiffel wollte ein Bauwerk errichten, das fast doppelt so hoch war wie das höchste, das bisher gebaut wurde.

Der Ingenieur plante eine Struktur mit Rippen aus Schmiedeeisen, die durch Nieten zusammengehalten wurden und auf einem gemauerten soliden Fundament ruhten. Im Gegensatz zu einer Brücke, die zahlreiche gleiche Elemente aufweist, erforderte der Eiffelturm eine Vielzahl unterschiedlicher Komponenten. Ein Team von fünfzig Ingenieuren konstruierte sie unter der Leitung Eiffels. Kein Bauteil durfte schwerer als drei Tonnen sein, um den Aufbau zu erleichtern.

Die Errichtung des Turms begann im Januar 1887. 15 Meter lange, 6,6 Meter breite und 2,1 Meter tiefe Stahlkästen wurden mit Beton gefüllt und in den Untergrund versenkt. Sie sollten die festen Fundamente bilden. Auf diesen wuchs von Ende Juni an der Turm in die Höhe. Kräne hievten die Bauteile in die Höhe, und sie waren so sauber gefertigt, daß die Löcher in den vorgefertigten Teilen noch genau aufeinanderpaßten, als der Turm bereits 50 Meter Höhe erreicht hatte. Das war von entscheidender Bedeutung, denn Schmiedeeisen kann nicht geschweißt werden; man kann nur Nietverbindungen herstellen. Nach der Fertigstellung der ersten Plattform (am 1. April 1888) wurden die Kräne dort montiert.

Die Arbeiten verliefen ruhig während des ganzen Jahres 1888. Ende März 1889 hatte der Turm seine volle Höhe erreicht. Besonders bemerkenswert war, daß während des Baus kein Arbeiter durch einen Unfall sein Leben verlor. Ein italienischer Handwerker starb allerdings beim Einbau der Aufzüge, als der Turm schon eingeweiht war. Der Eiffelturm wog 9700 Tonnen und bestand aus 18 000 Teilementen, die von 2,5 Millionen Nieten zusammengehalten wurden. Nur 230 Männer arbeiteten an dem Bau; 100 stellten die Teile her, und 130 setzten sie zusammen. Die endgültige Höhe des Turms beträgt 301,7 Meter. Bei heißem Wetter ist er etwas höher, denn er dehnt sich um rund 17 Zentimeter aus.

Am 31. März stieg eine kleine Gesellschaft die 1792 Stufen bis zur Spitze des Turms hoch und hißte die französische Trikolore. Die Flagge war sieben Meter lang und 4,40 Meter breit. Es wurde Champagner getrunken, und die Menschen riefen immer wieder: »Vive la France! Vive Paris! Vive la République!« Der Abstieg von der obersten Plattform war, wie »The Times« berichtete, ebenso anstrengend wie der Aufstieg und dauerte vierzig Minuten. Am Boden waren Tische aufgestellt, und 200 Arbeiter, die Ingenieure und der Premierminister

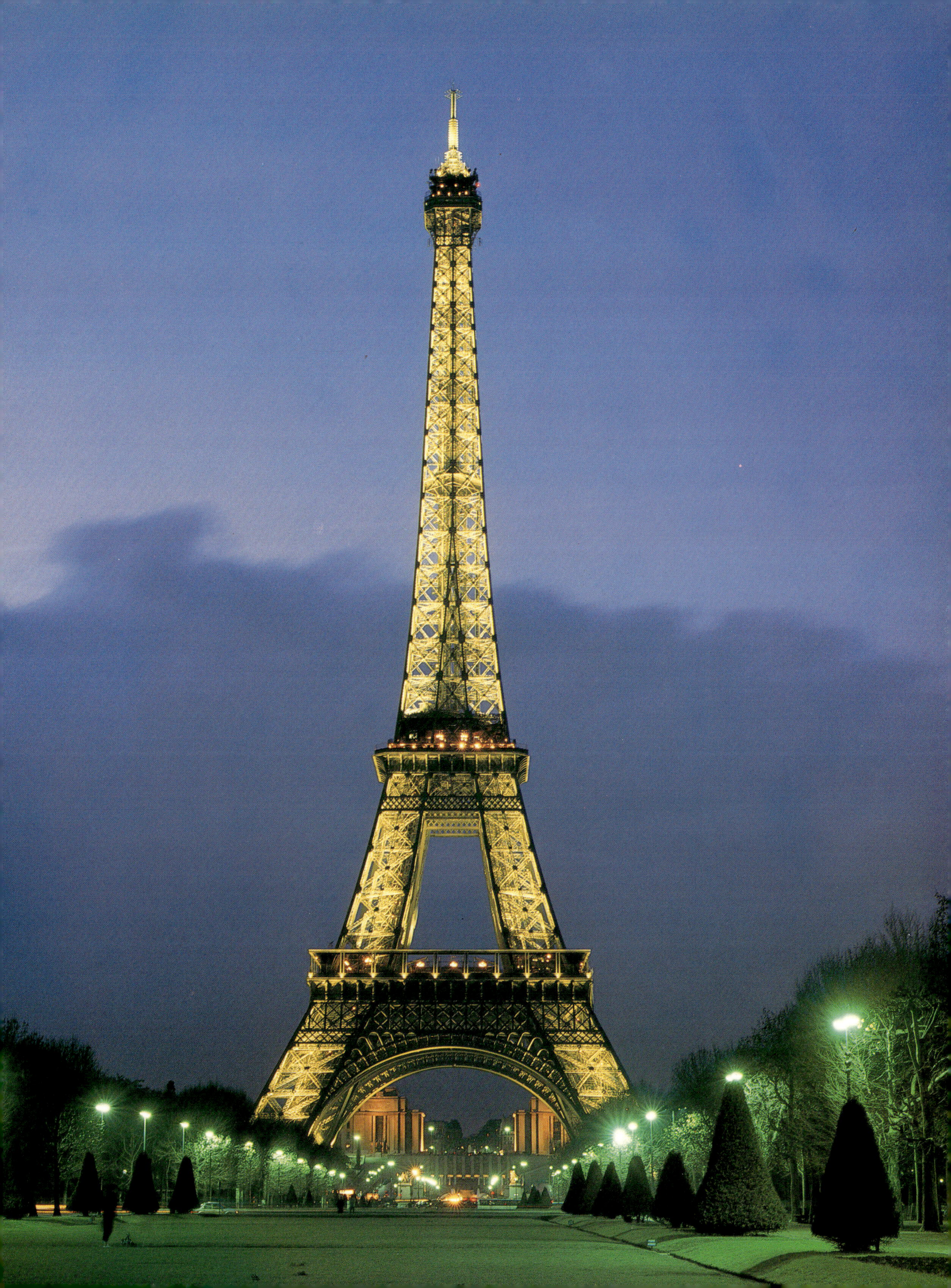

DER EIFFELTURM

Eine Treppe zum Himmel

Tirard feierten das Bauwerk. Tirard gab zu, er sei zuerst gar nicht über den Turm begeistert gewesen. Doch jetzt räume er ein, daß er damit nicht Recht behalten habe. Nun, da der Turm vollendet war, fanden ihn viele seiner früheren Kritiker deutlich eleganter, als sie erwartet hatten. Er war leichter und graziler, als er in den Zeichnungen erschienen war. Gounod zog seine Kritik zurück, und die Zeitung »Le Figaro« feierte die Eröffnung des Turms mit einem Loblied auf dessen Erbauer: »Gloire au Titan industriel/Qui fit cet escalier au ciel« (Ruhm dem Industriegiganten, der diese Treppe zum Himmel schuf.«)

Auch die düsteren Voraussagen eines finanziellen Desasters bewahrheiteten sich nicht. Der Turm kostete 7 739 401 Francs und 31 Centimes und damit ungefähr eine Million Francs mehr, als Eiffel vorausgesagt hatte. Doch er zog eine große Zahl von Menschen an. In den letzten fünf Monaten des Jahres 1889 besuchten ihn allein 1,9 Millionen Menschen. Sie zahlten zwei Francs bis auf die erste Plattform, einen weiteren Franc bis zur zweiten Plattform und dann noch zwei Francs bis zur Spitze. Bis Ende des Jahres hatte man drei Viertel der Gesamtkosten bereits eingenommen. Der Eiffelturm wurde zu einem sehr gewinnträchtigen Unternehmen. Die Besucherzahl des Jahres 1889 wurde allerdings erst mit dem Aufkommen des Massentourismus in den sechziger Jahren unseres Jahrhunderts übertroffen. Im Jahr 1988 stiegen 4,5 Millionen Menschen auf den Eiffelturm.

Der Eiffelturm war ursprünglich nur für eine Lebensdauer von 20 Jahren ausgelegt, doch nach hundert Jahren ist er immer noch in Ordnung. Während der achtziger Jahre wurde er in größerem Umfang restauriert, was über 40 Millionen Mark kostete. Man entfernte dabei ein Übergewicht in der Größenordnung von 1000 Tonnen, das im Laufe der Jahre hinzugekommen war, zum Beispiel in Form einer 177 Meter hohen Wendeltreppe.

Der Eiffelturm war seit jeher ein kommerzielles Unternehmen. Der Autohersteller Citroën besaß zeitweilig die Werberechte und ließ ein imponierendes Beleuchtungssystem montieren. Es sah aus, als würden Flammen von der Basis des Turms nach oben steigen. Später stellte der Turm eine hervorragende Sendestation für Rundfunk und Fernsehen dar.

Der Eiffelturm trägt eine schmutzigbraune Farbe, von den Franzosen »marron« genannt. Der volle Name der Farbe ist »brun Tour Eiffel«. Alle sieben Jahre sind 45 Tonnen davon erforderlich, um das Metall zu streichen. Das Unvermeidliche blieb nicht aus – Menschen stürzten sich vom Eiffelturm in den Tod. Bislang waren es ca. 400.

Zwei Doppeldeckeraufzüge konnten fünfzig Personen bis zur ersten Plattform transportieren. Während des Zweiten Weltkrieges hinderte ein mysteriöser Betriebsschaden Hitler daran, den Aufzug zu benutzen, so daß er das erste Stockwerk zu Fuß erklettern mußte.

In den sechzehn Säulen – je vier pro Pfeiler – wurden hydraulische Pressen eingebaut. Mit ihrer Hilfe konnte man die Pfeiler so ausrichten, daß die Träger des ersten Stockwerks horizontal lagen.

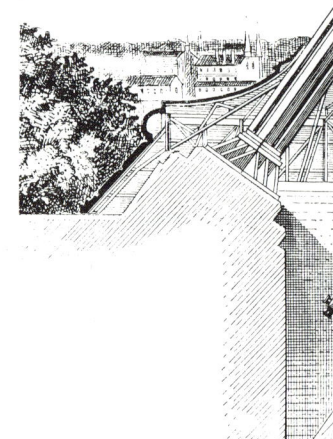

Die Bauphasen

Die Verwendung vorgefertigter Teile war eine revolutionäre Neuerung; Eiffel war durch die kurzen Termine dazu gezwungen. Er ließ die sieben Millionen Löcher in den Trägern vor der Montage bohren. Die Arbeiter mußten also an Ort und Stelle nur noch die Nieten mit tragbaren Schmieden fertigen. 5300 Zeichnungen waren notwendig, um die Lage der Löcher anzugeben.

ARCHITEKTONISCHE LEISTUNGEN

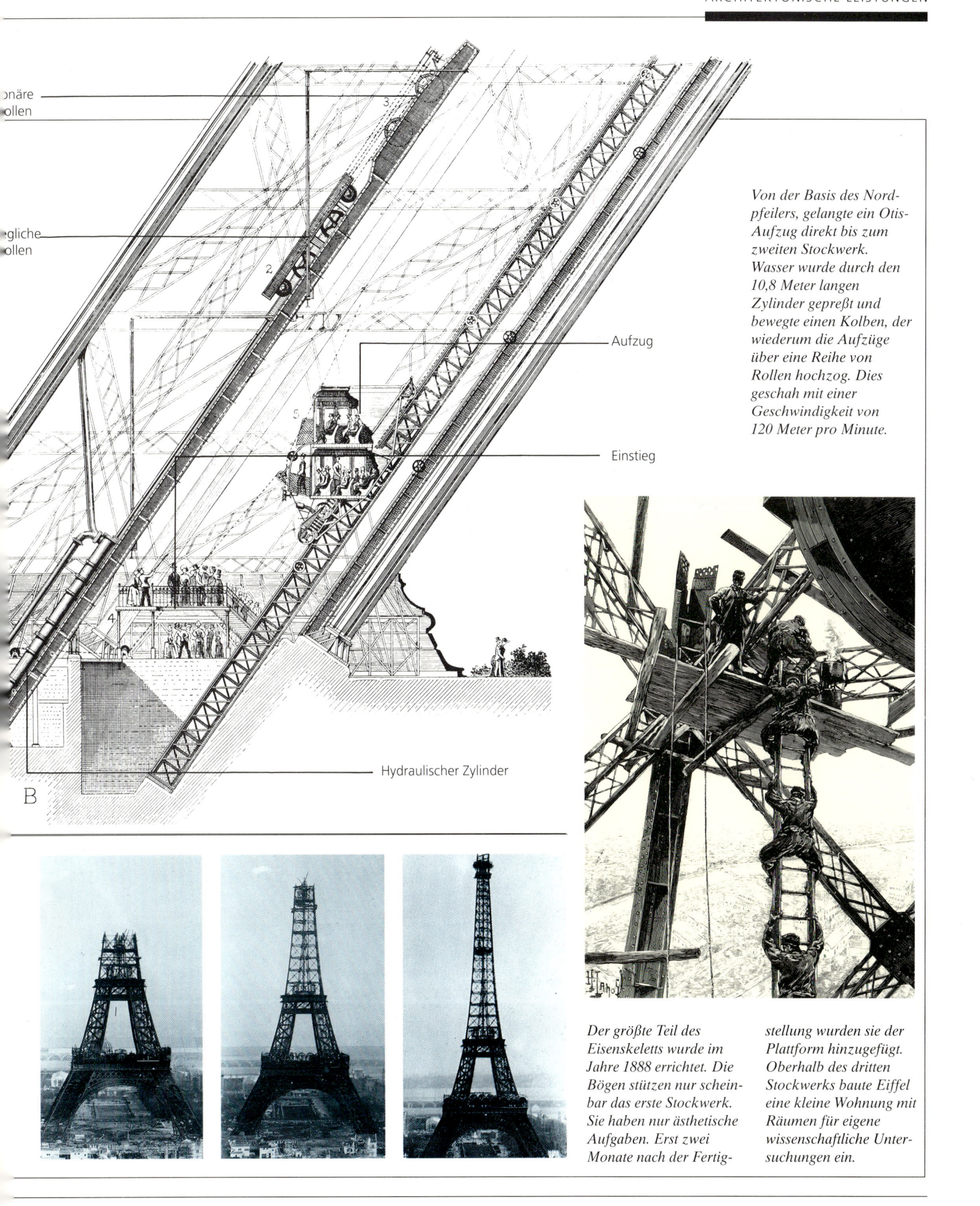

Aufzug

Einstieg

Hydraulischer Zylinder

Von der Basis des Nordpfeilers, gelangte ein Otis-Aufzug direkt bis zum zweiten Stockwerk. Wasser wurde durch den 10,8 Meter langen Zylinder gepreßt und bewegte einen Kolben, der wiederum die Aufzüge über eine Reihe von Rollen hochzog. Dies geschah mit einer Geschwindigkeit von 120 Meter pro Minute.

Der größte Teil des Eisenskeletts wurde im Jahre 1888 errichtet. Die Bögen stützen nur scheinbar das erste Stockwerk. Sie haben nur ästhetische Aufgaben. Erst zwei Monate nach der Fertigstellung wurden sie der Plattform hinzugefügt. Oberhalb des dritten Stockwerks baute Eiffel eine kleine Wohnung mit Räumen für eigene wissenschaftliche Untersuchungen ein.

Weitere Bauwerke von Eiffel

Alexandre Gustave Eiffel wurde am 15. Dezember 1832 in Dijon geboren. Nach einem Studium der Chemie in Paris ging er zu einer Firma, die Eisenbahnzubehör herstellte. Sie ermutigte ihn, die Chemie zugunsten des Ingenieurberufes aufzugeben. Bereits im Alter von 25 Jahren erhielt er den Auftrag, eine Brücke über die Garonne bei Bordeaux zu bauen. Dadurch wurde er berühmt.

Während einer Phase der Rezession entschied sich Eiffel dazu, als freier Ingenieur zu arbeiten. Er gründete in Paris einen metallverarbeitenden Betrieb. Sein Ruf wuchs und führte dazu, daß er in Europa zahllose Viadukte und Eisenbahnbrücken baute und sogar Aufträge für Brücken in Peru, Algerien und Cochinchina (Südteil Vietnams) erhielt. Er war in der Tat auf allen Gebieten des Ingenieurwesens seiner Zeit erfolgreich. Er baute einen Hafen für Chile, Kirchen in Peru und auf den Philippinen, Gaswerke, eine Stahlfabrik und eine Talsperre in Frankreich, Schleusen für Rußland und den Panamakanal. Der Turm für die Pariser Weltausstellung war nur der Höhepunkt einer bemerkenswerten Karriere. Eiffel starb im Alter von 91 Jahren am 27. Dezember 1923 in seiner Wohnung an der Rue Rabelais in Paris.

Warenhaus Bon Marché in Paris, Frankreich

Eiffels Entwürfe für Skelettbauten aus Eisen beruhten auf rigorosen Berechnungen. Mit einem Minimum von Skelettelementen erreichte er ein Maximum an Stabilität. Er veröffentlichte sogar eine Formel, die sich auf alle schmiedeeisernen Bauten anwenden ließ und die einen Großteil der Schätzungen über Zug- und Spannungsverhältnisse überflüssig machten. Die Leichtigkeit seiner Entwürfe zeigt sich vor allem beim Warenhaus Bon Marché (oben links), das Eiffel zusammen mit L.-C. Boileau in den Jahren 1869–1879 baute.

ARCHITEKTONISCHE LEISTUNGEN

Das Observatorium in Nizza, Frankreich

Das Observatorium in den Alpes-Maritimes (links), war zur Zeit der Fertigstellung im Jahr 1885 die größte Kuppel der Welt. Eiffel zeichnete für das Eisenskelett verantwortlich. Die Kuppel war 22 Meter weit, wog 112 Tonnen und drehte sich praktisch ohne Reibung, so daß man sie von Hand verschieben konnte.

Viadukt von Garabit, Frankreich

Dieser Viadukt im Massif Central (unten) kommt, was die Ingenieurleistung anbelangt, gleich hinter dem Eiffelturm. Bei der Einweihung 1884 war er die höchste Bogenbrücke der Welt, ungefähr 120 Meter über der Truyère. Der Bogen mißt 165 Meter. Die gesamte überbrückte Eisenbahnstrecke ist 564 Meter lang.

MANHATTAN ISLAND

Ein Wald aus Stahl und Beton

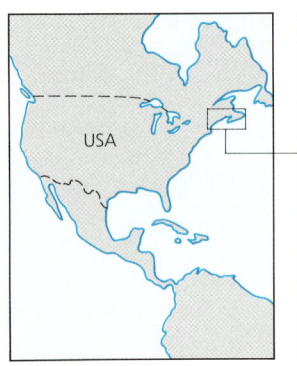

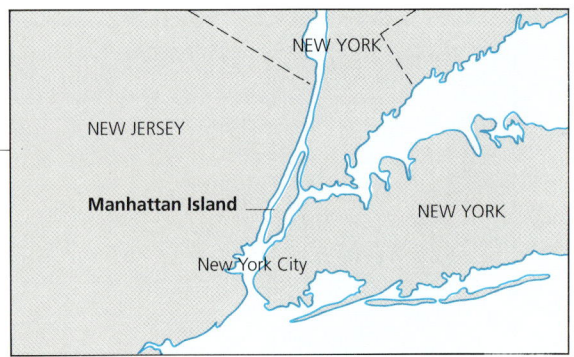

Zahlen und Daten

Die größte Ansammlung von Wolkenkratzern auf der ganzen Welt

Länge: 20 Kilometer

Maximale Breite: 4 Kilometer

Länge der elektrischen Verkabelung unter Manhattan: über 27 Kilometer

Die Insel Manhattan ist 20 Kilometer lang und 4 Kilometer breit und weist die sensationellste Silhouette auf. Hier, im Herzen von New York, werden immer noch größere Wolkenkratzer errichtet. Manhattan ist nie fertig. Sobald ein neues Gebäude steht, wird ein anderes abgerissen, und ein noch moderneres kommt an seine Stelle.

Der Raum ist so begrenzt, daß es gar keine andere Möglichkeit gibt, als in die Höhe zu bauen. Mit den Fortschritten der Technik ließen sich auch die Höhen der Wolkenkratzer in Manhattan erhöhen. Den Anfang machte das Flatiron Building des Jahres 1903. Dann folgte das Empire State Building von 1931 und schließlich das World Trade Centre von 1971. Üblicherweise besaß Manhattan das höchste bewohnbare Gebäude. Diesen Rekord hat jetzt zwar ein Gebäude in einer anderen Stadt inne, doch rühmt sich Manhattan immer noch der größten Konzentration von Wolkenkratzern.

Um all dies zu erreichen, war viel Erfindungsreichtum notwendig. Bis Elisha Otis seinen »Sicherheitsaufzug« entwickelt hatte, blieben die Gebäude auf die Höhe beschränkt, die Menschen noch zu Fuß ersteigen konnten. Das waren im allgemeinen nicht mehr als sechs Stockwerke. Otis erfand eine Sicherheitsvorrichtung, die einen Aufzug an Ort und Stelle fixierte, selbst wenn das Tragseil riß. Er zeigte seine Erfindung 1854 während der Weltausstellung in New York. Mit Gußeisenskeletten konnte man schon höher bauen. 1875 erreichte das Western Union Building am Lower Broadway zehn Stockwerke. Das Pulitzer Building an der Park Row übertraf zu Ende des vorigen Jahrhunderts diese Höhe. Es war eine Mischung aus alt und neu und besaß eine hohe Kuppel. Im Innern befanden sich tragende schmiedeeiserne Säulen, während die Außenwände aus bis 2,7 Meter dicken Mauern bestanden.

Auf herkömmliche Weise errichtete Gebäude müssen dicke Wände aufweisen, um das Gewicht tragen und um genügend Festigkeit verleihen zu können. Je höher die Gebäude, um so dicker müssen die Grundmauern sein. Angesichts des Raummangels auf Manhattan hätte diese Bauweise eine Obergrenze für die Gebäudehöhe bedeutet. Für den Skelettbau galt sie nicht. Bei ihm trägt ein Stahlskelett das gesamte Gewicht des Gebäudes und gibt die Belastung an das Fundament weiter.

Das erste Gebäude dieser Art war William Jenneys Home Life Insurance Company Building in Chicago, das 1884 erbaut wurde. Das erste Haus dieser Art in New York war wahrscheinlich das Tower Building am Broadway; Bradford Lee Gilbert hatte es für einen nur 6,3 Meter breiten Bauplatz entworfen. Wäre er den traditionellen Verfahren gefolgt, so hätte das Mauerwerk bereits die Hälfte dieser Breite eingenommen. Statt dessen errichtete er, wie er es beschrieb, »ein kopfstehendes Tragwerk einer Brücke«. Sein Gebäude war dreizehn Stockwerke hoch, und das Eisenskelett reichte bis nach oben. Um die Befürchtungen des Bauherrn zu zerstreuen, versprach Gilbert, er wolle selber die beiden obersten Stockwerke bewohnen. Gilberts Gebäude ist wie viele andere Pionierbauten des Wolkenkratzerbaus längst verschwunden, doch sein Verfahren eröffnete den Weg zu noch viel größeren Gebäuden.

Eines der auffälligsten ist das Flatiron Building, das auf einem schmalen dreieckigen Grundstück an der Kreuzung zwischen Broadway und der Fifth Avenue auf der Höhe der 23. Straße steht. Seine zwanzig Stockwerke mit dekorativen Steinmetzarbeiten und sechs hydraulischen Otis-Aufzügen wurden um ein Stahlskelett errichtet. Die Baufirma George A. Fuller behauptete, es sei das stärkste jemals errichtete Gebäude. Das Flatiron Building ist der älteste Wolkenkratzer von New York.

Midtown Manhattan, Blick nach Westen. Das Chrysler Building befindet sich unmittelbar links vom Empire State Building, dem höchsten hier sichtbaren Wolkenkatzer. Rechts liegt das weiße, kantige Profil des Citicorp Centre. Der Wolkenkratzer ganz rechts außen mit dem durchbrochenen Giebel ist das A. T. & T. Building.

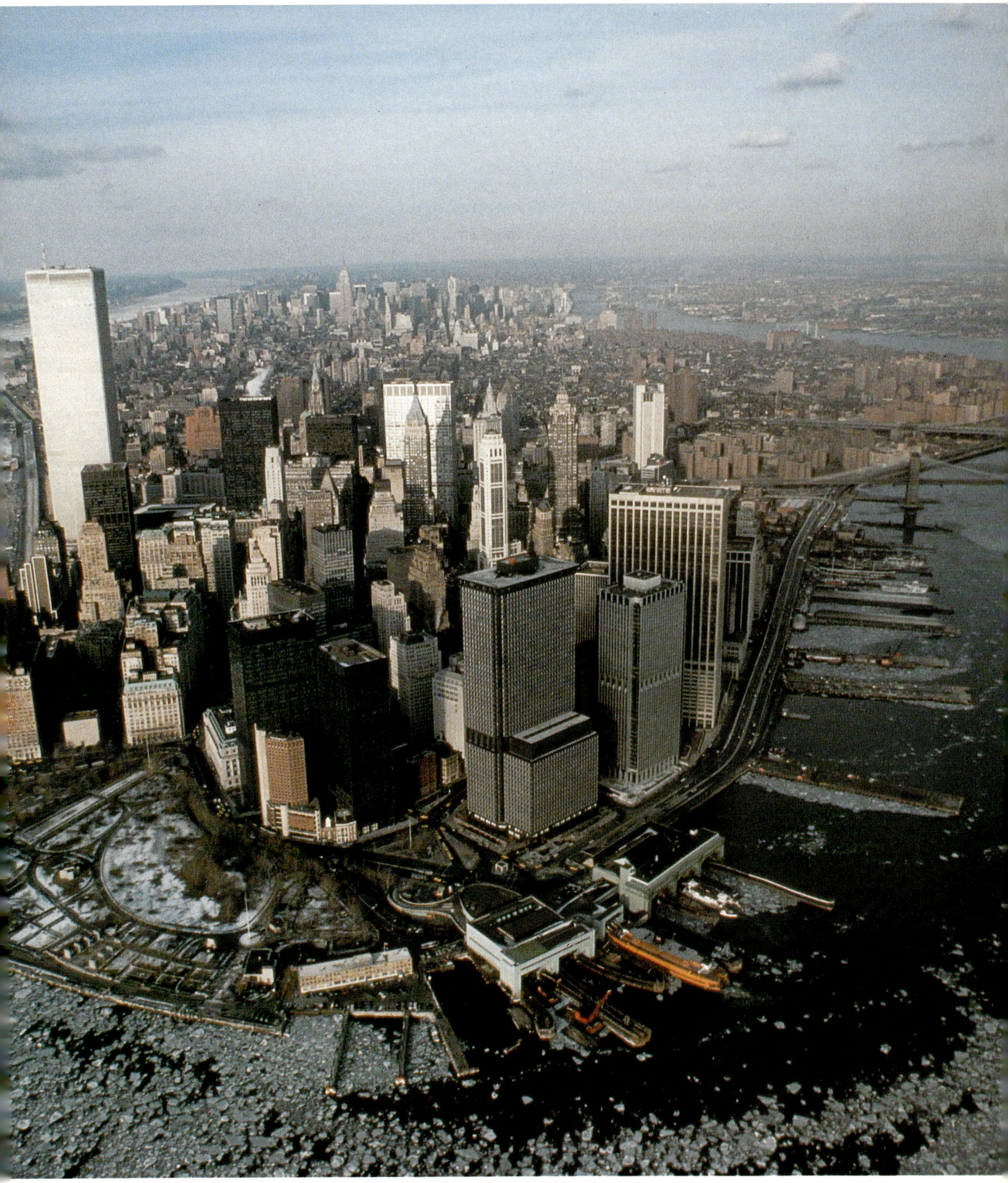

MANHATTAN ISLAND

Ein Wald aus Stahl und Beton

Das World Trade Centre ist insofern eine ungewöhnliche Entwicklung für die USA, als es von zwei Stellen finanziert wurde, der Port Authority von New York und von New Jersey. Man wollte dort über tausend Firmen und Regierungsstellen zusammenbringen, die mit dem internationalen Handel zu tun haben. Über sechzig Länder sind dort vertreten. Die Hälfte des 6,5 Hektar großen Geländes wurde dem Hudson River abgerungen, und die unterirdischen Fundamente reichen bis in eine Tiefe von sechs Stockwerken. Der höhere Turm hat 110 Stockwerke und ist 412 Meter hoch.

Bald darauf entstanden aber noch viel höhere Gebäude. Das auffallendste darunter war das Woolworth Building mit seinen 241,4 Meter Höhe. Es handelt sich um einen gotischen Turm am Broadway, der 1913 für F. W. Woolworth, den Gründer der Warenhauskette, die heute noch seinen Namen trägt, errichtet wurde. Der Wolkenkratzer hatte vom zweiten Kellergeschoß bis oben sechzig Stockwerke. Die Deckenhöhe betrug großzügige 3,9 Meter. Eine solche Platzverschwendung könnte man heute nicht mehr wirtschaftlich rechtfertigen. Die Innenstruktur des Gebäudes besteht aus Stahl. Außen trägt es eine Dekoration aus kompliziert geformtem Terrakotta. Die Woolworth-Warenhäuser fuhren derartige Gewinne ein, daß die Baukosten von 13,5 Millionen Dollar im Verlauf der Arbeiten mit dem eingenommenen Geld bezahlt werden konnten.

Für die Verbindungen im Stahlskelett des Woolworth Buildings verwendete man wie bei allen Wolkenkratzern jener Zeit Niete. Sie wurden rotglühend in vorbereitete Löcher der Stahlelemente eingeführt und zogen sich beim Abkühlen zusammen. So kam eine feste Verbindung zwischen den Stahlelementen zusammen. Mit diesem Verfahren wurde auch der berühmteste Wolkenkratzer von New York errichtet, das Empire State Building der Jahre 1930 und 1931. Wenn man am Aussichtspunkt 381 Meter über der Fifth Avenue steht, so packt einen ein merkwürdiges Gefühl beim Gedanken an die Arbeiter, die hier auf schmalen Stahlträgern standen und die buchstäblich in der Luft sich rotglühende Niete zuwarfen. Das elegante Aussehen des Gebäudes, bei dem höhere Stockwerke zurücktreten, ergab sich durch die damalige Bauvorschriften in New York. Sie verboten, daß ein Wolkenkratzer einfach gerade nach oben ging.

Der Architekt William Lamb entwarf fünfzehn verschiedene Pläne, bevor er sich auf den einen festlegte, der dann auch ausgeführt wurde.

Die Bauarbeiten begannen auf dem Höhepunkt der Depression und gingen mit hektischer Geschwindigkeit voran. An manchen Tagen wuchs das Gebäude um mehr als ein Stockwerk. Der Wolkenkratzer enthält über 61 000 Tonnen Stahlträger, die in Pittsburgh gefertigt wurden. Man lieferte sie so schnell aus, daß manche Träger bereits drei Tage

ARCHITEKTONISCHE LEISTUNGEN

Das Empire State Building war zur Zeit seines Baus von 1930–1931 das höchste Gebäude der Welt. Mit seinen 102 Stockwerken erreicht es eine Höhe von 381 Meter. Die Planung der Firma Shreve Lamb & Harman war so gut und die Arbeiten konnten so zügig durchgeführt werden, daß die Bauzeit nur achtzehn Monate betrug. Einige Mieter konnten vier Monate früher einziehen als geplant. Der Grund für die zurückversetzte Fassade liegt in den damaligen Bauvorschriften. Eine gerade Fassade durfte nicht höher als 37,5 Meter sein.

Das Woolworth Building hielt fast zwanzig Jahre lang den Weltrekord für das höchste Bürogebäude. Es wurde 1913 vollendet und ist 232 Meter hoch. Das von Cass Gilbert entworfene Gebäude gilt heute als einer der schönsten Wolkenkratzer und steht seit 1983 unter Denkmalschutz. Die Warenhäuser von F. W. Woolworth waren so erfolgreich, daß sie die Rechnung für das Gebäude, die 13,5 Millionen Dollar ausmachte, vom laufenden Einkommen bezahlen konnten. Die Deckenhöhe ist mit 3,6 Meter viel großzügiger als heute. Das Hochhaus trägt Terrakottafliesen und läßt überall die neugotischen Intentionen erkennen.

nach ihrer Herstellung eingebaut waren. Das gesamte Gebäude hat ein Gewicht von über 370 000 Tonnen.

Die Bauplanung wurde zur Legende. Jeden Tag erschien eine gedruckte Liste der Arbeiten mit den genauen Terminen, eine Art Fahrplan. Darauf war die Ankunftszeit jedes Lastwagens aufgeführt. Es war vermerkt, welche Ladung er trug, wer für ihn verantwortlich war und wohin er fahren mußte. Der Raum ist auf Manhattan so knapp, daß man sich nur in seltenen Fällen den Luxus eines Bauhofs leisten kann, in dem während der Arbeit Materialien gelagert werden. Jedes Stahlstück trug eine Zahl, um sicherzugehen, daß es an der richtigen Stelle verwendet wurde. In jedem Stockwerk installierte man sofort eine kleine Eisenbahn, die Baumaterialien an Ort und Stelle transportieren konnte. Zuvor hatte man sie allerdings mit Derrickkränen in die entsprechenden Stockwerke hieven müssen.

Ein Besuch des Empire State Building ist ein absolutes Muß jedes New York-Besuchs. Jedes Jahr vertrauen sich zwei Millionen Menschen den Expreßaufzügen an, die in weniger als einer Minute das achtzigste Stockwerk erreichen. Weitere Aufzüge führen dann zum umglasten Beobachtungspunkt im 102. Stockwerk. Darüber erhebt sich noch ein Fernsehmast, der selbst wieder so hoch ist wie ein 22stöckiges Gebäude.

Anfänglich hatten die Menschen ihre Zweifel über die Stabilität des Wolkenkratzers. Diese verflogen aber im Juli 1945 sehr schnell, als ein Bomber der amerikanischen Lufwaffe beim Anflug zum Flughafen Newark bei Nebel und Regen in das 78. und 79. Stockwerk des Wolkenkratzers raste. Die drei Männer der Crew und elf Menschen im Innern des Empire State Building kamen ums Leben, doch das Gebäude selbst erlitt keinen größeren Schaden. Spezialisten hatten bei den Vernietungen ganze Arbeit geleistet.

Heute verwendet man ganz andere Bautechniken. Für den Zusammenhalt des Stahlskeletts sorgen Bolzen oder Schweißverbindungen. Die Montagearbeiter rücken den Träger mit einem zugespitzten Werkzeug in die richtige Lage, legen dann den Bolzen ein und befestigen ihn durch Verschrauben. Andere Wolkenkratzer kommen ohne Stahlskelett aus. Sie bestehen aus Beton, der in hölzerne Formen gegossen wird. Die senkrechten Pfeiler, welche die Stockwerke tragen, werden allerdings um Stahlstäbe herum gegossen. Die waagrechten Geschosse, fertigt man durch Pumpen von Beton in Holzformen. Auch hier sorgt ein Stahlgeflecht für Verstärkung. Der Boden wird zwischen zehn und zwanzig Zentimeter hoch ausgegossen und geglättet. Nur ein schmales

MANHATTAN ISLAND

Ein Wald aus Stahl und Beton

Brett an der Außenseite des Gebäudes verhindert, daß der flüssige Beton ausläuft.

Nach ungefähr einem Tag ist der Beton soweit erhärtet, daß man die Holzverschalung entfernen und für den Bau des nächsten Stockwerks verwenden kann. Holzpfeiler stützen den Betonboden vorerst noch ab, bis er seine volle Festigkeit erreicht hat, was einige Wochen dauern kann. Bei jedem neuen Stockwerk muß überprüft werden, daß sich das Gebäude nicht aus der Vertikalen wegbewegt. Die Betonfußböden in Stahlskelettbauten entstehen praktisch auf dieselbe Weise.

In der letzten Bauphase bringen die Arbeiter die Außenhaut an, die einige Funktionen der Außenmauern übernimmt. Da sie selber nicht das Gewicht des Gebäudes tragen muß, kann sie aus unterschiedlichsten Materialien bestehen, zum Beispiel aus Stein, Ziegeln, Aluminium, rostfreiem Stahl, Fliesen, Glas oder Beton. Die Platten werden in Fabriken gefertigt und mit Lastwagen zur Baustelle geliefert. Man hievt sie an Ort und Stelle und befestigt sie mit Bolzen oder über andere Verbindungen am Bauskelett.

Alte Gebäude können ein völlig neues Aussehen gewinnen, indem man die alte Außenhaut entfernt und durch eine neue, modernere ersetzt. Das ist zu einem Bruchteil der Baukosten für ein ganz neues Gebäude möglich. Glasfassaden, die gefärbt sein oder wie Spiegel wirken sollen, verlangen spezielle Befestigungstechniken. Die riesigen Glasstücke, die bis 2,5 Zentimeter dick sind, werden mit großen Saugnäpfen an Ort und Stelle gehievt. Dadurch vermeidet man, daß ihre empfindlichen Kanten beschädigt werden.

Die älteren Wolkenkratzer von Manhattan, zum Beispiel das Chrysler Building und das Empire State Building, bestehen aus ungeheuer widerstandsfähigem Stahl und sind sehr steif. Damit widerstehen sie dem Wind mit Leichtigkeit. Untersuchungen haben gezeigt, daß das Empire State Building selbst bei scharfem Wind auf der Höhe des 85. Stockwerks um weniger als 6 mm hin und her schwankt.

Modernere Gebäude haben, um die Kosten zu verringern, ein weniger festes Stahlskelett. Dafür brauchen sie ausgeklügelte Vorrichtungen, um Schwingungen zu vermeiden. Ein Beispiel dafür liefert uns das Citicorp Building an der Lexington Avenue. Ein Spezialdämpfer in Form eines 400 Tonnen schweren Betonblocks ist ins 59. Stockwerk eingebaut. Der Block, mit dem Bauskelett über Schwingungsdämpfer verbunden, kann auf einem dünnen Ölfilm frei gleiten. Wenn ein starker Wind bläst, wird Öl unter den Block gepumpt, so daß er hochgehoben wird und sich bewegen kann. Wegen

Montagearbeiten

Bevor man Stahlträger miteinander verschweißte, war der Lärm der Niethämmer überall in Manhattan zu hören. Montagearbeiter brachten die Stahlelemente zunächst in die richtige Stellung. Dann besorgte eine Gruppe von fünf Männern das Vernieten. Ein Mann (»heater«) erhitzte die Nieten auf einer Schmiede. Die glühenden Nieten wurden einem weiteren Mann (»catcher«) zugeworfen, der sie in einen Eimer tat. Er klopfte jede Niete ab, um Zunder zu entfernen, und rammte sie in das Loch. Der »buckerup« hielt sie fest, während der »driver« das Ende der Niete mit einem Drucklufthammer breitschlug.

Die Männer, die in mehreren hundert Meter Höhe am Stahlskelett arbeiteten, mußten schwindelfrei sein. Hier macht ein Arbeiter beim Bau des Chrysler Building im Jahr 1928 eine kleine Pause (unten).

ARCHITEKTONISCHE LEISTUNGEN

Ein Montagearbeiter benutzte im Jahr 1930 den schnellsten Weg zur Arbeit auf dem Empire State Building. Im Hintergrund erkennen wir das Chrysler Building. Eine Arbeitsgruppe befestigte in einer 7½ Stunden dauernden Schicht 800 Nieten. Am Empire State Building arbeiteten gleichzeitig bis zu 38 Arbeitsgruppen – und dies alles ohne Gehörschutz.

Der Aufbau des Stahlskeletts (rechts) für das Empire State Building mit seinen 102 Stockwerken nahm nur sechs Monate in Anspruch. Von den geschätzten Baukosten von 44 Millionen Dollar konnte man ungefähr 20 Millionen einsparen.

Ein irokesischer Montagearbeiter (rechts) vor dem Hintergrund des Chrysler Building. Die Irokesen, die einst im Staat New York lebten, waren nicht die einzigen Indianer, die für solche Montagearbeiten besonders geeignet waren. Seit den zwanziger Jahren arbeiten auch Mohawks aus einem Reservat nahe Montreal an der Skyline von Manhattan.

MANHATTAN ISLAND

Ein Wald aus Stahl und Beton

der ungeheuren Trägheit bewegt er sich jedoch nur wenig. So verhindert er über seine Verbindungen zum Bauskelett, daß auch dieses in Schwingungen gerät.

Unter der Erdoberfläche liegen die lebenswichtigen Fundamente, die über die Stabilität des Hochhauses entscheiden. Das World Trade Centre, das zwischen 1966 und 1971 erbaut wurde und für kurze Zeit der höchste Wolkenkratzer der Welt war, hat eines der bemerkenswertesten Fundamente, die je errichtet wurden. Eine Grundfläche von sechzehn Fußballfeldern wurde bis zu einer Tiefe von sechs Stockwerken ausgebaggert – alles unter dem Wasserspiegel des Hudson River.

Damit dies überhaupt möglich war, mußte man um das ganze Grundstück herum einen Graben ausheben, der bis zum Muttergestein hinabreichte. Diesen füllte man mit Beton auf und schuf damit eine Art Damm. Dann entfernten die Arbeiter über 900 000 Kubikmeter Boden und gossen die Fundamente für zwei 110 Stockwerke hohe Türme, die bis in eine Höhe von 411,5 Meter reichen. Mit dem ausgebaggerten Boden schuf man 9,3 Hektar neues Land am Ufer des Hudson River bei der Battery Park City nahe dem Trade Centre. Die Doppeltürme des Trade Centre waren für kurze Zeit die höchsten Gebäude der Welt. Dann überholte sie der Sears Tower in Chicago mit seinen 443 Meter.

Wenn sich der in Schwierigkeiten geratene New Yorker Millionär Donald Trump noch einmal durchsetzen kann, so soll der Rekord für das höchste Gebäude der Welt wieder nach New York zurückkehren. Er hat Pläne für einen riesigen Komplex mit der Bezeichnung Television City. Er soll auf einem dreißig Hektar großen Gebiet an der Westside von Manhattan entstehen.

Trump kaufte das Grundstück, ein aufgelassenes Bahngebiet, 1984 für 95 Millionen Dollar. Es war eines der besten Geschäfte, nachdem niederländische Siedler Manhattan den ursprünglich dort beheimateten Indianern für Schmuck im Wert von 24 Dollar abgekauft hatten. Auf seinem Grundstück möchte Trump sechs siebzigstöckige und einen fünfundsechzigstöckigen Turm bauen, die sich um ein zentrales Hochhaus herum gruppieren. Dieses soll 150 Stockwerke hoch und damit 66 Meter höher werden als der Sears Tower. Das Projekt umfaßt riesige Fernsehstudios, Appartments, Einkaufsmeilen und Parks. Es soll das größte Projekt in Manhattan seit dem Bau des Rockefeller Centre in den dreißiger Jahren werden. »Die größte Stadt der Welt verdient auch das großartigste Gebäude«, meinte Trump prahlerisch. »Es soll ein großes, majestätisches Monument werden.«

»Bergfried eines neuen Feudalismus«

Die Central Park Lane im Jahr 1909 (unten) und fast der gleiche Blick aus dem Jahr 1934 (ganz unten). In der Mitte der späteren Aufnahme erkennen wir das Chrysler Building. Das große Gebäude mit dem Giebeldach, in der Mitte links, ist das New India House.

So beschrieb die Zeitschrift »Illustrated London News« den Wolkenkratzerwald, der bis zum Jahr 1934 in Manhattan herangewachsen war. Damals verglich die Zeitschrift die Skyline jenes Jahres mit der von 1909. In diesem Jahr ersetzten die ersten Busse die von Pferden gezogenen Wagen, und die Feuerwehr war noch nicht mechanisiert. 1934 dominierte das Empire State Building die Skyline von Manhattan. Bereits sieben Jahre zuvor war Lindbergh allein über den Atlantik geflogen.

ARCHITEKTONISCHE LEISTUNGEN

Das Flatiron Building (links) wurde mit Hilfe von sechs hydraulischen Aufzügen von Otis gebaut. Erst Elisha Otis' dampfgetriebene »Sicherheitsaufzüge« machten die Architekten von Treppen unabhängig. Den Durchbruch schaffte Otis durch die Erfindung eines guten Bremssystems. Die Aufzüge im Rockefeller Centre legen jedes Jahr über 3 Millionen Kilometer zurück.

Neubauten auf Manhattan (oben) sind keine neue Erscheinung. Als 1901 das Flatiron Building errichtet wurde, erfolgte für das benachbarte Hotel Pabst nach nur vier Jahren bereits wieder der Abriß. Der Blick in südöstlicher Richtung auf die 42. Straße zeigt das im Bau befindliche Pan-Am Building. Das Chrysler Building befindet sich rechts von der Mitte.

DAS EPCOT CENTER

Ein riesenhafter Golfball

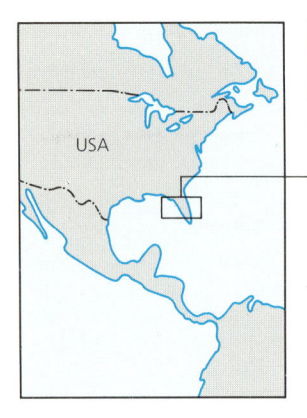

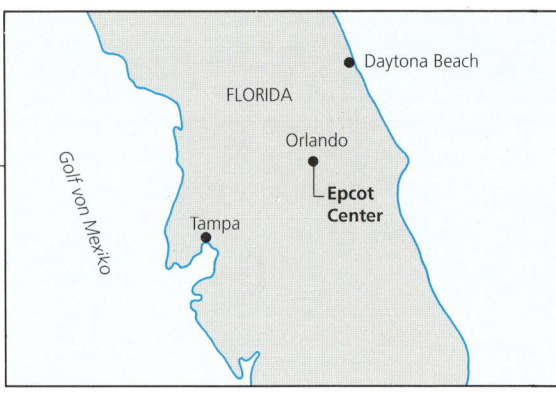

Zahlen und Daten

Das größte privat finanzierte Bauprojekt aller Zeiten

Erbauer: Walt Disney World

Bauzeit: 1966–1982

Oberfläche: 105 Hektar

Walt Disney, der Schöpfer von Micky Mouse und Donald Duck, hatte einen Traum. Er wollte irgendwo in Amerika eine futuristische Stadt mit Häusern, Schulen, Parks und Arbeit für alle bauen. Harmonie sollte herrschen inmitten einer Umgebung, die von den besten Designern und Ingenieuren entworfen wurde. In diesem Sinne skizzierte er seine Gedanken irgendwann im Jahr 1959 auf einem Tischtuch. Er fand sogar schon einen Namen für die Menschen, die diesen Traum in die Wirklichkeit umsetzen sollten: Er nannte sie »imagineers«, ein Wort, das man mit »Traumingenieure« übersetzen könnte.

Was die »imagineers« seiner Firma sechzehn Jahre nach Disneys Tod schufen, ist ein Park auf über 100 Hektar Land südwestlich von Orlando in Florida. Er heißt Epcot, eine Abkürzung für Experimental Prototype Community of Tomorrow, »Experimenteller Prototyp einer Gemeinschaft von morgen«. Es handelt sich aber gar nicht um eine Gemeinschaft. Niemand lebt dauernd dort, und nachts ruht alles. Tagsüber ist es ein Vergnügungspark, der versucht, Lernen mit Spaß zu verbinden.

Der Bau von Epcot war eine außergewöhnliche Leistung, das größte privat finanzierte Bauprojekt aller Zeiten. Die Grundsteinlegung erfolgte im Oktober 1979; die Eröffnung war am 1. Oktober 1982. Die Kosten beliefen sich auf eine Milliarde Dollar und damit auf das Doppelte der ursprünglich veranschlagten Summe. Beschäftigt waren 600 Designer und Ingenieure von Disney, 1200 Berater und 5000 Bauarbeiter. Um die Kosten bezahlen zu können, gewannen die Direktoren von Disney eine Reihe erstklassiger Firmen als Sponsoren. Am Ende waren es sieben, die über zehn Jahre hinweg 300 Millionen Dollar zur Verfügung stellten. Dafür stehen ihre Namen auf den Pavillons.

Auf den ersten Blick erschien das ausgewählte Gelände nicht besonders attraktiv. Zum größten Teil handelte es sich um Sumpf mit torfähnlichen Schichten, die zu 95 Prozent aus Wasser bestanden. Bohrproben zeigten, daß diese Schichten 64 Meter tief reichten. Bevor das Gelände Gebäude und Straßen tragen konnte, mußte der Untergrund verfestigt oder wegtransportiert werden. Man trug über 1,8 Millionen Kubikmeter ab und ersetzte es durch 3,5 Millionen Kubikmeter festeres Material. In den sumpfigeren Gebieten komprimierte man die Torfschichten, legte eine Sandschicht darüber und schuf damit Lagunen und Seen mit einer Wassertiefe bis drei Meter.

Auf diesem vorbereiteten Untergrund errichteten die Disney-Ingenieure Gebäude, die Ausstellungen, Filmsäle, Restaurants aufnehmen. Insgesamt sind neun Nationen vertreten, darunter auch Großbritannien, Frankreich, Italien und China. Das Thema des Parks gibt das auffallendste Gebäude wieder, Spaceship Earth (»Raumschiff Erde«). Es handelt sich um einen riesenhaften »Golfball« und die erste vollständige Fuller-Kuppel der Welt. Sie ist auch die größte und erreicht eine Höhe von achtzehn Stockwerken oder 55 Meter. Das Gebäude besteht aus einem Stahlskelett, das mit facettierten Aluminiumpaneelen verkleidet ist. Es steht auf drei Paar Stahlbeinen.

Im Innern der riesigen Kugel verläuft ein spiralförmiger Gang völlig im Dunkeln, so daß man in Wirklichkeit auch im Innern eines langweiligen viereckigen Gebäudes sein könnte. Das Thema ist die Kommunikation, gesponsert von A. T. & T. Der 400 Meter lange Gang führt über verschiedene Schlüsselereignisse in der menschlichen Geschichte: Man sieht den Cro-Magnon-Menschen, wie er die Wände seiner Höhle bemalt, und deklamierende griechische Theaterdarsteller. Michelangelo arbeitet am Deckengemälde der Sixtinischen Kapelle, Gutenberg ist mit der Druckerpresse beschäftigt usw. Die Pressestelle von Disney World legt Wert auf die Feststellung, daß die Hieroglyphen authentisch und die alten Dialekte richtig wiedergegeben sind. Auch die Kostüme für die 65 Figuren wurden genauestens recherchiert.

An der Spitze des Gebäudes erlebt der Besucher eine realistische Simulation der Schwerelosigkeit im

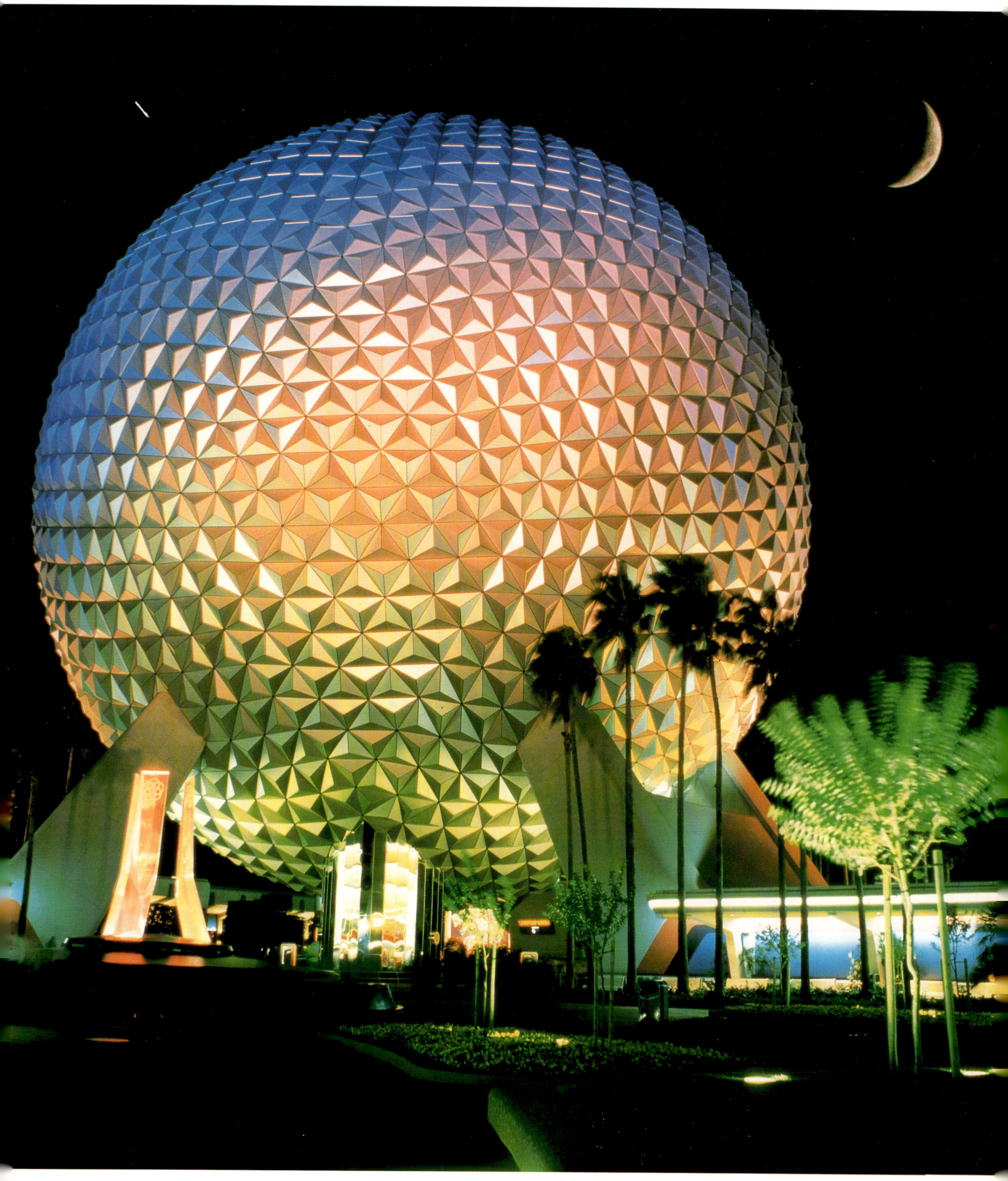

DAS EPCOT CENTER

Ein riesenhafter Golfball

Weltraum. 40 000 Jahre menschlicher Geschichte werden hier auf fünfzehn Minuten zusammengedrängt. Es ist dabei ein so ausgeklügeltes technisches Zauberwerk im Spiel, daß zumindest am Anfang manches schiefging. »Wir entschuldigen uns für die Verspätung. Unsere Zeitreise ist für einen Augenblick unterbrochen«, erklärten dann körperlose Stimmen. »Ich habe die Zukunft gesehen, und sie brach dauernd zusammen«, meinte dazu ein Besucher.

Die verborgenen Dienstleistungen von Epcot sind für viele das Interessanteste. Der Park verfügt zum Beispiel über ein faseroptisches Telekommunikationssystem, eines der ersten der Welt. Es hat ferner eine pneumatische Müllentsorgung, sogenannte People Movers, die von linearen Induktionsmotoren angetrieben werden, und eine Einschienenbahn, welche die Verbindung zum benachbarten Disney-World-Komplex aufrechterhält. Diese Einschienenbahnen treten schon seit 25 Jahren in futuristischen Städten auf, doch sind sie heute noch keinen Schritt der Realität nähergerückt. Der Müll wird in Epcot zur Energieerzeugung verbrannt. Man betreibt damit die Klimaanlage und kocht das Essen für die Besucher. Ein zentralisiertes Sicherheitssystem überwacht 4000 kritische Punkte, an denen zum Beispiel Feuer ausbrechen könnte. Wie in allen Disney Parks ist die Sauberkeit außergewöhnlich. Kaum ist Abfall auf den Boden gelangt, wird er schon weggewischt und ins pneumatische Müllentsorgungssystem gebracht. Vielleicht ist das ein Modell für die Stadt der Zukunft.

Epcot besteht aus zwei Teilen, Future World, zu dem die Fuller-Kuppel gehört, und World Showcase. Future World setzt sich aus acht Pavillons zusammen; darunter ist auch das Universe of Energy (Sponsor Exxon), wo die Besucher in Fahrzeugen herumgeführt werden, die jeweils 96 Personen fassen. Den Strom dazu liefern 80 000 Solarzellen (70 Kilowatt). Die Fahrzeuge werden von Drähten gelenkt, die im Boden jedes Raumes verlegt sind. Es gibt zwei Theater, wo die Fahrzeuge auf luftgestützten Drehscheiben in Stellung gebracht werden. So können die Fahrgäste Vorführungen auf mehreren Schirmen verfolgen. Sie sehen auch Lebewesen des Mesozoikums, die sich mit Hilfe von Siliziumchips und Magnetspulen schwerfällig bewegen.

Ein zweiter Pavillon in dieser Abteilung mit der Bezeichnung »The Land« steht unter der Sponsorschaft von Kraft. Die Zeitreise erfolgt hier mit dem Boot und wird von Tönen und Geräuschen, Gerüchen und heißen Winden begleitet. Die Hühner sehen nicht nur so aus, sie riechen auch wie Hühner. Man sieht fortschrittliche landwirtschaftliche Ver-

Spaceship Earth (oben) wurde so gebaut, daß das Gebäude Windgeschwindigkeiten bis zu 280 km/h widerstehen kann, denn Florida wird oft von Hurrikanen heimgesucht. Die vollkommene Kugel ruht auf sechs Stahlbeinen, die das Gebäude 4,5 Meter weit in die Höhe heben. Das Innere eines der siebzehn größeren Pavillons, »Journey into Imagination« (links), zeigt die modernsten Verfahren zur Bilderzeugung mit dramatischen Effekten für den Besucher.

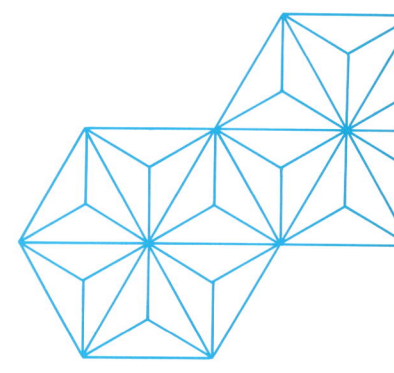

ARCHITEKTONISCHE LEISTUNGEN

Die Einschienenbahn (unten) ist bei vielen Weltausstellungen und sonstigen futuristischen Veranstaltungen zu sehen, fand aber Eingang nur in wenige Städte. Die Einschienenbahn, welche die Besucher durch Disney World transportiert, wurde um zehn Kilometer verlängert, damit auch Epcot in die Fahrstrecke mit einbezogen ist. Deren größter Teil steht auf Stelzen. Die Züge können dort Geschwindigkeiten bis zu 72 km/h erreichen. Die Fahrbahn wurde aus vorgegossenen, vorgespannten, 36 Meter langen Elementen mit nachträglichem Verbund gefertigt.

Das Stahlskelett der Fuller-Kuppel besteht aus 1054 Stahlträgern, die mit wasserdichtem Neopren überzogen sind. Die Außenhaut setzt sich aus fast 1000 dreieckigen Aluminiumpaneelen (links und oben) zusammen. Sie wurden mit Bolzen am Stahlskelett befestigt. Die Kugel hat einen Durchmesser von 50 Meter und ein Volumen von 62 420 Kubikmeter. Durch die herrschende Dunkelheit im Innern gewinnen die Besucher aber keine Vorstellung von der Größe.

fahren, zum Beispiel eine Art Förderbänder, auf denen Endivien ohne Boden wachsen. Ihre Wurzeln werden mit Wasser besprüht. Die Besucher bekommen auch unterirdische Bewässerungssysteme sowie Verfahren der Aquakultur vorgeführt.

Das World Showcase ist ganz anders, weniger eine Zukunftsvision als vielmehr ein traditioneller Disney-Themenpark. Man sieht zum Beispiel eine alte englische Kneipe, das Pub, und einen chinesischen Garten.

Hier erreicht die Illusionskunst einen hohen Grad der Vollkommenheit. Keines der Gebäude besteht aus dem eigentlichen Material, denn überall überwiegen glasfaserverstärkte Kunststoffe. Die enorme Kunstfertigkeit erkennt man zum Beispiel daran, daß auch Fehler wie abgeplatzter Mörtel originalgetreu nachgefertigt sind.

Das gläserne Dach

Zahlen und Daten

Eines der ungewöhnlichsten Dächer der Welt; es bedeckt die größte Halle Europas.

Architekt: Günter Behnisch und Partner

Bauzeit: 1966–1972

Materialien: Stahl und Plexiglas

Oberfläche des Zeltdaches: 75 000 m²

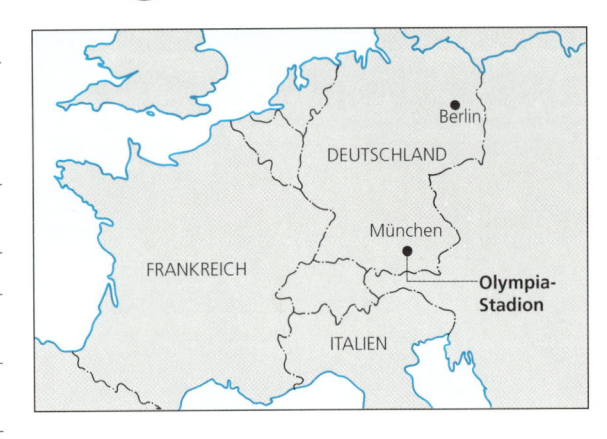

*Das Dach des Olympia-Stadions erinnert bei Sonnenuntergang an ein Beduinenzelt.
Die 58 Masten, die das Dach tragen, sind so positioniert, daß der Druck auf die tragende Struktur und die Plexiglasplatten möglichst gering bleibt.*

Die richtigen Voraussetzungen für die Olympischen Spiele zu schaffen, wurde zu einer großen Herausforderung für die Stadt, die die Kandidatur gewonnen hatte. Nur wenige waren dieser Aufgabe besser gewachsen als die Stadt München, die die Spiele 1972 ausrichtete. Das wundervolle Stadion, das für diese von dem Stuttgarter Architektenbüro Günter Behnisch und Partner entworfen wurde, hat heute noch nicht seinesgleichen. Selbst 20 Jahre nach dem Bau bleibt es eines der bemerkenswertesten Bauwerke Europas.

Das Hauptmerkmal des Münchner Olympiastadions ist das außergewöhnliche Dach, das aus rund 75 000 m² Plexiglasplatten besteht. Es wird von einer dachähnlichen Struktur mit hohen Masten und Kabeln gestützt. Das Dach sieht aus wie ein Spinnengewebe, zu zart für einen plötzlich aufkommenden Sturm, doch der Schein trügt. Das Stadion ist heute noch uneingeschränkt in Gebrauch. Seit dem Ende der Olympischen Spiele haben dort über 3500 sportliche, kulturelle und kommerzielle Veranstaltungen stattgefunden, an denen über 30 Millionen Besucher teilnahmen.

Der Olympia-Park hat noch mehr zu bieten als nur dieses grazile Dach. Zu ihm gehören zwei weitere Hallen, eine Schwimmhalle, ein Radstadion, ein See und der Olympia-Turm, der mit 287 Meter eines der höchsten Gebäude in Europa darstellt. Das Dach bedeckt einen großen Teil des Olympia-Parks und schützt die beiden Stadien, die Olympia-Halle, die Schwimmhalle und die Fußgängerzone.

Die Planung begann 1966, als das Internationale Olympische Komitee die 20. Olympischen Spiele an München vergab. Als Gelände bestimmte man das frühere Exerzierfeld der bayerischen königlichen Armee und das benachbarte Oberwiesenfeld, insgesamt über 90 Hektar groß.

Als erstes wurde der Olympia-Turm errichtet, weil man mit dessen Planung schon vor der Entscheidung über die Olympischen Spiele begonnen hatte. Er wurde aus Stahlbeton gebaut und weist eine Aussichtskanzel sowie ein drehbares Restaurant auf. Die Einweihung erfolgte 1968. Der Olympia-Turm dient Fernsehübertragungen und ist eine touristische Attraktion. Die beiden Aufzüge fahren mit einer Geschwindigkeit von 6,6 m/s und bringen jedes Jahr zwei Millionen Besucher auf die Aussichtskanzel oder in das Restaurant mit 230 Sitzplätzen. Es dreht sich um 360 Grad in 36, 53 oder 70 Minuten. Der gesamte Turm hat ein Gewicht von 53 000 Tonnen.

Vom Olympia-Turm blickt man über den ganzen Olympia-Park, die Stadt München und bei schönem Wetter bis hin zu den Alpen. Besonders gut kann man von oben das wogende Zeltdach erkennen. Als Träger dienen 58 Masten, die über stählerne Spannseile am Boden verankert sind. Die Masten stehen an der Peripherie des Daches, so daß sie im Innern des Stadions die Sicht nicht behindern. Von den Masten gehen weitere Seile aus, die das Dach tragen. Das Zeltdach selbst besteht aus Acryl- oder Plexiglasplatten mit einer Dicke von nur 4 mm. Die maximale Seitenlänge beträgt 3 m. Das Plexiglas soll sich selbst reinigen, weil es keine leichte Aufgabe ist, auf das Dach zu steigen. So müssen Regen, Schnee und Frost dafür sorgen, daß Schmutzteilchen, die sich abgesetzt haben, entfernt werden. Glücklicherweise hat München keine Schwerindustrie.

Die Platten stecken an jeder Seite in Leichtmetallschienen. Neoprendichtungen sorgen dafür, daß kein Wasser eindringen kann und daß Bewegungen infolge von Temperaturänderungen oder Stürmen möglich sind. Die Leichtmetallrahmen tragen aber nicht das Gewicht des Daches. Dies geschieht durch vernetzte Kabel, die in beiden Richtungen in einem Abstand von 75 Zentimeter über das Zeltdach verlaufen und direkt mit den Plexiglasplatten verbunden sind.

Die Verbindung zwischen dem Kabelskelett und dem Plexiglas geschieht über eine Reihe von 10 Zentimeter langen Stahlbolzen. Für die Dichtung sorgen wiederum Unterlegscheiben aus Neopren; sie verteilen den Druck und nehmen auch Schläge auf. Auf

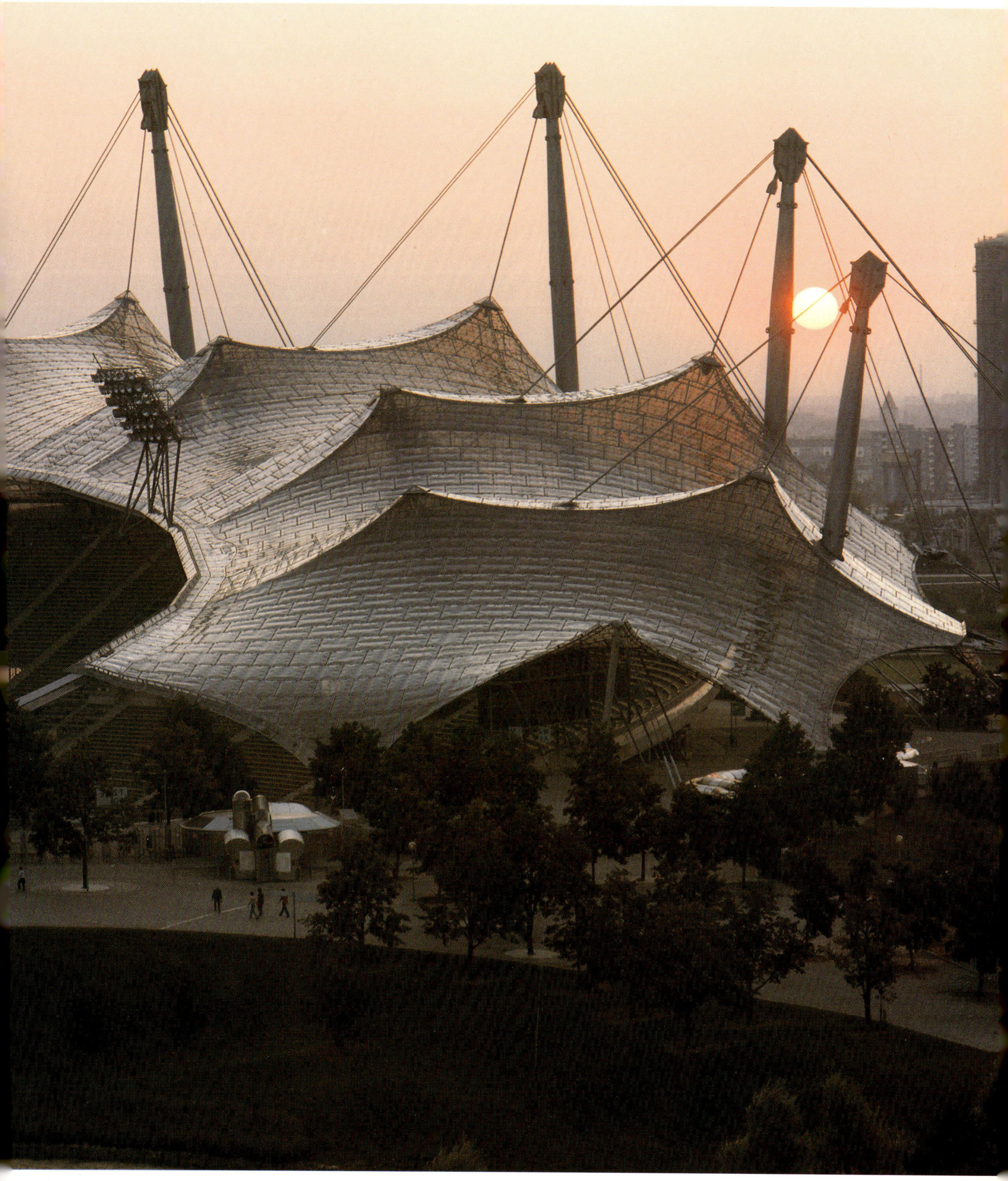

Das gläserne Dach

dem ganzen Zeltdach gibt es 137 000 solche Verbindungen. Das Zeltdach besteht also aus einem Netz mehr oder minder rechtwinklig verlaufender Kabel, das von den Masten getragen und an verschiedenen Punkten am Boden befestigt ist. An diesem Kabelnetz hängen die Plexiglasplatten. Die Spannung wird auf diese Weise über die Glasoberflächen verteilt, und an den Rahmen, in denen die Platten sitzen, greifen überhaupt keine Kräfte an. Damit wird ausgeschlossen, daß einzelne Platten reißen und herabfallen.

Das Zeltdach bedeckt nur die Hälfte des Olympia-Stadions; die andere Hälfte liegt im Freien. Das Stadion selbst ist aus Stahlbeton erbaut und erreicht am Scheitelpunkt im Westen eine Höhe von 33 Meter. Das Stadion faßt 78 000 Menschen, davon 48 000 mit einem Sitzplatz. Der Fußballrasen, auf dem die Bundesrepublik Deutschland 1974 die Fußballweltmeisterschaft gewann, wird von 19 km Plastikröhren erwärmt. Sie sorgen dafür, daß der Rasen selbst unter den schlechtesten Umweltbedingungen bespielbar bleibt. Im Stadion finden auch Veranstaltungen anderer Art statt. So wird es z.B. für den Auftritt von Popgruppen genutzt. Von hier aus segnete der Papst die deutschen Katholiken. Und der Weltkongreß der Zeugen Jehovas fand ebenfalls hier statt.

Die Olympia-Halle wurde 1972 für die Wettbewerbe im Turnen und im Handball verwendet. Sie ist vollkommen bedacht und bietet Sitzplätze für 14 000 Menschen – ein Rekord für Europa. Die Halle ist 178 Meter lang, 119 Meter breit und 41 Meter hoch. Darüber liegt das Zeltdach, während die Wände aus einer bis zu 18 Meter hohen Glasfassade bestehen. Sechstagerennen, Tenniswettkämpfe für den Davis Cup, die Weltmeisterschaften im Eishockey, Aufführungen der Oper Aida und Konzerte von Tina Turner und Luciano Pavarotti wurden hier für viele Menschen zum unvergeßlichen Erlebnis. Bei der Olympia-Halle handelt es sich um einen der größten und flexibelsten Räume. Sie kann an einem Tag eine Sportveranstaltung, am nächsten eine Hundeausstellung und am dritten eine Motocross-Darbietung aufnehmen.

Im Olympia-Park befindet sich auch eine der schönsten Schwimmhallen der Welt. Sie verfügt über fünf getrennte Becken: Eines für Wettkämpfe, ein zweites zum Tauchen, ein drittes für das Training, ein viertes für die normale Sportausübung und ein fünftes für Kinder. Die Becken sind wie die Olympia-Halle vom Zeltdach geschützt. Anstelle der Wände erheben sich Glasfassaden bis in eine Höhe von über 24 Meter. Hier hat man das Gefühl, im Freien zu schwimmen, obwohl die Unbilden der Witterung ab-

Die Anpassungsfähigkeit des Zeltdachs wird vom Olympia-Turm aus deutlich sichtbar. Mit diesem System kann man kleinere und größere Hallen und Stadien miteinander verbinden. Es entsteht dadurch gleichzeitig der Eindruck von Distanz und Zugehörigkeit. Mit Einzelstrukturen hätte man diesen Eindruck nicht erwecken können.

gehalten werden und in der Halle 2000 Menschen einen Sitzplatz finden. Während der Olympischen Spiele fanden sogar über viermal soviele Menschen Platz; insgesamt waren es 9360 Sitzplätze.

Der Bau erwies sich als gute Investition für die Stadt München. Die Kosten für die Anlage und die Sportstätten beliefen sich auf 1,35 Milliarden Mark. Zwei Drittel davon wurden durch die Einkünfte des Organisationskomitees, den Verkauf der Olympia-Medaillen, eine Fernseh- und eine andere öffentliche Lotterie gedeckt. Die Hälfte des Rests finanzierte die Bundesrepublik Deutschland, während für die andere Hälfte gemeinsam der Freistaat Bayern und die Stadt München aufkamen. Innerhalb von sechs Jahren konnte die Stadt ihren Anteil mit dem normalen Budget finanzieren – und besaß einen Sportkomplex, um den sie heute jede Stadt beneidet. Leider bleibt die Erinnerung an jene Olympischen Spiele von einem terroristischen Angriff auf israelische Athleten überschattet.

ARCHITEKTONISCHE LEISTUNGEN

Der Olympia-Turm dominiert die Skyline von München und bietet natürlich die beste Aussicht auf den Olympia-Park. Der Olympia-Turm ist 287 Meter hoch und wiegt 52 000 Tonnen. Bis halb zwölf Uhr abends kann man mit dem Lift zur Aussichtskanzel fahren und dann noch eine halbe Stunde das nächtliche Panorama genießen.

Auch Neopren-Verbindungen (oben) verwittern und müssen schließlich ersetzt werden.

Das Olympia-Stadion (links) bietet den Zuschauern 52 448 Sitzplätze und 20 608 Stehplätze. Für Presse, Rundfunk und Fernsehen stehen 240 Plätze und zwanzig Kabinen für die Kommentatoren zur Verfügung. Die beiden Anzeigetafeln sind so groß, daß zu ihrer Beleuchtung 48 000 Glühlampen notwendig werden.

DIE OPER VON SYDNEY

Ein Bauwerk als Symbol für Australien

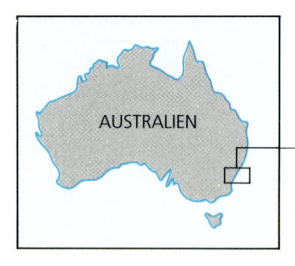

Zahlen und Daten

Eines der auffälligsten Gebäude der Welt, das völlig neue Bauverfahren erforderte.

Entwurf: Jørn Utzon

Bauzeit: 1959–1973

Materialien: Vorgespannter Beton und Glas

Gewicht des Daches: 27 000 Tonnen

Verglaste Fläche: 6000 m²

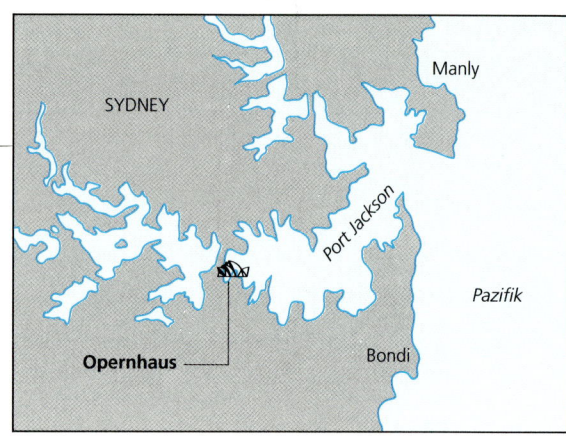

Das Opernhaus von Sydney ist zu einem australischen Symbol geworden, das wir ebenso schnell erkennen wie das Känguruh oder den Koala. Seine leuchtend weißen Dächer sind wie Muscheln gebündelt. Die Oper steht auf einer Landzunge in der Bucht von Sydney, eine wunderbare Ansicht von jedem Blickwinkel aus.

Unter den Schalen befinden sich fünf getrennte Hallen für Sinfoniekonzerte, Opern, Kammermusik und Schauspiel. Platz fanden ferner ein Ausstellungsgebäude, drei Restaurants, sechs Bars, eine Bücherei und sechzig Umkleideräume. Das ganze Opernhaus verfügt über tausend Räume mit einer Nutzfläche von 44 000 m². Eine Million Keramikfliesen bedecken das Dach, und über 6000 m² eines speziell hergestellten Glases schließen die Muscheln nach außen ab. Das außergewöhnliche Gebäude dokumentiert die Kreativität eines Architekten und die Zusammenarbeit vieler Spezialisten. Nur durch dieses Zusammenwirken mit Bauingenieuren war es möglich, das komplizierte Gebäude zu errichten. Es gibt kein ähnliches Bauwerk auf der Welt.

Im Jahr 1955 schrieb der Premierminister von New South Wales, Joseph Cahill, einen Architektenwettbewerb für ein nationales Opernhaus an einer herausragenden Stelle im Hafen von Sydney aus. Sie heißt Bennelong Point nach einem Ureinwohner, der mit dem Kommandanten der ersten Einwandererflotte, Captain Arthur Phillip, befreundet war. Dieser landete 1788 mit den ersten Sträflingen in der Bucht von Sydney. Von 1902 an stand an der Stelle ein großer Straßenbahnschuppen aus roten Ziegeln. Er wurde für den Bau des Opernhauses abgebrochen.

Zum Erstaunen aller gewann der wenig bekannte 38jährige dänische Architekt Jørn Utzon den Wettbewerb. Er hatte bis dahin nur wenige Bauten ausführen können. Dazu gehörten 63 Häuser nahe Elsinore im Jahre 1956 sowie ein kleineres Projekt in der Nähe von Fredensborg. Für das Opernhaus hatte Utzon einen derart eleganten und kühnen Entwurf eingereicht, daß er die Konkurrenten einfach aus dem Felde schlug. Er selbst lieferte nur wenige Detailzeichnungen. »Die eingereichten Entwürfe sind so einfach, daß man sie fast als Diagramme bezeichnen muß«, meinten die Preisrichter. »Dennoch haben wir sie immer wieder studiert und sind zur Überzeugung gelangt, daß sie das Konzept eines Opernhauses darstellen, das zu einem der ganz großen Gebäude der Welt werden kann.«

Angesichts des wundervollen, aber schwierigen Entwurfes verlor die Regierung von New South Wales fast den Mut. Sie zögerte, den preisgekrönten Entwurf auch ausführen zu lassen. Tatsächlich hätte sie sich eine Menge Geld und lange Jahre der Auseinandersetzung ersparen können, wenn sie auf einen einfacheren Entwurf zurückgegriffen hätte. Sie tat es aber nicht. Sie akzeptierte Utzons Entwurf und betraute auf dessen Anraten hin die englische, von einem Dänen gegründete Firma Ove Arup and Partners mit der baustatischen Betreuung. In der ersten Phase räumte man das Gelände und baute die tiefen Fundamente, den Sockel auf einer Plattform, auf der das Gebäude ruhen sollte. Mit diesen Arbeiten begann man im Jahr 1959, bevor noch klar war, daß sich Utzons Schalen überhaupt bauen ließen. In diesem Stadium nahm man an, man würde die Schalen auf einmal in Formen aus Beton gießen. Das erwies sich jedoch als ungemein teuer, und so trat Utzon mit einer neuen Idee auf den Plan.

Utzon schlug vor, die Schalen aus vorgefertigten Betonrippen zusammenzubauen. Sie sollten alle die gleiche Krümmung aufweisen und ganz nahe beieinander stehen. Utzon zeigte, daß man alle Schalen aus Ausschnitten einer Kugel mit einem Radius von 75 Meter fertigen konnte – vergleichbar mit Streifen aus einer Orangenschale. Anstatt die Schalen in einem

Die beiden größten Säle (links für Opernaufführungen, rechts für Konzerte) erscheinen unter fast allen Blickwinkeln als miteinander verbunden. In Wirklichkeit sind sie durch einen Durchgang getrennt, ähnlich wie die Schalen, die das Restaurant überdachen (rechts). Die Gebäude bedecken 1,8 Hektar des gesamten Grundstücks von 2,4 Hektar. Die fünf Auditorien bieten Platz für 5467 Menschen.

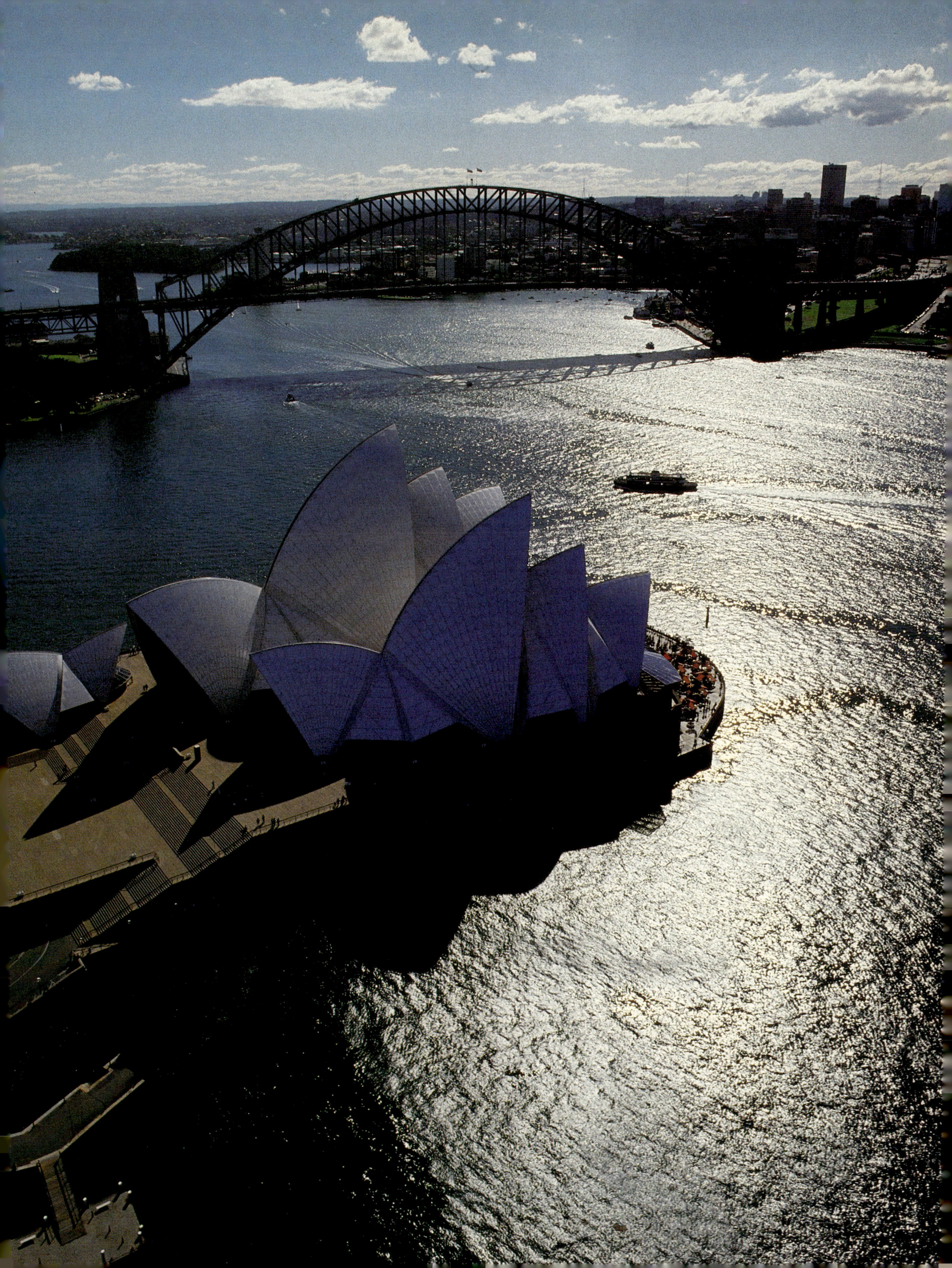

DIE OPER VON SYDNEY

Ein Bauwerk als Symbol für Australien

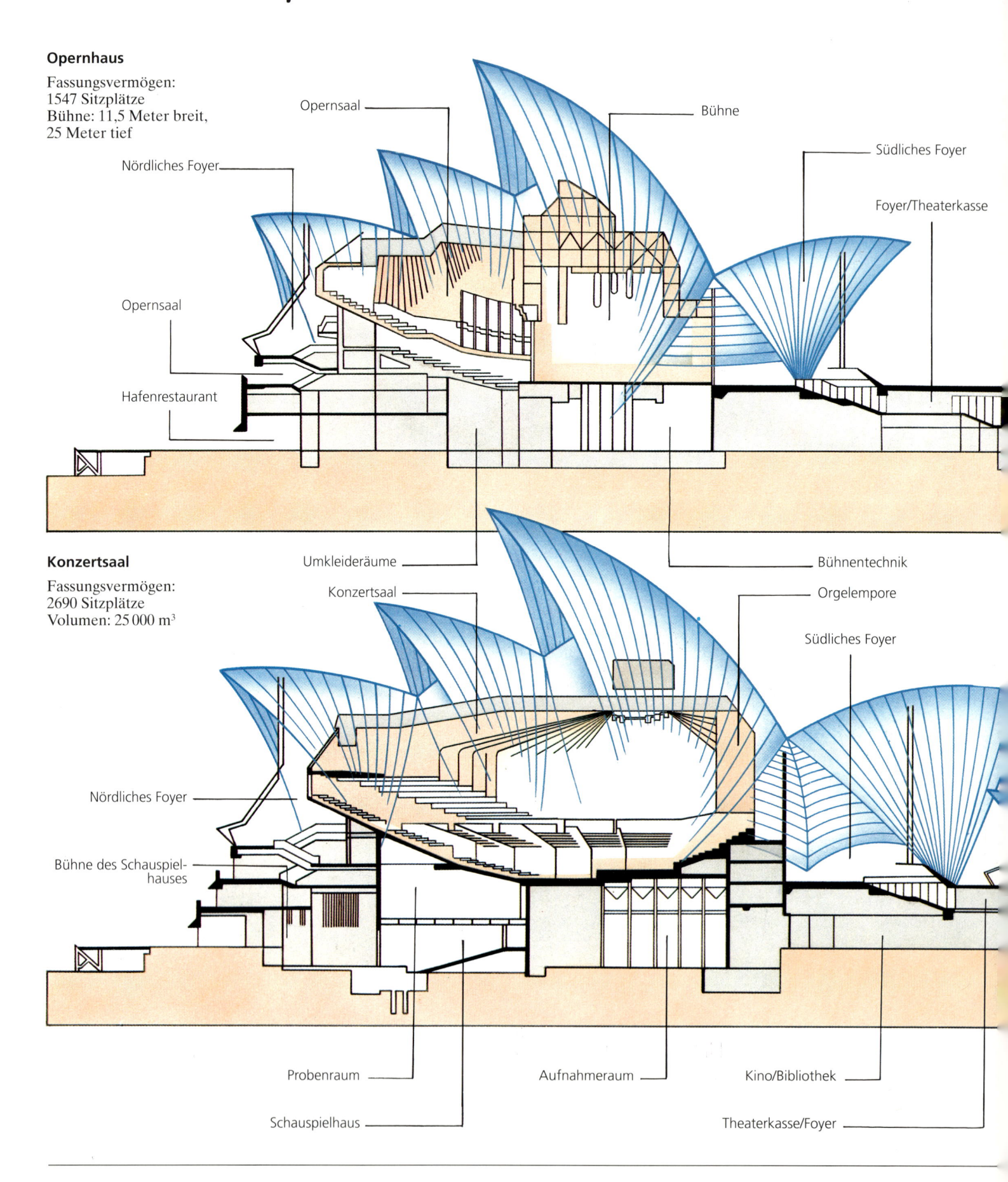

Opernhaus
Fassungsvermögen:
1547 Sitzplätze
Bühne: 11,5 Meter breit,
25 Meter tief

- Opernsaal
- Bühne
- Nördliches Foyer
- Südliches Foyer
- Foyer/Theaterkasse
- Opernsaal
- Hafenrestaurant

Konzertsaal
Fassungsvermögen:
2690 Sitzplätze
Volumen: 25 000 m³

- Umkleideräume
- Bühnentechnik
- Konzertsaal
- Orgelempore
- Südliches Foyer
- Nördliches Foyer
- Bühne des Schauspielhauses
- Probenraum
- Aufnahmeraum
- Kino/Bibliothek
- Schauspielhaus
- Theaterkasse/Foyer

ARCHITEKTONISCHE LEISTUNGEN

Bennelong-Restaurant

Opernsaal

Wagenauffahrt

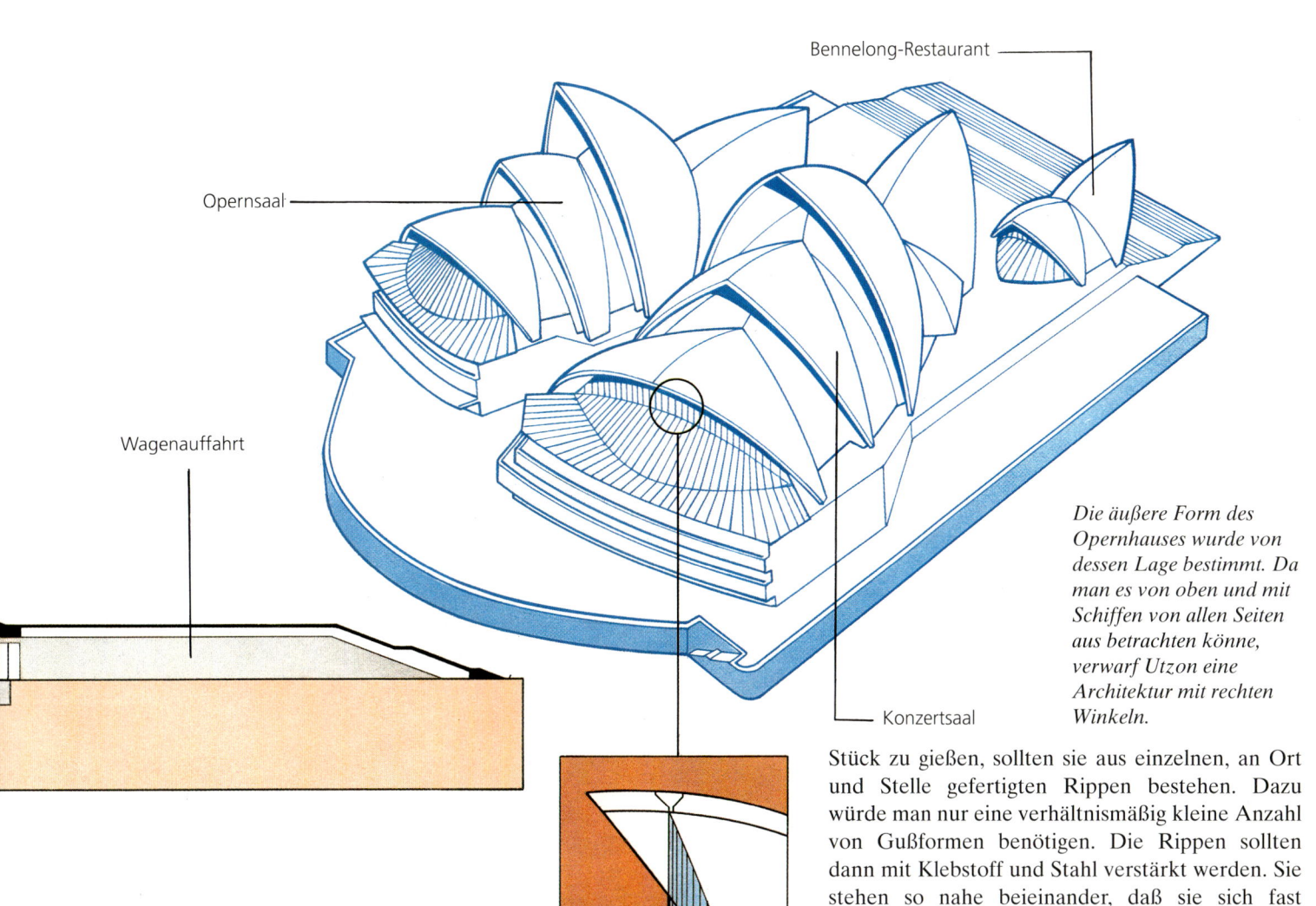

Konzertsaal

Die äußere Form des Opernhauses wurde von dessen Lage bestimmt. Da man es von oben und mit Schiffen von allen Seiten aus betrachten könne, verwarf Utzon eine Architektur mit rechten Winkeln.

Bennelong-Restaurant

Wagenauffahrt

Treppe zum Foyer

Utzon wählte schon in einem frühen Stadium Glas als Abschluß für die Muschelschalen. Es stellten sich aber große technische Probleme. Es ist nicht leicht, derart große senkrechte Flächen zu verglasen und den Lärm der Schiffssirenen fernzuhalten. Utzon wollte um jeden Preis senkrechte Wände vermeiden, weil sie »den Eindruck der stützenlosen Schalen zerstören würden«.

Stück zu gießen, sollten sie aus einzelnen, an Ort und Stelle gefertigten Rippen bestehen. Dazu würde man nur eine verhältnismäßig kleine Anzahl von Gußformen benötigen. Die Rippen sollten dann mit Klebstoff und Stahl verstärkt werden. Sie stehen so nahe beieinander, daß sie sich fast berühren, und sind mit nachträglich eingegossenem Beton miteinander verbunden. Die Außenseite der Schale trägt Keramikfliesen.

Die Auswahl und das Anbringen der Fliesen war ein riesiges Problem. Utzon betrachtete die Wahl des Materials als entscheidend wichtig: »Das falsche Material würde das Aussehen ruinieren«, schrieb er. Die Fliesen sollten in der Sonne glänzen, große Temperaturspannungen aushalten, durften nicht verschmutzen und sich über viele Jahre hinweg nicht verändern. Auf der Suche nach solchen Fliesen ging Utzon bis in die Antike zurück. Er entschied sich für Keramikfliesen. Da, geometrisch gesehen, nur Krümmungen wie in einer Kugel verwendet wurden, war es möglich, die Oberfläche mit Fliesen einer einzigen Größe auszukleiden. Sie hatten eine Seitenlänge von 12 cm.

Man verwendete zwei Arten der Oberflächenveredelung, die eine weiß und glänzend, die andere matt und isabellfarben. Die Fliesen lieferte die schwedische Firma Hoganas. Sie wurden auf dem Dach in vorgefertigte Formen befestigt. Dazu legte man die Fliesen mit der glasierten Seite nach unten in eine Form und goß sie mit flüssigem Beton aus. Das fertige Stück, das bis 10 Meter lang und 2,25 Meter breit sein konnte, wurde dann aus der Form

Bennelong Point war eine der schönsten Lagen für ein öffentliches Gebäude. Im Hintergrund liegen die grünen botanischen Gärten und die Gebäude der Regierung. Als das große Passagierschiff »Canberra« im April 1964 vorbeifuhr, begannen die Arbeiter gerade mit dem Bau der Säle.

genommen und mit Bolzen aus Phosphorbronze am Dach angebracht. Alle Schalen zusammen tragen 4253 solche Elemente, die wiederum aus 1 056 000 einzelnen Fliesen bestehen.

Eines der Geheimnisse dieses Gebäudes steckt in der Frage, wie die Schalen gestützt werden. Scheinbar ist das nur an zwei Punkten der Fall, denn Pfeiler wurden nicht verwendet. In Wirklichkeit sind die großen Schalen mit kleineren verbunden, die in die entgegengesetzte Richtung schauen, so daß die beiden Formen eine Einheit bilden. Da jede Schale den Boden an zwei Punkten berührt, bedeutet dies, daß die ganze Einheit auf vier in einem Viereck angeordneten Beinen ruht. Die kleineren Schalen sind kaum zu erkennen, doch würde ohne sie das Dach zusammenbrechen.

Ein weiteres großes Problem war die Verglasung der offenen Enden der Schalen. Utzon hatte stets vorgehabt, für den größten Teil der Schalen Glas zu verwenden, doch wäre dies technisch zu schwierig geworden. Als Stützen für die Glaswände nahm man am Ende senkrechte Stahlstrukturen, die sich bis ganz nach oben erstreckten. Von ihnen gehen bronzene Glashalteleisten aus. Die Glasscheiben selber wurden in Silikon eingebettet. Die 2000 Fensterscheiben schwanken in der Größe von 1,20 Meter im Quadrat bis zu Rechtecken von 4,30 Meter mal 2,60 Meter. Die 700 verschiedenen Größen berechneten Ove Arup und seine Firma mit Hilfe eines Computers. Das Glas selbst ist 1,9 Zentimeter dick und besteht aus zwei Schichten: die eine ist durchsichtig und die andere bernsteinfarben, und beide sind durch eine Zwischenschicht aus Kunststoff verbunden. Mit solchen Verbundscheiben verringert sich die Gefahr, daß ganze Paneele herabfallen, und auch die Schallisolation ist besser.

Im Jahr 1966 waren die Arbeiten an der Hauptstruktur schon weit fortgeschritten, doch im Innern des Gebäudes war nur wenig getan. Utzon hatte sich mit Regierungsbeamten über Baumethoden und die Erteilung von Subkontrakten überworfen. Die neue Regierung, die im Mai 1965 gewählt worden war, geriet in Sorgen über die Kosten des Gebäudes, denn die anfänglichen Kostenvoranschläge waren schon bei weitem überschritten. Im Februar 1966 gab Utzon plötzlich den Auftrag zum Bau des Opernhauses zurück. Obwohl ihn die Regierung bat, als Mitglied, nicht als Chef der Architektenkommission zurückzukehren, blieb er bei seinem Entschluß. In

Das Bild vom Juni 1965 zeigt, wie die schalenförmigen Dächer aus vorgefertigten Elementen aufgebaut wurden. Man verwendete dazu zwei Reihen von Betonrippen, die sich in der Mittellinie treffen. Für den Bau der Dächer benötigte man 2194 vorgefertigte Elemente. Arbeiter stellten sie auf dem Baugrund mit Hilfe von Gußformen her.

ARCHITEKTONISCHE LEISTUNGEN

Die Verkleidung des Daches mit Fliesen war ungeheuer schwierig und machte schon damals den Einsatz von Computern erforderlich. Weil man auf den Schalenformen keine regelmäßig geformten Fliesen verwenden konnte, mußte man schließlich die Schalen selbst verändern.

Die Decke des Konzertsaals ist den akustischen Erfordernissen angepaßt. Eine hohle Struktur, bestehend aus Betonschichten, Gipskartonplatten und Sperrholz, hängt von der Decke. Im hohlen Innern liegen elektrische Kabel und Röhren für die Klimatisierung. Der Boden besteht aus laminiertem Holz.

seinem Brief, mit dem er Abschied nimmt, steht der geheimnisvolle Satz: »Nicht ich, sondern das Opernhaus hat uns alle diese enormen Schwierigkeiten bereitet.« Dann verließ er Australien und kehrte nie wieder zurück.

Seine Aufgabe übernahm ein Team australischer Architekten. Das Äußere des Gebäudes trägt noch Utzons Handschrift, während dies bei der Innenausstattung nicht mehr der Fall ist. Es wurden dabei auch Entscheidungen gefällt, die die Natur des Gebäudes veränderten. Die größte Halle mit 2690 Sitzplätzen ist nämlich nicht für Opern, sondern für Orchestermusik da. Utzon hatte geglaubt, der Saal könne beiden Zwecken dienen, doch eine Arbeitsgruppe, die nach seiner Abreise zur Beratung der Regierung eingesetzt wurde, entschied sich anders. Man kann deswegen in der Oper von Sydney keine sehr großen Opern aufführen, weil diese eine komplexe Bühnentechnik und einen großen Orchestergraben erforderlich machen. Die Halle, die für Opern genutzt wird und die 1547 Sitzplätze bietet, war ursprünglich für Schauspiele vorgesehen und verfügt über keinen großen Orchestergraben. Deswegen, so meint der Dirigent Sir Charles Macherras,

»ist es fast unmöglich, irgend etwas adäquat aufzuführen«. Wenn die australische Oper Wagners Ring aufzuführen gedenkt, kann sie das nur in einer reduzierten Version tun. Obwohl große Opern auch in der größeren Halle aufgeführt werden, fehlt doch die entsprechende Bühnentechnik.

Wegen dieser Beschränkungen betrachten Opernliebhaber das Haus seit jeher irgendwie als Schwindel: Ein Opernhaus mit einer großen Konzerthalle, die aber nicht für Opern geeignet ist, und eine kleinere Halle, die wiederum nur für bescheidenere Werke genügt. Verteidiger der Entscheidungen, die nach Utzons Weggang getroffen wurden, meinen, der Begriff »Opernhaus« sei stets irreführend gewesen, weil die Ausschreibungsregeln klar festlegten, daß Opernaufführungen gar nicht die wichtigste Funktion des Gebäudes sein sollten.

Trotz all dieser Streitigkeiten wurde das Gebäude schließlich vollendet und im Oktober 1973 von Königin Elisabeth II. feierlich eröffnet. Die ursprünglich vorgesehenen Kosten lagen bei 7 Millionen australische Dollar. Am Ende kostete das Gebäude 102 Millionen australische Dollars, wovon das meiste durch Lotterieeinnahmen bereitgestellt wurde.

LOUISIANA SUPERDOME

Das ultimative Stadion

Das größte völlig überdachte Stadion steht im Zentrum von New Orleans und ist ein kolossales Vielzweckgebäude mit der größten jemals gebauten Kuppel. Allein das Dach überspannt eine Fläche von fast 4 Hektar und erhebt sich im Zentrum 26 Stockwerke hoch. Als das Stadion schon zur Hälfte gebaut war, stieg der Subunternehmer aus, weil er zu der Ansicht gekommen war, die Entwürfe seien unhaltbar. Die Architekten blieben ruhig, fanden einen neuen Subunternehmer und schlossen die Arbeiten ab. Über fünfzehn Jahre danach ist das Gebäude ein großer Erfolg. Für den Louisiana Stadium and Exposition District (LSED) war es eine gute Investition.

Der Louisiana Superdome ist nicht das einzige allseits geschlossene Stadion für Sportereignisse, Rockkonzerte und politische Versammlungen, aber es ist das größte. Die Kuppel mißt im Durchmesser 207 Meter und ist in der Mitte 83 Meter hoch. Bei Sportereignissen stehen 75000 Sitzplätze zur Verfügung; bei Konzerten finden noch mehr Menschen Platz.

Die Planung begann im Jahr 1967, als der LSED öffentlich erklärte, er wolle ein solches Gebäude in einem ziemlich heruntergekommenen Teil im Zentrum von New Orleans errichten. Damals befanden sich auf dem Gelände rostende Eisenbahnschienen sowie verlassene Lagerschuppen. Den Auftrag erhielt die New Yorker Firma Curtis and Davis Architects and Planners. Sie bildeten mit der Ingenieurfirma Sverdrup & Parcel and Associates von St. Louis ein Joint Venture. Der Vertrag wurde zu Beginn des Jahres 1971 geschlossen, und den ersten Betonpfeiler trieben Arbeiter im August 1972 in den weichen Schlamm von Louisiana.

Den Schlüssel für den wirtschaftlichen Erfolg des Stadions bildete seine Flexibilität. Man kann es verwenden für eine ganze Reihe von Sportarten, für American Football, Baseball, Basketball und sogar für Tennis, ferner für politische Veranstaltungen, Handelsmessen, Theaterproduktionen und auch für Fernsehaufnahmen. Die Architekten versuchten, ein Gebäude zu entwerfen, das »so groß ist, daß das spektakulärste, extravaganteste Ereignis darin stattfinden kann, und gleichzeitig so klein, daß sich auch eine Dichterlesung darin nicht verliert«, wie der Leiter des Designerteams, Nathanael C. Curtis jr., meinte. Aus diesem Grund liegt direkt hinter den Sitzreihen des eigentlichen Stadions auch eine ganze Reihe kleinerer Räume.

Es war viel schwieriger, die Bedürfnisse der unterschiedlichen Sportarten zu befriedigen. Baseball beansprucht das größte Feld; American Football zieht die meisten Zuschauer an; Basketball und Tennis werden auf kleineren Feldern mit intimerer Atmosphäre gespielt. Um diesen unterschiedlichen Erfordernissen gerecht zu werden, können 15000 Sitzplätze verschoben werden. In rückwärtiger Stellung gewähren sie den Baseballspielern die größtmögliche Fläche. Für das American Football verschiebt man sie um 15 Meter nach vorn, so daß die Zuschauer den besten Blick auf die Torlinie haben. Für Tennisveranstaltungen kann man einen ganzen Abschnitt mit 2500 Sitzplätzen quer übers Feld bewegen, so daß eine kompakte Arena an der Westseite des Stadions entsteht.

Das Gebäude stützen 2100 vorgespannte Betonpfeiler, die fast fünfzig Meter tief in den Untergrund bis auf das Muttergestein getrieben wurden. Das unterste Geschoß bilden drei Parkdecks mit Platz für 5000 Autos. Darüber liegt ein Bürogeschoß, darüber das Besuchergeschoß. In einer Höhe von 49 Meter über dem Boden trägt ein kreisrunder Ring aus verschweißten Stahlteilen das kuppelförmige Dach. Dieser Spannring hat einen Durchmesser von 207 Meter und die Form eines 2,70 Meter tiefen Sprengwerks mit einem Durchmesser von 45 Zentimeter. Der Spannring muß den ungeheuren Kräften widerstehen, die die Kuppel ausübt. Er besteht aus in 24 Sektionen vorgefertigtem, 3,7 Zentimeter dickem Stahl. Die Stücke wurden an Ort und Stelle miteinander verschweißt. Um die Zuverlässigkeit der Schweißnähte zu garantieren, führte man die entsprechenden Arbeiten in kontrollierter Atmosphäre unter einem Zelt durch, das man von Schweißglied zu Schweißglied weiterbewegte.

Zahlen und Daten

Das größte überdachte Stadion der Erde

Entwurf: Curtis and Davis

Bauzeit: 1971–1975

Materialien: Stahl und Beton

Durchmesser der Kuppel: 207 Meter

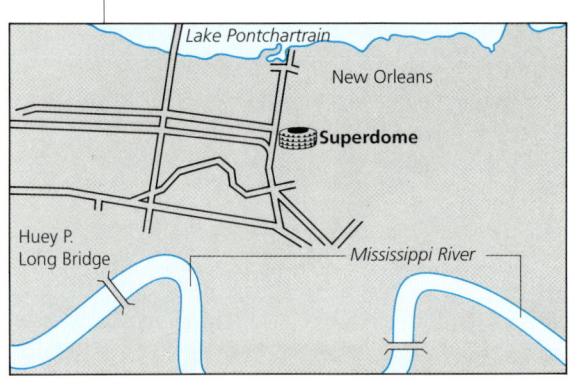

Beim Entwurf des Superdome wurde genau darauf geachtet, daß darin so viele Aktivitäten möglich waren, wie in den Theatern und Amphitheatern der Antike, angefangen von Sportereignissen bis zu Dichterlesungen. Damit die optimale Sitzverteilung um die unterschiedlich geformten Spielfelder für American Football und Baseball (rechts) ermittelt werden konnte, mußte der Computer 200 Möglichkeiten durchrechnen.

Die Kuppel selbst besteht aus einem Stahlskelett, das von einem Zentrum her ausstrahlt. Während des Baus stützten 37 Hilfspfeiler die Kuppel. Jeder hatte oben eine hydraulische Vorrichtung, so daß man die gesamte Kuppel nach ihrer Fertigstellung auf den Spannungsring absenken konnte. Die Kuppelstruktur bilden zwölf gebogene Rippen, die vom Zentrum aus strahlenförmig verlaufen. Sie werden von sechs kreisförmigen konzentrischen Rippen gestützt. Zahlreiche weitere Stützen erwecken den Eindruck eines Rautenmusters.

Die wasserdichte Dachabdeckung besteht aus Stahlplatten, einer 2,5 Zentimeter dicken Schicht aus Polyurethanschaum und schließlich einer aufgesprühten Schicht des Polyethylens Hypalon. Man wollte damit eine homogene Haut ohne Gelenke herstellen, damit die gesamte Kuppel mit dem Temperaturgang um mehrere Zentimeter sich auszu-

LOUISIANA SUPERDOME

Das ultimative Stadion

Die Lage des Superdome nahe dem Zentrum von New Orleans wurde bewußt gewählt, um die bereits bestehenden öffentlichen Transportwege und die Highways sowie 20 000 Parkplätze in der Nähe (links) zu nutzen. Mit der weißen Kunststoffschicht über dem Dach wollte man Gelenke und Verbindungsstellen vermeiden. Sie wurde zum Schutz vor den Wettereinflüssen aufgesprüht.

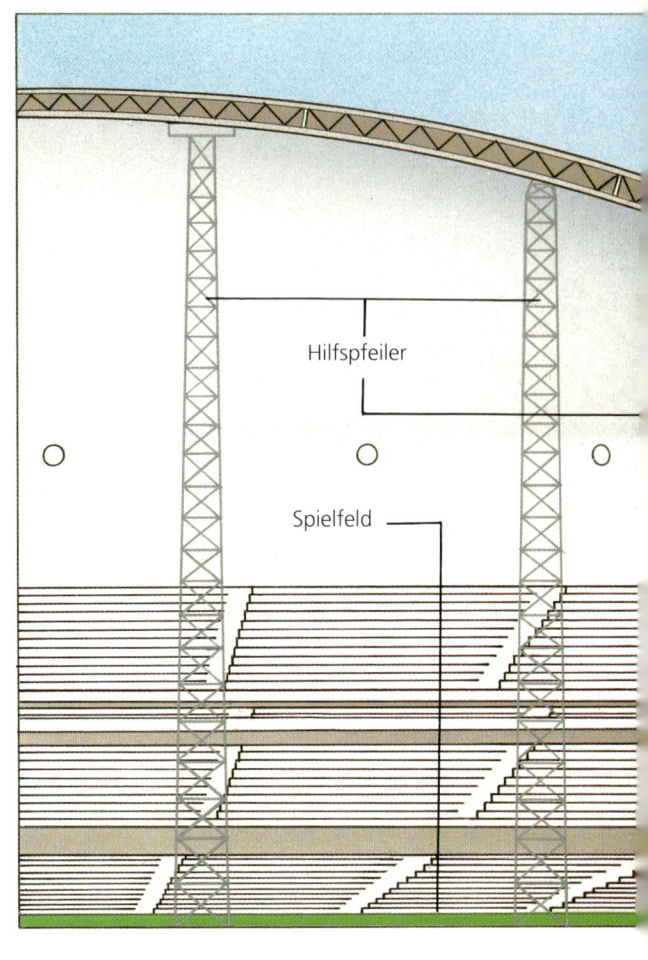

Die Häufigkeit von Hurrikanen in New Orleans machte Windkanaluntersuchungen mit einem verkleinerten Modell im Maßstab 1:288 notwendig. Dabei erwies sich, daß die Riesenkuppel Dauerwinden mit einer Geschwindigkeit von 240 km/h und einzelnen Böen von über 300 km/h widerstehen kann. Das Skelett besteht aus 20 000 Tonnen Stahl, der von Pittsburgh auf dem Mississippi herbeigeschafft wurde.

dehnen oder zu schrumpfen vermag. Aus demselben Grund liegt der Spannring, auf dem die Kuppel ruht, auf Gelenken, die eine Bewegung erlauben. Unter normalen Bedingungen machen die Bewegungen bis 20 Zentimeter aus. Zwischen der Kuppel und der Außenwand befindet sich ein 1,20 Meter tiefer und 2,40 Meter breiter Graben, der das Regenwasser auffängt. Er kann eine Regenmenge von 2,5 Zentimeter aufnehmen.

Um eine Überbelastung der Kanalisation von New Orleans zu verhindern, kontrollieren Röhren den Abfluß dieses Regenwassers.

Als die Kuppel fertig war, entfernten Arbeiter die hydraulischen Stützen – eine nach der anderen – an den Hilfspfeilern, bis die gesamte Kuppel auf dem Spannring ruhte. Die Firma, die alle Stahlteile lieferte, American Bridge, schätzte, daß nach dem Entfernen der letzten hydraulischen Stütze sich der höchste Punkt der Kuppel unter ihrem eigenen Gewicht um 10 Zentimeter absenkte. Die Ingenieure waren hocherfreut, als es dann 8,7 Zentimeter waren.

Die kreisrunde Form des Kuppeldaches bewirkt einen ungeheuren Auftrieb, wenn Winde darüberblasen. Sie funktioniert dann ähnlich wie ein Flugzeugflügel. Die Gegenkraft dazu bilden das Gewicht der Kuppel sowie eine 75 Tonnen schwere Fernsehgondel die vom Kuppelzentrum herabhängt. Sie enthält sechs riesenhafte Fernsehschirme (6,6 x 7,8 Meter), ferner akustische Systeme und Beleuchtungsanlagen. Von einem Kontrollraum aus projiziert man die Fernsehbilder mit sechs Projektoren von den oberen Rängen auf die Schirme. Damit sind sofort Replays möglich. Man kann auch Fernsehbilder von anderen Stadien oder anderen Ereignissen oder irgendwelche Botschaften einspielen. Die Höhe dieser Fernsehgondel ist verstellbar. Bei American Football liegt sie nur 30 Meter über dem Boden. Bei Baseball hebt man sie noch einmal um die gleiche Höhe an, um zu verhindern, daß verschlagene Bälle auf die Schirme knallen. Man kann auch die sechs Schirme durch zwei größere ersetzen und darauf Sportereignisse, Autorennen oder Theaterproduktionen von auswärts zeigen.

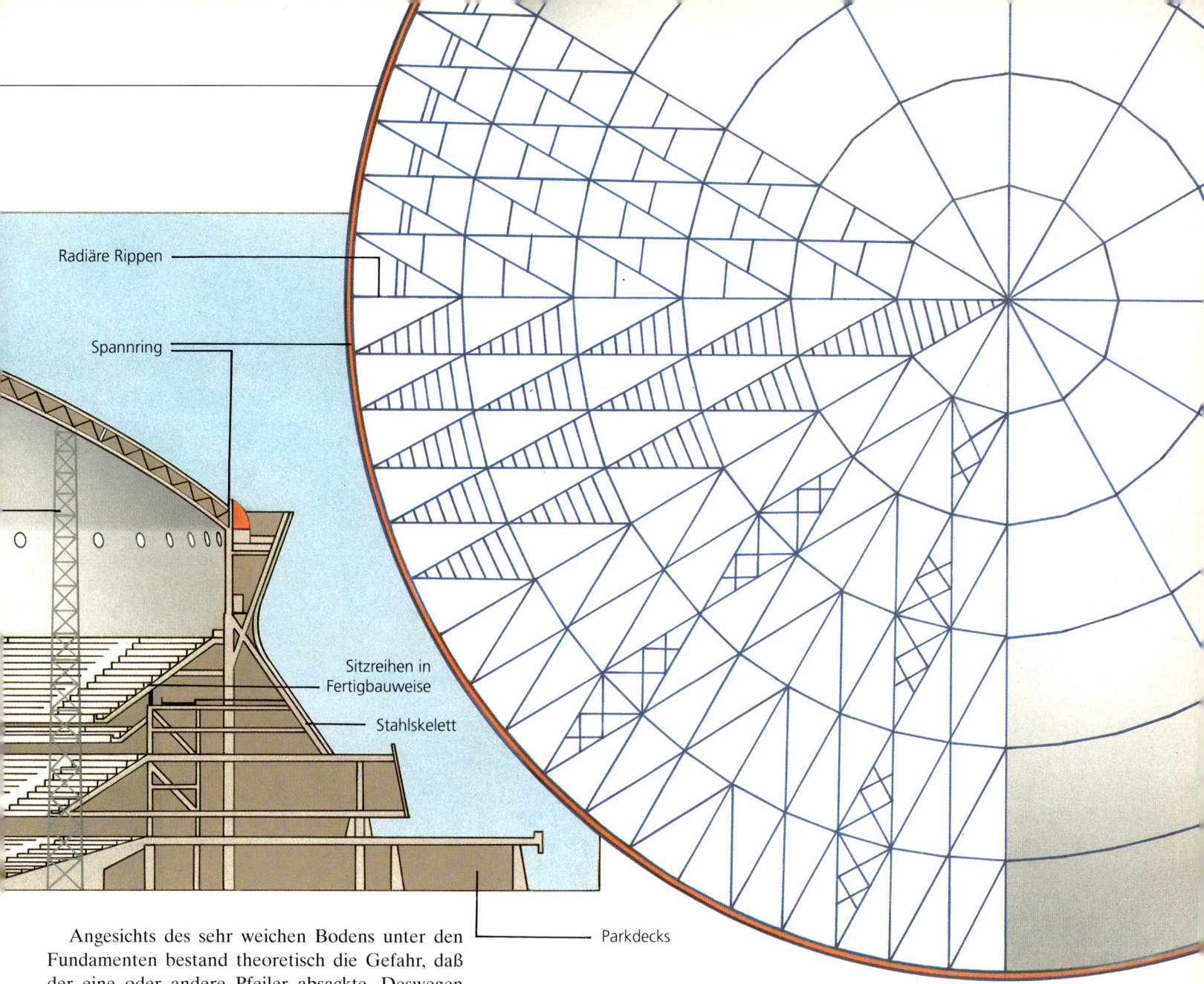

Angesichts des sehr weichen Bodens unter den Fundamenten bestand theoretisch die Gefahr, daß der eine oder andere Pfeiler absackte. Deswegen entwarfen die Ingenieure das Stahlskelett so, daß dies kompensiert werden konnte. Gerade unterhalb des Spannrings baute man sehr widerstandsfähige Querstreben aus Stahl ein. Wenn ein Pfeiler absinkt, übernehmen die beiden benachbarten Pfeiler dessen Aufgabe. In der Theorie sind die Querverstrebungen so stark, daß ein Pfeiler vollständig einsinken könnte, doch in der Praxis kann dies nicht passieren. Ein Absinken ist nur unter Belastung möglich. Da aber die Querstreben die Last verteilen, hören Sinkbewegungen sofort auf.

Am 3. August 1975 öffnete der Superdome zum erstenmal seine Tore. Seither beherbergte er mehrere Male die größte Footballveranstaltung in Amerika, den Superbowl. Es fand darin auch der Konvent der Republikaner im Jahr 1988 statt. Und im Superdome sprach Papst Johannes II. im Jahre 1987 zu 88 000 Schulkindern. Das Stadion hält auch den Rekord für das größte Rockkonzert unter einem Dach, denn 1981 hörten hier 87 500 Menschen die Rolling Stones. Der Superdome selbst wurde zu einem Anziehungspunkt für die Touristen. Jedes Jahr besuchen ihn 75 000 Menschen. Football- und Baseballpartien finden auf Kunstgras mit der Bezeichnung Astro Turf 8 statt. Zunächst betrieb der Staat Louisiana die Riesenanlage, verlor aber damit Geld und übergab die Organisation von Veranstaltungen einer Privatfirma, Facility Management of Louisiana, die viel bessere Ergebnisse erzielte.

Das Gebäude kostete 173 Millionen Dollar. In den ersten zehn Betriebsjahren kamen weitere 99,2 Millionen Dollar für Zinsen, Rückzahlungen eingegangener Verpflichtungen, Betriebskosten und Verbesserungen der finanziellen Situation dazu. Eine Studie der Universität von New Orleans zeigt aber, daß der Nutzen für das ganze Gebiet bei weitem diese Kosten übersteigt. Sie schätzt, daß der Superdome in jener Zeitspanne für einen Umsatz von fast einer Milliarde Dollar in dem betreffenden Stadtgebiet sorgt. 1970 war das Viertel in dem er errichtet wurde, heruntergekommen, heute ist es ein Prunkstück der Geschäftswelt.

Die Kuppel setzt sich im wesentlichen aus zwölf strahlenförmig verlaufenden Rippen und sechs kreisförmigen konzentrischen Ringen zusammen. Weitere zu den radiären Rippen parallele Verstrebungen ergeben schließlich ein Rautenmuster. Jeder konzentrische Ring setzt sich aus zahlreichen kleineren Fachwerkträgern zusammen.

DER CN TOWER

Symbol einer Stadt

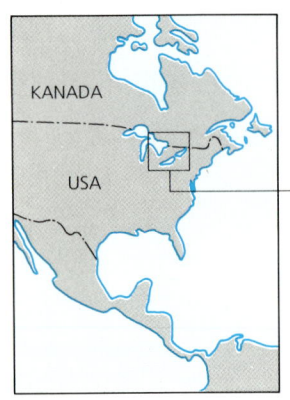

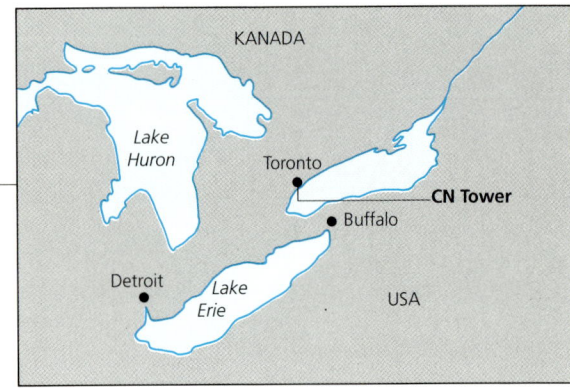

Zahlen und Daten

Das höchste freistehende Bauwerk der Welt

Bauherr: Canadian National Railways

Bauzeit: 1973–1976

Material: Beton

Höhe: 553,34 Meter

Gewicht: über 130 000 Tonnen

Kosten: 57 Millionen Dollar

Die Ansicht des Zentrums von Toronto wird von einem bleistiftdünnen Turm dominiert, der sich weit über die umgebenden Bürogebäude erhebt. Dieser CN Tower ist ein Bauwerk des Fernsehzeitalters und wurde von den Canadian National Railways aus einem ganz praktischen Zweck heraus errichtet: Sie wollten die Schatten eliminieren, die das Bild auf vielen Fernsehschirmen beeinträchtigten. Der Turm leistete aber viel mehr als nur das. Heute ist er das Symbol des neugewonnenen Vertrauens dieser Stadt, die höchste freistehende Konstruktion der Welt und jedes Jahr ein Anziehungspunkt für fast zwei Millionen Touristen.

Der Turm hat von seiner Basis bis zur beleuchteten Spitze eine Höhe von 553,34 Meter. Er wiegt über 130 000 Tonnen, und seine Fundamente aus Beton und Stahl ruhen auf einem Bett aus besonders bearbeitetem Tonschiefer. Die Bauarbeiten nahmen am 6. Februar 1973 ihren Anfang und dauerten nur vierzig Monate. Die Kosten beliefen sich auf 57 Millionen Dollar. Im Querschnitt sieht der Turm Y-förmig aus, und er verjüngt sich elegant nach oben. In über 330 Meter Höhe befindet sich ein siebenstöckiges Bauwerk. Es enthält die Einrichtungen für Fernsehsendungen, ein Restaurant, zwei Geschosse für Besucher, einen Nachtclub und zwei kleine Kinos. In 450 Meter Höhe befindet sich eine weitere Beobachtungsplattform, nämlich das zweistöckige Space Deck, dessen Fenster schräg nach innen geneigt sind, so daß die Mutigen senkrecht nach unten blicken können. Bei klarem Wetter sieht man 160 km weit.

Der Turm wurde gebaut, indem man erstklassigen Beton in eine riesige Form goß. Diese wurde von hydraulischen Pressen immer weiter in die Höhe geschoben. Mit zunehmender Höhe mußte dabei der Querschnitt der Form verkleinert werden. Pro Tag wuchs der Turm bis um sechs Meter. Die normalen Tests zur Überprüfung der Belastungsfähigkeit des Betons konnten dabei nicht angewendet werden, weil man immer sieben Tage bis zum vollständigen Abbinden warten mußte. Deswegen verwendete man besondere Schnelltests.

Die Ingenieure unternahmen außerordentliche Anstrengungen, um zu verhindern, daß der Turm Schlagseite bekam oder sich verdrehte. Man hängte einen über 100 Kilogramm schweren Stahlzylinder an einem Draht im sechseckigen hohlen Kern des Turms auf und stellte alle zwei Stunden mit optischen Instrumenten Messungen an. Das Ergebnis ist ein 553,34 Meter hoher Turm, der um nur 2,7 Zentimeter von der perfekten Senkrechten abweicht.

Die oberen 102 Meter bestehen aus einem stählernen Sendemast. Er wurde aus 39 Teilen zusammengefügt, die ein riesiger Hubschrauber des

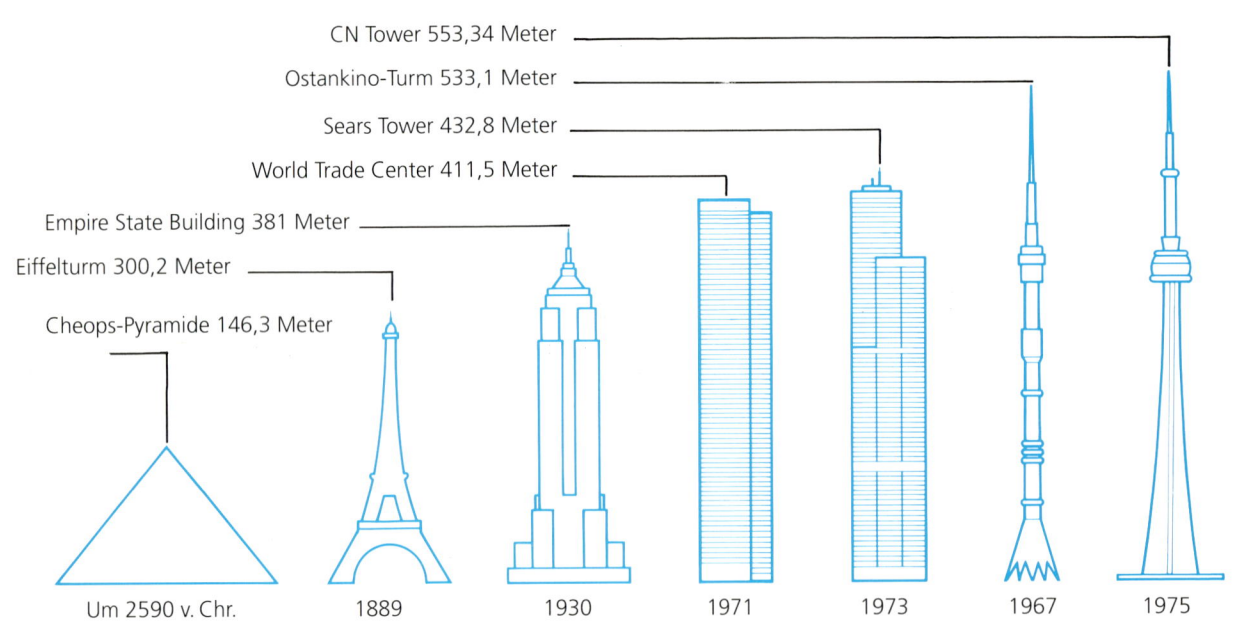

In der Zeitspanne zwischen der Erbauung des Eiffelturms und des CN Tower hat sich die Höhe der höchsten freistehenden Bauten (links) mehr als verdoppelt. Die Beleuchtung des CN Tower (rechts) muß während des Frühlings- und Herbstzuges der Vögel verringert werden, damit die Vögel nicht davon angezogen werden und an die Wände prallen.

CN Tower 553,34 Meter
Ostankino-Turm 533,1 Meter
Sears Tower 432,8 Meter
World Trade Center 411,5 Meter
Empire State Building 381 Meter
Eiffelturm 300,2 Meter
Cheops-Pyramide 146,3 Meter

Um 2590 v. Chr. — 1889 — 1930 — 1971 — 1973 — 1967 — 1975

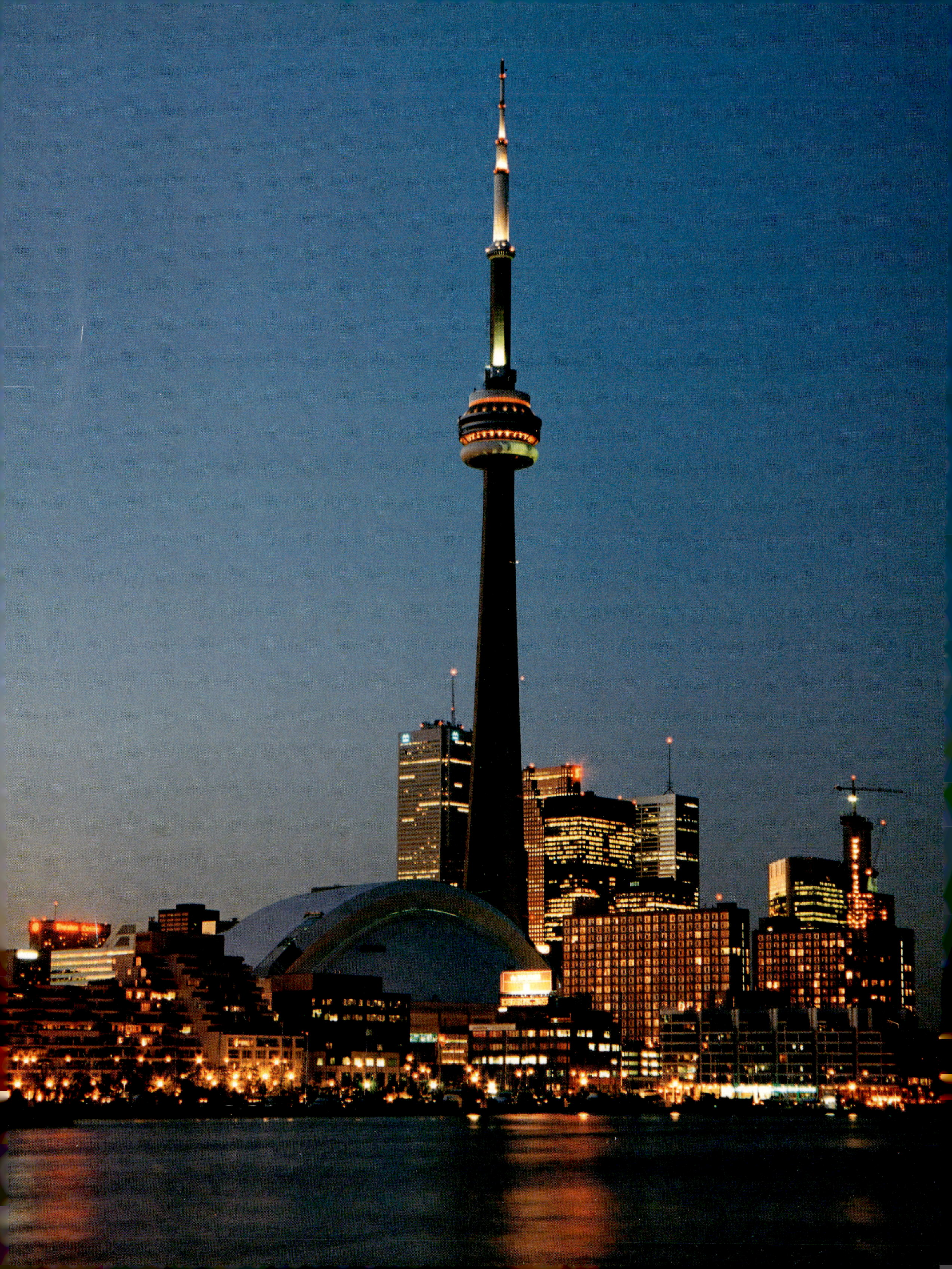

Symbol einer Stadt

Typs Sikorsky S64E einzeln an Ort und Stelle transportierte. Diese Arbeiten dauerten nur dreieinhalb Wochen, während sie mit konventionellen Verfahren sechs Monate in Anspruch genommen hätten.

Der Turm wurde so berechnet, daß er den schlimmsten Stürmen widerstehen kann. Die Meteorologen erwarten hier einmal in einem Jahrtausend einen Wind mit rund 200 km/h. Der Turm wurde aber so gebaut, daß er einem doppelt so starken Sturm widerstehen kann. Wer die Kühnheit besäße, bei einem Wind von 200 km/h in das Skypod zu klettern, bewegte sich dort oben auf einer elliptischen Bahn mit einem Ausschlag von ungefähr 25 Zentimeter. Diese Bewegung wäre aber so langsam, daß er sie kaum wahrnehmen würde. Der stählerne Fernsehmast biegt sich jedoch viel stärker; er schwingt ungefähr 2,5 Meter hin und her. Besondere Bleigewichte sorgen für die Dämpfung. Um Blitze zu beobachten, ist der Turm der richtige Ort, denn er dient für alle Gebäude der Umgebung als Blitzableiter. Jedes Jahr wird er mindestens sechzigmal getroffen, ohne daß Schäden entstehen.

Eine viel größere Gefahr für derart hohe Gebäude ist die Bildung von Eis in großer Höhe. Man weiß, daß abschmelzende Eisstücke immer wieder vom Ostankino-Turm in Moskau, dem zweitgrößten der Welt, herabfallen und dabei das Leben von Menschen bedrohen. In Toronto begegneten die Ingenieure dieser Gefahr, indem sie die Eisbildung an geeigneten Stellen wie den Dachkanten des Skypod von vornherein verhinderten. An einigen Stellen wurden Heizdrähte verlegt, an anderen überzog man die Oberfläche mit glattem Kunststoff, an dem sich kein Eis festheften kann.

Aufzüge bringen die Besucher nach oben und erreichen dabei eine Geschwindigkeit von über 350 Meter in der Minute, was der Steigrate eines Düsenflugzeugs entspricht. Beschleunigung und Geschwindigkeit der Aufzüge wurden so eingestellt, daß man sie gerade genießen kann, ohne Angst zu bekommen oder mit Übelkeit kämpfen zu müssen. Durch eine Glaswand hindurch hat man einen Blick nach außen, doch wurden die Aufzüge gleichzeitig auch so gebaut, daß sie wie ein Kokon ein Gefühl der Sicherheit verleihen. Sie haben eine eigene Energieversorgung.

Im Notfall können die Besucher schnell aus dem Turm evakuiert werden. Zu ihrer Beruhigung gibt es auch eine Treppe mit 2570 Stufen.

Der CN Tower war der Schauplatz vieler Sensationen. Der erste Mann, der mit einem Fallschirm hinuntersprang, gehörte zur Baumannschaft. Es war Bill Eustace, und er sprang am 9. November 1975. Er wurde fristlos entlassen.

Ein Hubschrauber des Typs Sikorsky S64E transportiert einen Baukran auf die Spitze des Space Deck. Danach gelangten auf diese Weise auch die 39 Teile der Fernsehantenne auf das Space Deck. Das schwerste Teil wog 8 Tonnen.

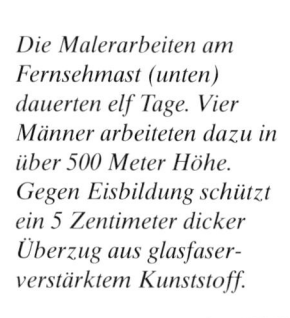

Die Malerarbeiten am Fernsehmast (unten) dauerten elf Tage. Vier Männer arbeiteten dazu in über 500 Meter Höhe. Gegen Eisbildung schützt ein 5 Zentimeter dicker Überzug aus glasfaserverstärktem Kunststoff.

ARCHITEKTONISCHE LEISTUNGEN

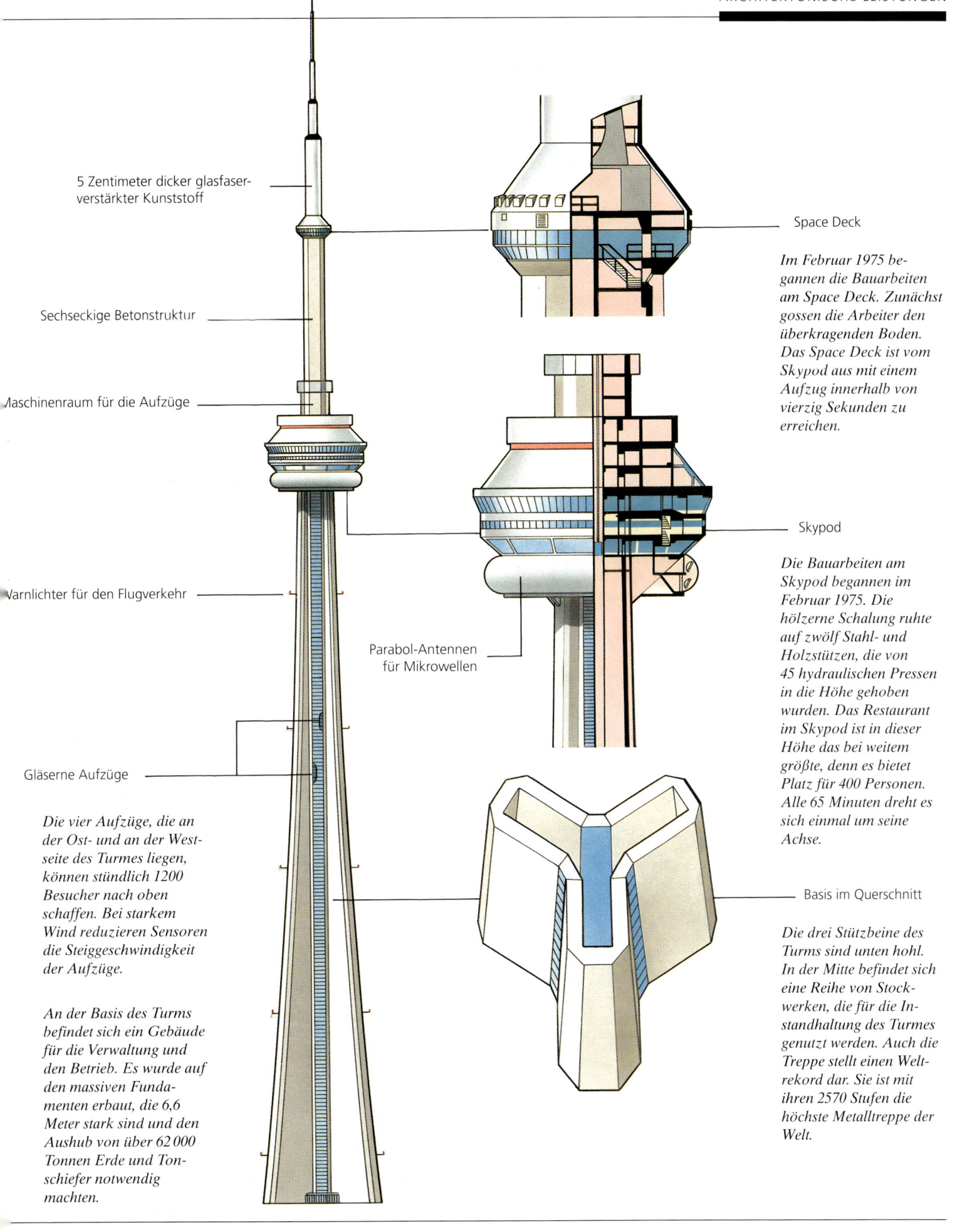

5 Zentimeter dicker glasfaser-verstärkter Kunststoff

Sechseckige Betonstruktur

Maschinenraum für die Aufzüge

Warnlichter für den Flugverkehr

Gläserne Aufzüge

Space Deck

Im Februar 1975 begannen die Bauarbeiten am Space Deck. Zunächst gossen die Arbeiter den überkragenden Boden. Das Space Deck ist vom Skypod aus mit einem Aufzug innerhalb von vierzig Sekunden zu erreichen.

Parabol-Antennen für Mikrowellen

Skypod

Die Bauarbeiten am Skypod begannen im Februar 1975. Die hölzerne Schalung ruhte auf zwölf Stahl- und Holzstützen, die von 45 hydraulischen Pressen in die Höhe gehoben wurden. Das Restaurant im Skypod ist in dieser Höhe das bei weitem größte, denn es bietet Platz für 400 Personen. Alle 65 Minuten dreht es sich einmal um seine Achse.

Basis im Querschnitt

Die drei Stützbeine des Turms sind unten hohl. In der Mitte befindet sich eine Reihe von Stockwerken, die für die Instandhaltung des Turmes genutzt werden. Auch die Treppe stellt einen Weltrekord dar. Sie ist mit ihren 2570 Stufen die höchste Metalltreppe der Welt.

Die vier Aufzüge, die an der Ost- und an der Westseite des Turmes liegen, können stündlich 1200 Besucher nach oben schaffen. Bei starkem Wind reduzieren Sensoren die Steiggeschwindigkeit der Aufzüge.

An der Basis des Turms befindet sich ein Gebäude für die Verwaltung und den Betrieb. Es wurde auf den massiven Fundamenten erbaut, die 6,6 Meter stark sind und den Aushub von über 62 000 Tonnen Erde und Tonschiefer notwendig machten.

Die höchsten Türme

Eines der sieben Weltwunder der Antike war der Leuchtturm von Alexandria. Er wurde während der Regierungszeit von Ptolemäus II., der 247 v. Chr. starb, errichtet. Man schätzt, daß er etwas über hundert Meter hoch gewesen sein muß. Der Turm fiel 1326 zusammen.

Lange Zeit hatten Kirchen den Rekord für das höchste Gebäude inne. Dann kam das Washington Memorial im Jahr 1884, das den Rekord nur fünf Jahre halten konnte. Seit der Zeit nach dem zweiten Weltkrieg sind nur noch Radio- und Fernsehmasten Rekordhalter.

Die höchste Konstruktion heute ist der Mast von Radio Warschau, der eine Höhe von 646,38 Meter erreicht und von 15 Abspannseilen gestützt wird.

Leuchtturm von Bishop Rock, England

Der Leuchtturm steht zwischen den Scilly-Inseln und dem Lizard Point in Cornwall. Vielen Seeleuten war er das erste Signal dafür, daß die Atlantiküberquerung fast zu Ende war. Eigentlich warnte er jedoch vor gefährlichen Felsen. Es handelt sich um den höchsten Leuchtturm in England. Der Hubschrauberlandeplatz, der kürzlich erbaut wurde, liegt in 47,80 Meter Höhe.

Washington Monument, USA

36 Jahre brauchte man für den Bau des Obelisken, der zwischen dem Capitol und dem Lincoln Memorial in Washington, DC, steht. Das Bauwerk, 1884 fertiggestellt, bildet das zentrale Element eines Plans, den der französische Offizier Pierre L'Enfant 1791 vorgeschlagen hatte. Es ist 169 Meter hoch. Besucher gelangen in Aufzügen nach oben.

ARCHITEKTONISCHE LEISTUNGEN

Marine Tower, Yokohama, Japan

Der höchste Leuchtturm der Welt steht im Yamashita Park in Yokohama und erreicht eine Höhe von 106 Meter. Er ist ganz aus Stahl erbaut und bei seiner Lichtstärke von 600 000 Candela über dreißig Kilometer weit zu sehen.

Emley Moor, Yorkshire, England

Dieser Sender der Independent Broadcasting Authority ist das höchste freistehende Bauwerk in Großbritannien. Es erreicht eine Höhe von 329 Meter. Der Turm mit einem Raum in 263,5 Meter Höhe wurde 1971 errichtet und ersetzte einen längeren Mast (385,5 Meter), der im März 1969 unter einer Eislast zusammengebrochen war. Mit dem Fundament wiegt er 15 000 t.

DER PALAST DES SULTANS VON BRUNEI

Ein privates Xanadu

Zahlen und Daten

Der größte bewohnte Palast der Welt

Architekt: Leandro V. Locsin

Bauzeit: 1982–1986

Materialien: Beton, Stahl und Marmor

Bebautes Gebiet: 40 Hektar

Sultan Hassanal Bolkiah wurde am 15. Juli 1946 geboren. Daß er der 29. Sultan werden sollte, war gar nicht vorgesehen, bis sein Vater dann 1953 den Titel übernahm. Im Thronsaal (gegenüberliegende Seite) finden Tausende Platz.

Der reichste Mann der Welt hat auch den längsten Namen. »Seine Majestät Paduka Seri Baginda Sultan und Yang Di-Pertuan, Sultan Hassanal Bolkiah Mu'izzaddin Waddaulah Ibni Al-Markhum Sultan Haji Omar Ali Saifuddien Sa'adul Khairi Waddien« ist schon ein rechter Titel, selbst wenn wir hier weitere vier Zeilen ehrenvoller Bezeichnungen weggelassen haben.

Der Sultan von Brunei meidet die Presse. Deswegen sind nicht sehr viele Details seines prächtigen Palastes bekannt, der die größte heute noch bewohnte Residenz der Welt darstellt. Den wahrhaftigsten und am wenigsten von Ehrfurcht bestimmten Bericht verdanken wir dem Schriftsteller James Bartholomew mit seinem Buch »The Richest Man in the World«. Wir müssen uns hier bei unserem Bericht weitgehend auf ihn verlassen.

Der Reichtum des Sultans beruht auf Erdöl. Sein kleiner Staat mit 230 000 Einwohnern schwimmt buchstäblich auf Öl. Das Öl sorgt für freie Ausbildung, Krankenpflege und freien Wohnraum für alle und vergrößert zudem die bereits riesenhaften Bankkonten des Sultans. Den meisten Schätzungen zufolge beläuft sich sein Vermögen heute mindestens auf 25 Milliarden Dollar. Damit ist er mehr wert als General Motors oder ICI, Jaguar und die National Westminster Bank zusammengenommen. Er verdient pro Jahr mindestens zwei Milliarden Dollar oder 4,5 Millionen pro Tag. 4000 Dollar in der Minute. Er muß sich niemals Sorgen darum machen, woher die nächste Milliarde kommt. Die geschätzten 350 Millionen Dollar, die der Palast kostete, stammten aber auf jeden Fall aus dem Staatssäckel und nicht aus dem persönlichen Vermögen des Sultans.

Der Sultan besitzt Häuser auf der ganzen Welt. In England hält er sich oft im Dorchester Hotel auf, das er besitzt. Ihm gehören auch ein Haus in Kensington Palace Gardens, ein weiteres in Hampstead sowie ein riesiges Besitztum in der Vorstadt von Southall. Einst kaufte er ein Haus in der Nähe von Guildford in Surrey, ohne es gesehen zu haben. Als er es besichtigen wollte, folgte er einem Auto, das von jemandem gesteuert wurde, der den Weg dorthin kannte. Die beiden Autos verloren sich jedoch, so daß der Sultan den Weg nicht mehr wußte. Er fuhr aber weiter und kam schließlich nach Guildford. Obwohl er auf der Suche nach dem Haus zweieinhalb Stunden umherfuhr, fand er es nicht. Er schloß, daß sich der Besitz eines Hauses, das so schwer zu finden sei, wahrlich nicht lohne, und verkaufte es.

Alle seine Häuser schrumpfen aber im Vergleich mit seinem Palast in Brunei, dem Istana Nurul Iman, zur Bedeutungslosigkeit. Der Sultan hatte sich erst Anfang der achtziger Jahre zu diesem Bau entschlossen und bestimmt, er müsse fertig sein, wenn Brunei 1984 die Unabhängigkeit von Großbritannien erlangt. Planung und Bau kamen deswegen einem Rennen gegen die Zeit gleich. Der Architekt Leandro V. Locsin, ein bekannter Filipino mit ausgeprägt modernem Geschmack, hatte nur zwei Wochen Zeit für einen Entwurf. Den Bauunternehmern standen zwei Jahre bis zur Fertigstellung des Gebäudes zur Verfügung, das 1778 Zimmer enthält. So konnte es nicht überraschen, daß viele Dinge schief liefen.

Den Bauauftrag erhielt der philippinische Geschäftsmann Enrique Zobel, der den Sultan beim Polospiel kennengelernt hatte. Zobel überzeugte den Sultan davon, daß keine Zeit mehr mit Ausschreibungen zu verlieren war; es sei doch besser, wenn er den ganzen Auftrag übernehme. Zobel stellte Locsin ein, der in höchster Eile zwei Entwürfe fertigstellte. Er hatte den Bauplatz nie gesehen und auch nie mit dem Sultan gesprochen, was die Aufgabe nicht gerade erleichterte. Der eine Entwurf war ultramodern, während der andere einige islamische Motive enthielt und viel weniger radikal ausfiel. Locsin zog den ersten Entwurf vor, der Sultan wählte den zweiten. Im Verlauf der Arbeiten veränderte Locsin jedoch die Entwürfe immer mehr nach seinem eigenen Geschmack und entfernte sich von dem des Sultans.

Als zusätzliche Hilfen wurden die amerikanischen Projektingenieure Bechtel gewonnen. Sie empfahlen, das Dach des Thronsaales, das ursprünglich aus vorgespanntem Beton bestehen sollte, aus Stahl zu fertigen. Das Dach wird hoch beansprucht: Es muß nicht nur einen großen Raum überspannen, sondern auch zwölf riesige Kronleuchter tragen, von denen jeder eine Tonne wiegt. Es sind vier Throne vorhanden, zwei davon extra für ein königliches Paar, das möglicherweise zu Besuch kommt. Den Raum hinter den vier Thronen überspannt ein 18 Meter hoher islamischer Bogen mit zwei weiteren

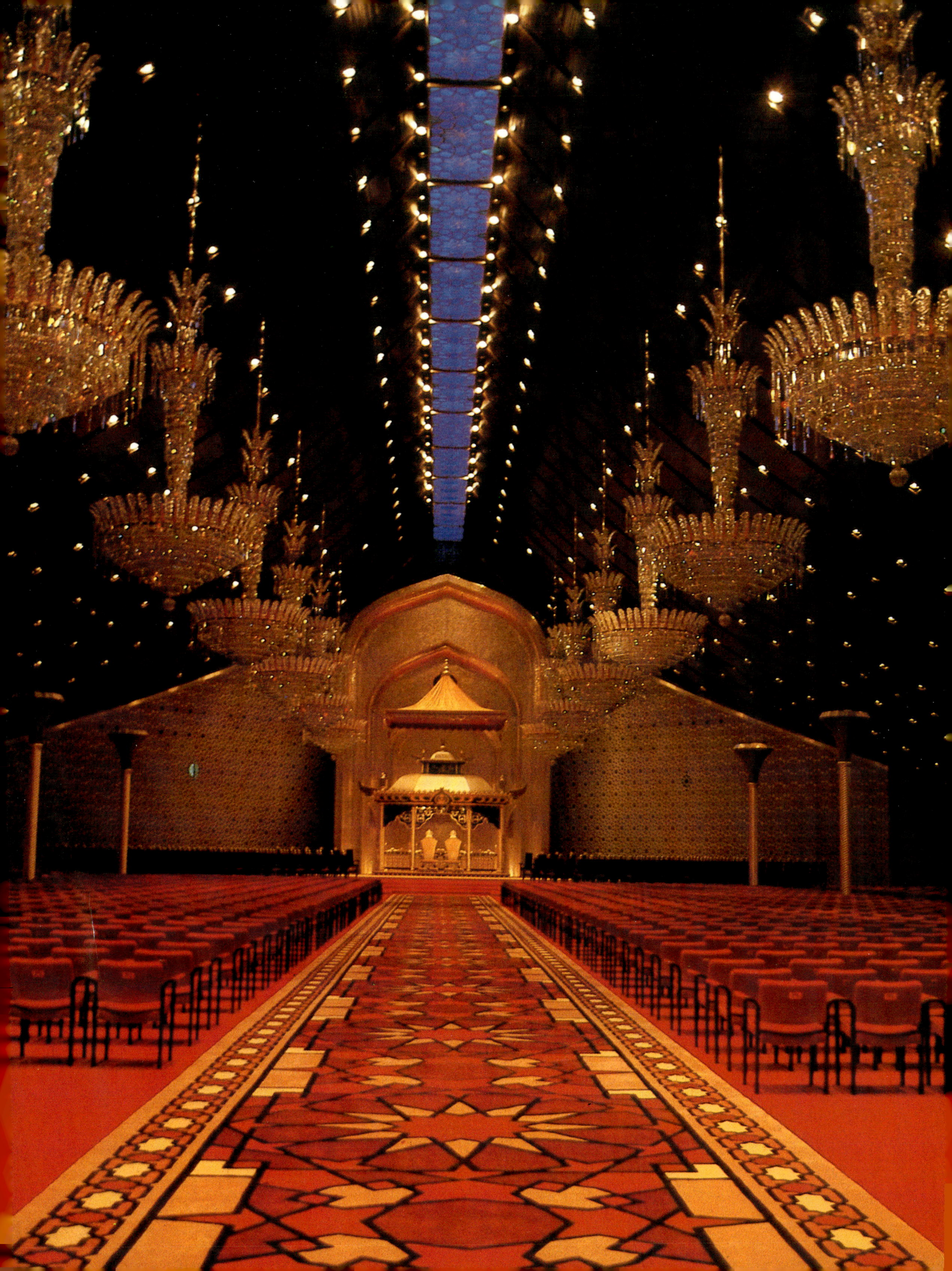

DER PALAST DES SULTANS VON BRUNEI

Ein privates Xanadu

Den Palast (oben) erkennen wir oberhalb der Omar-Ali-Saifuddin-Moschee mit ihrer goldenen Kuppel und der Stadt Bandar Seri Begawan. Viele Bewohner leben noch in kampongs, dorfähnlichen Gemeinschaften, deren Häuser auf Stelzen stehen. Sie sind in der Umgebung der Moschee zu erkennen.

Die dem Fluß zugewandte Seite des Palastes (oben) wurde mit einem mehrgeschossigen Parkhaus verglichen. Der Palast hat 257 Toiletten und eine Kläranlage, die jeden Tag 1 362 000 Liter verarbeiten kann, was dem Ausstoß einer Ortschaft mit 1500 Menschen entspricht.

Locsins Dachkonstruktion (oben) erinnert an die Dächer der Langhäuser, die in diesem Teil Südostasiens einst weit verbreitet waren. Ein großer Teil der plastischen Wirkung geht jedoch deswegen verloren, weil man nicht von oben auf die Dächer sehen kann, da der Palast auf einem Hügel steht.

Bögen darin, alles mit 22karätigem Gold überzogen. Der Bankettsaal ist der bei weitem größte auf der Welt und faßt 4000 Menschen. Auch hier befinden sich Kronleuchter und Bögen mit Goldfliesen. Es gibt ferner 18 Aufzüge, 44 Treppenhäuser, ein gesamtes bebautes Gebiet von 20 Hektar und eine Tiefgarage für 800 Autos. Der Sultan liebt Autos, besitzt selber mindestens 110 und kauft von jedem Typ eigentlich immer drei Stück, um die Farbe variieren zu können. Er nennt mehrere Dutzend Rolls Royce sein eigen, von denen einige nicht einmal Nummernschilder besitzen und nie verwendet werden. Ein Rolls-Royce-Ingenieur mit Fulltime-Job kümmert sich um diese Autos.

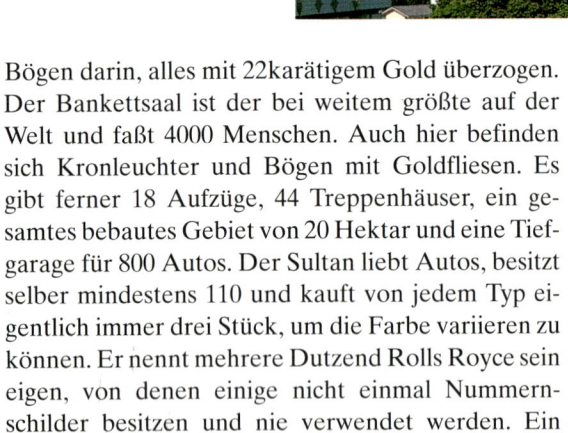

Die Mitglieder der Königsfamilie haben im Palast ihre Suiten, deren jede einem großen Haus entspricht. Insgesamt nehmen diese Suiten 900 Räume ein. Ursprünglich sollte das gesamte Innere des Palastes mit Marmor ausgekleidet werden. Als die Kosten jedoch in die Höhe schossen, änderte man diesen Plan. Allein die Kosten für den Marmor, den Bechtel bestellte, beliefen sich auf 17 Millionen Dollar. Aufgeschreckt von der Höhe dieser Rechnung, übernahm Zobel die Aufgabe, den Marmor zu kaufen, änderte die Spezifikation etwas und verringerte die Rechnung auf nur noch 10 Millionen Dollar.

Weil das ganze Gebäude in Eile errichtet werden mußte, konnten weder der Architekt noch der Bauunternehmer oder der Innenarchitekt jemals herausfinden, was denn der Geschmack des Fürsten sei. Locsin und der Innenarchitekt Dale Keller bevorzugten ein nüchternes modernes Design, doch läuft der Geschmack des Sultans offensichtlich mehr in Richtung auf Reproduktionen älterer Stile bei deutlich überzogener Dekoration – ungefähr das, was Designer »Louis Farouk« nennen, eine Kombination aus Louis XIV. und König Farouk. Die beiden gegensätzlichen Vorstellungen prallten aufeinander, und der Sultan ließ einige Räume völlig ausräumen

ARCHITEKTONISCHE LEISTUNGEN

Die Feiern zur Unabhängigkeit im Jahr 1984 (links) waren der absolute Termin für die Fertigstellung des Palastes. In Wirklichkeit dauerten die Arbeiten noch bis ins Jahr 1986. Die islamischen Bögen in den großen öffentlichen Hallen sind mit Gold bedeckt.

Der Palast wird von 564 Kronleuchtern und 51 490 Glühlampen erleuchtet.

und nach seinem eigenen Geschmack neugestalten. Zum Eingang des Palastes gelangt man über eine Zufahrt, die das gesamte Gebäude umrundet. Innerhalb der fast fünf Meter hohen geschnitzten Holztore, die ständig von zwei Soldaten bewacht werden, befindet sich eine Promenade, die an einem Wasser entlang führt. In der Mitte liegt eine Insel, auf der ein kleines Orchester spielt. Zu ihr gelangt man durch eine unterirdische Passage; sie endet an Treppen inmitten der Insel. Am Ende der Promenade führen Treppen und Aufzüge zu den wichtigsten öffentlichen Hallen, dem Thronsaal und dem Bankettsaal.

Zur Eröffnung des Palastes wurden Architekturkritiker eingeladen. Nicht alle von ihnen waren beeindruckt. Die Zeitung »Le Monde« meinte, der Pomp entspreche nicht immer dem feinsten Geschmack. Das amerikanische Magazin »House and Garden« bemerkte, die Räume besäßen zwar sehr viel exotischen Glanz, doch werde man an »The Wizard of Oz« erinnert, wenn man vor der Tür des Thronsaals stehe, oder man müsse an »The Kind and I« denken, wenn man langsam auf den vergoldeten Thronhimmel zugehe, unter dem der Sultan und seine Frau Gemahlin bei öffentlichen Anlässen Platz nehmen. Der günstigste Bericht, inspiriert vom Architekten, erschien im amerikanischen Magazin »Connoisseur«, der das Gebäude »einen großen Erfolg« nannte. Die Kritik irritierte jedoch den Sultan, der in einem Schriftstück behauptete, Locsin sei vertragsbrüchig geworden, weil er über den Palast mit jemandem gesprochen habe.

Vielleicht aufgrund dieser Rückschläge entschloß sich der Sultan zum Bau eines weiteren Palastes in Brunei für seine zweite Frau, Königin Mariam, eine frühere Stewardess. Dieser Palast mit der Bezeichnung Istana Nurulizza ist kleiner und intimer, kostete im Rohbau aber immer noch 60 Millionen Dollar und die Dekoration noch einmal die gleiche Summe. In ihm befindet sich auch ein Hightech-Studio für den Sultan mit einer vollautomatischen Registratur.

Die Empfangshalle hat einen Marmorfußboden mit kühnem geometrischen Muster in schwarzer Farbe. Italienischer Marmor in 38 verschiedenen Sorten bedeckt eine Gesamtfläche von 5,6 Hektar im Innern des Palastes. Die Außenseite ist mit Travertin verkleidet. Der Saal des Staatsrates ist mit marokkanischem Onyx geschmückt, und man sagt, es sei dafür der allerletzte Block dieses Marmors verwendet worden.

DIE BASILIKA DER FRIEDENSKÖNIGIN

Die größte Kirche der Welt

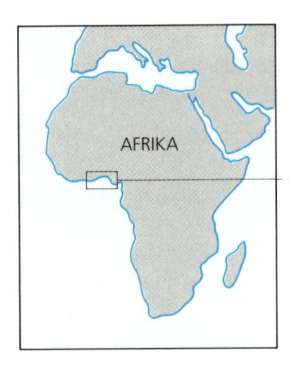

Zahlen und Daten

Die größte Kirche der Welt, erbaut nach dem Vorbild des Petersdoms in Rom

Bauherr: Präsident Félix Houphouët-Boigny

Bauzeit: 1987–1989

Materialien: Marmor, Stahl, Beton und Glas

Höhe: 158,5 Meter

Länge: 192,5 Meter

Sitzplätze: 7000

Über dem Bau der großen Kathedralen Europas vergingen Jahrhunderte. Generationen mittelalterlicher Handwerker arbeiteten an einem Gebäude, das sie selber nie fertig sehen sollten. Wir leben in einem ungeduldigeren Zeitalter. Die größte Kirche der Welt wurde kürzlich nur innerhalb von drei Jahren fertiggestellt. Noch mehr verwundert, daß sie sich nicht in Europa befindet, nahe an den Quellen von Marmor, Stahl, Beton und Glas, sondern in der weiten Savanne der Elfenbeinküste, völlig abgelegen. Die Basilika der Friedenskönigin ist eine Glaubenserklärung, die mindestens 100 Millionen englische Pfund kostete und die wie ein Leuchtturm Schwarzafrikas wirken kann. Andere sehen darin allerdings die Verrücktheit eines alten Mannes, der sich mit seiner eigenen Sterblichkeit konfrontiert sieht.

Der Urheber dieser Basilika ist Präsident Félix Houphouët-Boigny, der als zehnjähriges Kind von seinem Heimatdorf Yamoussoukro, das keine katholische Kirche aufwies, meilenweit zur eigenen Taufe gehen mußte. Achtzig Jahre danach ist die Basilika von Yamoussoukro die Antwort darauf. Als Vorbild diente ihr der Petersdom in Rom. Offensichtlich aus Taktgefühl ist die Kuppel der neuen Basilika etwas niedriger als die des Petersdoms. Die Krone und das goldene Kreuz darüber stehen jedoch in 158,5 Meter Höhe und übertreffen damit die Peterskirche um rund 35 Meter. Mit ihren 192,5 Meter ist sie rund 6 Meter höher als der Petersdom. Die Kuppel ist dreimal so breit wie die von St. Paul's in London. Und die Kathedrale von Notre Dame in Paris hätte in der Kirche mehrmals Platz. Der Baldachin aus Bronze über dem Altar erreicht die Höhe eines neunstöckigen Gebäudes.

In der Basilika befinden sich 7000 Sitzplätze. Doch sie hat Raum für weitere 11 000 Menschen. Der 2,8 Hektar große Marmorplatz, auf dem die Basilika steht, bietet 320 000 weiteren Gläubigen Platz. Der Tag einer vollen Nutzung liegt allerdings noch in weiter Ferne. Die Kleinstadt Ymoussoukro, die Houphouët-Boigny als das Brasilia der Elfenbeinküste betrachtet, hat nämlich nicht mehr als 30 000 Einwohner, und darunter sind nur rund 4000 Katholiken. Die Hauptstadt Abidjan, in der die meisten Bewohner der Elfenbeinküste leben, liegt 250 Kilometer weiter im Süden und hat bereits eine katholische Kathedrale. Selbst an wichtigen Festtagen braucht man nicht zu befürchten, daß die Basilika von Yamoussoukro die Gläubigen nicht mehr aufnehmen kann.

Die Idee zur Basilika kam Houphouët-Boigny im Jahre 1987. Dem leitenden Ingenieur Pierre Cabrelli zufolge, der für die meisten Arbeiten in Yamoussoukro verantwortlich war, entschied der Präsident plötzlich, er wolle als nächstes Bauwerk eine prächtige Kirche haben. »Ich war sehr überrascht«, sagte Cabrelli der Zeitung »The Times«. »Wer baut heute denn eine Basilika? Dann erkundigte ich mich nach dem Termin der Fertigstellung. Der Präsident meinte, der Papst komme alle vier Jahre nach Afrika, und er sei ein Jahr zuvor dagewesen. Wieviel Zeit Sie haben, können Sie also selber ausrechnen.«

Die Basilika hätte man nicht fristgerecht ohne moderne Baumethoden und ohne die Hilfe von bis zu 2000 Männern fertigstellen können, die täglich in zwei Zehnstundenschichten arbeiteten. Die verantwortlichen Ingenieure kamen aus dem Ausland, während die Arbeiter im Land angeworben wurden und großen Stolz auf ihr Bauwerk entwickelten. Auf die Kritik, eine solche Basilika sei für ein armes Land wie die Elfenbeinküste ein Wahnsinn, erwiderte ein Arbeiter: »Gab es keine hungrigen Menschen in Rom, als der Petersdom gebaut wurde? Als England nach der großen Feuersbrunst in London St. Paul's Cathedral baute, gab es da keine Armen und Obdachlosen?«

Eines der Prunkstücke des Gebäudes ist die Kuppel. Die blauen Fliesen, die sie auskleiden, sind mit 29 Millionen schalldämpfenden Löchern versehen. An der Spitze befinden sich leuchtende Ringe

Die Einwohner von Yamoussoukro sind die einzigen Menschen auf der Welt, die den Bau einer derart großen Basilika innerhalb kürzester Zeit erlebt haben. Die Bauzeit umfaßte nur gerade drei Jahre, während an der St. Paul's Cathedral in London 35 Jahre und am Petersdom in Rom gar 106 Jahre gebaut wurde. Nur ungefähr 15 Prozent der Einwohner der Elfenbeinküste sind römisch-katholisch. .

aus hell- und dunkelblauem Glas. Sie lenken den Blick auf das eigentliche Zentrum der Kuppel mit der Darstellung einer Friedenstaube.

Die Basilika ist nicht das einzige große Gebäude in Yamoussoukro. Houphouët-Boigny oder »Houph«, wie er von vielen genannt wird, versah seinen verschlafenen Heimatort mit einem großen Präsidentenpalast, einem Konferenzzentrum mit Marmorfront (in dem bisher nur eine Konferenz stattfand), einem Fünfsternehotel mit eigenem Golfplatz, drei Universitäten und einem Krankenhaus. Die staubige Straße von Abidjan wurde in der Nähe von Yamoussoukro zu einer sechsspurigen Autobahn ausgebaut. Doch die prächtigen Gebäude stehen halbleer in der afrikanischen Savannenlandschaft. Während die nationale Universität in Abidjan

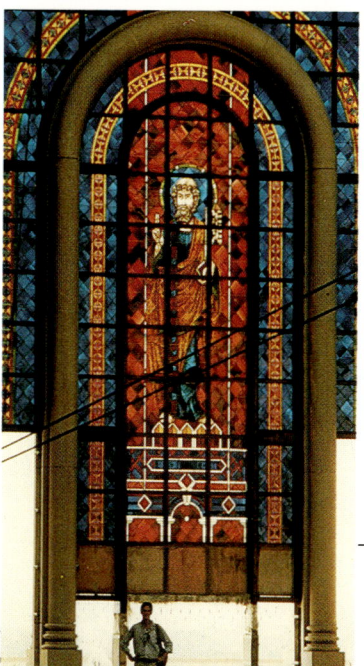

Die Gesamtfläche der Glasfenster (links), nämlich fast 7500 m², ist größer als in jeder anderen Kirche. Über 4000 Farbabstufungen in Glas erzeugen in den zehn Stockwerke hohen Fenstern dramatische Wirkungen.

DIE BASILIKA DER FRIEDENSKÖNIGIN

Die größte Kirche der Welt

Die 272 Säulen korinthischen, dorischen und ionischen Stils sind bis zu 30 Meter hoch und wurden aus Zeit- und Geldersparnis aus Beton gebaut. Auch die anderen Elemente der Basilika errichtete man mit modernen Verfahren. Die Kuppel besteht aus eloxiertem Aluminium mit Polyurethan-Isolierung. Man baute hier also eine Renaissance-Basilika mit modernen Verfahren.

viel zuviel Studenten hat, zeichnet sich die von Yamoussoukro, die im französischen Stil der grande-école entworfen wurde, vor allem durch ihre prächtige Leere aus. .

In vielen anderen Ländern würde man die ungeheuren Ausgaben eines Houphouët-Boigny als Größenwahnsinn und den Versuch bezeichnen, sich selbst ein Monument zu schaffen. Aber vielen, die spottlustig nach Yamoussoukro kommen, erstirbt die Kritik auf den Lippen. Es trifft zwar zu, daß man der UNICEF zufolge mit dem Geld, das für die Basilika ausgegeben wurde, alle zehn Millionen Bewohner der Elfenbeinküsten gegen sechs Infektionskrankheiten hätte impfen können, nämlich gegen Diphtherie, Masern, Keuchhusten, Kinderlähmung, Starrkrampf und Tuberkulose. Jedes Jahr sterben hier Tausende von Menschen daran. Überdies steht die Elfenbeinküste mit einer Gesamtschuld von 8 Milliarden Dollar vor einer wirtschaftlichen Katastrophe und stellte auch den Schuldendienst ein. Angesichts der Aufrichtigkeit von Houphouët-Boigny und der Pracht dessen, was erreicht wurde, halten einige jedoch Kritik daran für irrelevant.

Bis zum Jahr 1980 hatte Houphouët-Boigny Bemerkenswertes für sein Land geleistet, das einst eine französische Kolonie gewesen war. Während viele neue Nationen in Afrika in Stammeskonflikten und Armut versanken, feierte die Elfenbeinküste große Erfolge. Die Hauptpfeiler der Wirtschaft sind der Anbau von Kakao, Kaffee und Baumwolle; er führte zu wirtschaftlicher Blüte und Stabilität. Die Regierung war liberal und milde, obwohl ein einziger Mann das Sagen hatte. Dann sanken die Preise der Rohstoffe, weil der Schokoladenkonsum auf der Welt zurückging. Um die Garantiepreise für die Kakaobauern bezahlen zu können, machte die Elfenbeinküste die größten Prokopfschulden in Afrika. Anstatt sein Yamoussoukro als krönenden Erfolg seiner Karriere vorzeigen zu können, mußte Houphouët-Boigny es gegen harsche Kritik von außen und von innen verteidigen.

Er behauptet zum Beispiel, daß er den Ausbau von Yamoussoukro aus seiner eigenen Tasche bezahlt habe. Diese Behauptung erweckt natürlich einiges Lächeln, aber ganz aus der Luft gegriffen ist sie nicht. Houphouët-Boigny war bereits ein reicher Mann, als er Präsident wurde, und man sagt, er habe das Vermögen seiner Familie geschickt vermehrt. Als das Land 1988 keine Schulden mehr zurückzahlen konnte, fragte er: »Was machen die 80 Millionen englischen Pfund schon aus?« Damals schätzte man die Kosten des Baus auf diese Summe. Als er sich Kritik aus Frankreich anhören mußte, war er verärgert: »Wie kann ein Volk das nicht verstehen, das doch stolz ist auf Versailles, auf die Kathedrale Notre Dame oder die von Chartres?« Der Informationsminister M. Laurent Dona Falogo blieb weniger subtil. Er bezeichnete die Kritik als »rassistisch«, weil »die Kritiker die Idee nicht aushalten, daß die Afrikaner etwas Großes, Wunderbares und Dauerhaftes schaffen«.

Um die Kritik abzulenken und um sicherzugehen, daß die Basilika ihn auch überlebt, bot Houphouët-Boigny sie dem Vatikan als Geschenk an. Das brachte den Kirchenstaat in eine merkwürdige Lage. Wie konnte er einen derart prächtigen Ausdruck katholischen Glaubens inmitten eines Kontinents voller Ungläubiger zurückweisen? Nach dreimonatiger Bedenkzeit und einigen Verhandlungen akzeptierte der Vatikan das Geschenk, allerdings unter der Bedingung, daß die Elfenbeinküste für den Unterhalt der Kirche sorge. Houphouët-Boigny legte bei

ARCHITEKTONISCHE LEISTUNGEN

Für den Bau der Basilika verwendete man vor allem vorgefertigte Betonelemente. Der Montage dienten sechs Laufkräne (links). Granit wurde aus Spanien, Stahl aus Belgien, Marmor für den Säulengang aus Italien und Glas aus Frankreich importiert.

Die Rotunde der Basilika mit dem obersten, für die Montage fertigen Teil der Kuppel. Obwohl diese etwas niedriger ist als beim Petersdom, sorgen doch die Kuppelaufsätze für eine größere Gesamthöhe. Nachts wird die Kuppel von 1810 Lampen mit 1000 Watt angestrahlt.

der Bank des Vatikans einen Fonds an, von dem jedes Jahr 1,7 Millionen englische Pfund für Arbeiten an der Basilika abgezogen werden. Der Vatikan soll dem Präsidenten auch das Versprechen abgerungen haben, die Ausgaben für die Volksgesundheit und die Ausbildung zu erhöhen. Im Gegenzug überzeugte Houphouët-Boigny den Papst davon, Yamoussoukro im Jahr 1990 zu besuchen und die Basilika zu weihen.

Ob das Gebäude als gigantische Laune eines Herrschers oder als Ausdruck des Glaubens angesehen wird, wird wohl Ansichts- oder Glaubenssache bleiben – für viele von Houphouët-Boignys Landsleuten aber davon abhängig, welches Geschick ihnen künftig widerfährt. Als die Kathedrale Ende 1989 fertiggestellt wurde, war der Herrscher mindestens 84 Jahre alt (einige sagen, über 90) und schon 35 Jahre lang Präsident.

Ein riesiger Fensterrahmen wird über die Säulenvorhalle gehievt. Die Basilika weist eine Klimaanlage auf und muß dauernd von 25 Männern in Ordnung gehalten werden. Acht von ihnen pflegen den Marmor auf dem Vorplatz und im Säulengang, auf denen die Bewohner einer Großstadt Platz finden könnten. Andere Arbeiter polieren den ganzen Tag die 7000 Kirchenstühle aus dem Hartholz des Iroko-Baumes.

BIOSPHERE II

Eine Welt inmitten einer Welt

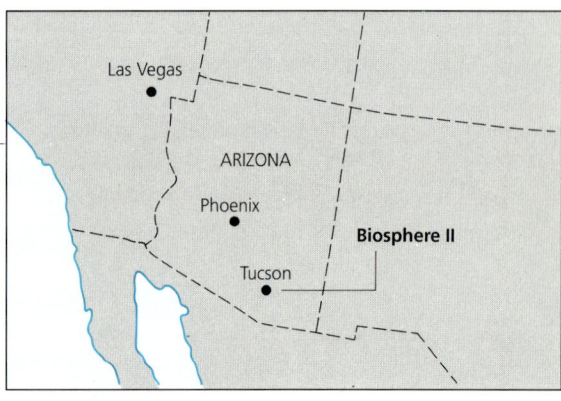

Zahlen und Daten

Der erste großräumige Versuch, verschiedene Ökosysteme der Welt künstlich zu replizieren

Architektin: Margaret Augustine

Bauzeit: 1987–1990

Materialien: Stahl und Glas

Oberfläche: 1,2 Hektar

Der Genesis zufolge schuf Gott die Erde in sechs Tagen. In der Wüste 50 Kilometer nördlich von Tucson in Arizona versucht eine Gruppe von Wissenschaftlern, von Visionären, die Schöpfung noch einmal zu wiederholen. Sie brauchen etwas länger dazu und gelangen wohl auch nicht zu einem derart befriedigenden Ergebnis. Bei diesem Projekt werden Bautechniken in Grenzsituationen erprobt. Wenn alles funktioniert, werden wir auch eine Menge Informationen über Lebensprozesse auf der Erde, das Life Management und über die Planung von Siedlungen im Weltall gewinnen.

Das Projekt heißt Biosphere II und es hat sich zum Ziel gesetzt, eine vollkommen nach außen abgeschlossene Umwelt zu reproduzieren. Diese wiederum soll ein Modell für die Erde sein. In zwei riesigen Glashäusern wird ein Ökosystem geschaffen, das die gesamte Nahrung, das Wasser und die Luft für acht Menschen produzieren soll. Sie wollen bis zu zwei Jahre in der Biosphere II verbringen. Alle Abfälle werden rezykliert, und Apparaturen sorgen für eine Simulation des Wettergeschehens. In die geschlossene Welt von Biosphere II darf nichts eindringen, und nichts darf von ihr verlorengehen. Sie besteht aus zwei mit Glas bedeckten Skelettbaustrukturen, die miteinander in Verbindung stehen.

In einem Gebäude von Biosphere II befinden sich die Wohnräume für Menschen und Stallungen für Nutztiere. Das andere langgestreckte Gebäude umfaßt fünf Ökosysteme, nämlich tropischen Regenwald, Savanne, Ozean, Marschland und Wüste. Insgesamt leben in Biosphere II ungefähr 3800 Pflanzen- und Tierarten, darunter Vögel, Reptilien, Insekten und kleine Säuger. Der Name Biosphere II deutet darauf hin, daß es sich nicht um das erste Experiment dieser Art handelt. Biosphere I ist die Erde, dieser mißbrauchte, aber immer noch funktionierende Planet, den die Bionauten in Arizona nachahmen wollen.

Der Bau einer derart revolutionären Struktur brachte beträchtliche Probleme mit sich. Eine der schwierigsten Aufgaben war es, das Innere des Gebäudes vollkommen gegen die Außenwelt abzuschotten. Ein normales Gebäude tauscht trotz aller Isolation seine Innenluft jeden Tag ein- bis dreimal völlig aus. Bei Biosphere II soll der völlige Austausch nur einmal in hundert Jahren erfolgen. »Egal, was man unter ›luftdicht‹ versteht, ist dies eine geradezu schreckliche Forderung«, sagte Peter Pearce, Präsident der kalifornischen Firma Pearce Structures Inc., die mit der Planung und Ausführung des Gebäudes beauftragt wurde. Es ist das erste Mal, daß eine Baufirma einen solchen Auftrag erhielt. Pearce meinte, man baue hier nicht ein normales Gebäude, wohl eher ein Space Shuttle.

Auf dem Betonfundament befindet sich eine Verkleidung aus rostfreiem Stahl. An den Kanten zieht sie sich wie eine Wanne nach oben und verbindet sich mit den Glaswänden des Gebäudes. Das Bauskelett besteht aus Stahlrippen, die auf eine neue Art und Weise miteinander verbunden sind. Die Glasscheiben sind über ein Silikonmaterial direkt mit den Stahlrippen verbunden. Den Entwurf dazu lieferte Pearce in vier Monaten, nachdem die Wissenschaftler hatten feststellen müssen, daß kein bisheriges System der Verglasung den Anforderungen gerecht geworden wäre. Das Bauprinzip, das dahintersteht, ist ein Raumfachwerk; Stahlröhren werden dabei in tetraedrischer Form miteinander verbunden und ergeben ein sehr widerstandsfähiges, flexibles Gebäude. Ein solches modernes Raumfachwerk bietet mehr Sicherheit als traditionelle Bauweisen. Es wird weniger Material verbraucht, und es ermöglicht die unterschiedlichsten Bauformen. Die Wohnräume für die Menschen und die Stallungen für die Haustiere bestehen aus Kreisbögen und Tonnengewölben, während das Glashaus mit den verschiedenen Ökosystemen Pyramidenform aufweist.

Die Organisation, die hinter dem Projekt steht, heißt Space Biosphere Ventures (SBV) und wurde von dem Texaner Edward Bass gegründet. Er hat bereits 30 Millionen Dollar in das Projekt gesteckt. Die

Architektin ist die Engländerin Margaret Augustine, gleichzeitig auch Geschäftsführerin von SBV. Wenn alle Arbeiten abgeschlossen sind, wird Biosphere II ein Gebiet von 1,2 Hektar umfassen, an der höchsten Stelle 26 Meter hoch sein und ein Volumen von fast 200 000 m³ umschließen. Der Bau wird nicht nur die Wohnungen für die acht Forscher, sondern auch Laboratorien, Computer und Kommunikationseinrichtungen, Workshops, eine Bücherei und ein Freizeitzentrum umfassen. Die »Biosphärianer« (»biospherians«), wie sie sich selber nennen, werden von der Außenwelt nicht völlig abgeschnitten sein. Sie haben Zugang zu Fernsehen und Rundfunk und können über Telefon Verbindung mit der Außenwelt aufnehmen.

Die acht Forscher wollten ursprünglich im September 1990 nach Fertigstellung des Gebäudes ihre vollkommen versiegelte Umwelt in Besitz nehmen. Dann wurde es doch Februar 1991. Im Innern atmen sie Sauerstoff, der von den Pflanzen um sie herum erzeugt wird. Wasser wird verdunsten und »Wolken« im Glashaus bilden. Diese steigen an den höchsten Punkt und werden von den Kühlschlangen so weit abgekühlt, daß wieder eine Kondensation zu flüssigem Wasser erfolgt. Dann fließt dieses Wasser vom 15 Meter hohen künstlichen Berg durch einen winzigen Regenwald in einen ebenfalls künstlichen Ozean, der 10 Meter tief ist. Von ihm verdunstet weiteres Wasser. Von der Außenwelt werden nur Energie und Informationen kommen.

Einen Großteil der Energie wird die Sonne liefern, doch Strom vom Kraftwerk muß eine ganze Reihe mechanische Systeme antreiben, darunter auch ein Gerät zur Wellenerzeugung, das notwendig

Die äußeren Formen und das räumliche Fachwerk verraten den Einfluß von Buckminster Fuller, den der Ingenieur Peter Pearce sehr verehrt. Die fünf Ökosysteme, die in Biosphere II enthalten sind, kann man als Regenwald, Savanne, Ozean, Marschland und Wüste bezeichnen. Dazu kommt eine intensive Landwirtschaft.

Eine Welt inmitten einer Welt

Die Abteilung für Aquakultur (unten) bietet die Umgebung für das Mittagessen. Die Biosphärianer werden Früchte und Fische essen, die Biosphere II produziert. Für Milch sorgen afrikanische Zwergziegen.

Die Tomaten wachsen in Hydrokultur: Die Wurzeln werden im Dunkeln gehalten und entnehmen ihre Nährstoffe dem Wasser. Ungefähr 1800 m² sind intensiver Landwirtschaft gewidmet.

Durch Aquakultur will man Nahrung für die Biosphärianer gewinnen. Sie stellt aber auch Nährstoffe für Nutzpflanzen zur Verfügung, weil man für die Bewässerung das Fischwasser verwendet. Dieses enthält durch die Exkretion der Fische Ammoniak oder Ammoniumionen. Bakterien im Biofiltertank wandeln die Ammoniumionen in Nitrate um, die dann direkt als Dünger Verwendung finden.

ist, damit Korallen im »Ozean« wachsen. Die Sonneneinstrahlung läßt sich über Jalousien regeln. Die Botaniker hoffen, daß die stählernen Teile des Fachwerks die Pflanzen nicht an einem normalen Wachstum hindern.

Der größte Teil der Nahrung für die Bewohner von Biosphere II stammt von intensiven Bewirtschaftungsformen, wie sie die Universität von Arizona entwickelt hat. Im Innern wachsen 140 verschiedene Nutzpflanzen. Alle Abfälle werden rezykliert und liefern wieder Nährstoffe. Auf diese Weise wachsen Gemüse wie Gurken, Tomaten, Lattich und Broccoli, Früchte wie Papaya, Bananen und Erdbeeren, ferner Getreidesorten wie Weizen und Gerste. Als Dünger verwendet man die Abfälle der Fischzucht. Die Baufirmen wurden dazu verpflichtet, keine chemischen Zusatzstoffe bei den Betonfundamenten zu verwenden, weil man befürchtete, diese würden langsam in den Boden einziehen und die Lebewesen vergiften oder mindestens die Ergebnisse verfälschen.

Biosphere II ist nicht der erste Versuch, in einem völlig geschlossenen System zu überleben. Die Bewohner von Raumschiffen stehen vor ähnlichen Problemen. In der Sowjetunion werden entsprechende Experimente schon seit den sechziger Jahren durchgeführt. Ein einfaches Beispiel für dieses Prinzip bilden die verschlossenen Flaschengärten. Einer davon, an der Universität von Hawaii, funktionierte mit Erfolg ohne menschliche Intervention zwanzig Jahre lang. Die Space Biosphere Ventures führten dazu in einem viel kleineren Testmodul ihre eigenen Versuche durch. Im März 1989 verbrachte die Meeresbiologin Abigail Alling fünf Tage im Inneren

ARCHITEKTONISCHE LEISTUNGEN

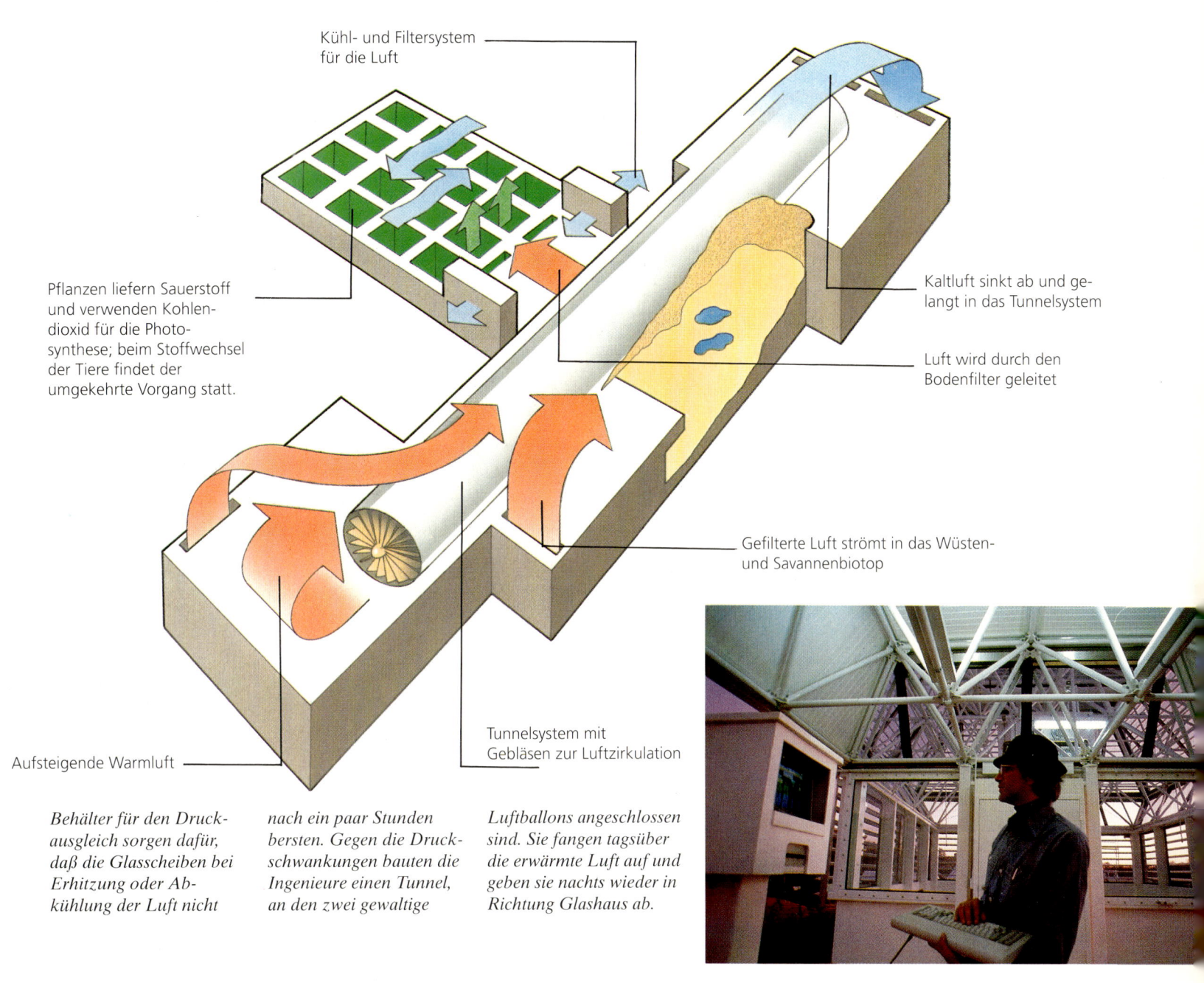

Kühl- und Filtersystem für die Luft

Pflanzen liefern Sauerstoff und verwenden Kohlendioxid für die Photosynthese; beim Stoffwechsel der Tiere findet der umgekehrte Vorgang statt.

Kaltluft sinkt ab und gelangt in das Tunnelsystem

Luft wird durch den Bodenfilter geleitet

Gefilterte Luft strömt in das Wüsten- und Savannenbiotop

Tunnelsystem mit Gebläsen zur Luftzirkulation

Aufsteigende Warmluft

Behälter für den Druckausgleich sorgen dafür, daß die Glasscheiben bei Erhitzung oder Abkühlung der Luft nicht nach ein paar Stunden bersten. Gegen die Druckschwankungen bauten die Ingenieure einen Tunnel, an den zwei gewaltige Luftballons angeschlossen sind. Sie fangen tagsüber die erwärmte Luft auf und geben sie nachts wieder in Richtung Glashaus ab.

Das Testmodul für Biosphere II hat einen Rauminhalt von 460 m³ und wurde erbaut, um Materialien, Verfahren und das System der Computerüberwachung zu testen. Darin fand eine Reihe von Experimenten mit jeweils dreimonatiger Dauer statt. Dabei gelang es, viele potentielle Probleme des zukünftigen Systems Biosphere II zu lösen.

dieses Moduls, ohne Schaden zu nehmen. SBV zufolge soll dies einen Rekord für den Aufenthalt in einem völlig abgeschlossenen ökologischen System gewesen sein.

Ziel dieses Versuchs war es, Forschungen über die mögliche Ansammlung giftiger Gase anzustellen. Einige sowjetische Experimente mußten nämlich abgebrochen werden, als die Konzentration giftiger Gase ein bestimmtes Maß überstieg, etwa von Schwefeldioxid, Stickstoffdioxid, Ammoniak, Kohlenmonoxid, Ozon oder Schwefelwasserstoff. In der Biosphere II will man solche Gase unter Kontrolle halten, indem man die Luft durch Behälter mit Kleinstlebewesen ziehen läßt, welche die giftigen Gase in harmlose Verbindungen umwandelt.

Für die Luftzirkulation im Innern von Biosphere II sorgen mechanische Vorrichtungen, da man die Bewegungen in der Atmosphäre auf derart kleinem Raum nicht simulieren kann. 3500 Sensoren stellen Messungen über den Zustand der Atmosphäre an und regeln die Luftzirkulation.

Das große Experiment hat mindestens zwei Ziele. Erstens will man besser verstehen, wie die Erde funktioniert, welches die kritischen Parameter sind und wie man das Management verbessern kann. Zweitens will man Grundregeln für den Bau bewohnbarer Raumstationen ausarbeiten. Sollen sie ein Erfolg werden, so müssen sie sich selbst erhalten können, denn der Transport von Nahrung und Brennstoff von der Erde wird viel zu teuer sein. Vergleichsweise hätte das zum Beispiel im 17. Jahrhundert bedeutet, daß man den gesamten Nachschub für die Siedler in der Neuen Welt mit Atlantikschiffen von Europa her besorgt hätte.

DRITTES KAPITEL

Triumphe der Bautechnik

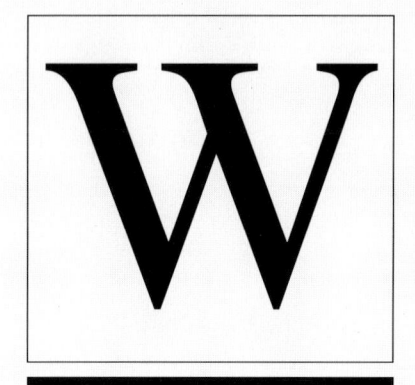

Wieweit sich der Mensch die Natur untertan machen kann, läßt sich vor allem an seinen Bauwerken ablesen. Ingenieure (und in zunehmendem Maße auch Ingenieurinnen) errichten Brücken über Flüsse, stauen Seen hinter Talsperren, bauen Straßen und Autobahnen, graben Kanäle und verteidigen die Küste gegen die Gewalt des Meeres. Daß sich ihre Bauwerke bewähren, nimmt die Öffentlichkeit als gegeben an. Aber wehe, wenn einmal etwas einstürzt! In viel größerem Maß als auf anderen Gebieten der Technik erwarten wir, daß Bauwerke ewig halten – ähnlich wie die Natur selbst.

Einige Bauwerke sind so riesig und so widerstandsfähig, daß sie sogar die Zwecke, für die sie errichtet wurden, überlebt haben. Die große chinesische Mauer ist vielleicht die bemerkenswerteste Konstruktion in der Geschichte der menschlichen Zivilisation. Noch immer zieht sie sich durch dieses weite Land, obwohl die Gefahr, die sie einst fernhalten sollte, schon längst verschwunden ist. Der Panama-Kanal veränderte auf dauerhafte Weise die Geographie jener Gegend, auch wenn eines Tages kein Schiff mehr darin fahren sollte. Eine unproduktive Wüste im Staate Washington wurde durch den Grand Coulee Dam in fruchtbares Ackerland verwandelt. Und der Küstenverlauf der Niederlande wurde vom Delta-Plan radikal und – wie die Holländer hoffen – dauerhaft verändert. Er ist einer der größten, aber am wenigsten bekannten Triumphe der Bautechnik unseres Jahrhunderts.

Die Bautechnik kann auch geistige Haltungen verändern. Die kanadische Nation hätte vielleicht gar nicht überlebt, ohne die stählernen Schienen der Canadian Pacific Railway, welche die Nation zusammenhielten. Der Traum von der Nutzung der Reichtümer Sibiriens wäre noch viel utopischer geblieben ohne die transsibirische Eisenbahn und die Baikal-Amur-Linie. Und das Konzept eines vereinten Europas wäre viel weniger realistisch, gäbe es nicht die vielen Straßen und Tunnel, die quer über die Alpen führen und den Norden mit dem Süden verbinden.

Da die Vorräte an fossilen Brennstoffen immer weiter zurückgehen, müssen wir die Suche nach alternativen Energiequellen verstärken. So entstanden die große Anlage zur Nutzung der Windenergie auf der Insel Orkney und der Sonnenofen von Odeillo in den französischen Pyrenäen zur Nutzung der Sonnenenergie.

Der Bautechnik stellen sich immer neue Probleme. Ist ein großes Projekt beendet, so gerät ein weiteres, noch ehrgeizigeres ins Gesichtsfeld und wird dank verbesserter Techniken auch durchführbar. Seit dem Bau der ersten Straßen und Brücken verspüren wir Menschen den Wunsch, die Natur nach unseren Vorstellungen zu gestalten. Daran wird sich wohl nie etwas ändern.

Triumphe der Bautechnik
Die große chinesische Mauer
Der Panama-Kanal
Kanäle auf der ganzen Welt
Die Canadian Pacific Railway
Die Transsibirische Eisenbahn
Der Grand Coulee Dam
Talsperren zur Nutzung der Wasserkraft
Der holländische Delta-Plan
Der St. Gotthard-Paß
Die bedeutendsten Autostraßen der Welt
Die Iron Bridge
Die Humber-Brücke
Berühmte Brücken
Die Bohrplattform Statfjord B
Die Windanlage auf der Insel Orkney
Das Kernkraftwerk CHOOZ-B
Der Sonnenofen von Odeillo

DIE GROSSE CHINESISCHE MAUER

Die längste Bastion

Zahlen und Daten

Das größte Bauunternehmen der Geschichte. Zwanzig Jahrhunderte wurde an ihm gebaut.

Ursprünglicher Erbauer: Qin Shi Huang-ti

Bauzeit: 3. Jahrhundert v. Chr. bis 17. Jahrhundert n. Chr.

Materialien: Erde, Stein, Holz und Backstein

Länge: 3460 km

Qin Shi Huang-ti (221–210 v. Chr.), der erste Kaiser von China, begann mit dem Bau der großen Chinesischen Mauer. Obwohl sein Reich nur von kurzer Dauer war, schuf Qin doch die politische Form, nach der China bis zum Jahr 1911 regiert wurde. Wir kennen ihn am besten durch seine Terrakotta-Armee mit Pferden und Kriegern.

Das größte Bauprojekt, das der Mensch jemals durchführte, erstreckt sich 3460 Kilometer weit quer über China längs einem ziemlich verschlungenen Kurs, den man mit dem Körper eines Drachen verglichen hat. Millionen von Soldaten und Arbeitern bauten über eine Zeitspanne von mehr als 1800 Jahren an der Großen Mauer, die vom Gelben Meer nahe Beijing bis zur Jadebrücke in Jiayuguan reichte. Diese Brücke markierte die äußerste Grenze des chinesischen Einflußgebiets und den Beginn der wilden Gebiete Zentralasiens. Die Mauer stellte die Grenze zwischen der chinesischen Zivilisation und den Barbaren im Norden dar. In diesen Bergen und Wüsten, wo Nomaden ihr armseliges Dasein führten, verlor sich die chinesische Kultur. Die Chinesische Mauer stellt nach den Worten des amerikanischen Forschers Owen Lattimore »die kolossalste Grenze der menschlichen Rasse« dar.

Mit dem Bau der Mauer begannen die Chinesen während der Herrschaft des ersten Kaisers Qin Shi Huang-ti, der nach vielen Eroberungskriegen China im Jahr 221 v. Chr. einigte. Doch schon im 5. Jahrhundert v. Chr. hatten lokale Herrscher kleinere Mauern bauen lassen. Qin Shi Huang-ti errichtete ein erbarmungsloses, autoritäres Regime mit einer Kriminaljustiz, einem neuen Straßennetz und einer Bürokratie, die die Wohnorte und Reisen der Menschen kontrollierte. Verbrechern wurden schreckliche Strafen auferlegt, Arbeitsunwillige in die Armee eingezogen und in weitentlegene Gebiete des Reiches geschickt. Solche Menschen bauten als erste an dem, was wir heute die große Chinesische Mauer nennen.

Zeitgenössischen Berichten zufolge sandte Kaiser Qin seinen besten General Meng Tian an der Spitze einer Armee von 300 000 Mann nach Norden, um die Barbaren zu unterjochen und eine Mauer zu errichten. Sie sollte natürliche Hindernisse miteinbeziehen und eine überwindliche Barriere darstellen. Die Mauer, wie wir sie heute sehen, ist jedoch zum größten Teil viel späteren Datums und geht auf die Ming-Dynastie (1368–1644) zurück. Ihr Zweck blieb allerdings derselbe: Sie sollte Invasionen vom Norden her fernhalten und auf eindeutige Weise die Grenzen des Reiches markieren. Der besterhaltene Abschnitt der Mauer aus der Ming-Dynastie liegt zwischen Beijing und dem Meer. Es handelt sich um ein 560 Kilometer langes gemauertes Stück, das auf den Rücken der Yanshan-Berge bis nach Shanhaiguan führt. Auch in der Zwischenzeit drückten andere chinesische Herrscher der Mauer ihren Stempel auf. Millionen von Arbeitern waren an den unterschiedlichen Abschnitten beschäftigt. Qin Shi Huang-ti ließ seine Armee und eine halbe Million Bauern an der Mauer arbeiten. Über 600 Jahre danach, im Jahr 446 n. Chr., berief Taiping Zhenjun 300 000 Arbeiter zum Bau eines weiteren Abschnittes ein. Im Jahr 555 n. Chr. preßte Tian Bao 1,8 Millionen Bauern zu den Bauarbeiten.

Es gab auch Zeiten, in denen kein großes Interesse an der Mauer bestand. Die Tang-Dynastie, die im Jahr 618 ihren Anfang nahm, hielt den Angriff für die beste Verteidigung und schuf eine starke Armee, anstatt die Mauer zu verstärken. Als aber die Ming-Kaiser an die Macht kamen, gewann die Mauer ihre Bedeutung wieder zurück. Die heutige Mauer ist also das Produkt einer einzigen Idee, erbaut von vielen Millionen Menschen.

Als Baumaterialien dienten Erde, Steine, Holz, Ziegel und während der Ming-Dynastie Backsteine. Da der Transport große Probleme bereitete, verwendete man die Materialien, die an Ort und Stelle vorhanden waren: Erde in der Ebene, Steine im Gebirge, Sand, Kiesel und Tamariskenzweige in der Wüste Gobi, Eichen-, Kiefern- und Fichtenstämme aus Wäldern um Liaodong im Nordosten. Viele dieser Materialien sind im Lauf der Zeit zerfallen. Andere haben sich bis auf den heutigen Tag erhalten, vor allem die gemauerten Abschnitte. Während der Ming-Dynastie baute man Brennöfen an Ort und Stelle für die Herstellung der Ziegel und Backsteine und des Mörtels, der beides miteinander verbinden sollte.

Für den Transport zwischen Herstellungsort und Baustelle sorgten die Menschen. Oft bildeten die Arbeiter eine Kette und gaben die Steine oder Ziegel von Hand zu Hand weiter. Es wurden auch Handkarren verwendet, für große Steine sogar Winden und Hebel. Maultiere trugen auf beiden Seiten Körbe voller Ziegel und Mörtel, und sogar Ziegen sollen eingesetzt worden sein, indem man die Backsteine an ihre Hörner band. Für die Erdmauern der Qin-Dynastie stellten die Arbeiter erst eine Schalung aus Stämmen und Blättern her. Dann füllten sie

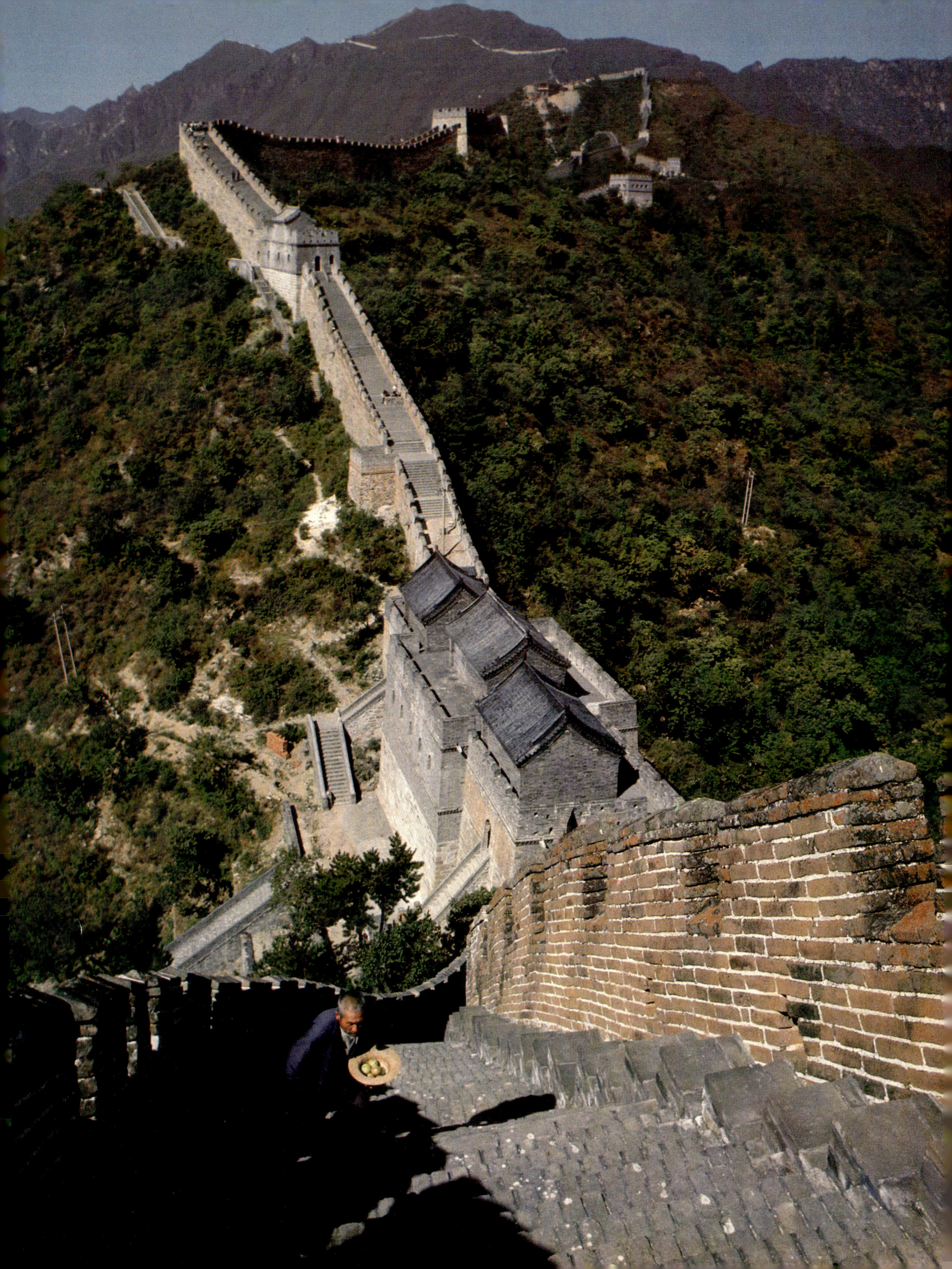

DIE GROSSE CHINESISCHE MAUER

Die längste Bastion

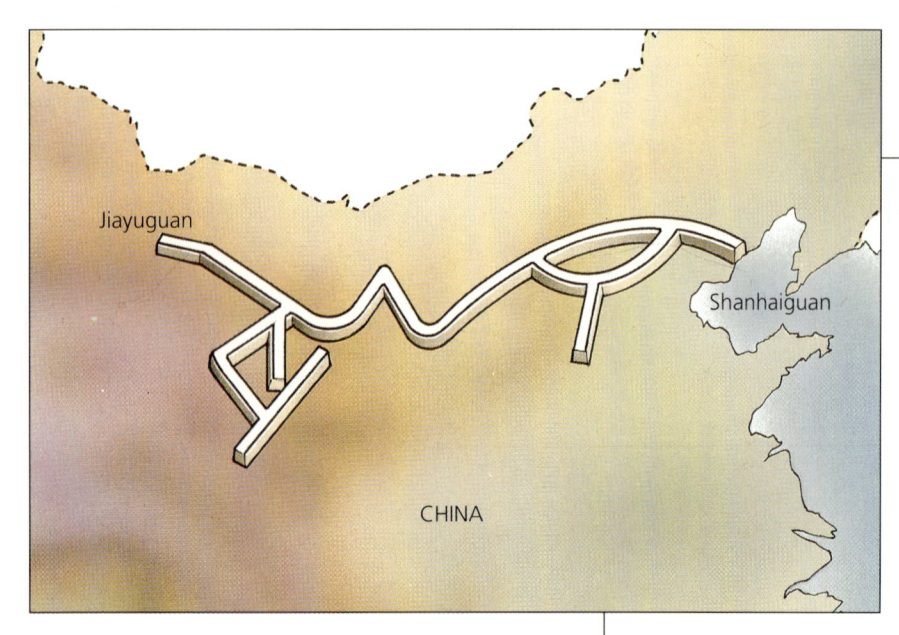

den Zwischenraum mit Erde. Sie schichteten etwa zehn Zentimeter Erde auf und verfestigten diese dann mit Rammen, bevor die nächste Schicht darauf kam. Ähnliche Verfahren verwendete man auch während der Ming-Periode, wobei man die Schichten allerdings doppelt so dick wählte. Diese Arbeitstechnik war in ganz China wohlbekannt, denn die Menschen bauten sehr oft die Wände ihrer Häuser auf diese Weise.

Für gemauerte Abschnitte mußte erst der Untergrund planiert werden. Dann legten die Arbeiter Steinfundamente. Den unteren Teil der Mauer bauten die Arbeiter aus Naturstein. Die Lücken füllten sie mit kleineren Steinen, Bruchsteinen, Kalk und Erde. War diese Mauer hoch genug, so fuhren die Arbeiter mit Backsteinen fort. Ab einer Neigung von 45 Grad wurden Treppen eingebaut.

Eines der erstaunlichsten Merkmale der großen Chinesischen Mauer ist die Ausnutzung des Geländes für Verteidigungszwecke. Oft schlägt die Mauer richtige Haken, um den geringsten Geländevorteil auszunutzen. An besonders wichtigen Stellen entstanden Befestigungen und Wachtürme. Solche Stellen waren natürlich auch für einen Angriff prädestiniert, etwa Bergpässe, Straßenkreuzungen oder Flußbiegungen in der Ebene. Eine Enzyklopädie der Tang-Dynastie meint dazu: »Wach- und Signaltürme müssen an wichtigen Punkten auf hohen Bergen und an Flußschlingen in der Ebene angelegt werden.«

Obwohl die Aufgabe der Chinesischen Mauer die Verteidigung und damit völlig zweckgebunden war, zeigen viele Details ein erstaunliches Stilgefühl. Türme, Brücken und Befestigungen weisen oft prächtige Details in einer ganzen Reihe architektonischer Stile auf. Längs der Mauer gibt es auch Tem-

Die Chinesische Mauer bildet nicht eine einzige Linie, da sie mehrere Mauerabschnitte umfaßt, die unter verschiedenen Kaisern gebaut wurden. Die frühen Abschnitte waren ungenügend befestigt und mußten neu gebaut werden.

Die Mauer schmiegt sich in ihrem Verlauf über das Gebirge dem Gelände an. Beträgt die Steigung weniger als 45 Grad, so liegen die Ziegel parallel zum Gelände. Bei einem Winkel von über 45 Grad wurden Treppen eingebaut.

Wachturm

Schnitt durch die Wand

Höhe: 6–9 Meter
Breite: 7,50 Meter an der Basis
6,00 Meter oben an der Mauer

TRIUMPHE DER BAUTECHNIK

Straße aus Backsteinen

Bruchsteine und Erde

1,50 Meter dicke Steinfundamente

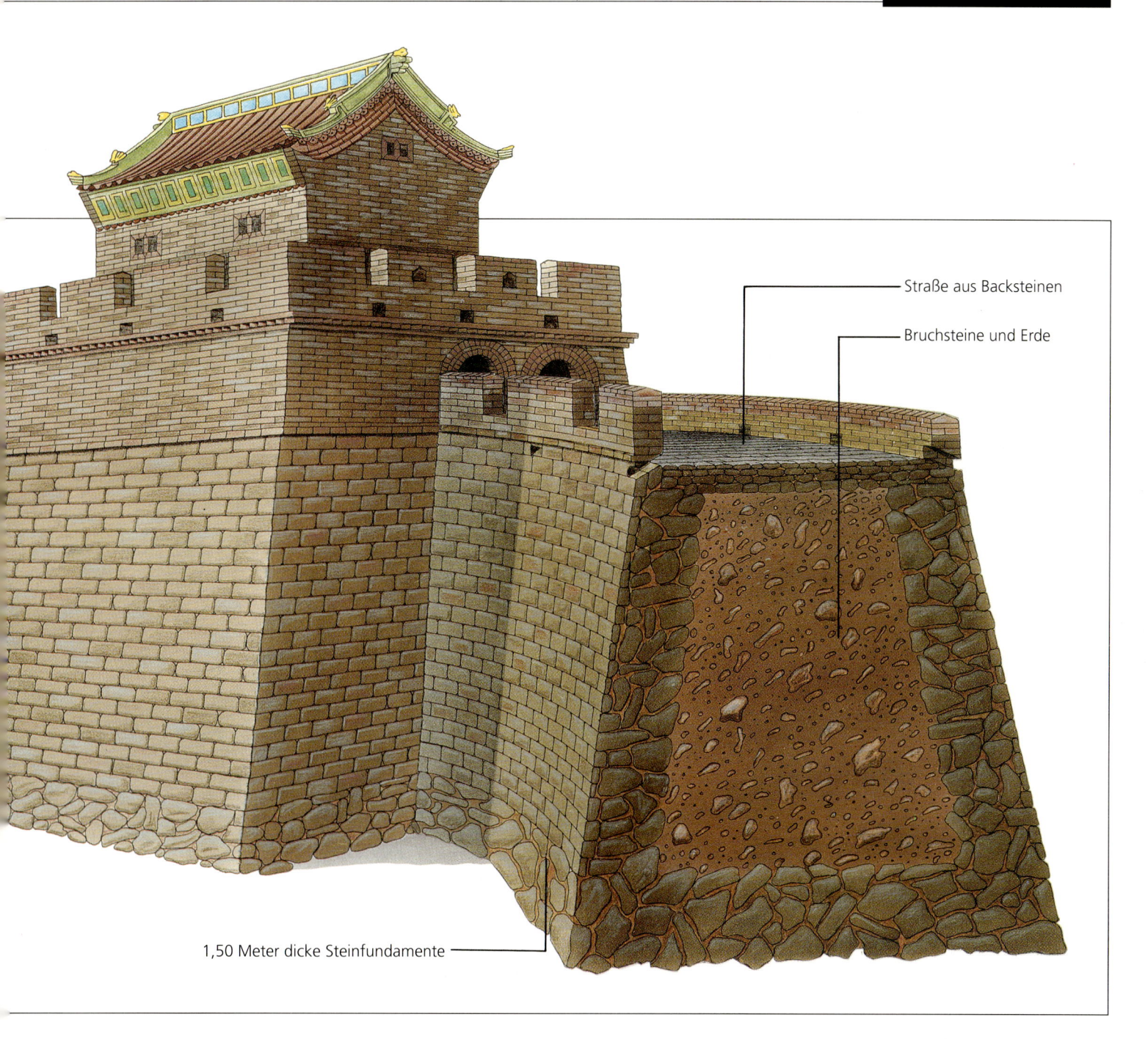

Wachtürme

Die Wachtürme haben im allgemeinen einen quadratischen Grundriß mit einer Seitenlänge von 12 Meter. Sie sind meistens auch 12 Meter hoch. Ihre Zahl wird auf ungefähr 25 000 geschätzt. Signaltürme liegen in einer maximalen Entfernung von 18 Kilometer auseinander.

pelgebäude und Schreine, sogar Teehäuser und Glockentürme.

Die Mauer selbst war 6,5 bis 8 Meter hoch und an der Basis gleich breit. Gegen oben zu verjüngte sie sich auf etwas weniger als 5 Meter. Diese Messungen beziehen sich auf den besterhaltenen Abschnitt der Mauer in der Nähe von Beijing, der aus der Ming-Periode stammt. Ungefähr alle 200 Meter befindet sich auf der chinesischen Seite eine Bogenöffnung, die zu einem Treppenhaus und auf die Mauerkrone führt. Diese diente als Weg und als Verteidigungslinie. Truppen konnten darauf sehr schnell vorwärtskommen, wobei die Soldaten zu zehnt nebeneinander Platz hatten. Auf diese Weise konnte eine angegriffene Garnison schnell verstärkt werden.

Am Innenrand der Mauer befindet sich eine nicht ganz ein Meter hohe Brüstung, um zu verhindern, daß jemand herunterfällt. An der Außenwand sorgten bis zu 1,80 Meter hohe Mauern für Schutz. Alle 100 bis 200 Meter verstärkt eine vorspringende Plattform die Mauer. Von hier aus konnten die Soldaten Feinde beschießen, die an den Wänden hochzuklettern versuchten.

In ähnlichen Entfernungen befanden sich auch Schutzwehre, zwei- bis dreistöckige Gebäude, in denen die Soldaten lebten. Sie waren 9 bis 12 Meter hoch und bedeckten ein Quadrat von 36 bis 48 Meter Seitenlänge. Diese Befestigungen hatten oben eine Fläche, von der aus die Soldaten Kanonen abfeuern konnten. Die Garnison bestand aus 30 bis 50 Sol-

Die längste Bastion

Die gesamte Mauer, die während der Ming-Zeit 5600 Kilometer lang gewesen sein soll, wurde in neun militärische Zonen eingeteilt, jede mit einem kommandierenden General. Bei einem Angriff wurden alle neun Generäle dem Kommando des Kriegsministers unterstellt. Jede militärische Zone hatte ihr Hauptquartier in einer Stadt längs der Mauer oder in einem wichtigen Fort und stand in engem Kontakt mit der Hauptstadt. Zu seiner Blütezeit funktionierte das System sehr gut.

In der Ming-Dynastie war die Chinesische Mauer das einzige Bollwerk, das die mongolischen Horden fernhielt. Diese hatten zu Beginn des 13. Jahrhunderts unter Dschingis-Khan mit der Errichtung eines Riesenreiches begonnen. Obwohl die Mongolen nur ein kleines Volk waren und ihre Armee nur 250 000 Mann zählte, durchbrachen sie mit ihrem Kampfesmut die Große Mauer und eroberten China. Gegen Ende des 13. Jahrhunderts erstreckte sich ihr Reich quer über Asien und Europa, im Norden von Korea bis Polen und Ungarn und im Süden von Südchina bis in die Türkei.

Der Enkel Dschingis-Khans, Kublai Khan, kam 1260 an die Macht und regierte China mit beträchtlichem Geschick. Nach seinem Tod begann die Vorherrschaft der Mongolen jedoch zu wanken. Schließlich wurden sie hinter die Reste der großen Chinesischen Mauer zurückgeworfen, und die Ming-Dynastie gelangte zur Macht.

Vor diesem geschichtlichen Hintergrund kann es nicht überraschen, wenn der Verstärkung der Mauer besondere Aufmerksamkeit galt. Man hielt dies für den einzigen Weg, um weitere Angriffe der Mongolen abzuwehren. Der erste Ming-Kaiser Zhu Yuanzhang sandte seine neun Söhne in den Norden, um die neun Hauptgarnisonen der Mauer zu befehligen. Immer mehr Befestigungen wurden gebaut. Die Bauarbeiten dauerten die ganze Ming-Dynastie hindurch, und der größte Teil der Befestigungslinie, wie wir sie heute kennen, wurde zwischen 1368 und 1644 errichtet.

Eine solche Riesenmauer mußte auch die Europäer in ihren Bann ziehen. Der englische Schriftsteller Samuel Johnson war von ihr ganz begeistert. Gern hätte er die Mauer besucht. Eines Tages bemerkte sein Biograph James Boswell, Johnson gegenüber, auch er würde gern die Mauer sehen, wenn er nicht Kinder hätte, um die er sich kümmern müsse. In seiner berühmt gewordenen Antwort erwiderte Johnson: »Mein Herr, wenn Sie das täten, wäre das ein wichtiger Schritt bei der Erziehung ihrer Kinder zu etwas ganz Besonderem. Ein Widerschein Ihrer Unternehmungslust und Neugierde würde sich über sie legen. Sie würden stets als die Kinder eines

daten unter dem Kommando eines Unteroffiziers. Bei einem Angriff teilten sich die Garnisonen mit, wie schwer dieser war. Ein Signalfeuer und eine Salve bedeutete zwei bis hundert Feinde. Zwei Signalfeuer und zwei Salven zeigten bis fünfhundert Feinde an usw. Fünf Feuer und fünf Salven zeigten also den Angriff einer gegnerischen Truppe von mehr als 10 000 Mann an.

In Friedenszeiten pflanzten die Soldaten ihre Nahrung in der Nähe der Mauer an und waren somit autark. Sie bewachten die Mauer und überprüften die Kaufleute, die mit ihren Waren die Grenze überqueren wollten. Auch die Instandhaltung war ihre Aufgabe, und sie hatten strikte Anweisungen, wie dies zu geschehen hatte. Zu ihren Waffen zählte auch das Schießpulver, das während der Ming-Dynastie erfunden worden war und das man für verschiedene Arten von Geschosse verwendete. Richtige Artillerie gab es zu jener Zeit noch nicht, sonst wäre die Verteidigung der Mauer viel schwieriger gewesen. Es gab aber große Armbrüste und Katapulte, die mächtige Geschosse über weite Entfernungen hin feuerten. Im Nahkampf kamen Schwerter, Speere und Knüppel zum Einsatz. In die Kämpfe griff auch Kavallerie ein.

Die Chinesen betrachten ihre Große Mauer als Drachen, der mit dem Kopf im Meer bei Shanhaiguan (oben) trinkt. Der vorderste Abschnitt ist rund 23 Meter lang und ragt ins Meer hinein. Englische Streitkräfte beschädigten ihn, als sie im Jahr 1900 zur Bekämpfung des Boxeraufstandes hier landeten. Das Tor an der ersten Befestigungsanlage heißt »Der erste Durchgang unter dem Himmel«.

TRIUMPHE DER BAUTECHNIK

Die Chinesische Mauer bei Gubeikou in der Provinz Hebei. Unter der Ming-Dynastie diente ein militärischer Abschnitt zur Bewachung von zwölf Pässen, unter denen der Gubeikou-Paß der wichtigste war. Hier sah der erste englische Botschafter in China 1793 zum erstenmal die Mauer.

Die nicht restaurierten Abschnitte der Mauer befinden sich in ganz unterschiedlichem Zustand; einige sind völlig zerfallen, andere benötigen kaum eine Restaurierung. Der abgebildete Teil liegt in der Nähe des von Touristen besuchten Abschnitts bei Badaling östlich von Beijing.

Mannes betrachtet werden, der die große Chinesische Mauer gesehen hat. Ich meine das ernst, mein Herr.«

Im Jahr 1909 folgte der amerikanische Schriftsteller William Edgar Geil als einer der ersten Menschen aus dem Westen dem gesamten Verlauf der Mauer und war voller Begeisterung. In den achtziger Jahren waren es dann jährlich vier Millionen Menschen, die dem Vorbild Geils folgten. Nur wenige wagten sich aber über den wohlerhaltenen Abschnitt hinaus, der eine kurze Autoreise von Beijing entfernt liegt. Eine dieser Ausnahmen war William Lindsay, ein Universitätslehrer aus Merseyside in England. Die chinesische Nachrichtenagentur pries ihn 1987 als den ersten Fremden, der ohne Begleitung 2400 Kilometer der Chinesischen Mauer entlang gegangen war. Die Reise war eine Mischung aus schnellem Lauf, Marsch und sehr langsamem Gehen. Lindsay brauchte dazu 78 Tage, wobei er die Reise in der Mitte für vier Monate unterbrach.

Im 20. Jahrhundert fehlten den Chinesen die Ressourcen, um die Mauer instandzuhalten. Einige kurze Abschnitte sind prächtig erhalten, doch andere Teile, die von Touristen nicht besucht werden, verfielen mit der Zeit.

DER PANAMA-KANAL

Verbindung zweier Meere

Zahlen und Daten

Das größte und teuerste Bauprojekt aller Zeiten

Ingenieure: de Lesseps, John Stevens, George W. Goethals

Bauzeit: 1881–1889, 1904–1914

Länge: 82,380 Kilometer

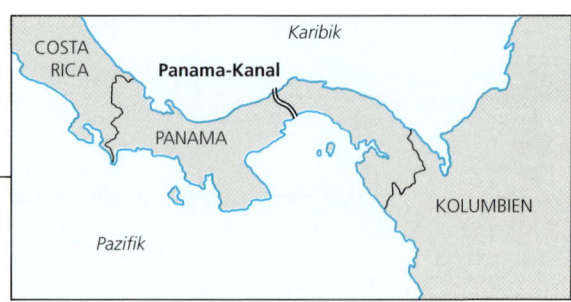

Der Bau des Kanals, der den Atlantik mit dem Pazifik verbindet, war das größte und teuerste Projekt der Bautechnik, das jemals unternommen wurde. Von der Konzeption bis zur ersten Durchfahrt eines hochseetüchtigen Schiffes vergingen mehr als vierzig Jahre. Zehntausende von Männern waren dabei beschäftigt und betraten Neuland auf vielen Gebieten, bei der Technik, der Planung, der medizinischen Betreuung. Es war die letzte Großtat des europäischen Optimismus des 19. Jahrhunderts – und der erste Beweis dafür, daß die Vereinigten Staaten zu einer Großmacht geworden waren. Der Kanal veränderte die Geographie, unterteilte einen Kontinent, um zwei Ozeane miteinander zu verbinden, und half sogar bei der Schaffung einer neuen Nation, der von Panama.

Die Geschichte begann 1870, als zwei Schiffe der US Navy zum Isthmus von Darien entsandt wurden. Damit ist die Landenge gemeint, die Süd- und Nordamerika miteinander verbindet. Die Schiffe sollten erkunden, wo man einen Kanal graben könnte. Das Ziel war klar: Der Weg von New York nach San Francisco um das Kap Horn herum betrug 13 000 Meilen, und die Reise nahm einen Monat in Anspruch. Mit einem Kanal würde die Strecke nur noch 5000 Meilen weit sein. Die Schwierigkeiten, einen Kanal durch diese Landenge zu graben, die an der schmalsten Stelle nur 48 Kilometer breit ist, konnte man zu jener Zeit aber überhaupt nicht einschätzen. In den fünfziger Jahren des vergangenen Jahrhunderts hatte man dort eine Eisenbahn gebaut und dazu fünf Jahre gebraucht. Sie kostete das Sechsfache des Kostenvoranschlags, und Tausende von Menschen starben an Cholera, Dysenterie, Gelbfieber und Pocken.

Bevor die USA aber weitere Schritte unternahmen, erwarb eine Gruppe französischer Geldgeber die Konzession zum Bau eines Kanals von Colón nach Panama City. Als Ingenieur wählte sie den französischen Diplomaten und Politiker Ferdinand de Lesseps, der durch den Bau des Suez-Kanals berühmt geworden war. Er traf 1880 in Panama City ein und entschloß sich nach einer Bestandsaufnahme für den Bau eines Kanals längs der Flüsse Chagres und Rio Grande. Er wollte den Atlantik und den Pazifik praktisch auf Meereshöhe miteinander verbinden und folgte dabei dem Verlauf der Bahnlinie. Sobald die Arbeiten begonnen hatten, starben die Menschen wie die Fliegen. Panama war die Hölle, einer der ungesündesten Orte auf der Welt. Millionen von Moskitos wuchsen in den Sümpfen und an Wasserstellen heran, es gab keine richtige Kanalisation, und die medizinischen Kenntnisse der französischen Pioniere waren völlig ungenügend. Unter den Arbeitern befand sich auch der französische Maler Paul Gauguin. Er war 1887 eingetroffen und träumte davon, sich ein Stück Land zu kaufen und praktisch gratis leben zu können, nur von Früchten und Fisch. Aber er haßte das Land und die Menschen, mit denen er dort zu tun hatte, und sobald er genug Geld verdient hatte, ging er nach Martinique.

Im Jahr 1889 krachte die Gesellschaft von Ferdinand de Lesseps zusammen. Der Traum von einem Kanal auf Meereshöhe erwies sich als undurchführbar. Auf den Konkurs folgte der Skandal: Ferdinand de Lesseps wurde der Bestechung bezichtigt, und der Zusammenbruch der Gesellschaft wuchs sich zu einer Staatsaffäre aus, die die Regierung sogar zum Rücktritt zwang und vielen Persönlichkeiten den Ruin brachte. Insgesamt hatte die Gesellschaft 287 Millionen Dollar ausgegeben – das war viel mehr als jemals für ein friedliches Unternehmen. Mindestens 20 000 Männer waren gestorben, und doch waren am Ende nur 19 Kilometer Kanal gegraben. Ein demütigender Mißerfolg für Frankreich!

Um die Jahrhundertwende hatten die Vereinigten Staaten wieder Gefallen am Gedanken an einen Kanal gefunden. Sie begannen Verhandlungen mit der Regierung von Kolumbien, zu der damals auch Panama gehörte. Die Kolumbianer wiesen den Vertragsvorschlag jedoch zurück. Daraufhin erklärte eine Gruppe von Panamesern sich mit stillschweigender Unterstützung von Präsident Theodore Roosevelt für unabhängig. Innerhalb von zwei Tagen anerkannte Washington den neuen Staat. Für die Summe von zehn Millionen Dollar und für 250 000 Dollar jährlich vom Jahre 1913 an erhielt Roosevelt von der neuen Regierung die Erlaubnis, den Kanal

Der Gatun-See wird vom Kanal durchschnitten und entstand durch eine Talsperre und durch eine Reihe von Schleusen zu beiden Seiten. Er bildet den Hauptteil des Panama-Kanals. Die größte Herausforderung an die Kanalbauer bildete der Culebra-Cut (rechts), der heute Gaillard Cut heißt. Jeden Tag füllten sechzig dampfbetriebene Bagger ganze Züge mit Abraum. Oft wurden sie von Bergstürzen verschüttet.

zu bauen. Die erste Aufgabe, ohne die alles andere zum Scheitern verurteilt war, bestand in der Krankheitsbekämpfung in Panama. Ein Armee-Arzt, Oberst William Gorgas, übernahm die Leitung der Krankenhäuser und der sanitären Einrichtungen. Man hatte damit eine sehr gute Wahl getroffen, denn Gorgas hatte bereits durch die Bekämpfung der Moskitoart *Stegomyia fasciata* das Gelbfieber auf Kuba ausgerottet. Dies gelang ihm auch in Panama, zusätzlich aber noch die Bekämpfung der Anophelesmücke, die die Malaria überträgt. Damit schuf er die Voraussetzungen für den Erfolg des Kanalbaus.

Im Gegensatz zu de Lesseps unternahmen die amerikanischen Ingenieure nicht den Versuch, den Kanal in Meereshöhe zu bauen. Statt dessen sahen sie eine Reihe von Schleusen vor, mit deren Hilfe die Schiffe Höhendifferenzen überwinden konnten. Es

DER PANAMA-KANAL

Verbindung zweier Meere

Der Panama-Kanal ermöglichte eine schnelle Verbindung zwischen Karibik und Pazifik.

Große Schiffe passen oft nur knapp in die Schleusen. Es gibt drei Schleusenpaare in Gatun sowie, am anderen Ende des Sees, ein Schleusenpaar in Pedro Miguel und zwei bei Miraflores.

Elektrische Lokomotiven ziehen die Schiffe mit Hilfe von Winden und 250 Meter Stahlkabel äußerst behutsam in die Schleusenkammern.

Der Querschnitt durch den Kanal zeigt, daß der Gatun-See höher liegt, und zwar 25 bis 26,5 Meter über Meereshöhe. Der Miraflores-See liegt in 16,5 Meter Höhe.

TRIUMPHE DER BAUTECHNIK

Der Gaillard Cut ist der spektakulärste Kanalabschnitt. Seine Breite war eigentlich nur auf 204 Meter vorgesehen, doch dann zwang die Instabilität des Untergrundes den Erbauern eine Breite von 550 Metern auf.

Die Grenze der Kanalzone folgt in einem Abstand von 30 Metern den Ufern des Gatun-Sees und in 75 Meter Abstand denen des Madden-Sees.

war eine viel einfachere Lösung. Dennoch mußte man ungeheure Mengen von Erde und Gestein bewegen. Der schlimmste Abschnitt war der fast 15 Kilometer lange Einschnitt von Culebra (heute Gaillard) zwischen Bas Obispo und Pedro Miguel. Hier schuf man einen Stichkanal durch einen Berg, wobei die 6000 Arbeiter dampfgetriebene Schaufelbagger und Sprengstoffe zu Hilfe nahmen. Sie benötigten sieben Jahre, über 27 Millionen Kilogramm Dynamit und damit mehr Sprengstoff, als die USA bis damals in all ihren Kriegen eingesetzt hatten. Es herrschte an der Baustelle ein unsäglicher Lärm, enorme Gefahren lauerten überall, und viele Männer verloren ihr Leben.

Die großen Schleusenreihen zu beiden Enden des Kanals sind die größten, die jemals gebaut wurden. Würde man sie auf den Kopf stellen, so würden sie die meisten Gebäude des heutigen Manhatten mit Ausnahme des Empire State Building, des World Trade Center und einiger weniger anderer an Größe übertreffen. Es sind aber nicht nur einfache Bauwerke, sondern Maschinen, die präzise wie Nähmaschinen arbeiten. Ihr Bau nahm vier Jahre in Anspruch. Der Anfang lag im August 1909. Die Schleusen wurden paarweise gebaut, damit der Verkehr verdoppelt werden konnte.

Die Schleusen bestehen aus Zement, der in riesenhafte Holzformen gegossen wurde. Der Boden jeder Schleusenkammer ist 4 bis 6 Meter dick. Die Wände kommen in der Nähe des Bodens auf 15 Meter Stärke und verjüngen sich dann schrittweise nach oben, wo sie nur noch eine Dicke von 2,4 Meter aufweisen. Für alle zwölf Schleusenkammern vergoß man ungefähr 3,6 Millionen m³ Zement. Die Schleusen sind heute noch in perfektem Zustand.

Die Wände jeder Schleusenkammer enthalten Kanäle für den Zufluß und den Abfluß des Wassers. Dieses stammt vom Gatun-See und vom Miraflores-See und tritt aus über siebzig Löchern im Boden der Schleusenkammern nach oben. Dadurch werden die Schiffe sachte angehoben. Durch entsprechende Löcher werden die Schleusenkammern auch entleert. Das findet dann statt, wenn die Schiffe jenseits der Wasserscheide wieder dem Meer zu fahren. Den Zufluß und Abfluß des Wassers regelt man durch Stahlschieber, die auf Rollen laufen.

Am Ende jeder Schleusenkammer befinden sich die riesenhaften Tore, von denen jedes Hunderte von Tonnen wiegt. Sie bestehen aus einem Stahlskelett mit Stahlplatten darüber und bilden in geschlossenem Zustand ein abgeflachtes V. Die Tore sind so angelegt, daß auf ihre Scharniere eine möglichst geringe Kraft ausgeübt wird. Jeder Torflügel ist rund 20 Meter breit und 2,10 Meter dick. Die Höhe ist je nach

Verbindung zweier Meere

Lage unterschiedlich. Die höchsten Schleusentore sind die von Miraflores; sie wiegen 757 Tonnen und sind 25 Meter hoch.

Das Herzblut jedes Kanals mit Schleusen ist das Wasser. Da in Panama sehr viel Regen fällt, bestand bis vor kurzem keine Gefahr, daß der Kanal jemals austrocknet. Der Wasserhaushalt der Seen hängt aber von den umgebenden Regenwäldern ab. Sie müssen das Wasser ersetzen, das bei jedem Durchgang eines Schiffes ans Meer verlorengeht.

Durch umfangreiche Waldrodung ging der Wasserzufluß in die Seen zurück, denn jeder Wald, und vor allem der tropische dient als Wasserspeicher. Die Besorgnis wächst, daß Wassermangel die Funktionfähigkeit des Kanals in Zukunft beeinträchtigt.

Die Energie des Wassers am Kanal von Gatun wird zur Energieversorgung verwendet. Der dort erzeugte Strom treibt alle Einrichtungen am Kanal an, die Schleusentore und auch die kleinen, eigens für diesen Zweck geplanten Lokomotiven, die auf Gleisen längs der Schleusenkammern die Ozeanriesen schleppen. Kein Schiff darf mit eigener Kraft in die Schleusen einfahren. Man fürchtet nämlich, daß irgendwann einmal eines außer Kontrolle gerät und ein Schleusentor zerstört, was katastrophale Auswirkungen hätte.

Das gesamte Kanalsystem wurde mit Ausnahme der Zuglokomotiven so angelegt, daß es unter der Kontrolle eines einzigen Mannes steht. Auf einer Schalttafel sind alle Funktionen der Schleusen dargestellt; die Tore, die Ventile, die Wasserhöhe. Alles ist mit Kontrollschaltern versehen. Diese lassen sich allerdings nur in der richtigen Reihenfolge betätigen, so daß es zum Beispiel unmöglich ist, eine gefüllte Schleusenkammer zu öffnen.

Dank dieser Kontrolltafeln funktioniert der Kanal seit der ersten Durchfahrt eines Schiffes wie ein Uhrwerk. Die erste Befahrung fand am 7. Januar 1914 mit dem alten französischen Kranboot Alexandre La Valley« statt. Am 3. August fuhr das erste hochseetüchtige Schiff, der Zementtransporter »Christobal«, von einem Ozean zum anderen, und am 15. August gelangte das erste Passagierschiff, die »Ancon«, durch den Kanal.

Zehn Jahre nach der Eröffnung passierten jedes Jahr über 5000 Schiffe den Kanal. Im Jahre 1939 stieg die Anzahl auf 7000. Nach dem Zweiten Weltkrieg verdoppelte sie sich, und in den frühen siebziger Jahren wurde der Höhepunkt mit 15 000 Schiffen pro Jahr erreicht.

Schöpfer des Panama-Kanals

Ein Unternehmen von der Größenordnung des Panama-Kanals verlangt Männer von einzigartiger Tatkraft, damit das Vorhaben zum Erfolg geführt werden kann. Vier Männer waren beim Panama-Kanal entscheidend.

Präsident Theodore Roosevelt

Wenn man den Bau des Panama-Kanals einem einzigen Menschen zuschreiben müßte, so wäre dies Roosevelt. Er wollte die Vereinigten Staaten zu einer Weltmacht machen, zur »dominierenden Macht an den Küsten des Pazifiks«. Als Staatssekretär für die Navy, Gouverneur von New York und später als Präsident warb er immer wieder für den Kanal, obwohl er viele Jahre lang glaubte, er würde durch Nicaragua und nicht durch Panama führen. Mit seiner Billigung wurde der Staat Panama gegründet. Dann setzte er sich über die Wünsche des Kongresses hinweg und gab einem Mann, George Goethals, umfassende Vollmachten für den Bau des Kanals. Obwohl drei Präsidenten am Bau des Kanals beteiligt waren, nämlich Roosevelt, Taft und Wilson, war doch Roosevelt die treibende Kraft gewesen. »Der wirkliche Erbauer des Panama-Kanals war Theodore Roosevelt«, meinte auch Goethals. »Selbst wenn er jede Schaufel persönlich bewegt hätte, wäre es auch nicht in noch stärkerem Maße sein eigenes Werk geworden.«

Die Schleusen von Gatun während des Baus

John Frank Stevens

Stevens hatte schon beim Bau von Bahnlinien außergewöhnliche Erfolge feiern können, als Roosevelt ihn 1905 mit dem Bau des Kanals betraute. Im Jahr 1886 hatte er eine 400 Meilen lange Eisenbahnlinie durch Wälder und Sumpf im nördlichen Michigan gebaut. Er überlebte dabei Krankheiten, Angriffe durch Indianer und Wölfe und die bittere Kälte des nordamerikanischen Winters.

Als Stevens den Auftrag zum Bau des Panama-Kanals erhielt, stand er vor einem Chaos: Es war ein Jahr vergangen, 128 Millionen Dollar waren schon ausgegeben, aber damit kaum etwas erreicht worden. Es gab noch keinen Plan und keine Organisation. Nach Panama geschaffte Materialien lagen in großen Haufen da, und die Ingenieure liefen davon, sobald sie eine Schiffspassage ergattern konnten. Nahrung war knapp, die Moral am Boden, Krankheiten griffen um sich.

Stevens stoppte alle Arbeiten und begann mit dem Planen. Er unterstützte das Hygieneprogramm und organisierte die Eisenbahn um, die für den Transport des Abraums wesentlich war. Er baute ein Kühlhaus, damit die Arbeiter auch anständiges Essen bekamen. Er sorgte für angemessene Unterkunft seiner Ingenieure und ließ Frauen und Kinder nachkommen. Er baute Spielplätze und Clubs, organisierte Konzerte und schuf damit eine lebendige Gemeinschaft.

Stevens befürwortete einen Kanal mit Schleusen und setzte sich schließlich durch. Im Jahre 1906 konnte er Roosevelt am Kanal begrüßen. Dieser Besuch veränderte die öffentliche Meinung. Im Februar 1907 schrieb er einen langen Brief an Roosevelt und beklagte sich darin, er sei erschöpft. Er beschrieb den Kanal nur als riesigen Graben, dessen Nutzen ihm nie klar gewesen sei. Er bat Roosevelt um eine Ruhepause. Der Präsident faßte den Brief aber als Rücktrittsgesuch auf und akzeptierte es sofort.

George Washington Goethals

Der Nachfolger von Stevens war Lieutenant-Colonel George Goethals. Roosevelt setzte ihn an die Spitze einer Kommission, die der Kongreß unbedingt hatte einsetzen wollen, machte aber klar, daß er der Boß war.

Als Goethals die Arbeiten begutachtete, zollte er seinem Vorgänger Tribut: »Für mich gibt es nichts anderes zu tun… als mit der bisherigen guten Arbeit fortzufahren.«

Goethals war ein besessener Arbeiter, der sich nur wenig Erholung gönnte. Er war zäh, energiegeladen und nicht besonders beliebt, hatte aber ein gutes Auge für Menschen. An jedem Sonntagmorgen von 7.30 Uhr bis Mittag konnte jeder Angestellte mit einem Anliegen oder einer Klage zu ihm kommen. Dabei spielte er gleichzeitig die Rolle des Beichtvaters wie des Richters. Das war für das Arbeitsklima etwas völlig Neues. Goethals gewann dadurch die Unterstützung der Arbeiter, ohne die der Kanal niemals hätte gebaut werden können. Goethals war nicht unterzukriegen. Als die Wände des Durchstichs bei Culebra wieder einmal einstürzten und Monate harter Arbeit zunichte machten, begab sich Goethals dorthin. »Was machen wir jetzt?« wurde er gefragt. »Mensch, das buddeln wir wieder aus«, erwiderte er. Das taten die Arbeiter so lange, bis der Kanal endlich fertig war.

Dr. William C. Gorgas

All die Arbeiten der Ingenieure wären ohne die Hilfe von Dr. Gorgas zwecklos gewesen. Er brachte die Infektionskrankheiten in Panama unter Kontrolle.

Bei seinem Kampf gegen die Moskitos genoß Gorgas die uneingeschränkte Unterstützung von Stevens und Roosevelt. Von der Rolle dieser Insekten bei der Übertragung der Krankheiten war er überzeugt, doch wußte man darüber noch nicht viel Sicheres. Die Gegner von Gorgas meinten, er verschwende das Geld. Am Ende behielt er jedoch recht. Innerhalb von 18 Monaten war das Gelbfieber ausgerottet, und deutliche Fortschritte zeigten sich auch bei der Malariabekämpfung.

Gorgas sorgte auch für die Trockenlegung und Kanalisation sowie für Krankenhäuser. Dank seiner Bemühungen wurde Panama zu einem halbwegs gesunden Land.

WEITERE KANÄLE

Kanäle auf der ganzen Welt

Den ersten Kanal haben offensichtlich die Chinesen gebaut; allerdings gibt es Hinweise auf eine Art Kanal aus der Zeit um 4000 v. Chr. im Irak. Ohne Zweifel ist aber der älteste und immer noch funktionierende Wasserweg aus Menschenhand der Große Kanal, der Tianjin und Hangzhou miteinander verbindet. Er wurde zwischen 485 v. Chr. und 283 n. Chr. erbaut. In China entstand auch die erste Schleuse: Mit Hilfe von zwei Kränen transportierte man die Boote von einem Wasserniveau zum andern.

Die frühesten Kanäle im Westen waren nur kurze Abschnitte, mit denen man Hindernisse umgehen wollte, die sonst die Flußschiffahrt behindert hätten. Dann baute man Kanäle, um Flußsysteme miteinander zu verbinden. Der längste Kanal verbindet den Wolgastrom bei Astrachan mit der Ostsee bei Leningrad und hat eine Länge von fast 3000 Kilometer.

Der große Kanal

Wie die große Chinesische Mauer wurde auch der Große Kanal über viele Jahrhunderte weg in Abschnitten erbaut. Er verbindet Flußbereiche miteinander, wurde öfter erneuert, neugebaut, vergrößert, umgeleitet, so daß man seine definitive Länge nicht mehr angeben kann. Als er im 13. Jahrhundert erneuert wurde, kam er auf eine Länge von ungefähr 1760 Kilometer. Seine Hauptaufgabe war es, die Einziehung von Steuern zu erleichtern, die damals in Form von Reis entrichtet wurden. Heute können auf dem Kanal 2000-Tonnen-Schiffe fahren, doch verkehren darauf meistens leichtere Schiffe, wie hier in der Stadt Suzhou.

Der Suez-Kanal

Eine Verbindung zwischen dem Roten Meer und dem Mittelmeer geht bis in die Zeit von Herodot (gest. 424 v. Chr.) zurück, denn schon er schrieb über einen Kanal zwischen Suez und dem Nil. Obwohl sich auch Napoleon mit dem Gedanken an einen solchen Kanal trug, tat sich nichts, bis sich Ferdinand de Lesseps 1833 damit beschäftigte. Zweifel über die Lage des Kanals verzögerten den Beginn der Arbeiten bis 1860. Dann mußten die Arbeiter rund 2,8 Millionen m³ Erde und Gestein wegräumen, bis der 160 Kilometer lange Kanal 1869 eröffnet werden konnte. Dieses Übersichtsbild zeigt Suez im Vordergrund und Port Said am anderen Ende.

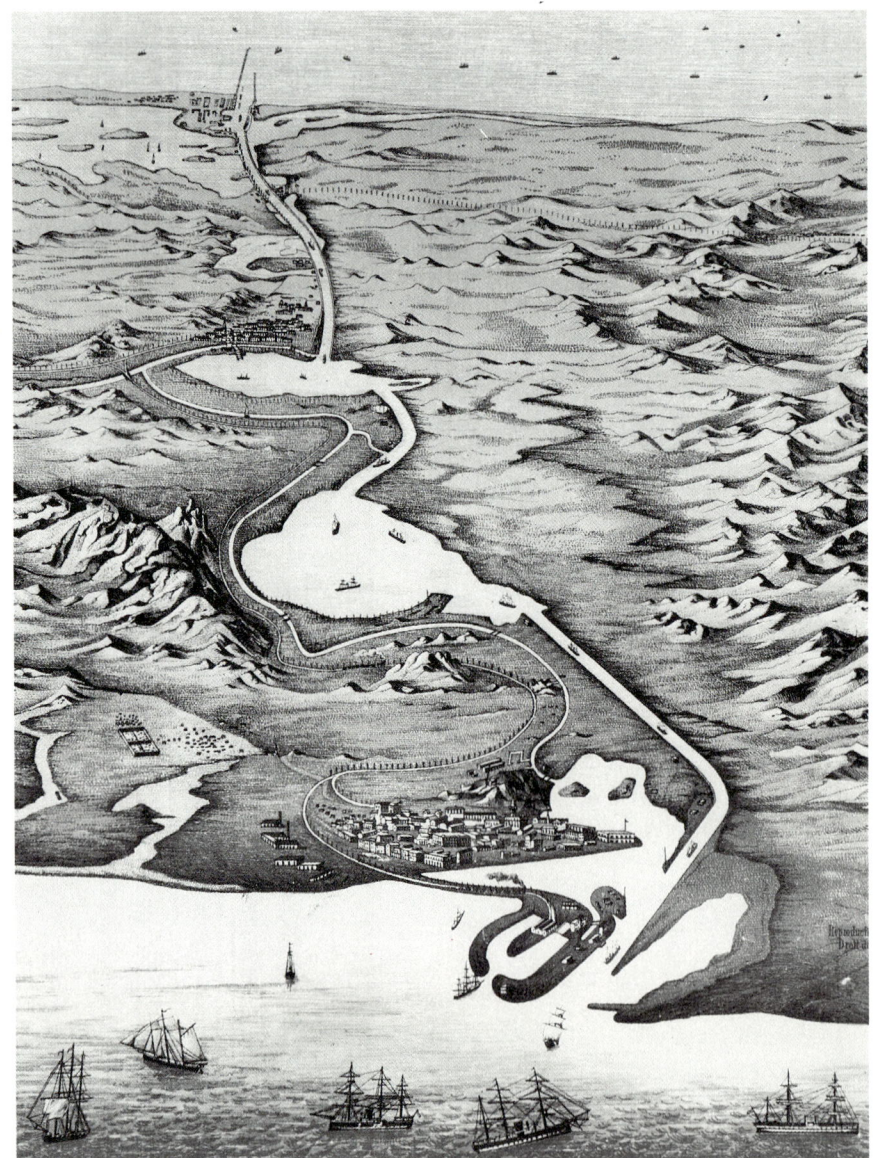

TRIUMPHE DER BAUTECHNIK

Der Kanal von Korinth

Ein Kanal, der das Ägäische mit dem Ionischen Meer verbinden sollte, wurde schon unter der Herrschaft von Kaiser Nero im Jahr 67 n. Chr. begonnen. Nach seinem Tod stellte man aber die Arbeiten ein. Erst 1882 führte ein ungarischer Ingenieur die Arbeit zu Ende. Die beiden Enden des Kanals, im Golf von Korinth und Ägina, wurden durch Wellenbrecher gesichert und die Zufahrtswege ausgebaggert.

Die schiefe Ebene von Ronquières

Einer der merkwürdigsten Wasserwege befindet sich am Kanal zwischen Brüssel und Charleroi. Es handelt sich um eine ungefähr 1,6 Kilometer geneigte Fläche, mit einem Gesamtgefälle von 68 Meter. Sie erspart den Schiffen 28 Schleusen und einen 350 Meter langen Tunnel. Die bis 1370 Tonnen schweren Frachtschiffe werden in wassergefüllten Tanks bergauf und bergab transportiert.

DIE CANADIAN PACIFIC RAILWAY

Gleise quer durch eine Nation

Zahlen und Daten

Eines der größten Eisenbahnprojekte der Welt

Leitung: Cornelius Van Horne

Bauzeit: 1881–1885

Länge: von Montreal bis Vancouver: 4698 Kilometer

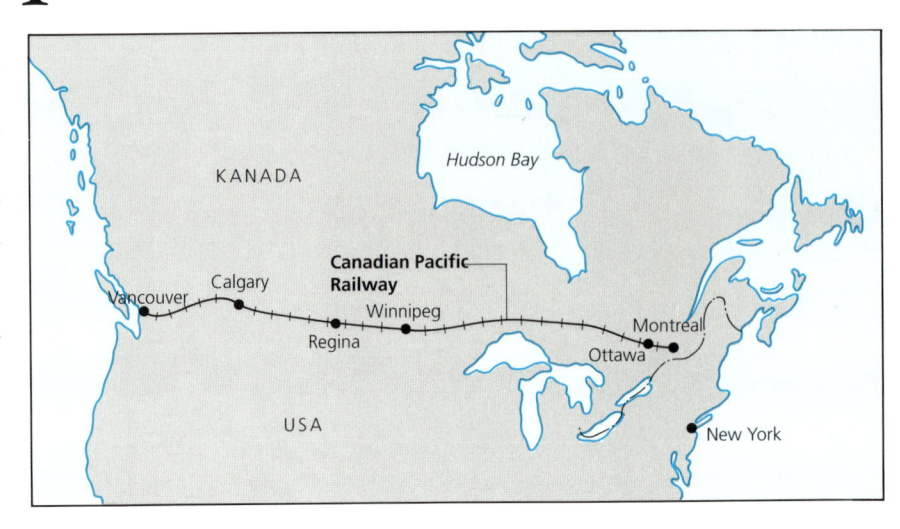

Im Jahr 1871 versprach der konservative Premierminister von Kanada, John A. Macdonald, den Siedlern in British Columbia, er wolle dafür sorgen, daß sie innerhalb von zehn Jahren eine Eisenbahnverbindung zum Osten bekämen. Das war, so meinte sein liberaler Gegner Alexander Mackenzie, »ein Akt tollkühner Unbesonnenheit«. So unvorsichtig sein Versprechen auch gewesen sein mag, Macdonald träumte von einem britischen Nordamerika, das sich von Küste zu Küste erstreckte und von einer einzigen Linie aus Stahl zusammengehalten werden würde. Ohne Eisenbahn, befürchtete er, könnte diese Nation nicht geschaffen werden; es würde nicht gelingen, British Columbia davon zu überzeugen, sich dem neuen Staatenbund anzuschließen, den Ontario, Quebec, New Brunswick, Nova Scotia und Manitoba gebildet hatten.

Es war ein ungeheures Unterfangen. Das Land war riesig und dünn besiedelt, und diese transkontinentale Eisenbahnlinie mußte dazu noch quer durch äußerst unwirtliche Gegenden laufen. Vor 120 Jahren waren weite Gebiete des Nordwestens noch kaum erforscht. Lange Gebirgszüge und bodenlose Sümpfe mußten erst einmal vermessen und erschlossen werden. Und wie konnte eine kleine Nation von dreieinhalb Millionen Menschen geschätzte 100 Millionen Dollar für den Bau einer solchen Bahn aufbringen?

Das Ganze begann miserabel. Am Anfang standen ein Finanzskandal und der Rücktritt von Macdonalds Regierung. In den siebziger Jahren des vergangenen Jahrhunderts wurde wenig für den Bahnbau getan mit Ausnahme einiger Seitenlinien und eines Stücks der Hauptlinie bei Fort William in Ontario. Im Jahre 1880 kehrte Macdonald an die Macht zurück, und die Arbeiten begannen ernsthaft. Im Frühjahr 1881 waren die finanziellen Schwierigkeiten beseitigt, und der Bau nahm seinen Anfang in Portage La Prairie im Westen von Winnipeg. Im November desselben Jahres wurde Cornelius Van Horne zum Geschäftsführer der Canadian Pacific Railway bestimmt und mit dem Bau der Linie betraut. Das war eine sehr gute Wahl, denn Van Horne erwies sich als Mann mit enormer Energie, unerschütterlichem Optimismus und beträchtlicher Erfahrung auf dem Gebiet der Eisenbahnen.

Van Horne schwor, daß er 800 Kilometer Gleise im Jahre 1882 und die gesamte Eisenbahn in fünf Jahren bauen werde. Das war die halbe Zeitspanne dessen, was die Regierung vorgesehen hatte. Er warb 3000 Männer an kaufte 4000 Pferde und machte sich in der Prärie von Flat Creek nach Fort Calgary an die Arbeit. Im April gab es dort Überschwemmungen, im Mai Schneestürme. Ende Juni war kaum ein Meter Gleise verlegt.

Schon kamen Zweifel am ganzen Unternehmen auf. Aber dann begann eine hektische Bauphase, die in der Eisenbahngeschichte nicht ihresgleichen hat. Von Winnipeg aus begann die Eisenbahnlinie quer übers Land zu wachsen. Jeden Tag entluden 65 Güterzüge am Ende der Gleise ihren Nachschub, so daß die Arbeiten weitergehen konnten. Weiter vorn arbeiteten Gruppen, die das Gelände mit Hilfe von Pferdegespannen planierten und Böschungen bauten. Dazu kamen Brückenbauer, die über Flüsse und Ströme Holzbrücken schlugen. Verzweifelt versuchten sie mit den Schienenlegern Schritt zu halten.

Bei Anbruch des Winters hatte Van Horne sein Ziel nur um wenig verfehlt. Er hatte 671 Kilometer Gleise gebaut, 45 Kilometer Nebengleise, und weitere 29 Kilometer waren so weit vorbereitet, daß man sofort darauf Gleise verlegen konnte. Doch wohin führte die Eisenbahnlinie eigentlich? Diese peinliche Frage erhob sich im Winter 1882. Van Horne bewegte sich mit seinen Männern so schnell wie möglich quer über die Prärie auf zwei Gebirgs-

Ein Tunnel nahe am Rogers Pass, der den Lokomotivführern über lange Jahre hinweg dauernd Probleme bereitet hatte. Als im Jahre 1910 58 Eisenbahnpassagiere in einer Schneelawine starben, entschied man sich für den Bau des Connaught Tunnels. Mit seinen acht Kilometer Länge war er der längste doppelspurig befahrbare Tunnel des Kontinents.

züge hin, nämlich die Rocky Mountains und die Selkirks. Sie wußten aber nicht, wo sie diese überqueren konnten.

Die Aufgabe, eine Route zu erkunden, erhielt Major A. B. Rogers, der von Beruf Landvermesser war. Seine Gewohnheit, die Arbeiter zu beschimpfen, hatte ihm den Spottnamen »Hell's Bells Rogers« eingetragen. Er war ehrlich, zäh und ehrgeizig. Man versprach ihm eine Prämie von 5000 Dollar, wenn er einen Paß finden könnte, der der Eisenbahn einen Umweg von 240 Kilometer ersparen würde. Überdies solle der Paß nach ihm benannt werden.

Doch zuerst wählte Rogers eine Route durch die Rocky Mountains. Er legte sich auf den Kicking Horse Pass fest, der als außerordentlich schwierig galt. Sogar die Indianer mieden diesen Durchgang, weil sie die heimtückische Schlucht als zu schwierig für ihre Pferde erachteten. Ein Paß im Osten nützte nichts ohne einen Ausgang im Westen. Eine Route durch die Selkirks war aber noch schwieriger zu finden. Nach mehreren Expeditionen, bei denen mehrere Männer umkamen, weil die Vorräte ausgegangen waren, gelangte Rogers schließlich durch Fichtenwälder auf eine Hochgebirgswiese, von der ein Gewässer in entgegengesetzter Richtung abfloß. Die bisher für unmöglich gehaltene Passage war damit gefunden. Der Paß bekam Rogers Namen, und die Eisenbahn hielt ihr Versprechen und übergab ihm einen Scheck von 5000 Dollar. Rogers wollte ihn aber nicht zu Geld machen, sondern hängte ihn lieber an der Wand auf.

Der Kicking Horse Pass war mit knapper Mühe zu schaffen. Als der Bau der Eisenbahn voranschritt, wurden die Gelder immer knapper, und man mußte

DIE CANADIAN PACIFIC RAILWAY

Gleise quer durch eine Nation

Ein Lokalzug der Canadian Pacific Railway im Jahre 1900. Der Platz ganz vorn an der Lokomotive bei den Puffern galt als der beste, um die Naturschönheiten während der Fahrt genießen zu können. Auf diesen Plätzen befuhren im Jahr 1901 der künftige König George V. und Königin Mary einen Streckenabschnitt bei Glacier, British Columbia.

zu sparen beginnen. Der Vertrag mit der Regierung legte fest, daß das maximale Gefälle bei 2,2 Prozent liegen dürfe. Hätte man beim Kicking Horse Pass an dieser Bestimmung festgehalten, so hätte man einen rund 430 Meter langen Tunnel bauen müssen. Das hätte die Arbeiten um ein weiteres Jahr verzögert. Statt dessen baute man eine »vorläufige« Linie mit doppelt so großem Gefälle, wie im Vertrag vorgesehen war. Dies entsprach dem Vierfachen des vertretbaren Maximums. Die rund 13 Kilometer lange Strecke war unter der Bezeichnung »Big Hill« berüchtigt und schreckte 25 Jahre lang die Lokomotivführer genauso wie die Passagiere.

Der erste Zug, der den Big Hill hinabfuhr, entgleiste und fiel in den Fluß, wobei drei Männer ums Leben kamen. Deswegen baute man Sicherheitsumleitungen und bemannte sie Tag und Nacht. Jeder Zug mußte an jedem dieser Gleise haltmachen und die Weichen wieder auf das Hauptgleis umstellen. Oben am Hügel hielt jeder Passagierzug zur Überprüfung seiner Bremsen an. Die erlaubte Maximalgeschwindigkeit betrug rund 10 Kilometer/Stunde. Von Zeit zu Zeit sprang Personal vom Zug, um zu überprüfen, ob die Bremsen nicht blockiert waren. Der Anstieg war ebenso schwierig: Für einen 710-Tonnen-Zug mit elf Passagierwaggons brauchte man vier große Lokomotiven. Erst ab 1909 gab es eine Umfahrung dieser gefährlichen Stelle mit Hilfe zweier Tunnel, die in den Berg hineingegraben wurden. Die Züge befuhren dabei ein schwächeres Gefälle und beschrieben einen vollständigen Kreis.

Zu Beginn des Jahres 1885 war die Linie fast fertig, und schon drohte die Finanzkatastrophe. Ende März schien alles verloren.

Doch dann erhoben sich im Nordwesten unzufriedene weiße Siedler und retteten schließlich die Situation. 3300 Milizsoldaten mußten zur Unterdrückung der Rebellion in den Westen des Landes geschickt werden. Die unvollendete Eisenbahn war dazu das einzige schnelle und effektive Transportmittel. Van Horne versprach, alle Männer innerhalb von zehn Tagen in den Nordwesten zu transportieren. Er hoffte dabei, daß keine Regierung einer

Den letzten Schienennagel treibt beim Eagle Pass der älteste der vier Direktoren der Canadian Pacific Railway, Donald A. Smith, am 7. November 1885 in die Schwelle ein. Der wohlbeleibte Mann zu seiner Linken ist Van Horne, Geschäftsführer der Eisenbahnfirma. Sein Geheimnis, so sagte er, laute: »Ich esse alles, was ich kann, ich trinke alles, was ich kann, und ich schere mich um niemanden.« Der großgewachsene Mann mit dem weißen Bart zwischen den beiden ist Sir Sandford Fleming, der bereits 1862 der Regierung einen Plan zum Bau einer Eisenbahnlinie zum Pazifik vorgelegt hatte.

TRIUMPHE DER BAUTECHNIK

Die Stoney Creek Bridge befindet sich am langen Anstieg zum Rogers Pass und wird auf dem Bild gerade von einem transkontinentalen Zug mit Kuppelwagen befahren. Der stählerne, 102 Meter weite Bogen der Brücke wurde 1893 gebaut und 1929 verstärkt. Er ersetzte einen früheren Viadukt aus der Anfangszeit dieser Linie. Finanzielle Kürzungen durch die Regierung im Jahr 1990 legten die Strecke still, die als die spektakulärste auf der ganzen Welt gilt.

Die Weizenfelder von Manitoba waren leicht mit einer Eisenbahn zu überqueren. Die Arbeitsgruppen errichteten eine Böschung, die 1,20 Meter oberhalb des Präriebodens lag. 18 Meter breite Gräben zu beiden Seiten des Gleises sorgten dafür, daß die Linie nicht durch Schneewehen blockiert wurde.

Die Verlegung durchgehend verschweißter Schienen bei Lake Louise, Alberta unterscheidet sich deutlich von den harten Bedingungen in den Pionierzeiten. Schon damals legten die Arbeiter bis zu 8 Kilometer Schienen pro Tag. Für zehn Stunden Arbeit erhielten sie 1 bis 1,50 Dollar. Ihre Ernährung bestand aus gepökeltem Schweinefleisch, Corned Beef, Melasse, Weizenmehl, Bohnen, Kartoffeln und Tee.

Eisenbahnlinie Hilfe verweigern könne, die mitgeholfen habe, eine Rebellion zu unterdrücken.

Die Reise war ein Alptraum. Die Männer fuhren auf flachen offenen Güterwagen und auf den unvollendeten Abschnitten auf von Pferden gezogenen Schlitten, in bitterer Kälte und im Schnee. Sie kamen aber schließlich an und unterdrückten die Umsturzbewegung.

Doch selbst unter diesen Umständen half die Regierung der Eisenbahn nicht. Schließlich konnte der endgültige Kollaps um Haaresbreite vermieden werden. Am 10. Juli 1885 traf sich das Parlament, um über Subventionen zu diskutieren. Am selben Tag wollte ein Gläubiger der Canadian Pacific Railway ein Summe von 400 000 Dollar eintreiben. Sie war um 3.00 Uhr nachmittags fällig. Um 2.00 Uhr stimmte das Parlament für eine weitere finanzielle Unterstützung. Damit war die Eisenbahn gerettet.

Der letzte Schienennagel wurde an einem trüben Novembermorgen am Eagle Pass eingetrieben. Alle führenden Männer hatten sich zu dieser Stunde eingefunden. Man beglückwünschte sich, und eine Lokomotive ließ ihr schrilles Pfeifen hören. Van Horne wurde zu einer Rede aufgefordert und machte es kurz: »Alles was ich sagen kann, ist, daß die Arbeit in jeder Hinsicht gut gemacht wurde.« Dann pfiff die Lokomotive noch einmal, und eine Stimme rief: »Alle einsteigen zum Pazifik!«

DIE TRANSSIBIRISCHE EISENBAHN

Eine Linie durch die Taiga

Nur wenige Eisenbahnlinien wurden unter größeren Schwierigkeiten und bei einem schlimmeren Durcheinander gebaut als die fast 9500 Kilometer lange Tanssibirische Eisenbahn von Moskau nach Wladiwostok. Obwohl Zar Alexander III. im Jahre 1886 meinte: »Es ist Zeit, es ist höchste Zeit!«, begann man nach mehreren vergeblichen Anläufen erst im Mai 1891 am östlichen Ende mit dem Bau und ein Jahr darauf am westlichen Ende. Daß es überhaupt zu einem Anfang kam, verdanken die Russen weitgehend dem Eisenbahnbegeisterten Sergius Witte. Er wurde zum Finanzminister ernannt, stellte durch brillante Strategien die russische Wirtschaft wieder auf eine sichere Basis und besorgte das nötige Geld für den Bahnbau.

Die Linie wurde in mehrere Abschnitte eingeteilt, die unter der Leitung verschiedener Ingenieure standen. Der westlichste Abschnitt nahm in Tscheljabinsk seinen Anfang und verlief 1500 Kilometer weit buchstäblich geradeaus über die Ebenen. Für den Bau der Schwellen gab es hier aber keine Bäume, und nur während vier Monaten konnte man im Freien arbeiten.

Mit Pickel und Schaufel wurde der Untergrund vorbereitet, und um Geld zu sparen, setzte man die Schwellen weiter auseinander als in Europa und in Nordamerika. Die Schienen bestanden auch aus einem viel leichteren Stahl. Eine Gleisbettung gab es praktisch nicht: An manchen Stellen legten die Arbeiter die Schwellen einfach auf die Erde. Trotz der Schwierigkeiten ging der Gleisbau schnell vonstatten, und man kam im Sommer jeden Tag vier Kilometer weit. Im September 1894 wurden die ersten 800 Meilen des westlichen Abschnitts feierlich eröffnet. Im August 1895 erreichte der Gleisbau den Ob, einen der längsten Flüsse Sibiriens.

Auf ihrem Weg bauten die Arbeiter viele Brücken. Bei kleinen Flüssen und Strömen bestanden sie aus Holz, bei größeren wie dem Ob und dem Jenissej aus Stein und Stahl. Die Männer verrichteten gute Arbeit, denn viele dieser Stahlbrücken stehen heute noch, obwohl jedes Frühjahr Tausende von Tonnen Eis an die steinernen Brückenpfeiler stoßen. Die Kälte forderte zahllose Todesopfer. Die Gruppen, die ungefähr 30 Meter über den gefrorenen Flüssen arbeiteten, waren völlig ungeschützt. Die Männer kühlten oft so aus, daß sie sich nicht mehr festhalten konnten und auf die Eisfläche fielen. Die meisten Maurer waren übrigens Italiener, die im Monat 100 Rubel bekamen.

Der Gußstahl für die Brücken kam aus dem Ural, der Zement aus St. Petersburg, die Stahllager aus Warschau. Das gesamte Material gelangte auf der neuen Linie unvorstellbar langsam an seinen Bestimmungsort. War noch keine Brücke errichtet, legte man die Schienen manchmal quer über die Eisdecke.

Zahlen und Daten

Die längste Eisenbahnlinie der Welt

Bauzeit: 1891–1904

Länge: rund 5500 Kilometer

Dauer der Reise: 170 Stunden, 5 Minuten

Anzahl der durchquerten Zeitzonen: 7

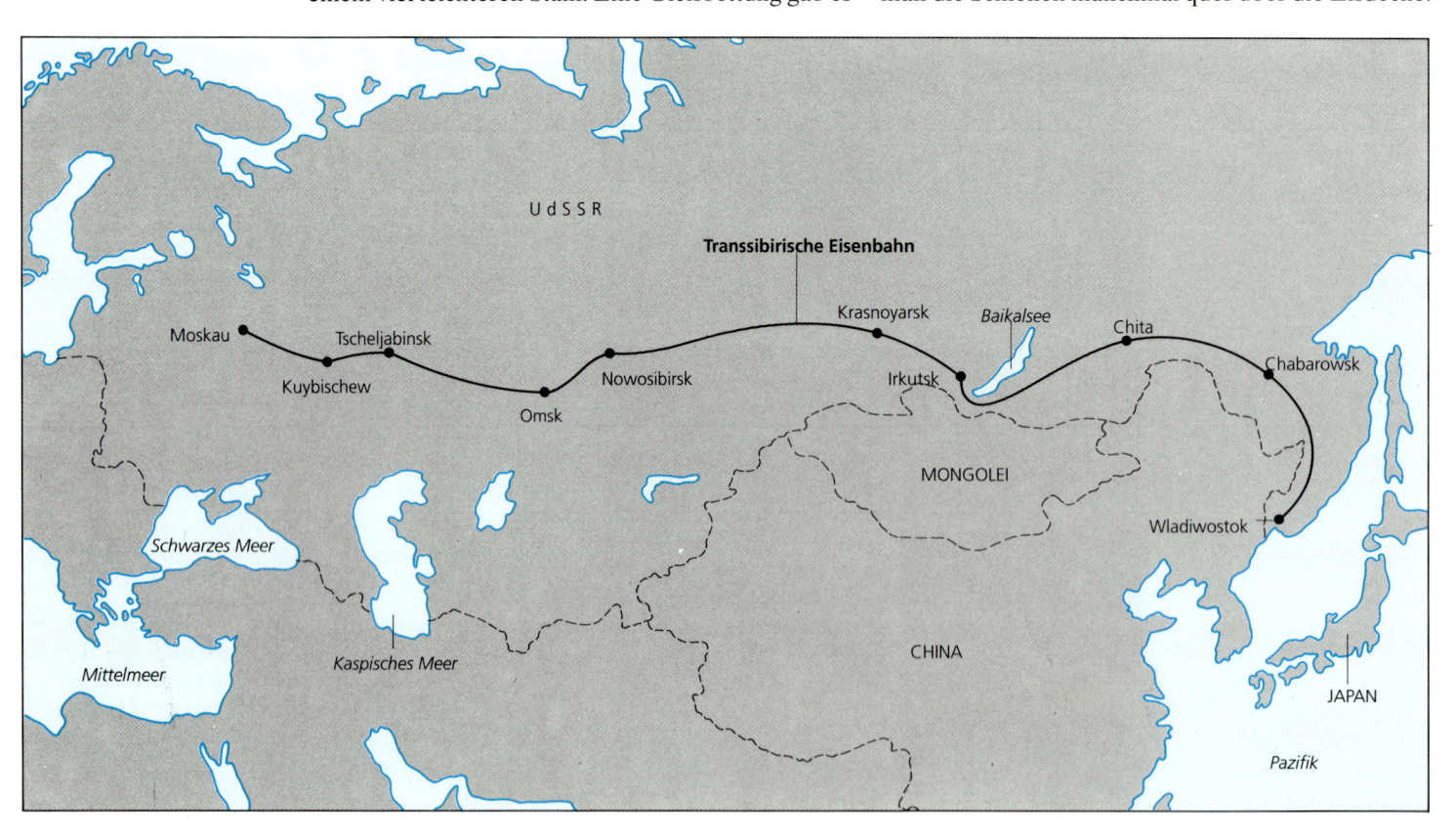

Dieses Bild wurde östlich von Krasnoyarsk aufgenommen und zeigt den scheinbar endlosen Wald, durch den die Eisenbahnlinie zieht. In der Nähe der Stadt überquert die Linie den Jenissej auf einem 308 Meter langen Viadukt mit sechs Bogen. Unter dem Emblem der sowjetischen Staatseisenbahn (rechts) ist in kyrillischer Schrift zu lesen: Moskau-Wladiwostok. Erst seit verhältnismäßig kurzer Zeit dürfen Bürger westlicher Nationen diese Eisenbahn benutzen.

Die wenigen Passagiere überquerten den Fluß dann zu Fuß, während der Lokomotivführer behutsam die Tragfähigkeit des Untergrundes mit seinem Zug überprüfte.

In der Zwischenzeit hatte ein anderer Bautrupp im mittelsibirischen Sektor Fortschritte erzielt. Der Bau einer Eisenbahn durch den unberührten Wald der sibirischen Taiga machte hier noch mehr Schwierigkeiten. Die Männer mußten eine 75 Meter breite Schneise in den Wald schlagen, um zu verhindern, daß es durch Funkenflug zu Waldbränden kam. Der Boden war bis zum Juli gefroren und verwandelte sich dann in einen Sumpf. Auf diesem Untergrund mußten die Schienen verlegt werden. 1895 arbeiteten am mittelsibirischen Abschnitt 66 000 Männer. Er wurde in der Mitte des Jahres 1898 fertiggestellt, also innerhalb von fünf Jahren anstatt der sieben Jahre, die dem Projektanten zugestanden worden waren.

Der schwierigste Abschnitt stand aber noch bevor, die 260 Kilometer um das Südufer des Baikal-Sees. Da der Bau hier einige Jahre in Anspruch nehmen würde, entschied man sich, die Züge auf Fährschiffen zu transportieren. Dazu gaben die Russen einer englischen Firma am River Tyne den Auftrag für eisbrechende Fährschiffe. Diese wurden gebaut, dann aus-

DIE TRANSSIBIRISCHE EISENBAHN

Eine Linie durch die Taiga

einandergenommen, nach Sibirien transportiert und dort wieder zusammengesetzt. Der Bau der Eisenbahnlinie begann 1899 und wurde in fiebriger Eile im Jahr 1904 vollendet, nachdem der Krieg zwischen Rußland und Japan ausgebrochen war. Die Arbeit war so pfuschig ausgeführt, daß der erste Zug, der die Strecke befuhr, zehnmal entgleiste. Doch am 25. September 1904 wurde die Linie eröffnet, und nun konnten Reisende zum erstenmal von den atlantischen Küsten Westeuropas zur Küste Ostasiens mit dem Zug gelangen. Die Arbeit hatte dreizehn Jahre und vier Monate in Anspruch genommen und 250 Millionen Dollar gekostet.

Heute braucht der Tourist vom einen Ende der Tanssibirischen Eisenbahn bis zum anderen über acht Tage.

Es kam wiederholt zu Unfällen. Im Juni 1989 ereignete sich 1200 Kilometer östlich von Moskau der schwerste Unfall der gesamten Bahngeschichte. Damals explodierte Flüssiggas aus einer undichten Pipeline, als zwei gefüllte Züge vorbeifuhren. Über 800 Menschen kamen ums Leben.

Die Bauarbeiter wurden in der Türkei, in Persien und in Italien angeworben. Sogar die Insassen eines Gefängnisses in der Nähe von Irkutsk mußten mitarbeiten. Man versprach, ihnen für acht Monate Arbeit ein Jahr Gefängnis anzurechnen.

Dieser Durchstich in der Nähe des Baikal-Sees weist auf die Gründe hin, warum der betreffende Eisenbahnabschnitt als letzter fertig wurde. Die Arbeiter mußten hier vierzig Tunnel und zahlreiche solche Einschnitte bauen.

TRIUMPHE DER BAUTECHNIK

Das kaiserliche Wappen des Zaren Nikolaus II. über dem Viadukt über die Wolga zwischen Syzran und Kuybischew.

Die kleine schmucke Station Ob westlich von Nowosibirsk. Wegen der schlechten Qualität der Gleisarbeiten konnten die Züge nicht schnell fahren. Der Transsibirische Expreß kam nur auf einen Durchschnitt von 32 Kilometer/Stunde.

Für die Passagiere gab es in den frühen Jahren verschiedene Waggons, angefangen von einem Luxuszug bis zu umgewandelten Güterwaggons (links). In diesen transportierten die Russen normalerweise ihre Sträflinge, Truppen und nach Sibirien zwangsversetzte Menschen.

DER GRAND COULEE DAM

Ein Triumph in Beton

Zahlen und Daten

Der Grand Coulee Dam war zur Zeit der Planung die größte Wasserkraftanlage der Welt.

Erbauer: Mason-Walsh-Atkinson-Kier Co

Bauzeit: von 1933 an

Material: Beton

Höhe: 167,6 Meter

Länge: 1271,9 Meter

Die größte Talsperre aus Beton und überhaupt die größte Betonstruktur der Welt liegt am Columbia River im Staate Washington im Nordwesten der Vereinigten Staaten. Sie stellt gleichzeitig eine der größten Wasserkraftanlagen der Welt dar und ihre riesigen Bewässerungspumpen wären stark genug, die meisten Flüsse in den USA trockenzulegen. Der Bau dieses Damms in einem isolierten und dünnbesiedelten Gebiet der Vereinigten Staaten während der Jahre der Depression war eine der großen Leistungen der Work Projects Administration. Mit dieser Behörde wollte Präsident Franklin Roosevelt einer verstörten Nation Arbeitsplätze und damit Wohlstand wiederverschaffen.

Die Talsperre erfüllt zwei Zwecke, drei sogar, wenn wir die Arbeitsbeschaffung dazuzählen. Die Hauptaufgabe war es, fast eine halbe Million Hektar wüstenartiges Land im Zentrum des Staates Washington, das sogenannte Coulee Country, zu bewässern. Der Bogen dort ist fruchtbar und braucht nur Wasser, um gute Ernten zu liefern. Früher pflegte man zu sagen, ein Hase habe ein Mittagessen und eine Feldflasche voller Wasser mitnehmen müssen, nur um Coulee Country zu durchqueren. Das Gebiet war übersät von leeren Bauernhöfen und kaputten Windmühlen. Die zweite Aufgabe der Talsperre war die Erzeugung von Strom, von dem ein Teil zum Betrieb der Bewässerungspumpen verwendet wurde.

Die Geologie besorgte das Szenarium für den Damm. Vor Jahrmillionen hatte ein Gletscher, der von Kanada nach Süden vorstieß, den Columbia River unterbrochen und ihn in ein neues Bett gezwungen. Der Fluß trug dieses Bett bis in eine Tiefe von 270 Meter, in einer Breite von 8 Kilometer und in einer Länge von 80 Kilometer ab. Dann zog sich der Gletscher zurück und gestattete es dem Fluß, seinen alten Lauf wiederaufzunehmen. Das alte Flußbett wurde dann zur trockenen Grand Coulee.

Das Grand-Coulee-Projekt sah eine riesige Sperre aus Zemet vor, die quer über den neuen Lauf des Flusses hinweggelegt werden sollte. Dadurch würde ein See entstehen, der sich 243 Kilometer weit zurück bis nach Kanada erstreckte. Zwei kleinere Erddämme quer über die Grand Coulee sollte diese in ein Wasserreservoir verwandeln. Da der Gletscher das Niveau des Flusses angehoben hatte, liegt das Reservoir der Grand Coulee ungefähr 90 Meter oberhalb der Hochwassermarke des darunter befindlichen Sees. Deswegen waren mächtige Pumpen notwendig, um diesen Höhenunterschied zu überwinden. Von dort wird das Wasser über Kanäle auf die trockenen Flächen der Coulee-Hochebene verteilt.

Die Haupttalsperre ist ungeheuer groß. 1271,9 Meter lang und mit 167,5 Meter so hoch wie ein 46stöckiges Gebäude. Die Talsperre besteht aus 8 393 936 m³ Beton. Der Wasserstand des Flusses wurde dadurch um rund 105 Meter gehoben. Der Grand Coulee Dam widersteht durch seine Masse dem Wasserdruck. Für eine Bogenstaumauer wäre das Tal einfach zu weit gewesen. Die ersten Ingenieurarbeiten begannen im Jahre 1933, und der erste Vertrag wurde noch zu Ende jenes Jahres unterzeichnet.

Um die Talsperre richtig auf Fundamenten verankern zu können, baute man aus Stahlspundwänden und Holzstämmen provisorische Dämme. Damit verringerten die Ingenieure die Breite des Flusses und legten das Gestein im Untergrund frei. Arbeiter errichteten zwei solche U-förmigen Dämme zu beiden Seiten des Flusses, wobei in der Mitte nur noch ein Durchlaß von 150 Meter Breite übrigblieb. Das Wasser wurde aus diesen Dämmen abgepumpt, so daß das Untergrundgestein dabei zum Vorschein kam.

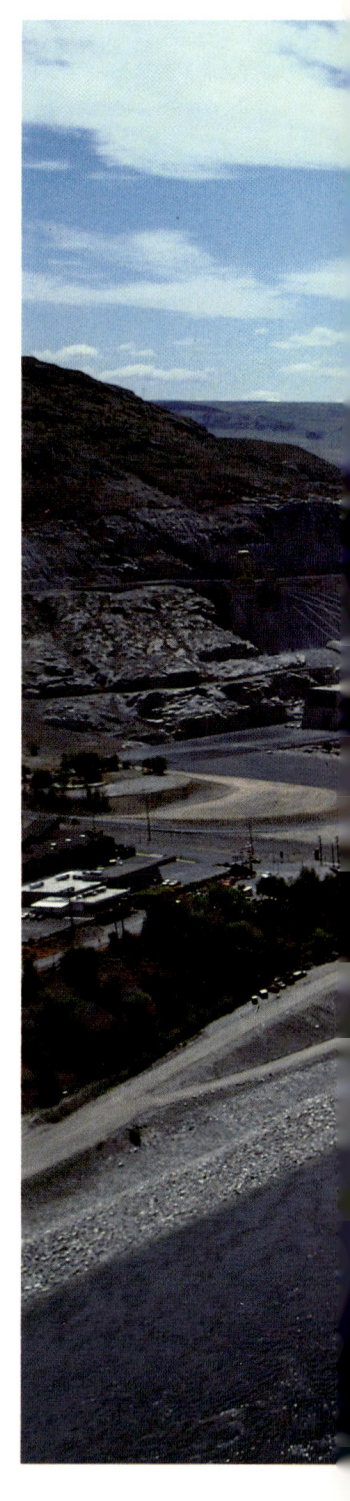

Nach dem Trocknen baute man die Talsperre von außen nach innen. An einigen Stellen wurde nicht sofort in die Höhe gebaut, so daß eine Entlastungsanlage übrigblieb. Dann legte man zwei weitere Dämme oberhalb und unterhalb der zukünftigen Talsperre so, daß das Wasser über diese Entlastungsanlagen fließen konnte. Die Flußmitte wurde dann leergepumpt und trockengelegt, so daß es gelang, die letzten 150 Meter des Dammes zu bauen. Den Zement gossen die Arbeiter in eine Reihe von Säulen, die sich vom Muttergestein bis zur endgültigen Höhe der Talsperre erstreckten. Der Grundriß einer solchen Säule betrug 15 Meter x 15 Meter. Die Säulen wuchsen auf einmal um 1,50 Meter. Dann mußten bis zum nächsten Betonguß 72 Stunden vergehen, um ein gutes Abbinden zu ermöglichen.

Während des Abbindens findet eine chemische Reaktion statt, bei der Wärme entsteht. Wird diese Wärme nicht abgeführt, so erwärmt sich eine große Betonstruktur über Monate hinweg und dehnt sich dabei aus. Ist der Abbindevorgang zu Ende gekommen, geht die Temperatur zurück, und der Beton zieht sich zusammen, wobei Risse entstehen. Um dies zu verhindern, verlegte man vor dem Vergießen des Betons ein Kühlsystem aus Stahlröhren mit einem Durchmesser von 2,5 Zentimeter. Dann pumpte man Kühlwasser hindurch.

Waren die Betonsäulen schließlich abgekühlt und stabil, so füllte man die schmalen Spalten, die zwischen ihnen durch das Schrumpfen entstanden waren, über ein Röhrennetz, das man bereits zuvor verlegt hatte. Jeder Betonblock schrumpfte nur um 2,45 Millimeter ein, doch über die Gesamtlänge des Dammes ergaben sich dadurch insgesamt 20 Zentimeter. Der dünnflüssige Zement, der zwischen die

Der Grand Coulee Dam ist die Hauptsperre. Der jüngere Forebay Dam, der erst noch ganz fertiggestellt werden muß, befindet sich links im Bild und steht in einem Winkel zum alten Damm. Hinter der Talsperre erstreckt sich der aufgestaute See über 243 Kilometer nach British Columbia hinein.

DER GRAND COULEE DAM

Ein Triumph in Beton

Den Abraum von der Ostseite transportierte ein Förderband (oben) 1,2 Kilometer weit quer über den Fluß zum Rattlesnake Canyon. Dort wurden 10 Millionen Kubikmeter Abraum deponiert. Den Zement lieferten fünf Anlagen im Staat Washington. Er wurde in stählernen Silos gelagert und dann in 30 Meter hohen Mischanlagen (ganz oben) mit Sand und Kies gemischt.

Blöcke gepreßt wurde, machte die Talsperre schließlich absolut wasserdicht.

Während des Dammbaus trat ein neues Problem auf, das auf ungewöhnliche Weise gelöst wurde. Am Ostende des Dammes lag das Muttergestein nicht mehr zutage, sondern war von einer riesigen Menge plastischen Tons überdeckt. Dieser kroch immer weiter, und kein Mittel konnte ihn zum Stehen bringen. Die Ingenieure errichteten Hindernisse aus Holz und Beton, doch nützte das alles nichts. Insgesamt handelte es sich um rund 150 000 m³ Lehm; der Abtransport hätte sehr viel Zeit und Geld gekostet. Schließlich kamen die Ingenieure auf die Idee, die vordere Front des Lehms so einzufrieren, daß sie als Damm dienen und den restlichen Lehm zurück-

halten konnte. Man verlegte in die Lehmmasse fünf Kilometer Röhren und ließ darin eine Kühlsohle von –18 °C zirkulieren. Dadurch fror der Lehm in Form eines Bogens ein, der 6 Meter dick, 13 Meter tief und 30 Meter lang war.

Zwischen August 1936 und April 1937 sorgte eine Kühlanlage dafür, daß der Lehm gefroren blieb. In dieser Zeit bereitete man den Untergrund vor und zog die Talsperre so weit in die Höhe, daß sie oberhalb der Lehmmassen war. Danach wurde die Kühlanlage ausgeschaltet, und der Lehm konnte sich wieder frei bewegen. Das alles hatte 35 000 Dollar gekostet, aber ein Vielfaches dieser Summe erspart.

Der See hinter dem Grand Coulee Dam ist so groß, daß von dem Wasser darin auf jeden Bürger

TRIUMPHE DER BAUTECHNIK

Erste Bauphase des Forebay Dam im Jahre 1971 am westlichen Ende des Grand Coulee Dam (rechts). Deutlich erkennt man die sechs Druckrohrleitungen (unten), die das Wasser den neuen Turbinen zuführen sollten. Ihr Durchmesser beträgt 12 Meter und ist damit über doppelt so groß wie der der Leitungen für die ursprüngliche Anlage. Jede Druckrohrleitung besteht aus zylindrischen Abschnitten, die auf Schienen abgesenkt und dann an Ort und Stelle verschweißt werden.

Um den Beton in die vorgesehenen Säulen gießen zu können, mußten zwei Gerüstbrücken (oben) gebaut werden, jede davon über 900 Meter lang. Kräne mit einer Spannweite von über 35 Meter konnten auf diesen Gerüstbrücken fahren und die mit flüssigem Beton gefüllten Eimer aufnehmen und an Ort und Stelle entleeren. Für den Transport dieser Rieseneimer sorgte eine Eisenbahn.

der Vereinigten Staaten fast 100 000 Liter entfallen. Der Columbia River führt aber so viel Wasser, daß er den See in zwei Monaten, während der Schneeschmelze sogar in nur einem Monat füllen könnte. Zu beiden Seiten des Flusses wurden Wasserkraftanlagen gebaut, anfänglich mit einer Leistung von 1920 Megawatt. Damit speiste man zwölf Pumpen an der Westseite des Flusses hinter dem Damm. Jede dieser Pumpen weist eine Leistung von über 45 m³/s auf und reicht aus, um 48 000 Hektar zu bewässern.

Die Pumpen transportieren das Wasser durch 4 Meter weite Röhren in das obere Reservoir im oberen Grand Coulee. Für dieses mußten zwei ungefähr 30 Meter hohe Erddämme aufgeschüttet werden. Der eine befindet sich in etwa 3 Kilometer Entfernung vom Grand Coulee Dam, der andere nahe Coulee City. Zwischen diesen beiden Dämmen entstand ein 43 Kilometer langes Reservoir. Es wurde mit dem Wasser aus dem 90 Meter tiefer gelegenen Stausee gefüllt. Von hier fließt das Wasser 16 Kilometer weit in den 240 Kilometer langen östlichen und den 160 Kilometer langen westlichen Kanal. Von dort wird es über kürzere Seitenkanäle an die Farmer verteilt.

Seit 1970 wird an einem neuen Projekt zur Leistungserhöhung der Wasserkraftanlagen gearbeitet. Nach Beendigung aller Arbeiten wird die Anlage eine Leistung von 10 080 Megawatt erreichen.

TALSPERREN ZUR NUTZUNG DER WASSERKRAFT

Nutzung der Wasserkraft

Der erste bekannte Damm besteht aus einer Reihe von Erdaufschüttungen mit Steinverkleidung und befindet sich in Jawa in Jordanien. Er stammt aus der Zeit um 3200 v. Chr. Nach Bewässerungsdämmen aus aufgeschütteter Erde im Tigris- und Euphrattal entstanden die ersten Dämme aus Gesteinsmaterial nahe Homs in Syrien (um 1300 v. Chr.). Die Kenntnisse vom Dammbau dehnten sich dann über Indien, Sri Lanka und Japan aus. Der erste bekannte bogenförmige Damm, der wie die Bogenbrücke aus seiner Form Widerstandskraft bezieht, wurde während der Herrschaft von Justinian I. (527–565 n. Chr.) an der türkisch-syrischen Grenze errichtet.

Im 20. Jahrhundert dienen die meisten Talsperren der Stromerzeugung. Der Pionier dieser Entwicklung war Sir William Armstrong, der als erster sein Haus auf diese Weise mit Strom versorgte.

Kielder Dam, England

Der Kielder Dam ist mit einer Länge von 1140 Meter die größte Talsperre in England. Die Erdaufschüttung enthält fast 5,4 Millionen Kubikmeter Erde. Weil Stauseen die Landschaft empfindlich verändern, gibt es oft viel Opposition. Der Stausee hinter dem Kielder Dam fügt sich aber sehr schön in die Landschaft ein. Ein Reservoir mit einer Oberfläche von 10 086 Hektar liefert Wasser für einen Teil Nordostenglands.

Talsperre von Tucurui, Brasilien

Daß Talsperren ganze Landstriche völlig verändern können, zeigt am besten der Tucurui Damm am Fluß Tocantins, der vier Milliarden Dollar kostete. Die Talsperre hat einen Inhalt von 74 Millionen Kubikmeter und verwandelte den Fluß in eine 1900 Kilometer lange Kette von Seen. Wasserkraftanlagen erzeugen heute 20 Prozent des gesamten Stroms auf der Erde. Pionier des Wasserturbinenbaus war der englische Ingenieur Charles Parsons, der im Jahre 1884 auch die Dampfturbine erfand.

TRIUMPHE DER BAUTECHNIK

Die Talsperre von Itaipù, Brasilien

Das Wasserkraftwerk von Itaipù wurde mit einem Kostenaufwand von 11 Milliarden Dollar am Fluß Paranà an der Grenze zwischen Brasilien und Paraguay gebaut. Die Stromerzeugung begann im Oktober 1984. Nach dem Endausbau werden die 18 Turbinen in der Talsperre eine Leistung von 13 320 Megawatt erbringen. Es handelt sich hier um die größte Anlage der Erde. Eine noch viel größere ist allerdings für den Tunguska-Fluß in der UdSSR geplant. Die Anlage in Brasilien, die mit internationalen Bankanleihen finanziert wurde, rief eine scharfe Opposition auf den Plan. Viele betrachten die gesamte Anlage und den Stausee als ökologische Katastrophe. Der berüchtigte brasilianische Plan 2010 sah sogar den Bau von 136 Talsperren vor, um den Energiehunger Brasiliens in den nächsten zwei Jahrzehnten zu stillen. Dabei würde ein Gebiet von der Größe Großbritanniens überflutet werden. 250 000 Indianer müßten ihre Heimat im tropischen Regenwald aufgeben.

DER HOLLÄNDISCHE DELTA-PLAN

Die Zähmung des Meeres

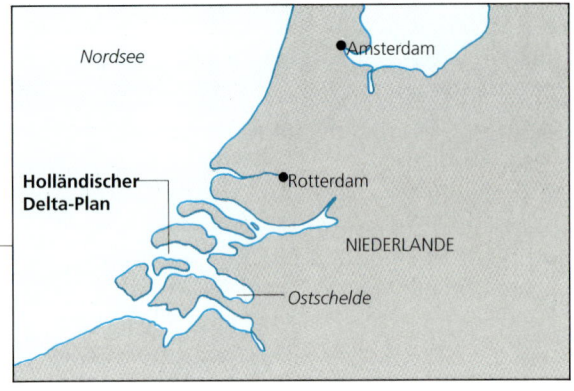

Zahlen und Daten

Das größte Sturmflutwehr der Erde

Bauzeit: 1958–1986

Materialien: Vorgespannter Beton und Stahl

Länge: In der Ostschelde 2508 Meter

Die Niederlande sind nicht ohne Grund als die »niederen Lande« bekannt. Seit neun Jahrhunderten kämpfen die Niederländer gegen drohende Überschwemmungen und waren stets Pioniere beim Bau von Deichen, Dämmen und Kanälen. Sie bekämpften damit das Meer und gewannen neuen Boden für die Landwirtschaft. Zugleich nutzten sie ihren leichten Zugang zum Meer und wurden zu einer großen Nation von Kaufleuten und Seefahrern. Der Hafen von Rotterdam ist heute noch der größte in Europa. Im Oktober 1986 weihte Königin Beatrix die weltweit größte und modernste Barriere gegen das Vordringen des Meeres ein. Es war der Höhepunkt eines Werkes, das vor dreißig Jahren seinen Anfang genommen hatte.

Der niederländische Delta-Plan hatte im Gegensatz zum Deichbau der Zuider Zee nicht die Aufgabe, dem Meer neues Land abzuringen. Sein Ziel war nur, die katastrophalen Auswirkungen extremer Hochwasser zu begrenzen. Diese hatten in der Vergangenheit immer wieder Deiche durchbrochen und große Gebiete des Landes überschwemmt. Die letzte große Katastrophe ereignete sich in der Nacht vom 31. Januar und dem 1. Februar 1953. Die Kombination zwischen einer Springtide und einem von Nordwesten anlaufenden Orkan führte dazu, daß große Teile der Niederlande überschwemmt wurden. Hunderte von Deichen brachen, 160 000 Hektar standen unter Wasser, und 1835 Menschen starben in diesen seit Menschengedenken schlimmsten Fluten, die über die Niederlande hereinbrachen.

Damals hatte man schon mit der Projektierung eines Deichsystems begonnen, doch die Katastrophe beschleunigte dies alles. Im Jahr 1958 passierte das Delta-Gesetz das Parlament. Es war ein kühner Versuch, die gesamte Küste der Südwestniederlande neu zu gestalten. Man wollte damit die Gefahr von Überschwemmungen ein für allemal bannen, gleichzeitig aber die Häfen von Rotterdam und Antwerpen weiterhin für den Schiffsverkehr frei halten. Der Plan sah eine Reihe von Deichen und Barrieren vor, einige davon mit Schleusen und Sielen für den Abfluß. Damit wollte man das Salzwasser des Meeres zurückhalten, Überflutungen vermindern und überhaupt den Süßwasserhaushalt des Landes verbessern. Schritt für Schritt setzten die Holländer dies in die Tat um. Sie begannen mit kleineren Projekten und wandten sich mit zunehmender Erfahrung immer größeren zu. Dazu gehörten der Bau von fünf primären, fünf sekundären Dämmen, die Verstärkung von Deichen längs des neuen Wasserweges, der nach Rotterdam führt, und der Westschelde, die nach Antwerpen strömt. Ferner wurden zwei große Brücken gebaut. Der erste Primärdamm, der gebaut wurde, war der Veerse Gat, der ein Ästuar mit einem Gezeitenvolumen von 175 Millionen Kubikmeter abschließt. Der letzte Primärdamm in der Ostschelde weist ein Gezeitenvolumen von 2200 Millionen Kubikmeter Wasser auf.

Die Deiche liegen ungefähr einen Meter höher als der Wasserstand bei der Überschwemmung von 1953. Die Chancen, daß diese Höhe überschritten wird, berechnete man auf weniger als 1:10 000. Das bedeutet, daß eine Chance von 1 Prozent besteht, daß ein Hochwasser einmal in hundert Jahren über diese Barriere hinwegfließt. Die größten Probleme beim Bau der Deiche bereiteten die Fundamente, die das Meer unterspült und mit der Zeit wegträgt. Es war auch nicht einfach, die letzte Lücke in einem fertigen Damm zu schließen. Beim Haringvliet Dam beispielsweise mußte man zu beiden Seiten unter Wasser riesige Matten anbringen. Sie bestehen aus einem Nylongeflecht mit Kies und Bruchgestein darüber. Die Durchlaßöffnungen der Sturmflutwehre mußten so stark sein, daß sie dem Ansturm des Meeres widerstehen konnten, gleichzeitig aber auch so breit, daß sie im Winter Eisschollen Durchtritt gewährten.

Die Niederländer verwendeten zwei Verfahren, um Lücken in den Dämmen endgültig zu schließen. Beim einen bauten sie eine Reihe vorgefertigter Betonpfeiler. Sie wurden bei stiller See an Ort und

Die Baugrube Schaar (oben), wo die Pfeiler für das Sturmflutwehr der Ostschelde gefertigt wurden. Deiche teilten es in vier Baudocks ein. Sobald alle Pfeiler in einem Dock fertig waren, flutete man es. Dann konnte ein Schiff einfahren, einen Pfeiler nach dem anderen an der richtigen Stelle absetzen. Der Delta-Plan sollte Überschwemmungen jener Gebiete der Niederlande vermeiden, die tiefer liegen als das Meer (rechts).

Stelle gebracht. So wuchs das Wehr immer weiter an, bis der letzte Pfeiler gesetzt war. Nach diesem Verfahren baute man den Veerse Gat. Die andere Möglichkeit war, den Damm von beiden Seiten aus zu bauen. Eine Seilbahn verband dann die beiden Enden. Auf ihr liefen mit Steinen beladene Wagen, die ihre Last schließlich in den Zwischenraum entleerten, bis die Steine über den Wasserspiegel hinausragten. Mit diesem Verfahren baute man den Grevelingen Dam.

Die letzte und größte Aufgabe war der Bau des Sturmflutwehrs in Ostschelde, einer über acht Kilometer langen Barriere. Die endgültige Verbauung war für 1978 vorgesehen, doch dann kam es zu heftigen Protesten zugunsten einer natürlichen Umwelt und einer offenen Ostschelde. Hätte man sie völlig

DER HOLLÄNDISCHE DELTA-PLAN

Die Zähmung des Meeres

abgeschlossen, so hätte die Ostschelde ihre Bedeutung als Brutplatz für die Fische der Nordsee und ihre Anziehungskraft für Meeresvögel völlig eingebüßt. Auch die Muschelzucht wäre nicht mehr möglich gewesen, denn die Ostschelde wäre zu einem Süßwassersee geworden, völlig abgetrennt vom Meer. Die Befürworter des Sturmflutwehrs sorgten sich um eine größtmögliche Sicherheit vor Überschwemmungen.

Nach jahrelangen Diskussionen gab die niederländische Regierung Untersuchungen in Auftrag, die herausfinden sollten, ob es möglich sei, das Wehr so zu verändern, daß es in normalen Zeiten offensteht und nur bei Sturmfluten geschlossen wird. Das größte Problem bildete für die Ingenieure das Schließen der Wehre. Manche hielten das Risiko für zu groß. Trotzdem entschied sich die niederländische Regierung, dem Druck der Umweltschützer nachzugeben und den Damm trotz aller technischen Schwierigkeiten in ein Wehr zu verwandeln.

Das Sturmflutwehr besteht aus 65 vorgefertigten Betonpfeilern, zwischen denen sich 62 verschiebbare Schütze aus Stahl befinden. Die Schütze sind über 5 Meter dick und 39,6 Meter breit. Ist das Schütz hochgezogen, so beträgt der Gezeitenhub noch 75 Prozent des ursprünglichen, so daß die natürliche Umwelt erhalten bleibt.

Das Sturmflutwehr wurde quer über die drei größten Abflußkanäle der Ostschelde gebaut; der Rest besteht aus einem Damm. Bei geschlossenen Schützen übt das Meer auf das ganze Wehr eine ungeheure Kraft aus. Die Fundamente mußten deshalb so ausgelegt werden, daß es diesen Kräften nicht gelingen kann, einzelne Pfeiler zu verschieben, denn das würde die Schütze festklemmen.

Erst verlegten die Niederländer verschiedene Matten, und dann kamen die Pfeiler. Die Matten haben die Aufgabe, Druckveränderungen am Meeresboden zu absorbieren, so daß der feine Sand unter den Matten nicht weggewaschen wird. Das hätte sonst die Fundamente geschwächt. Leichte Niveauunterschiede bei den Matten glich man durch zusätzliche, unterschiedlich dicke Betonmatten aus. Dann brachte man die Pfeiler an Ort und Stelle und senkte sie ab. Eine Verbindung zum Meeresboden existiert nicht; sie bleiben nur aufgrund ihres Gewichts an Ort und Stelle.

Um die Basis jedes Pfeilers herum brachten die Niederländer verschiedene Schwellen aus Steinen unterschiedlicher Korngröße an. Zur Oberfläche hin wurde die Schicht dicker, die Steine wurden größer. Die großen Steine der oberen Schichten verhinderten, daß die kleineren weggeschwemmt werden. Die oberste Schicht setzt sich aus Basaltblöcken mit

Eine spezielle Fabrik fertigte die Bodenmatten (oben). Diese bestehen aus einem mit Stahldraht verstärkten Trägergewebe und aus aufeinanderfolgenden Schichten mit Sand, feinem Schotter und normalem Schotter. Jede Matte ist über 195 Meter lang, 42 Meter breit und 30 Zentimeter dick. Man verlegte sie auf dem Meeresboden mit Hilfe eines Spezialschiffes. Darüber kam eine zweite obere Gründungsmatte.

einem Gewicht zwischen 6 und 10 Tonnen zusammen. Kann ein Schütz nicht geschlossen werden, sollen sie verhindern, daß der Wasserfluß die Steine der Schwelle einfach wegträgt und damit das ganze Wehr in Gefahr bringt.

Die einzelnen Pfeiler sind untereinander durch zwei Balken aus Beton verbunden. Die unteren Schwellenbalken, von denen jeder 2500 Tonnen wiegt, verbinden die Pfeiler unter Wasser. Die leichteren oberen Jochbalken haben ein Gewicht von nur 1100 Tonnen. Zwischen diesen beiden wird das Schütz hochgezogen.

Im Jahr 1986 war das Wehr schließlich fertig. Es war das größte öffentliche Unternehmen der Niederlande seit dem Zweiten Weltkrieg und kostete 2,4 Milliarden Dollar. Im Frühjahr 1990 hielt es einer Sturmflut stand, die sich möglicherweise zu einem Desaster hätte ausweiten können.

TRIUMPHE DER BAUTECHNIK

Die 65 vorgefertigten Pfeiler (links) bauten die Holländer in den vier Docks von Schaar. Jeder Pfeiler ist so hoch wie ein zwölfstöckiges Gebäude und wiegt über 18 000 Tonnen. Zur Fertigstellung braucht man eineinhalb Jahre. Alle zwei Wochen begannen die Arbeiter mit dem Bau eines neuen Pfeilers, so daß man diese nach und nach setzen konnte. Innerhalb von vier Jahren vergossen die Arbeiter 450 000 m³ Beton allein für die Pfeiler.

Beim Einsetzen der über 18 000 Tonnen schweren Pfeiler ins Wasser war eine Genauigkeit bis auf wenige Zentimeter erforderlich. Ein U-förmiges Schiff, die »Ostrea« (rechts), hob einen Pfeiler in die Höhe, transportierte ihn an die vorgesehene Stelle und manövrierte ihn mit Hilfe ihrer vier Ruderschrauben, je zwei vorne und zwei hinten, genau in Stellung. Ein weiteres Schiff fixierte die »Ostrea« genau an Ort und Stelle, während der Pfeiler abgesenkt wurde.

Die Stahlschütze (rechts) sind über 5,10 Meter dick und fast 40 Meter lang. Die genauen Abmessungen bestimmte man erst nach dem Verlegen der Pfeiler. Die Höhe der Schütze schwankt von 23,4 bis 47,2 Meter – je nach Lage in der Ostschelde.

Beim fertigen Sturmflutwehr fallen die aufragenden senkrechten Hydraulikzylinder auf, welche die Schütze bewegen. Jedes Schütz wird von zwei Zylindern angehoben bzw. abgesenkt. Darüber wacht ein zentrales Kontrollgebäude.

DER ST. GOTTHARD-PASS

Die Eroberung der Alpen

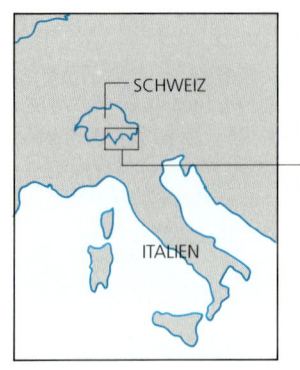

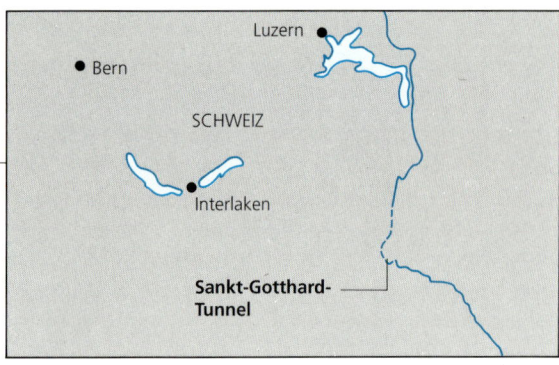

Zahlen und Daten

Der längste Autotunnel der Welt

Erbauer des Eisenbahntunnels: Louis Favre

Bauzeit: Eisenbahntunnel 1872–1882, Straßentunnel 1969–1980

Länge: Eisenbahntunnel 14,9 Kilometer, Straßentunnel 16,32 Kilometer

Von Göschenen im Schweizer Kanton Uri bis nach Airolo im Kanton Tessin sind es heute nur noch sechzehn Kilometer, wenn man den Tunnel unter dem Alpenhauptkamm hindurch benutzt, der 1980 eröffnet wurde. Einen Schienen- oder Straßenweg zwischen diesen beiden Orten zu bauen, hat den Erfindungsreichtum der Ingenieure aber schon seit Jahrhunderten herausgefordert. Heute kann man von Hamburg nach Reggio die Calabria an der Stiefelspitze Italiens auf direktem Weg fahren, ohne jemals die Straße verlassen zu müssen. Das ermöglicht der längste Straßentunnel der Welt.

Der Sankt-Gotthard-Paß ist seit jeher von Bedeutung, weil er in direkter Linie Mailand mit dem Rheintal verbindet. Im gesamtalpinen Vergleich ist er nicht besonders hoch, nämlich nur 2114 Meter. Vor allem wegen der furchtbaren Schöllenen-Schlucht auf der Göschener Seite war er jedoch nie leicht zu begehen. Zu Beginn des 13. Jahrhunderts bauten unbekannte Handwerker eine schmale Holzbrücke über diese Schlucht, ungefähr 30 Meter oberhalb der Reuß. Den Zugang zur Brücke besorgten an senkrechten Felswänden hölzerne, 24 Meter lange Stege, die mit Ketten am Gestein befestigt waren. Wie die Menschen damals diesen Fortschritt mittelalterlicher Technologie betrachteten, verrät uns die Bezeichnung »Teufelsbrücke«, denn nach damaliger Auffassung besaß nur der Teufel soviel Kunstfertigkeit.

Im Jahr 1595 ersetzte man die Holzbrücke durch einen Steinbogen, und im Jahr 1707 trieb man den ersten Tunnel in den Alpen, das Urner Loch, durch den Berg, um den Zugangsweg zu ersetzen. Das Urner Loch war 24 Meter lang und wurde von Petro Morettini aus dem Tessin gehauen. Der Querschnitt des Urner Loches betrug nur 3,00 x 3,60 Meter, was zu schmal für normale Karren war. 1775 lenkte allerdings ein englischer Mineraloge namens Greville einen leichten Wagen durch das Urner Loch und überquerte damit als erster den Sankt-Gotthard-Paß mit einem Gefährt. 1830 wurde der Tunnel so erweitert, daß auch große Wagen hindurchfahren konnten.

Im Jahr 1799 war der Sankt-Gotthard-Paß Schauplatz eines ungewöhnlichen Kampfes zwischen 21 000 Russen unter der Leitung von General Suworow und den revolutionären Armeen Frankreichs. In einer zwölfstündigen Schlacht auf der italienischsprachigen Seite des Gotthard-Passes brachte Suworow den Franzosen eine Niederlage bei. Bei ihrem Rückzug zerstörten sie jedoch die Teufelsbrücke und ließen zur Verteidigung des Urner Lochs eine Nachhut zurück. In den darauffolgenden Kämpfen starben viele Russen, als sie die Franzosen vertreiben wollten. Schließlich gelang es ihnen aber, eine Furt im Fluß zu finden. Sie reparierten die Brücke, und Suworow führte seine Männer darüber.

In der Zeit von 1818 bis 1830 verbesserte der Kanton Uri die Straße über den Sankt Gotthard in großem Umfang, weil sie bei den Kämpfen schweren Schaden genommen hatte. In jenen Tagen blieben die Pässe im Winter nicht geschlossen, sondern sie wurden mit von Ochsen gezogenen Schneepflügen offen gehalten. Passagiere stiegen von den Wagen auf Pferdeschlitten um, und wurden, in Pelzmäntel und Decken gehüllt, über den Paß gebracht. Ausweichstellen machten einen Gegenverkehr möglich, wobei das bergaufgehende Pferd den Vorrang hatte. Ganz oben auf dem Paß bot ein Hospiz den Reisenden Wärme und Nahrung.

Um 1850 brachten Eisenbahnen ihre Passagiere in die Nähe der großen Alpenpässe. Dort mußten diese auf Wagen und Pferdeschlitten umsteigen. In den sechziger Jahren des vergangenen Jahrhunderts wurde jedoch unter dem Mont Cenis der erste Alpentunnel gebaut. 1871 unterzeichneten Deutschland, Italien und die Schweiz eine Vereinbarung zum Bau eines Tunnels durch das Gotthard-Massiv. Den Auftrag erhielt Louis Favre aus Genf. Durch harte Konventionalstrafen infolge von Verzögerungen geriet seine Gesellschaft in den Konkurs, und Favre starb als gebrochener Mann nach zehn Jahren Arbeit am Tunnel, bevor der Durchstich gelang.

Das Hauptproblem bei den Tunnelarbeiten waren die Wassereinbrüche. Sie erfolgten plötzlich mit un-

Die Zufahrten zum Eisenbahntunnel unter dem Sankt-Gotthard-Paß erforderten Bauwerke, die mindestens so beeindruckend waren wie der Tunnel selbst. Bei der Zufahrt von Norden her beträgt die Steigung bis zu 2,6 Prozent, und die Gleise beschreiben im Innern des Pfaffensprung-Tunnels einen vollen Kreis. Darauf folgen zwei weitere Tunnel und mehrere Viadukte. Die Zufahrt von Süden her (oben) war ebenso dramatisch.

geheurer Kraft. Meistens mußten die Arbeiter bis zu den Knien im Wasser stehen. Unter solchen Bedingungen konnten sie auch kein Dynamit mehr verwenden, weil dieses einfach als gelber Schlamm weggeschwemmt wurde. Die Temperaturen im Tunnel waren tropisch, und Krankheiten griffen um sich. Viele Männer und Pferde starben oder waren sonstwie den Strapazen nicht gewachsen. Kompressoren sorgten für den Antrieb von Bohrern und Frischluft zum Atmen. Doch ihre Leistung war viel zu schwach, und die Bergleute schnappten immer wieder nach Luft.

Das größte Problem bot aber der Einsturz der Tunneldecke etwa zweieinhalb Kilometer vor dem Tunnelende. An dieser Stelle durchquerte der Tunnel instabile Schichten aus Gips und Feldspat. In Kontakt mit der feuchten Luft begannen sich die Gesteine zu bewegen und weicher zu werden. Dabei übten sie einen derartigen Druck auf die Ausklei-

DER ST. GOTTHARD-PASS

Die Eroberung der Alpen

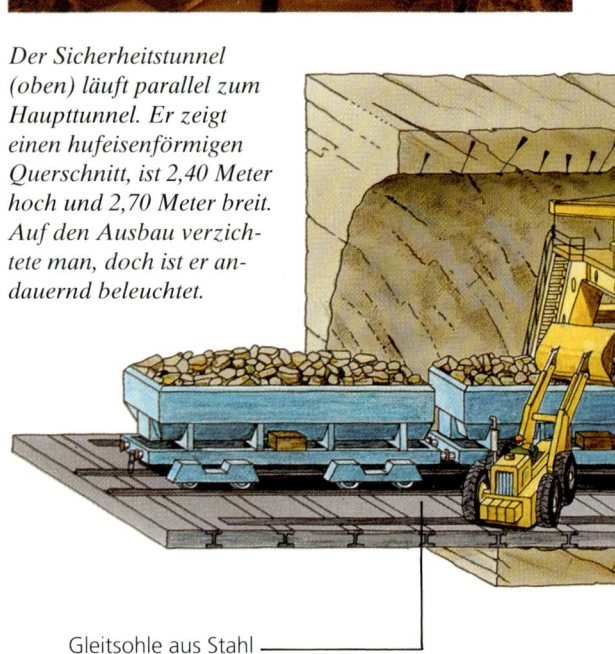

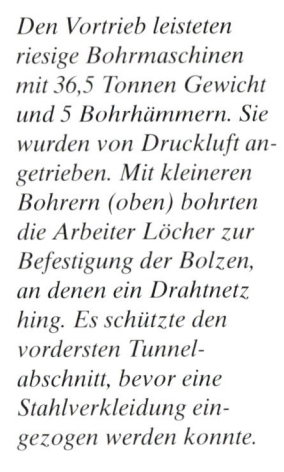

Den Vortrieb leisteten riesige Bohrmaschinen mit 36,5 Tonnen Gewicht und 5 Bohrhämmern. Sie wurden von Druckluft angetrieben. Mit kleineren Bohrern (oben) bohrten die Arbeiter Löcher zur Befestigung der Bolzen, an denen ein Drahtnetz hing. Es schützte den vordersten Tunnelabschnitt, bevor eine Stahlverkleidung eingezogen werden konnte.

Der Sicherheitstunnel (oben) läuft parallel zum Haupttunnel. Er zeigt einen hufeisenförmigen Querschnitt, ist 2,40 Meter hoch und 2,70 Meter breit. Auf den Ausbau verzichtete man, doch ist er andauernd beleuchtet.

Gleitsohle aus Stahl

dung des Tunnels aus, daß diese zusammenbrach. Die Ingenieure brauchten zwei Jahre, um dieses Problem zu lösen. Sie bauten eine massive, über 2,5 Meter dicke Granitwand und einen rund 1,50 Meter dicken Bogen. Erst dadurch gelang es, die zähfließenden Massen aufzuhalten. Diese Verzögerung kostete viel Geld.

Die Gesamtkosten des Tunnels betrugen damals 57,6 Millionen Franken – 14,7 Millionen mehr, als Favre angegeben hatte. Unter heutigen Bedingungen und angesichts der enormen Schwierigkeiten, die gelöst werden mußten, mag dies als geringe Mehrausgabe gelten. Die Eisenbahnfirma, die den Auftrag erteilt hatte, bestand aber darauf, daß die Baufirma den Verlust trug, und wurde darin auch von den Gerichten bestätigt. Überdies mußte die Firma eine Konventionalstrafe von 5,7 Millionen Schweizer Franken wegen der Verzögerungen bezahlen. Favre war zu diesem Zeitpunkt schon tot, doch infolge der harschen Forderungen ging seine Firma pleite. Der Unternehmer war aber nicht das einzige Opfer. Der Sankt-Gotthard-Tunnel kostete 310 Arbeitern das Leben und machte weitere 877 Menschen zu Behinderten.

Heute führt durch diesen Berg auch ein Autotunnel, dessen Bau ebenfalls ein schwieriges Unterfangen war. Die Arbeiten begannen am 10. September 1969. Die Eröffnung fand elf Jahre später, am 5. September 1980, statt. Unter dem Druck schweizerischer Interessenvertreter der Autofahrer wurde ein zweiter Sicherheitstunnel parallel zum Haupttunnel gebaut. Er befindet sich in einer Entfernung von 30 Meter und dient als Fluchtweg für den Fall, daß Feuer ausbricht. Die beiden Tunnel führen in einer Kurve durch den Berg. Auf diese Weise ließen sich besonders schwierige Gesteinsregionen umgehen und allzu lange Ventilationsschächte vermeiden. Überdies wußte man, daß das Befahren einer leichten Kurve bei nur geringen Änderungen des Gefälles auf einer 16 Kilometer langen Strecke weniger zur Ermüdung führt und damit auch die Unfallgefahr verringert.

Am 5. Mai 1970 begannen Arbeiter an beiden Enden mit den Bohrarbeiten. Für den Ausbruch verwendeten sie konventionelle Verfahren mit Sprengstoff. Straßen- oder Schienenfahrzeuge räumten dann den Abraum weg. Auch der Sicherheitsstollen und die vier Lüfterschächte wurden zur selben Zeit gegraben. Beim Bau des Sicherheitstunnels war man allerdings dem Hauptstollen etwas voraus, um bei

TRIUMPHE DER BAUTECHNIK

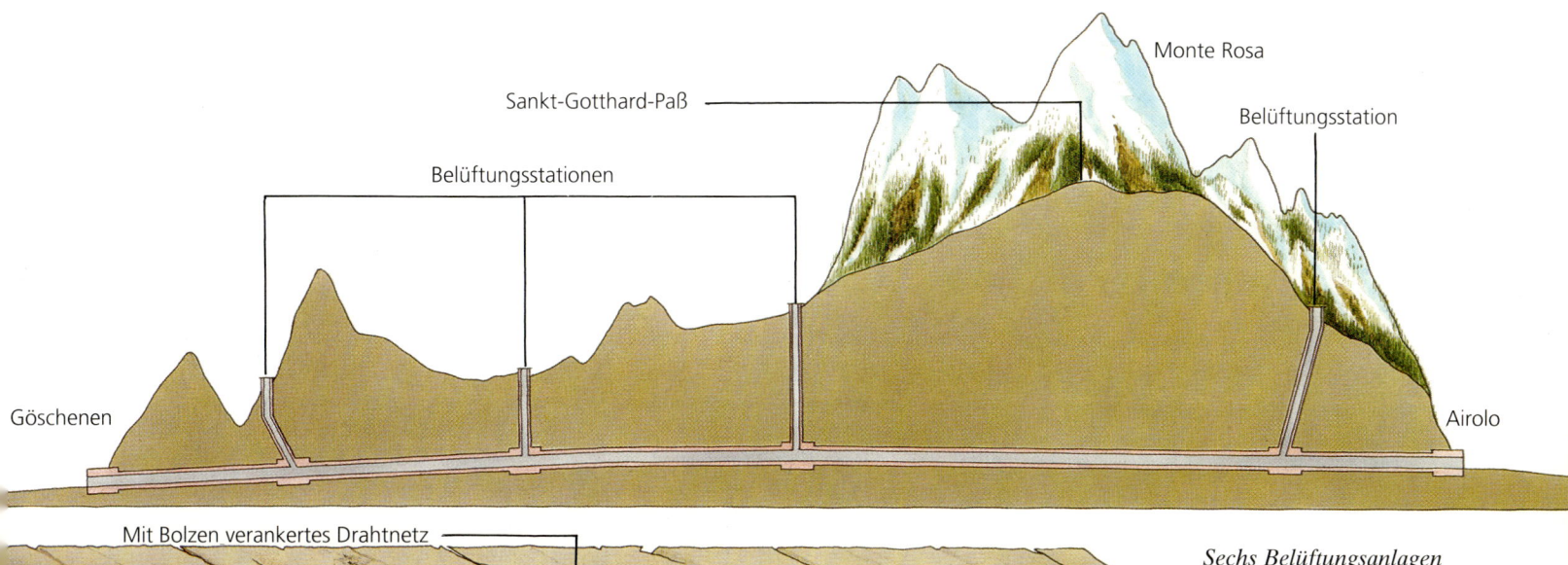

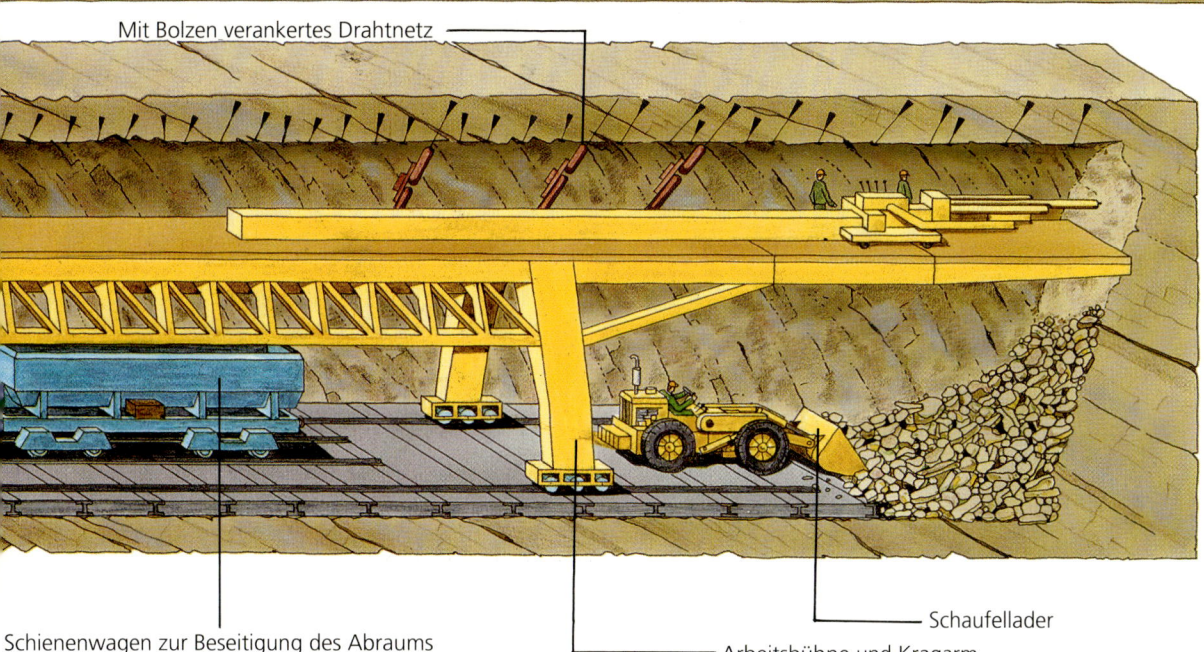

*Sechs Belüftungsanlagen (oben) entfernen die giftigen Abgase und verbrauchen bis 24 Megawatt. Bei voller Leistung können sie die Luft im Tunnel innerhalb von sechs Minuten vollständig austauschen.
Ein Computer paßt die Ventilationsleistung übrigens dem Verkehrsaufkommen an.*

Mit Hilfe einer 30 Meter langen und etwas über 5 Meter hohen Schutzbühne mit einem um 15 Meter vorkragenden Arm wurde ein gleichzeitiges Arbeiten am Vortrieb und beim Wegräumen des Abraums möglich gemacht.

schwierigen Bedingungen des Untergrundes frühzeitig warnen zu können. Der Haupttunnel ist 7,80 Meter breit, hat eine lichte Höhe von 4,50 Meter und bietet damit Platz für zwei Fahrbahnen. Eine Neuerung beim Tunnelbau war die Verwendung einer Gleitsohle aus Stahl, die über 200 Meter lang war. Mit fortschreitendem Tunnelvortrieb wurde auch die Sohle weiter vorgeschoben und erleichterte den Fahrzeugen den Zugang zum Abtransport der gelösten Schuttmassen. Von der festen Sohle aus gelang es auch, den Tunnel auszubauen. Um sicherzugehen, daß die Arbeiter nicht von der Richtung abkamen, verwendete man ein System aus neun Laserstrahlen. Sie wurden am Tunneleingang montiert und gaben dauernd das Ausbruchprofil an. Nach ungefähr 300 Meter rückte das Lasersystem weiter ins Tunnelinnere und wurde wieder justiert. An einer Stelle, ungefähr 800 Meter vom Nordportal entfernt, unterquert der Autotunnel den Eisenbahntunnel im Abstand von nur 5 Meter. Dort mußten die Spezialisten bei den Sprengarbeiten besonders vorsichtig zu

Werke gehen, um den alten Tunnel nicht zu beschädigen.

Ungefähr 730 Arbeiter waren auf der Baustelle beschäftigt, die Hälfte im nördlichen und die andere Hälfte im südlichen Abschnitt. Trotz aller Vorsichtsmaßnahmen kamen neunzehn Männer bei Unfällen während der Arbeiten ums Leben. Am 16. Dezember 1976 fand der Durchschlag statt.

Im Inneren des Tunnels und schon an den Zufahrtsstraßen regeln Signalsysteme die Verkehrsdichte. Die doppelspurigen Zubringer reduzieren sich nämlich im Tunnel auf eine einzige Spur. An der Ostseite führen Querstollen direkt zum Sicherheitstunnel. An der Westseite befinden sich die Abstellbuchten mit Feuerlöschern und auch den Notruftelefonen.

Der Tunnel verfügt auch über ein Feueralarmsystem und Fernsehmonitore. Eigene Sender sorgen dafür, daß die Autoradios während der Durchfahrt auf Empfang bleiben können. So ist es jederzeit möglich, Warnungen durchzugeben.

Die bedeutendsten Autostraßen der Welt

Die ersten Straßen waren nur wenig mehr als Saumpfade. Im Laufe der Zeit entwickelten sich einige zu Handelsrouten. Am berühmtesten war die Seidenstraße zwischen Persien und China. Die ersten festen Wege bauten die Ägypter. Sie bestanden aus geschliffenen Steinen und erleichterten den Transport der Steinblöcke für den Bau der Pyramiden. Am berühmtesten als Straßenbauer waren aber die Römer, die schnurgerade Straßen durch ihr Land legten.

Das Aufkommen von Fahrzeugen mit Rädern machte bessere Straßen erforderlich. Die Entwicklung führte von den ersten Chausseen über die Autobahnen bis zu den heutigen vielstöckigen Highways. Unsere Sorgen über die Zerstörung der Umwelt bewirken, daß wir uns grundsätzliche Gedanken über den Straßenbau und den Straßenverkehr machen.

Die Via Appia

Die Via Appia (unten), die von der Porta San Sebastiano in Rom nach Capua führt, war die wichtigste römische Straße. Sie wurde 312 v. Chr. von Appius Claudius gebaut. Später verlängerte man sie nach Benevent und Brindisi. Ihr Belag besteht aus vieleckigen Basaltblöcken. In der Umgebung von Rom ist sie von Tempeln und Familiengräbern umsäumt.

Los Angeles Interchange

Unter allen Weltstädten ist Los Angeles wahrscheinlich am engsten mit dem Automobil verbunden. Eine Million Autos bringen täglich 3,3 Millionen Menschen auf rund 1170 Kilometer meist verstopften Autobahnen zur Arbeit. Die Autos stoßen dabei so viele Abgase aus, daß der berüchtigte Sommersmog oder Los-Angeles-Smog entsteht.

TRIUMPHE DER BAUTECHNIK

Der Pan-American Highway

Die längste Straße der Welt nimmt ihren Anfang in Texas – wobei sich mehrere Orte um diese Ehre streiten – und zieht sich über rund 25 000 Kilometer durch Panama City bis nach Valparaiso in Chile hin. Dort verläuft sie ostwärts über die Anden hinweg und führt dann nach Buenos Aires. Das Bild stammt aus der Umgebung von Arequipa in Peru. Die Straße weist kurze Lücken in Mittelamerika aus. Eine Verlängerung reicht bis nach Brasilia.

DIE IRON BRIDGE

Darbys Meisterwerk aus Eisen

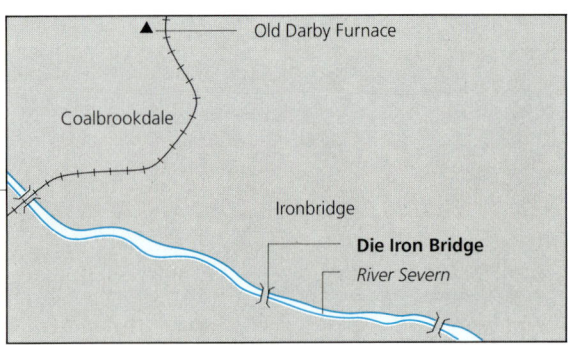

Zahlen und Daten

Die erste Eisenbrücke der Welt, erbaut über den Fluß Severn

Entwurf: Thomas Farnolls Pritchard

Bauzeit: 1777–1779

Materialien: Gußeisen und Stein

Länge: Spannweite 30,6 Meter

Gewicht des Eisens: 439 Tonnen

»Von Coalport nach Iron Bridge, das sind zwei Meilen, zieht sich der Fluß durch den außergewöhnlichsten Distrikt der Welt«, schrieb Charles Hulbert zu Ende des 18. Jahrhunderts aus Shrewsbury. Überall, so sagte er, stünden Eisenhütten und Ziegeleien, Schiffswerften, Geschäfte von Einzelhändlern, Pensionen und Häuser.

Hulbert beschrieb damit den ersten Distrikt in England und auf der ganzen Welt, der die Auswirkungen der industriellen Revolution zu spüren bekam. Die Veränderung erfolgte so radikal und vollständig, daß sie bis auf den heutigen Tag unser Leben bestimmt. Das eloquenteste Symbol dieser Revolution ist die Brücke, von der auch Hulbert spricht, eine Eisenbrücke über den Fluß Severn. Von Anfang an hatte sie Verwunderung erregt. Der Dramatiker Charles Dibdin schrieb: »Obwohl sie wie ein Spinnennetz aus Eisen aussieht, wird sie doch viele Lebensalter unbeschädigt überstehen.« Und unbeschädigt steht sie heute noch vor uns.

Die Idee für diese Brücke ging von einem Architekten aus Shrewsbury aus, von Thomas Farnolls Pritchard. Sie sollte ein Fährboot in der Severn-Schlucht zwischen Madeley und Broseley ersetzen und den Verspätungen und Unannehmlichkeiten ein Ende bereiten, die der dürftige Schiffsbetrieb besonders im Winter mit sich brachte. Warum sich Pritchard für Gußeisen aussprach, wissen wir heute nicht mehr. Im Gesetz, das im Frühjahr 1776 das Parlament passierte, wurden die Optionen erweitert auf »Gußeisen, Stein, Ziegel oder Holz«. Die Petition an das Parlament besagte nur, es sei »von Nutzen für die Öffentlichkeit«, wenn die Brücke aus Gußeisen erbaut würde – vielleicht aus Gründen der Langlebigkeit und Tragfähigkeit, und um die Eigenschaften dieses Materials zu demonstrieren.

Im Sommer 1776 waren die mit dem Brückenbau Beauftragten in zwei Lager gespalten. Die Radikalen wurden vom Hüttenbesitzer Abraham Darby III angeführt, der natürlich die gußeiserne Struktur befürwortete. Die Konservativen hingegen stimmten für eine konventionelle Lösung. Glücklicherweise hielt Darby, obwohl er überstimmt wurde, die Mehrheitsanteile der Brückenbaugesellschaft und konnte sich somit durchsetzen. Pritchard und Darby veranschlagten für den Brückenbau 3200 Pfund. 2100 Pfund würden für die über 300 Tonnen Gußeisen benötigt, und 500 Pfund würden die zugerichteten Steine kosten. Diese Zahlen erwiesen sich dann als viel zu gering, so daß während der gesamten Bauzeit die finanzielle Katastrophe immer greifbar nahe war.

Pritchard gab Darby den Auftrag für den Bau. Dieser war der dritte Familienangehörige mit demselben Namen. Sein Großvater Abraham Darby I hatte 1709 ein Verfahren zur Eisenverhüttung in einem Hochofen mit Hilfe von Koks anstelle von Kohle entwickelt, eine Erfindung, die – auf lange Sicht hin – von ungeheurer Bedeutung war, aber von anderen Eisenhütten zu jener Zeit nur zögerlich aufgenommen wurde. Der Grund dafür lag darin, daß damals keine große Kohleknappheit herrschte. Mit Koks lief das Verfahren übrigens nur, wenn das Erz und die Kohle sorgfältig ausgewählt worden waren. 1755 baute Abraham Darby II, der auch im Coalbrookdale arbeitete, einen Hochofen, der mit Koks funktionierte und voll mit kohlebeheizten Öfen konkurrieren konnte. Darby erzeugte darin Gußeisen von hoher Qualität. Schließlich war es sein Sohn, der Dritte der Darby-Dynastie, der diesen Werkstoff für den Bau einer Brücke verwendete.

Die ersten Entwürfe für eine Brücke mit einem einzigen 36 Meter weiten Bogen und vier gebogenen Eisenrippen, jede 22,5 x 15 Zentimeter im Querschnitt, stammten von Pritchard. Im Juli 1777 wurde die Stützweite auf 27 Meter reduziert, und auch das Aussehen der Brücke änderte sich etwas. Schließlich vergrößerte man die Stützweite doch noch auf 30,6 Meter, um auch die Treidelwege an den Ufern des Severn mit zu überbrücken. Am 21. Dezember 1777, als die Arbeiten gerade begonnen hatten, starb Pritchard, und Darby mußte sich der Aufgabe nun allein widmen.

Die größten gegossenen Stücke der Brücke sind die Hauptrippen, von denen jede 5,8 Tonnen wiegt. Zu jener Zeit produzierten die Hochöfen von Coalbrookdale nur etwas über 2 Tonnen Eisen pro Schmelzgang. Die Rippen konnten also nicht direkt vom Hochofen in die Form gegossen werden. So errichtete man am Flußufer einen besonderen Ofen zum Wiederaufschmelzen des Eisens, das zuvor im Hochofen gewonnen worden war. Dann goß man das flüssige Metall in eine Sandform.

Der Vorteil bei diesem Verfahren bestand darin, daß man die schweren zerbrechlichen Gußstücke nicht über eine Meile weit vom Eisenhüttenwerk bis zum Flußufer transportieren mußte. Gußeisen ist nämlich sehr spröde und muß sorgfältig behandelt werden, bis es an Ort und Stelle eingebaut ist. Druck hält Gußeisen sehr gut aus, und deswegen sah der Entwurf auch vor, daß die Rippen hauptsächlich Druck ausgesetzt werden sollten.

Angesichts des damaligen Interesses an der Brücke sind die Berichte über die Bauarbeiten geradezu spärlich. Offensichtlich wurden die Rippen im Sommer 1779 innerhalb von sechs Wochen aufgestellt. Am 1. und 2. Juli montierten die 25 bis 30 Arbeiter das erste Rippenpaar. In Darbys Rechnungsbüchern lesen wir, daß er große Mengen von Holz gekauft hatte. Daraus hatte er ein Gerüst errichten lassen, an dem die Rippen mit Seilen befestigt wurden, bis sie an den Pfeilern fixiert waren. Mitte August verzeichnen die Rechnungsbücher die Ausgabe von 6 Pfund für Ale, und wir können annehmen, daß damit das Richtfest für die Rippen gefeiert wurde. Gegen Ende November entfernten die Arbeiter das Gerüst. Offensichtlich war die Brücke zu jenem Zeitpunkt fertig.

Leider wissen wir auch nicht genau, wieviel die Brücke gekostet hat. Zeitgenössische Berichte sprechen von nicht weniger als 5250 Pfund. Darby scheint die zusätzlichen 2000 Pfund, um die er sich verschätzt hatte, aus eigener Tasche bezahlt zu haben, und diese Ausgabe ruinierte ihn fast. Für den Rest seines Lebens war sein Besitztum mit Hypotheken belastet. Seine »Unsterblichkeit« hatte er sich etwas kosten lassen! Der Entwurf für die Eisenbrücke war sehr konservativ und bezog eine große Sicherheitsspanne

Die Bedeutung der Iron Bridge und der Umgebung für die industrielle Entwicklung spiegelt sich in der Entscheidung der UNESCO wider, sie zum World Heritage Site zu erklären.

DIE IRON BRIDGE

Darbys Meisterwerk aus Eisen

ein, weil man damals die Tragfähigkeit von Gußeisen noch nicht richtig kannte. Aber Darby, oder Pritchard, beging dennoch einen kleinen Fehler, weil er nicht bedachte, daß eine Eisenbrücke viel leichter ist als eine aus Stein. Steinbrücken haben ein solches Gewicht, daß die Bögen mit großer Kraft nach außen gedrückt werden. Sie brauchen Widerlager, um dieser Bewegung Widerstand entgegenzusetzen. Bei der Eisenbrücke ist diese nach außen gerichtete Kraft geringer. Die Widerlager bewegten sich folglich langsam nach innen und hoben die Brücke an.

Zu Beginn des 19. Jahrhunderts fügte man deshalb zwei zusätzliche Bögen hinzu. Doch die Erdbewegungen hörten nicht auf, so daß Risse sichtbar wurden. Zu Beginn des 20. Jahrhunderts brachte man zusätzliche Verstrebungen an, um die Brücke zu verstärken. 1934 wurde sie für den Straßenverkehr gesperrt. Gegen Ende der sechziger Jahre mußte man wegen der dauernden Bewegungen der Widerlager um die Zukunft der Brücke bangen.

Ingenieure, die man um Rat fragte, schlugen eine Verstärkung der Fundamente des nördlichen Widerlagers vor, um eine weitere Bewegung zu unterbinden. Gleichzeitig sollte unter Wasser eine Strebe eingezogen werden, damit die beiden Widerlager einen konstanten Abstand voneinander hielten. Die Strebe bekam die Form einer Stahlbetonplatte, die in einem Graben im Flußbett verlegt wurde. An ihren Enden befinden sich Wände, die im Innern der Widerlager senkrecht nach oben ziehen. Trotz Überschwemmungen und vieler Schwierigkeiten gelang es, die Arbeiten in den Sommern 1973 und 1974, als der Wasserstand niedrig war, zu Ende zu führen. Nun wird die Brücke sicherlich weitere 200 Jahre überleben.

Mit der erfolgreichen Fertigstellung der Brücke im Jahre 1779 begann ein Jahrhundert guß- und schmiedeeiserner Brücken. In den frühen neunziger Jahren des 18. Jahrhunderts baute man eine große Brücke über den Wear bei Sunderland, die aus einem einzigen Bogen mit einer Spannweite von 71,9 Meter bestand. Dennoch enthielt sie weniger Eisen als die Brücke von Coalbrookdale. Im Jahr 1795 zerstörte eine Überschwemmung des Severn zahlreiche Brücken.

Die Eisenbrücke hielt jedoch stand, wurde berühmt und warb auf diese Weise für die Anwendung des Gußeisens.

Daß es Iron Bridge heute noch gibt, liegt aber wohl daran, daß die wirtschaftliche Entwicklung in Coalbrookdale zum Stillstand kam, nachdem es die industrielle Revolution angeführt hatte. Manchester, Glasgow, Newcastle und andere Großstädte wurden zu Zentren der Industrie.

Eine Brücke »sehr merkwürdiger Konstruktion«, so wurde Pritchards Entwurf beschrieben. Er verwendete dabei Verfahren des Zimmerhandwerks, zum Beispiel Schwalbenschwanzverbindungen und Zapfen-Schlitz-Verbindungen. Schrauben oder Nieten kamen nicht zum Einsatz.

Coalbrookdale und die Iron Bridge waren die ersten industriellen Sehenswürdigkeiten, die zu einer Touristenattraktion wurden. Viele berühmte Reisende besuchten sie, und sie wurden auf Gemälden, Münzen, Krügen, selbst auf Öfen verewigt. Abgesehen von den Eisenhüttenwerken von Darby standen am Flußufer und in der Umgebung auch Ziegeleien, Hersteller von Fliesen und Porzellan.

TRIUMPHE DER BAUTECHNIK

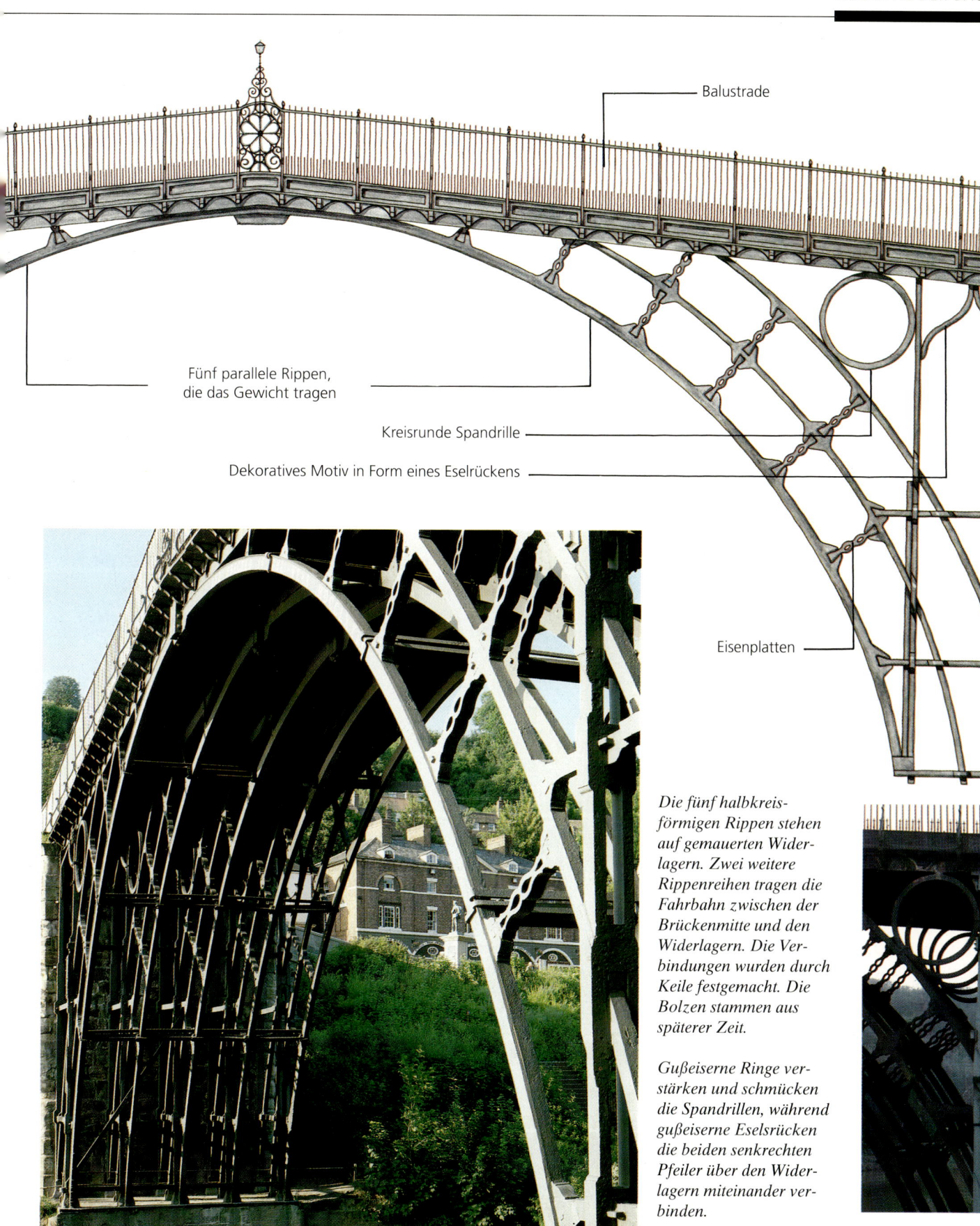

Balustrade

Fünf parallele Rippen, die das Gewicht tragen

Kreisrunde Spandrille

Dekoratives Motiv in Form eines Eselrückens

Eisenplatten

Die fünf halbkreisförmigen Rippen stehen auf gemauerten Widerlagern. Zwei weitere Rippenreihen tragen die Fahrbahn zwischen der Brückenmitte und den Widerlagern. Die Verbindungen wurden durch Keile festgemacht. Die Bolzen stammen aus späterer Zeit.

Gußeiserne Ringe verstärken und schmücken die Spandrillen, während gußeiserne Eselsrücken die beiden senkrechten Pfeiler über den Widerlagern miteinander verbinden.

DIE HUMBER-BRÜCKE

Die größte Spannweite

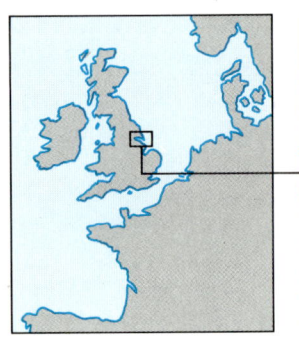

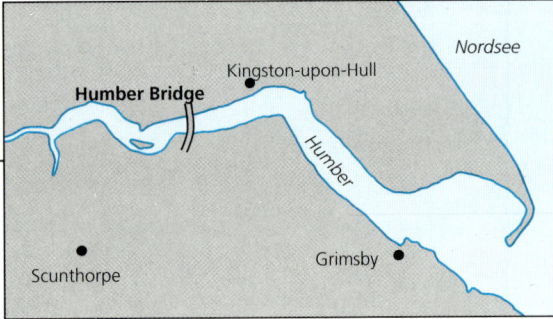

Zahlen und Daten

Die Hängebrücke mit der größten Spannweite auf der Welt

Entwurf: Freeman Fox & Partners

Bauzeit: 1972–1981

Material: Stahlbeton, Stahl

Länge: 1409,7 Meter

Die bisher längste Hängebrücke überquert die Mündung des Flusses Humber und verbindet die beiden Teile der englischen Grafschaft Humberside miteinander. Hier ist die größte Spannweite der Welt (1410 Meter) mit einem der am schnellsten wachsenden Schuldenberge verbunden. Seit der Eröffnung im Jahr 1981 blieben die Benutzungsgebühren, die Fahrzeuge zahlen müssen, stets unter den Zinsen, die für das geliehene Geld zu zahlen waren. Die Schuld wächst also stetig an. Kritiker bezeichneten das Bauwerk als »Brücke von nirgendwo nach nirgendwohin«. Das Verkehrsaufkommen kam den Schätzungen, die vor dem Bau angestellt worden waren, niemals auch nur nahe. Dennoch ist es ein schönes Bauwerk, ein prachtvoller Anblick, ein kühnes Stück Ingenieurkunst.

Den Entwurf für die Brücke fertigte die englische Ingenieursfirma Freeman Fox & Partners. Die Fahrbahnplatte wird von zwei massiven Stahlkabeln getragen, die zu beiden Seiten der Flußmündung fest verankert sind. Sie liegen Betonpylonen auf und bilden eine sehr elegante Kettenlinie über dem Fluß. Von diesen Hauptkabeln hängen Stahlseile herab, welche die Fahrbahnelemente tragen. Diese Brückenkonstruktion ist sehr sicher. Man erreicht mit ihr große Spannweiten, etwa bei der Verrazano-Narrows-Brücke in New York, der Bosporus-Brücke in Istanbul und der Severn-Brücke, die England und Wales verbindet. Die beiden zuletzt genannten Brücken wurden ebenfalls von der Firma Freeman Fox gebaut.

Zunächst baute man die Verankerungen und die Pylone. Am Nordufer konnte man beide auf einem festen Kalkfundament errichten, das bei Hessle nahe der Erdoberfläche liegt. Am südlichen Ufer gab es größere Schwierigkeiten. Da waren keine Kalkschichten, sondern erst in 30 Meter Tiefe Tone aus dem Kimmeridge. Den südlichen Pylon bauten die Ingenieure ungefähr 460 Meter weit in den Fluß hinein. Die Verankerung hingegen befand sich am Flußufer. Für den Pylon verwendete man Senkkästen aus Beton, riesige offene kreisrunde Strukturen, die unter ihrem eigenen Gewicht nach und nach einsinken. Mit der Unterkante drangen sie ungefähr 8 Meter in die Tone ein. Sie verschwanden immer weiter in der Tiefe, je mehr Material ein Bagger aus dem Inneren entnahm. Dann aber trafen sie auf Grundwasser, das das Betonit wegwusch, das als Schmiermittel zwischen Untergrund und Senkkasten diente und ein schnelles Eindringen in den Untergrund bewirkt hatte. Dadurch entstanden große Schwierigkeiten, und es kam zu Verzögerungen. Schließlich mußte man die Senkkästen erhöhen und sie mit über 6000 Tonnen Stahlbarren zeitweilig be-

Die Humber-Brücke unterscheidet sich von ihren Rivalinnen auf verschiedene Weisen. Die Topographie und die Geologie machten es unmöglich, ein symmetrisches Aussehen zu erreichen, obwohl die große Spannweite dies vortäuscht. Pylone aus Stahlbeton anstatt aus Stahl wurden bisher nur für Hängebrücken mit halb so großer Spannweite verwendet.

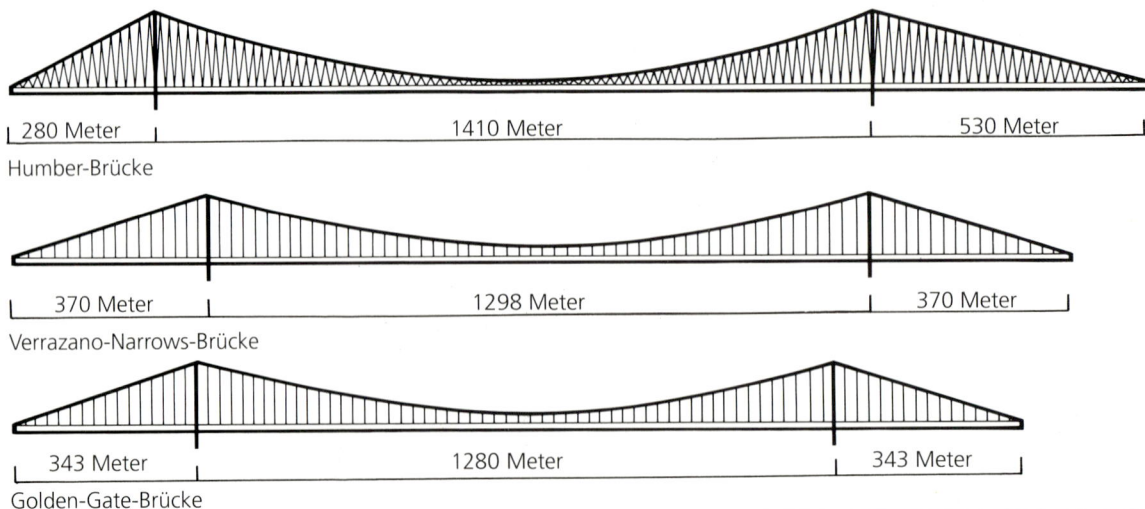

| 280 Meter | 1410 Meter | 530 Meter |

Humber-Brücke

| 370 Meter | 1298 Meter | 370 Meter |

Verrazano-Narrows-Brücke

| 343 Meter | 1280 Meter | 343 Meter |

Golden-Gate-Brücke

lasten, damit sie ihre endgültige Lage einnehmen konnten.

Die Pylonen selbst wurden aus Stahlbeton gebaut. Die entsprechende Gußform wurde im Verlauf des Baues mit hydraulischen Hebern nach oben geschoben. Jeder Pylon ist 144,5 Meter hoch. Der Baufortschritt betrug 2 Meter pro Tag. Der Barton Tower am Südende der Brücke wurde in nur Zehn Wochen errichtet.

Bevor die eigentliche Hängebrücke entstand, mußte eine Fußgängerbrücke quer über den Fluß gespannt werden. Dies geschah mit sechs Drahtseilen, die von einem Boot verlegt und dann in die richtige Lage gebracht wurden. Diese zeitweilige Fußgängerbrücke ermöglichte es den Arbeitern, über die ganze Strombreite in Abständen von rund 100 Metern Position zu beziehen, wenn die Stränge mit einem Gesamtgewicht von über 11 000 Tonnen abgespült und zu einem Stahlseil von 67,5 Zentimeter Durchmesser zusammengebracht wurden. In Abständen befestigte man am Hauptstahlseil Gurte für die Hänger, die schließlich die Fahrbahn tragen sollten. Schließlich beschichtete man die Stahlseile mit einer Bleimennigepaste und schlug sie mit Spezialmaschinen in einen 3,5 Millimeter dicken Mantel ein. Darauf kamen schließlich fünf Farbschichten zum Schutz vor der Witterung.

Nach dem Bau der Fahrbahnplatte war nur noch der endgültige Straßenbelag auf die Elemente aufzubringen. Er besteht aus einer 38 Millimeter dicken

Die große Spannweite zwang die Ingenieure dazu, bereits die Erdkrümmung miteinzubeziehen. Deswegen weichen die Pylone um genau 36 Millimeter von der Parallelen ab. Die Form der Pylone und der Fahrbahndecke wurde ausgiebig im Windkanal getestet, und es wurde erreicht, daß die Bewegungen der Brücke zwischen den Pylonen nicht mehr als 2,70 Meter betragen.

DIE HUMBER-BRÜCKE

Die größte Spannweite

Laufwinde zum Hochheben der Fahrbahnelemente

Hauptkabel

Die Widerlager für die Kabel bestehen aus Stahlbeton. Diese überzog man wegen des schöneren Aussehens mit gerripptem glasfaserverstärktem Kunststoff.

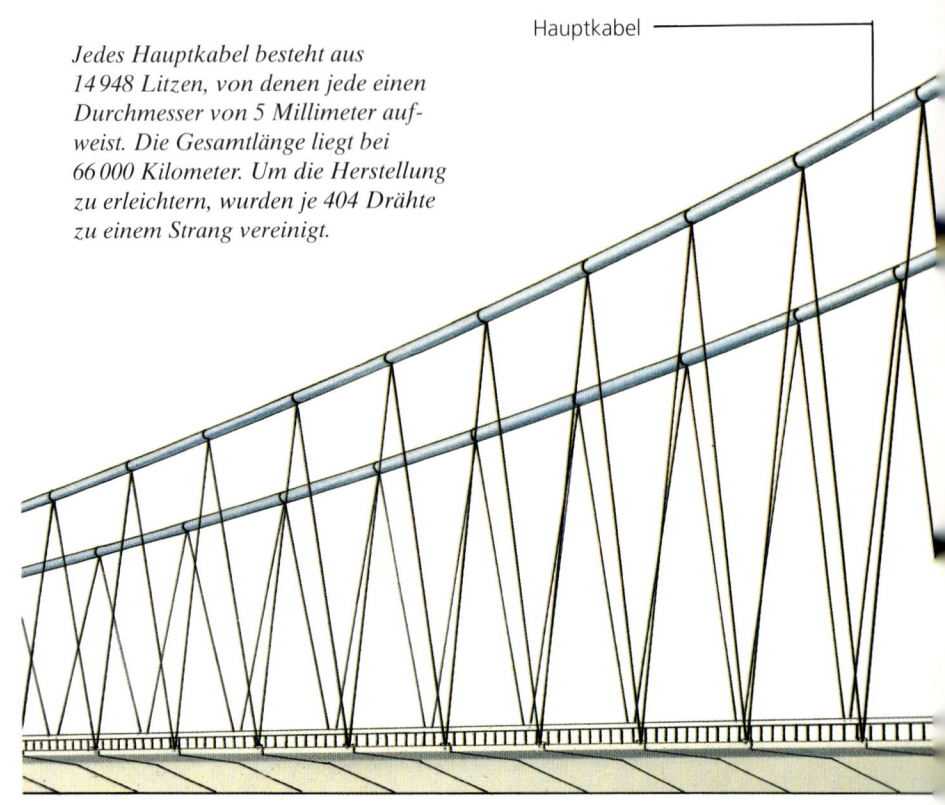

Jedes Hauptkabel besteht aus 14 948 Litzen, von denen jede einen Durchmesser von 5 Millimeter aufweist. Die Gesamtlänge liegt bei 66 000 Kilometer. Um die Herstellung zu erleichtern, wurden je 404 Drähte zu einem Strang vereinigt.

Schicht von Heißbitumen. Dieses Material verhindert, daß Wasser in die Stahlelemente eindringt, und ist immerhin so flexibel, daß es bei äußerer Belastung keine Risse bildet. Für die ganze Straße brauchten die Arbeiter insgesamt über 3500 Tonnen Heißbitumen.

Ohne Zweifel stellt die Brücke einen großen Erfolg in technischer und ästhetischer Hinsicht dar. Die Erbauer machten zwar keine Konzessionen an das Design, doch beeindruckt die nüchterne mathematische Einfachheit jeden Beobachter.

Die Finanzberichte der Humber-Bridge-Gesellschaft, die für den Betrieb verantwortlich ist, sind nicht ganz so exquisit und manifestieren sich meistens in roter Tinte. Zu einem Teil waren die Verzögerungen beim Fundamentbau am Barton Tower daran schuld, daß die Eröffnung sehr spät erfolgte. Die Arbeiten begannen im April 1973, doch die Brücke wurde erst im Sommer 1981 für den Verkehr freigegeben. Auch die Kosten stiegen enorm an, vor allem wegen der Inflation. 1972 hatte man sie auf 28 Millionen Pfund geschätzt, doch dann wurden 90 Millionen daraus. Zusammen mit den aufgelaufenen Zinsen lagen auf der Brücke am Eröffnungstag 151 Millionen Pfund Schulden. Und seit jener Zeit steigen die Schulden immer weiter an, weil die Brückenzoll-Einnahmen nicht einmal die Schuldzinsen decken. 1987 lag die Schuld bei 300 Millionen Pfund, 1989 schon bei 350 Millionen. Die englische Freight Transport Association hat geschätzt, daß die Schuld 1993, wenn nichts geschehen sollte, bei 576 Millionen Pfund liegen würde, im Jahr 2003 bei über 21 500 Millionen Pfund und im Jahr 2043 bei erstaunlichen 248 247 Millionen. Die Benützungsgebühren bringen im Jahr rund 9 Millionen Pfund ein. Das reicht aber nicht aus. Würden die Gebühren weiter angehoben, so benutzten einfach weniger Leute die Brücke. Die Maut beträgt für einen Personenwagen bereits 1,60 Pfund und stellt damit für Großbritannien einen Rekord dar. Es besteht allerdings die kleine Hoffnung, daß die britische Regierung, die das Geld für den Brückenbau geliehen hat, auf einen Teil der Schulden verzichtet, so daß die Brücke die Chance erhält, doch einmal rentabel zu werden.

Die hohlen trapezförmigen Fahrbahnelemente sind ein Charakteristikum dieser Brücke. Sie wiegen weniger als die bisher üblichen Fachwerkträger. Damit konnte man Einsparungen erzielen bei den Hauptkabeln, den Hängern, den Verankerungen und Fundamenten. Die Stromlinienform verringert die Angriffsflächen für die Windkräfte. Auch die Instandhaltung fällt leichter.

172

Hänger zum Befestigen der Fahrbahnelemente

Fahrbahnelement

Flußschiff

Die 124 Fahrbahnelemente wurden nahe der Brücke gefertigt und dann eines nach dem andern auf Flußschiffen in die richtige Stellung gebracht. Eine Laufkatze, die auf den Hauptkabeln lief, hob die Elemente in die richtige Höhe. Dort wurden sie an ihren Hängern befestigt und vorläufig miteinander verbunden. Die endgültigen Schweißarbeiten konnten erst stattfinden, nachdem die Hauptkabel vollständig belastet waren. Die beiden Betonpylone bestehen aus zwei hohlen Pfeilern, die durch vier waagrechte Streben miteinander verbunden sind. Die unterste liegt unmittelbar über der Fahrbahnplatte.

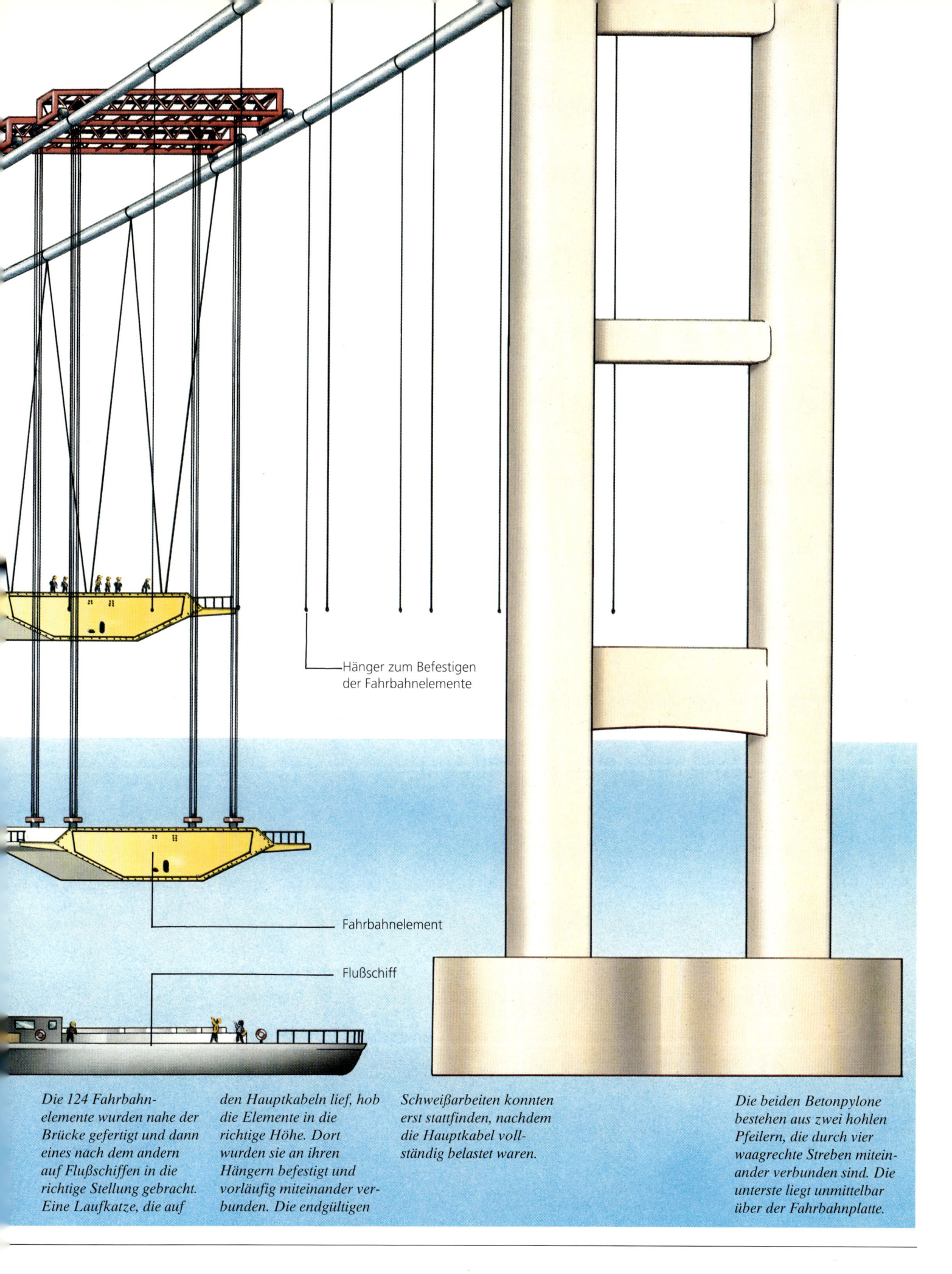

BRÜCKENTYPEN

Berühmte Brücken

Es gibt Brücken, seitdem Naturvölker einen Baumstamm erstmals quer über ein Gewässer legten. Sie schufen damit die erste Balken- oder Trägerbrücke. Heute unterscheiden wir drei Brückentypen, die Trägerbrücke, die Bogenbrücke und die Hängebrücke. Die Hauptunterschiede liegen darin, wie die Kräfte, die durch das Gewicht der Brücke entstehen, abgeleitet werden. Im Falle der Träger- oder Auslegerbrücke ruht das Gewicht einfach auf dem Untergrund. Eine Bogenbrücke übt auf die Widerlager eine nach außen gerichtete Kraft aus. Die Hängebrücke bewirkt, daß die Tragseile zwischen den Verankerungen unter Zug stehen. Bisweilen werden diese Prinzipien miteinander kombiniert, doch lassen sich alle Brücken auf diese Grundschemata zurückführen. Die ältesten Brücken waren aus Holz. Dann folgten Stein, Ziegel, Eisen, Stahl und Beton.

Die Hafenbrücke von Sydney

Die englische Firma Dorman, Long von Middlesbrough baute zwischen 1924 und 1932 diese Brücke. Der stählerne Bogen, der von Granitpylonen gehalten wird, war eineinhalbmal so lang und erforderte doppelt soviel Stahl wie die bis dahin längste Brücke. Die Spannweite beträgt 503 Meter. Auf der Brücke verlaufen vier Eisenbahnlinien und eine 17,4 Meter breite Straße.

Die große Seto-Brücke

Die Brücke, die 1988 eröffnet wurde, stellt eine Eisenbahn- und Straßenverbindung zwischen der größten der vier japanischen Hauptinseln, Honshu, und der kleinsten, Shikoku, dar. Die sechs Spannweiten und Viadukte sind fast 12,8 Kilometer lang. Es handelt sich hier um die längste Brücke mit einer doppelten Fahrbahn für Autos und Züge.

Die Clapper Bridge in Devon

Die Brücke überquert den East Dart River bei Postbridge in Dartmoor, Devon, und verband die Saumpfade von Plymouth und Moretonhampstead miteinander. Forscher nehmen an, daß sie aus dem 13. Jahrhundert stammt, als sich der Handelsverkehr mit Zinn und landwirtschaftlichen Produkten entwickelte. Sie wurde aus Steinen erbaut, die in diesem Moorgebiet an die Oberfläche traten. Große unbehauene Granitplatten ruhen auf Pfeilern desselben Materials. Ähnliche Brücken gibt es noch in Spanien, und auch die älteste datierbare Brücke ist aus solchen Steinplatten zusammengesetzt. Sie führt über den Fluß Meles bei Izmir in der Türkei. Sie entstand um 850 v. Chr.

TRIUMPHE DER BAUTECHNIK

Luiz-I-Brücke, Porto

Die mächtige Brücke in Porto überspannt den Fluß Douro und wurde nach Entwürfen von T. Seyrig im Jahr 1885 vollendet. Seyrig hatte mit Gustave Eiffel beim Bau der sehr ähnlichen Pia-Maria-Brücke ebenfalls in Porto zusammengearbeitet. Diese wurde 1877 freigegeben und ist nur für Eisenbahnlinien gedacht. Die Luiz-I-Brücke hingegen hat oben und unten am Fuße des Bogens je eine Fahrbahn. Der Bogen hat eine Spannweite von 172,5 Meter. Er wurde von beiden Flußufern aus im Freivorbau errichtet. Eine ähnliche Brücke wie hier baute Gustave Eiffel auch für den Eisenbahnviadukt bei Garabit in Frankreich. Er war damals mit einer Höhe von 120 Meter über der Schlucht die höchste Eisenbahn-Bogenbrücke der Welt.

Massiver Bau auf dem Meeresboden

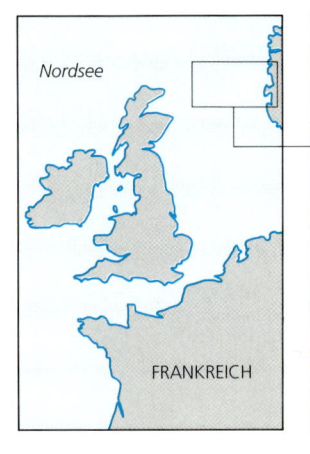

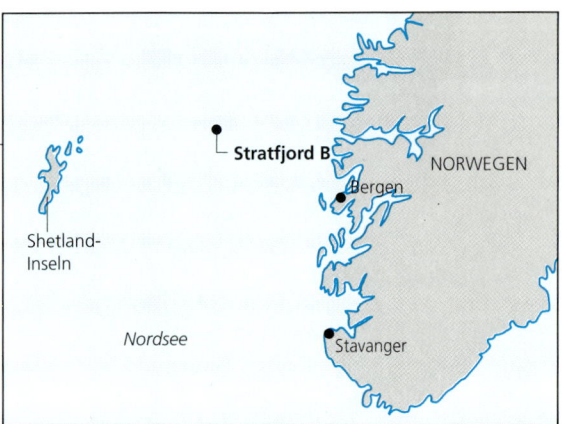

DIE BOHRPLATTFORM STATFJORD B

Zahlen und Daten

Die größte Konstruktion, die gebaut wurde

Erbauer: Norwegian Contractors

Bauzeit: 1978–1981

Material: Beton und Stahl

Höhe: 271 Meter

Gewicht: 840 000 Tonnen

Die Skyline von Manhattan in die gleiche Tiefe versenkt wie die Plattform, würde kaum über die Wellen hinausragen.

Im August 1981 wurde die schwerste bewegliche Konstruktion der Geschichte langsam durch westnorwegische Fjorde in Richtung Nordsee geschleppt. Es handelte sich um die Bohrplattform Statfjord B, insgesamt rund 840 000 Tonnen aus Stahl und Beton. Von den Öltanks am Fuß der Plattform bis zum Helikopterdeck liegen über 192 Meter. Die Baukosten betrugen 1 840 000 000 Dollar.

Fünf Schlepper zogen die riesige Plattform, während drei weitere beim oft engen gewundenen Weg durch die Fjorde von hinten hilfreich eingriffen. Im offenen Meer angekommen, fierten die drei ab, und die fünf Schlepper zogen die Plattform mit einer Geschwindigkeit bis zu 4,6 Kilometer/Stunde weiter. Nach fünf Tagen und einer Strecke von 245 Seemeilen waren die Schiffe an ihrem Bestimmungsort angekommen, 112 Meilen westlich von Songefjord und 115 Meilen nordöstlich der Shetland-Inseln. Wasser wurde in die Tanks gepumpt, und die Bohrplattform sank im Umkreis von 15 Meter um die vorgesehene Position auf den Meeresboden.

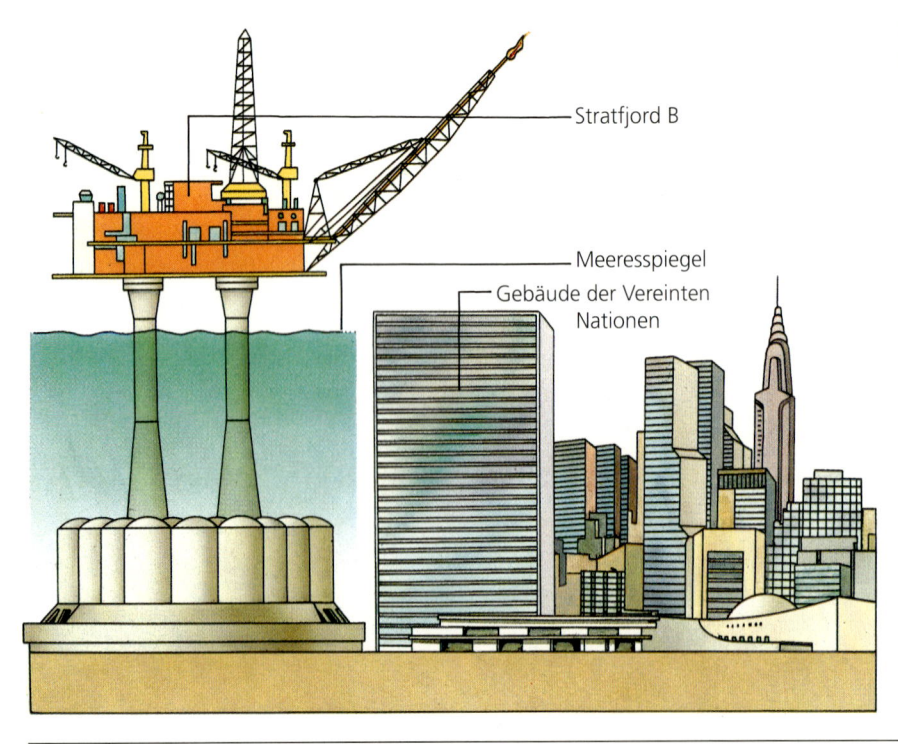

Statfjord B war die größte Konstruktion, die in der Offshore-Technik gebaut wurde. Weil die Bohr- und Förderplattformen in der Nordsee so weit von den Küsten entfernt liegen und weil sich der größte Teil von ihnen unter Wasser befindet, haben nur wenige Menschen eine Vorstellung, wie riesig sie sind. Vom Meeresboden bis zur Spitze des Ölförderturms ist Statfjord B 271 Meter hoch und damit fast doppelt so groß wie die Cheops-Pyramide und nicht viel kleiner als der 320,5 Meter hohe Eiffelturm. Das Gewicht beträgt allerdings im Vergleich zu diesem das 115fache. Statfjord B ist auch neunmal so schwer wie die größten Kriegsschiffe der Niemetz-Klasse und noch dreimal so groß wie einer der beiden Türme des größten Bürogebäudes der Welt, das World Trade Center in New York. Ein solches Bauwerk wie Statfjord B würde an Land viele Besucher anziehen, doch mitten in der Nordsee wirkt sie beinahe verloren.

Statfjord B ist eine sogenannte Festplattform, weil sie mit ihren Pfeilern auf dem Meeresboden ruht. Den Sockel bilden 24 Zellen aus Stahlbeton. Sie wurden in einem Trockendock in Stavanger gebaut. Von diesem Sockel erheben sich vier hohe Betonbeine, auf denen eine über 40 000 Tonnen schwere Stahlstruktur ruht, das Deck. Darin befindet sich die gesamte Ausrüstung zur Erbohrung der Ölquellen und zur täglichen Produktion von 150 000 Barrel Öl. Sie umfaßt auch ein 200-Betten-Hotel für die Arbeiter und einen Helikopterlandeplatz. Solche Plattformen sind Produktionsstätte, Raffinerie, Hotel und Flugplatz in einem.

Basis und Deck wurden getrennt voneinander gebaut und erst auf See bei einer sehr heiklen Operation, die höchste Genauigkeit erforderte, miteinander vereinigt. Schiffe transportierten das Deck und die Basis nach Yrkjeforden, einem geschützten Fjord mit großer Wassertiefe. Die vier Beine paßten genau in vier kurze Röhren, die aus dem Boden des Decks herausragten. Dazu war es allerdings erforderlich, das Deck in die richtige Stellung über den vier Beinen zu manövrieren. Dann nahmen die Leichter, die das Deck trugen, Ballast auf, während sich die Basis gleichzeitig durch Abpumpen von Wasser hob. Es ist eine nervenaufreibende Aufgabe, derart riesige Massen auf offenem Meer exakt zu bewegen. Die Trägheitskräfte sind so groß, daß durch den geringsten Fehler beim Zusammentreffen der beiden Konstruktionen große Betonstücke abplatzen können. Doch im Verlauf von 37 Stunden ge-

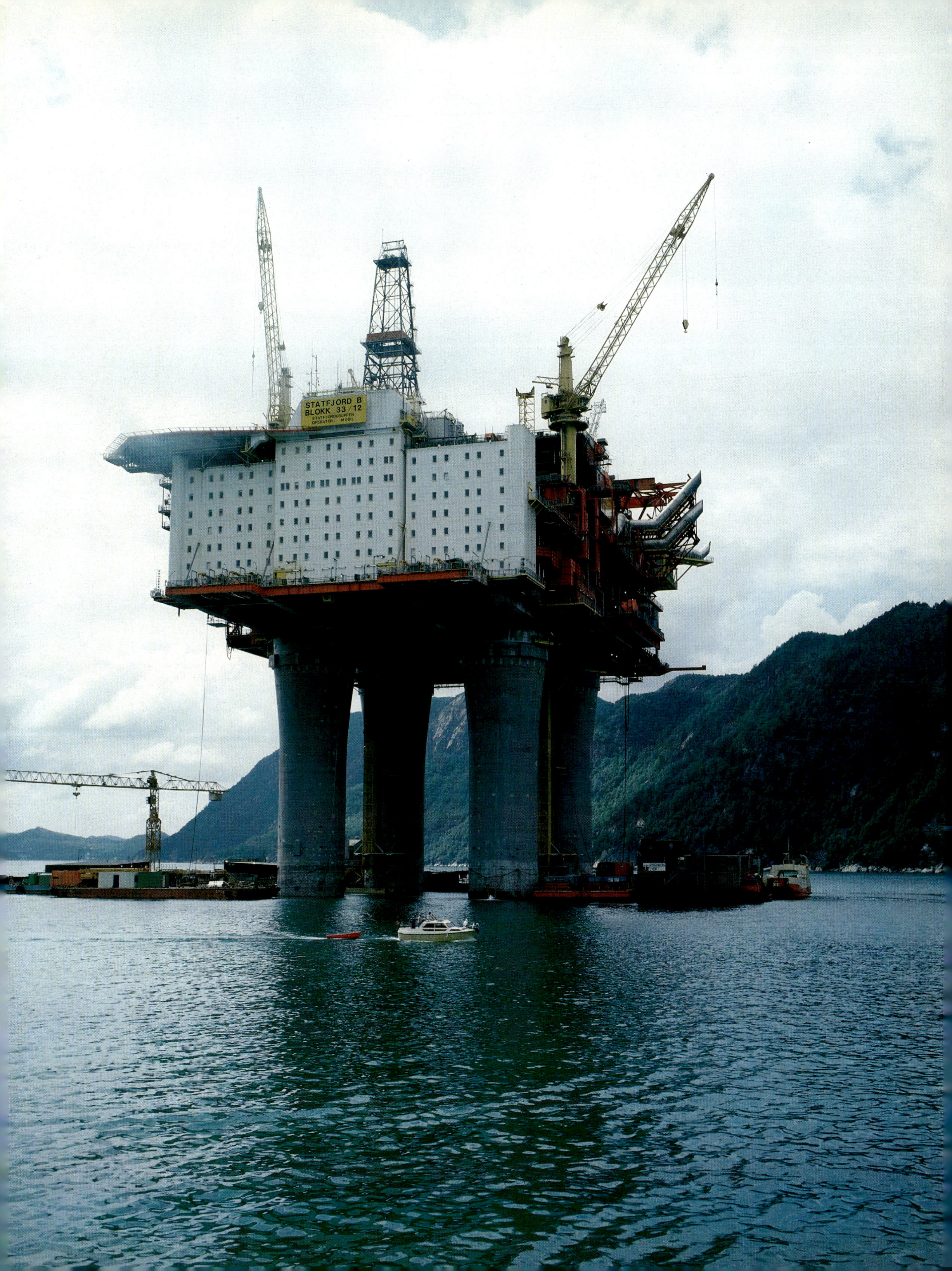
STATFJORD B
BLOKK 33/12
STATFJORDGRUPPEN
OPERATØR MOBIL

DIE BOHRPLATTFORM STATFJORD B

Massiver Bau auf dem Meeresboden

Statfjord B war die erste vierfüßige Ölbohrplattform, die gebaut wurde. Nach dem Bau der Zellen des Sockels wurden die Beine mit demselben Gleitschalungsverfahren errichtet. Die Beine haben an der Basis einen Innendurchmesser von fast 23 Meter. In zwei Beinen verlaufen die Bohrleitungen. Das vierte Bein enthält vor allem die Pumpen und die Vorrichtungen zur Kontrolle des Ballastwassers und dreizehn über Aufzüge erreichbare Stockwerke.

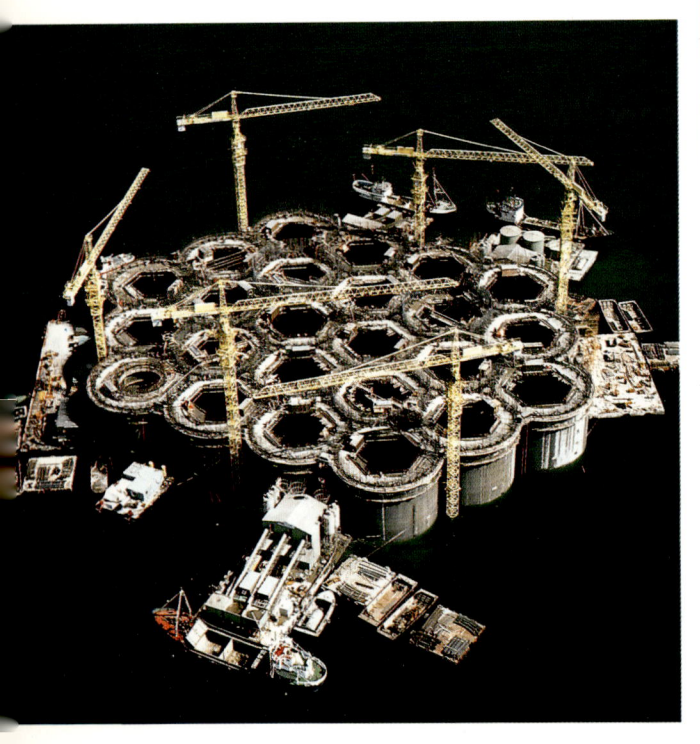

Die konzentrische zellenartige Struktur des Sockels wird auf diesem Bild besonders deutlich. Vier Zellen wurden dann im Gleitschalungsverfahren weitergebaut und bildeten die vier Beine. Die übrigen zwanzig Zellen sind Tanks. Sie haben einen Innendurchmesser von fast 24 Meter und sind 64 Meter hoch. Sie nehmen Rohöl auf und spielen eine große Rolle bei der Stabilisierung der Plattform.

lang es, das gesamte Gewicht des Decks auf die Basis zu setzen, und die beiden Teile wurden durch über hundert 10-Zentimeter-Bolzen miteinander verbunden.

Auch das endgültige Absenken der Plattform auf dem Meeresboden war eine heikle Sache. Nachdem die Konstruktion an Ort und Stelle manövriert worden war, pumpte man Wasser in die Ballasttanks. Langsam sank die Plattform auf den Meeresboden. Um die Betonbasis herum sank ein Stahlmantel ungefähr 4 Meter tief in den Meeresboden. Sechs Schlepper im sternförmiger Anordnung positionierten die Plattform und hielten sie fest, während weiterer Ballast, kontrolliert von über hundert Sensoren und Meßinstrumenten, hinzugefügt wurde.

Als die Stahleinfassung in den Meeresboden einzudringen begann, wurde Wasser zwischen der Basis und dem Meeresboden weggepumpt. Schließlich preßte man flüssigen Beton ein. So erhielt man eine Plattform, die mit einer Abweichung von einem Bruchteil eines Grades senkrecht auf dem Meeresboden steht. Sie wird den schlimmsten Nordseestürmen, 30 Meter hohen Wellen und Winden mit mehr als 160 Kilometer/Stunde widerstehen, ohne sich auch nur um einen Zentimeter von Ort und Stelle zu rühren.

Plattformen wie Statfjord B stellen eine eigene Welt dar, ein Universum aus Lärm, Energie und unaufhörlicher Aktivität. Gasturbinen erzeugen Energie für eine ganze Kleinstadt. Im Innern der riesigen Betonbeine verläuft ein Netz aus Röhren und Leitungen.

Zwei dieser Beine von Statfjord B verwendete man zum Erbohren der 32 Ölquellen. Die Bohrlöcher gehen nicht senkrecht in die Erde, sondern verlaufen parabelförmig nach außen, um auch abgelegene Bereiche des Ölfelds zu erreichen. Ein weiteres Bein enthält Pumpen und Röhren und dreizehn verschiedene Stockwerke, die über Aufzüge zu erreichen sind.

Ölbohrturm

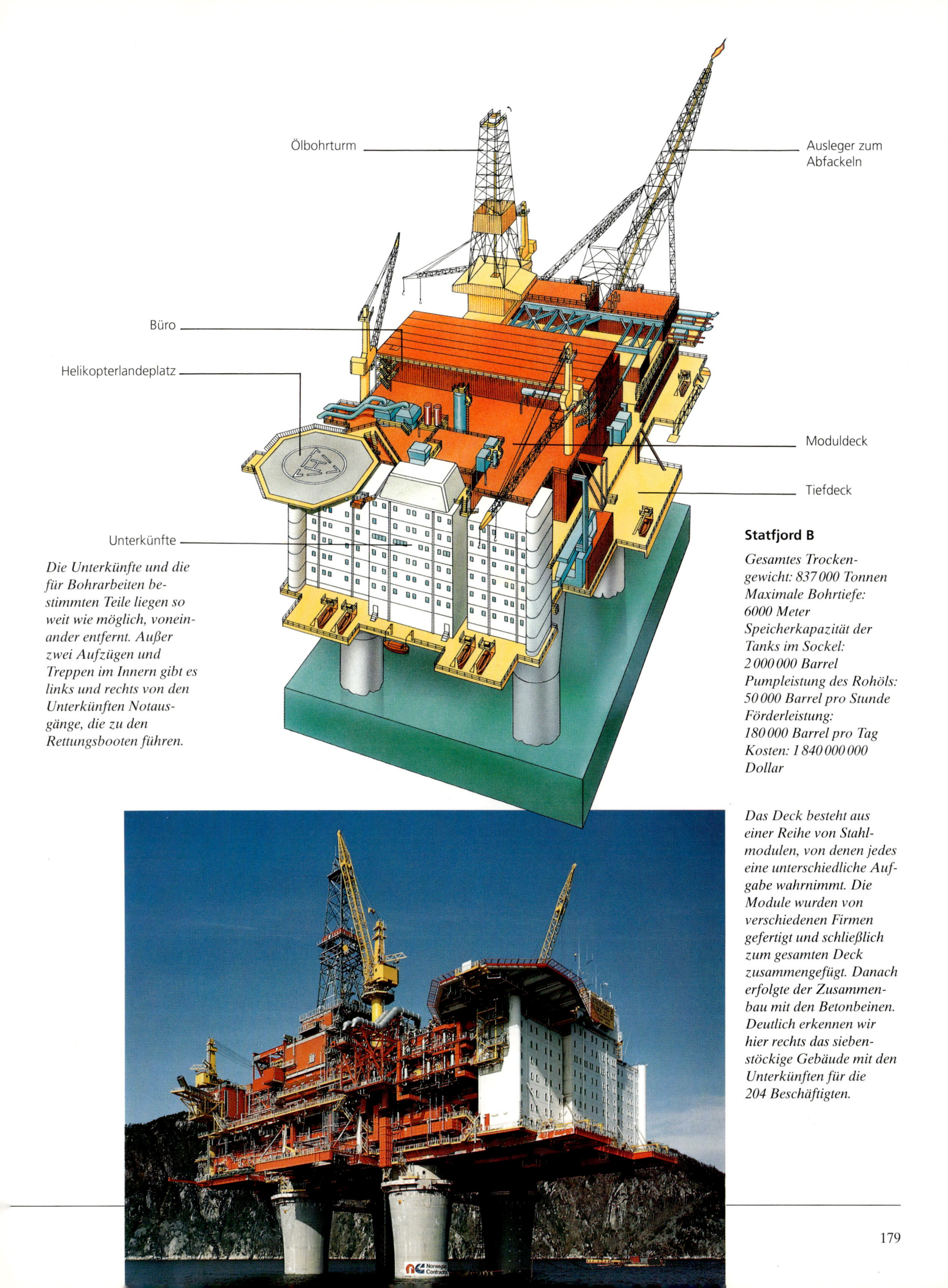

Ausleger zum Abfackeln

Büro

Helikopterlandeplatz

Moduldeck

Tiefdeck

Unterkünfte

Die Unterkünfte und die für Bohrarbeiten bestimmten Teile liegen so weit wie möglich, voneinander entfernt. Außer zwei Aufzügen und Treppen im Innern gibt es links und rechts von den Unterkünften Notausgänge, die zu den Rettungsbooten führen.

Statfjord B

*Gesamtes Trockengewicht: 837 000 Tonnen
Maximale Bohrtiefe: 6000 Meter
Speicherkapazität der Tanks im Sockel: 2 000 000 Barrel
Pumpleistung des Rohöls: 50 000 Barrel pro Stunde
Förderleistung: 180 000 Barrel pro Tag
Kosten: 1 840 000 000 Dollar*

Das Deck besteht aus einer Reihe von Stahlmodulen, von denen jedes eine unterschiedliche Aufgabe wahrnimmt. Die Module wurden von verschiedenen Firmen gefertigt und schließlich zum gesamten Deck zusammengefügt. Danach erfolgte der Zusammenbau mit den Betonbeinen. Deutlich erkennen wir hier rechts das siebenstöckige Gebäude mit den Unterkünften für die 204 Beschäftigten.

DIE WINDANLAGE AUF DER INSEL ORKNEY

Stromgeneratoren der Zukunft

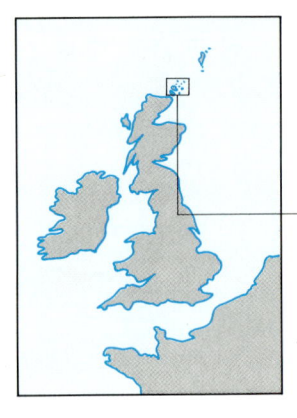

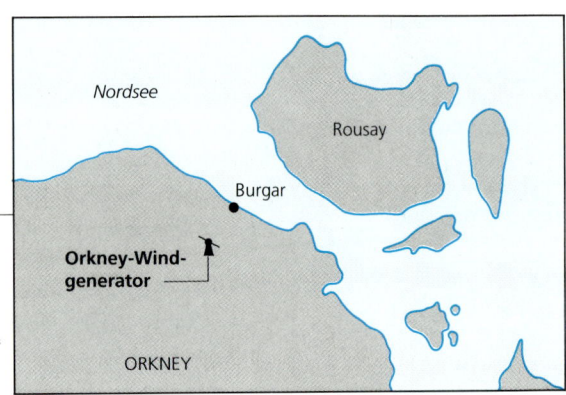

Zahlen und Daten

Der leistungsstärkste Windgenerator der Welt

Erbauer: Wind Energy Group

Bauzeit: 1985–1987

Material: Beton

Höhe: 44 Meter

Länge des Rotors: 59,5 Meter

Seit dem 7. Jahrhundert n. Chr. nutzt der Mensch den Wind als Energiequelle. Zu jener Zeit wurden nämlich in Persien die ersten Windmühlen gebaut. Vom Mittelalter an bis zur Erfindung der Dampfkraft stellten Wind- und Wassermühlen Spitzentechnologie dar. Diese Maschinen mahlten Korn oder pumpten Wasser hoch und leisteten viel mehr als Mensch oder Tier. Schätzungen zufolge waren um das Jahr 1840 etwa 10000 Windmühlen in England und Wales in Betrieb.

Diese alten Maschinen, die wir heute bewundern, haben nur wenig mit den neuen Windgeneratoren gemeinsam, die nur noch Strom erzeugen. Sie wurden seit den frühen siebziger Jahren als Reaktion auf die steigenden Preise fossiler Brennstoffe und die um sich greifende Besorgnis über die Sicherheit der Kernkraftanlagen gebaut. Es ist kaum anzunehmen, daß sie jemals mehr als 5 bis 10 Prozent des gesamten Stroms in Industrieländern erzeugen können. Aber selbst dieser kleine Anteil bildet einen großen Markt. Bei den heutigen Baukosten entsprächen 5 Prozent der englischen Energieanlagen einem Gesamtvolumen von 6 Milliarden Pfund an Bauverträgen, und das erklärt, warum sich eine Reihe großer Firmen für Windgeneratoren interessieren.

Damit Windgeneratoren einen sinnvollen Beitrag zur Stromerzeugung eines ganzen Landes liefern können, müssen sie groß ausgelegt sein. Den ersten Versuch zum Bau einer solchen Maschine unternahm zu Anfang der vierziger Jahre der amerikanische Ingenieur Palmer C. Putnam. Auf einem Hügel mit der Bezeichnung Grandpa's Knob, in einer Höhe von 600 Meter in den Green Mountains von Zentralvermont, baute Putnam einen 35,6 Meter hohen Turm mit einem propellerähnlichen Rotor. Der Generator sollte eine Leistung von 1,25 Megawatt abgeben und wurde auf experimenteller Basis im Oktober 1941 in Betrieb genommen.

Der Windanlage war kein großer Erfolg beschieden. Sie blieb immer wieder stehen. Das Ende kam, als im März 1945 eines der Rotorblätter abbrach. Seither wurde die Erfahrung von Grandpa's Knob mehrere Male wiederholt: Die wechselnden Windkräfte, die an der Basis der Rotorblätter zerren, führen zur Materialermüdung, so daß es schließlich zum Bruch und zur Zerstörung kommt. Kürzlich durchgeführte Untersuchungen zeigen, daß dieses Problem auch heute noch nicht ganz gelöst ist.

Auf den Spuren von Palmer C. Putnam wandelten viele Ingenieure. Der größte Windgenerator der Welt wurde im November 1987 eingeweiht. Er steht auf der Spitze des Burgar Hill auf der Insel Orkney vor der Küste Schottlands. Der Generator mit der Bezeichnung LS-1 besteht aus einem 44 Meter hohen Betonturm, der oben einen zweiblättrigen Rotor trägt. Die vorgesehene Spitzenleistung liegt bei 3 Megawatt und reicht damit aus, 2000 Wohnungen das ganze Jahr über mit Strom zu versorgen. Die Baukosten beliefen sich auf 12,2 Millionen Pfund.

LS-1 wurde von der Wind Energy Group gebaut, einem Joint Venture zwischen Taylor Woodrow, GEC, und British Aerospace. Den riesigen Rotor fertigte British Aerospace in ihrer Anlage in Hatfield. Der Turm wurde in der Zwischenzeit mit dem konventionellen Verfahren der Gleitschalung errichtet. Obenauf setzte man einen stählernen 6 Meter hohen und 30 Tonnen schweren Kegel, in dem der Stromgenerator Platz findet, der von der Firma Seaforth Maritime in Schottland gebaut wurde. An dem Kegel befestigte man eine 66 Tonnen schwere Gondel, die von British Aerospace stammt. Sie enthält den Rotor, das Getriebe, die Lager und die Bremsen.

Diese Windanlage ist so ausgelegt, daß sei bei verschiedenen Windstärken einen möglichst konstanten Strom erzeugt. Bei schwachen Brisen (Beaufort-Grad 3) mit Windgeschwindigkeiten bis 24 Kilometer/Stunde dreht sich der Rotor nicht. Liegt die Windgeschwindigkeit darüber, so setzt sich die Anlage in Funktion und erreicht ihr Leistungsmaximum von 3 Megawatt bei Winden mit rund 60 Kilometer/Stunde.

Bei Windgeschwindigkeiten über 95 Kilometer/Stunde (Beaufort-Grad 10) wird die Maschine abgeschaltet, um Schäden zu verhindern. Das gesamte Bauwerk vermag Orkanen mit einer Geschwindigkeit bis 250 Kilometer/Stunde zu widerstehen. Bei einer durchschnittlichen Windgeschwindigkeit von 38 Kilometer/Stunde, an der Rotornabe gemessen, erzeugt die Maschine pro Jahr 9000 Megawattstunden. Das entspricht einer Dauerleistung von 1 Megawatt täglich.

Die Drehbewegung des Rotors wird von einem ersten Getriebe im Innern der Gondel umgeformt. Ein zweites Getriebe stellt die Verbindung zum Stromgenerator her. Der Rotor dreht sich mit einer Ge-

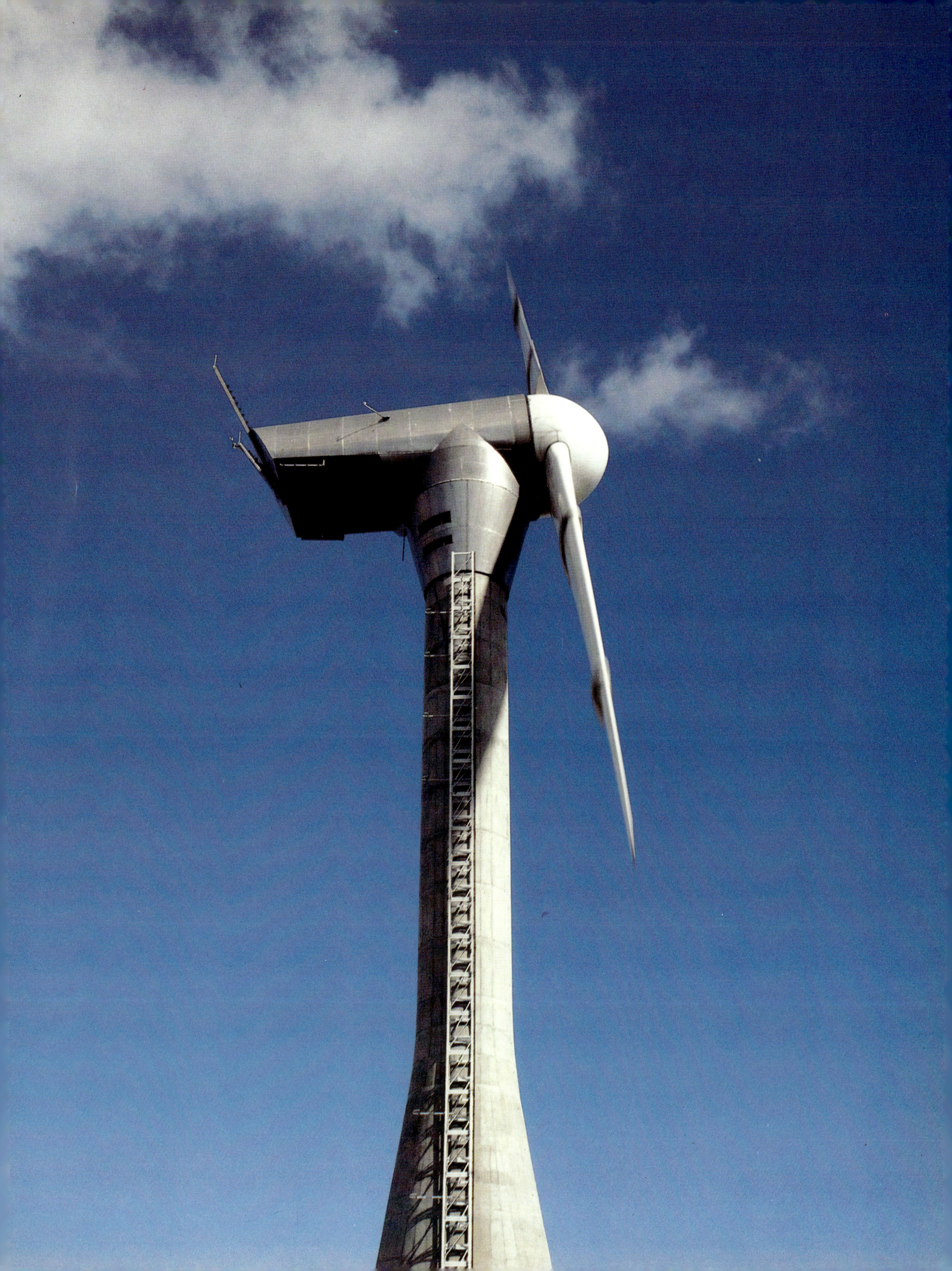

DIE WINDANLAGE AUF DER INSEL ORKNEY

Stromgeneratoren der Zukunft

schwindigkeit von 34 Umdrehungen pro Minute – ungefähr so schnell wie eine Langspielplatte auf dem Plattenspieler. Die beiden Getriebe erhöhen die Drehgeschwindigkeit auf 1500 Umdrehungen pro Minute. Die Rotationsgeschwindigkeit des Stromgenerators ist durch die Charakteristik des Stromnetzes (50 Hertz) gegeben, in das eingespeist werden soll. Die Maschine arbeitet vorerst auf experimenteller Basis und ist reichlich mit Sensoren bestückt. Sie messen die Stromleistung, die Belastungen an den Rotorblättern, Windgeschwindigkeiten und andere Variable. Die Signale gelangen über faseroptische Verbindungen zu einem Computersystem, das in ungefähr 100 Meter Entfernung vom Windgenerator steht.

Obwohl LS-1 zur Zeit der größte Windgenerator ist, wurden ähnlich große Maschinen bereits in Schweden, Deutschland und den Vereinigten Staaten gebaut. Die Erfahrungen mit derart großen Anlagen waren aber sehr unterschiedlich. Materialermüdung bedeutete für viele das frühzeitige Aus. Es gab auch Schwierigkeiten mit der Synchronisierung des erzeugten Stromes und damit der Einspeisung in das allgemeine Stromnetz. Es handelt sich dabei um einen Wechselstrom, der fünfzigmal in der Sekunde seine Richtung ändert. Neue Kraftwerke müssen, wenn sie ans Netz gehen, mit allen übrigen bereits produzierenden synchronisiert werden, so daß Wellental und Wellenberg genau übereinstimmen. Es gab Synchronisationsschwierigkeiten bei Windgeneratoren, weil die Geschwindigkeit eben nicht absolut konstant ist. Die Kräfte, die auf die Rotorblätter einwirken, führen je nach deren Stellung zu einer Beschleunigung oder Verzögerung. Dadurch sind Schwankungen im Output möglich, die wiederum eine Synchronisierung erschweren. Bei der LS-1 dämpft eine hydraulische Verbindung zwischen dem Rotor und dem Getriebe die Schwankungen.

Die Erfahrungen mit kleineren Windanlagen waren bislang besser. Die größte Ansammlung solcher Anlagen befindet sich im Staat Kalifornien, wo sogenannte Windfarmen bereits Energie für 20000 Wohnungen liefern. Sie ersparen dem Staat 2,2 Millionen Barrel Öl pro Jahr. Ein bevorzugter Standort ist der Altamont Paß in der Nähe von San Francisco, wo die Winde fast dauernd blasen. Tausende von Windanlagen geben der Landschaft dort ein eigenes Gepräge. Im Jahre 1988 gab es in Kalifornien bereits 16000 Windturbinen, von denen die meisten eine Leistung von 150 bis 300 Kilowatt abgaben. Steuererleichterungen machten diese Entwicklung in den Vereinigten Staaten, ferner auch in Dänemark und den Niederlanden möglich. Langfristig gesehen hängt die Zukunft der Windenergie von der Zuverlässigkeit der Maschinen, den Kosten und der ökologischen Akzeptanz ab. Die meisten Schätzungen deuten darauf hin, daß mit Windanlagen erzeugter Strom durchaus konkurrenzfähig gegenüber dem Kohle- und Nuklearstrom ist. Weitaus billiger wird er aber nicht werden. Die bisherigen Erfahrungen zeigen, daß man große Maschinen immer wieder warten muß, so daß sie während eines Drittels ihrer Lebensdauer abgeschaltet sind. Die Kosten für den Bau kleiner oder mittlerer Anlagen sinken mit der Stückzahl, was die wirtschaftlichen Aussichten verbessert.

Die ökologische Akzeptanz der Windenergie ist ein Hauptfaktor für deren Nutzung. Die Vertreter alternativer Energiekonzepte ziehen die Windenergie der Öl-, Kohle- und Nuklearenergie vor.

Es steht aber noch nicht fest, ob die Allgemeinheit glücklich ist, wenn in windreichen Gebieten, vor allem an den Küsten, überall Energieanlagen gebaut werden.

Bau des LS-1 auf dem Burgar Hill (oben)

Die Insel Orkney ist berüchtigt für die dauernden wehenden Winde – eine gute Voraussetzung für einen Windgenerator. LS-1 ist nicht die erste Windanlage auf dem Burgar Hill, aber die bei weitem größte. Die Vorläuferin der LS-1 ist unterhalb des Bauplatzes zu erkennen. Diese MS-1 erreicht eine Leistung von 250 Kilowatt – im Vergleich zu den 3 Megawatt von LS-1.

TRIUMPHE DER BAUTECHNIK

Der Rotor besteht aus Stahl und glasfaserverstärktem Kunststoff und wiegt 63 Tonnen. Seine Spannweite beträgt rund 64,5 Meter und damit etwas mehr als die Flügelspannweite einer Boeing 747. Die enormen Windkräfte, die am Rotor zerren, machen ihn zur verwundbarsten Komponente der gesamten Windanlage. Besonders gefürchtet sind Materialermüdungen.

Der Rotor wurde in einem großen Hangar zusammengebaut. Vor seiner Verschiffung zur Insel Orkney wurde er statischen und dynamischen Tests ausgesetzt. Der Anstellwinkel der Rotorblätter läßt sich hydraulich verändern (unten). Der entsprechende Mechanismus hat im kegelförmigen Aufsatz auf dem Betonturm Platz.

Eine Vorrichtung im Turm hob den fertigen Rotor in die Höhe und verband ihn mit dem ersten Getriebe in der Gondel. Die 66 Tonnen schwere Gondel und der 33 Tonnen schwere Aufsatz mußten mit einem Kran hochgehievt werden. Das Dienstpersonal gelangte in einem Aufzug nach oben, der vier Personen faßt.

DAS KERNKRAFTWERK CHOOZ B

Ein nuklearer Goliath

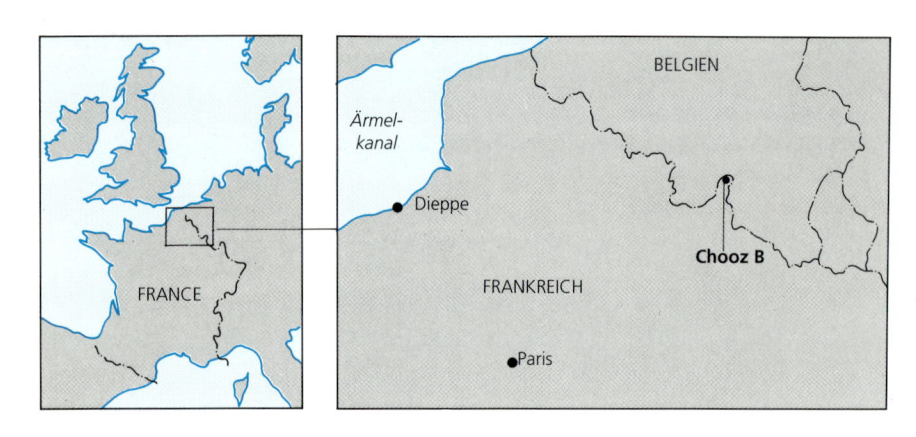

Zahlen und Daten

Das größte Kernkraftwerk Europas

Bauherr: Electricité de France

Bauzeit: ab 1982

Leistung: 2800 Megawatt

Oberfläche der gesamten Anlage: 134 Hektar

Bei keinem Werk der Ingenieurkunst verbinden sich Energie und Präzision auf derart innige Weise wie bei Kernkraftwerken. Es handelt sich um riesige Anlagen, die Hunderte von Millionen Mark kosten und die die Energie für eine ganze Großstadt liefern können. Sie werden mit der Präzision eines Uhrmachers zusammengebaut und sind gleichzeitig so sauber, daß man sie mit einem Operationssaal vergleichen kann. Das größte Kernkraftwerk in Europa und eines der größten der Welt ist das Chooz B. 1993 wird es fertiggestellt sein. Es liegt in einer Windung des Flusses Meuse auf französischem Gebiet an der Grenze zu Belgien. Nach dem Endausbau werden die beiden Druckwasserreaktoren eine Leistung von 2800 Megawatt erreichen.

Die Jahre nach 1979 verliefen für die Kernkraftindustrie nicht sehr glücklich. Die Unfälle von Three Mile Island 1979 und vor allem von Tschernobyl 1986 machten deutlich, welche Folgen Fehler bei dieser Technologie haben können. Viele Länder haben deswegen den Bau weiterer Kernkraftwerke bereits aufgegeben. Nicht so Frankreich, das zwar Uran, aber kaum Kohle oder Erdöl besitzt. Es begann in den frühen siebziger Jahren mit einem ehrgeizigen Nuklearprogramm.

Im Jahr 1973 produzierte Frankreich knapp ein Viertel seiner Energie mit Hilfe eigener Ressourcen. 1986 kam es bereits auf 46 Prozent, und in den neunziger Jahren wird wohl die 50-Prozent-Grenze überschritten werden. Das war nur durch den Bau von Kernkraftwerken an allen größeren französischen Flüssen und an den Küsten möglich. Heute arbeiten in Frankreich über fünfzig Reaktoren. Die drei größten werden zur Zeit noch gebaut: bei Chooz an der Meuse und bei Civaux an der Vienne. Bei Chooz ist schon ein kleinerer Reaktor mit der Bezeichnung Chooz A in Betrieb. Hier entstehen nun zwei 1400-Megawatt-Reaktoren; bei Civaux wird es nur einer sein.

Ein Teil des Erfolgs dieses riesigen, kostenaufwendigen Programms geht darauf zurück, daß die Franzosen nur einen einzigen Reaktortyp bauten. Sie vergrößerten ihn nach und nach und gewannen sehr große Erfahrungen beim Bau dieser Atommeiler. Der Druckwasserreaktor wurde ursprünglich von Westinghouse in den Vereinigten Staaten entwickelt. Er beruht auf einer vergrößerten Version des Reaktors der nuklear angetriebenen Unterseeboote. Die Franzosen zögerten damals nicht, ihre eigene Entwicklung zugunsten des amerikanischen Reaktors aufzugeben. Seither entwickelten sie das Modell stetig weiter.

Alle Kernkraftwerke haben einige Dinge gemeinsam: Uran als Brennstoff, normalerweise in Form von Uranoxidpellets, ein Kühlmittel zum Abführen der bei der Kernreaktion erzeugten Wärme und einen Moderator, der die Neutronen abbremst, die bei der Kernspaltung freigesetzt werden. Beim Druckwasserreaktor dient gewöhnliches Wasser als Kühlmittel und Moderator. Durch die Kernreaktion wird das Wasser im Innern eines Gefäßes bei ungefähr dem 130fachen des normalen Atmosphärendrucks erhitzt. Seine Temperatur steigt auf über 300 °C, doch siedet das Wasser wegen des hohen Drucks dabei nicht. Statt dessen fließt es in Röhren zu einem Wärmeaustauscher. Dort gibt es seine Wärme an einen zweiten Wasserkreislauf ab. Dieses Wasser steht nicht unter Druck; es siedet, und der Wasserdampf treibt Gasturbinen für die Stromerzeugung an.

Die kritische Stelle des Druckwasserreaktors ist das Druckgefäß. Sollte es nämlich bersten, so tritt radioaktives Material in den Reaktor und an die Umgebung aus. Die Druckgefäße in der Anlage von Chooz B sind 13,4 Meter hoch und haben einen Innendurchmesser von 4,4 Meter. Sie bestehen aus rund 22 Zentimeter dickem Stahl und wiegen 462 Tonnen. Oben befindet sich ein kugelförmiger Deckel, der während des Normalbetriebs mit dicken Bolzen fest verschraubt ist. Wenn Brennstäbe erneuert werden müssen, wird er jedoch abgenommen. Das ist bei Chooz B einmal im Jahr der Fall. Die Her-

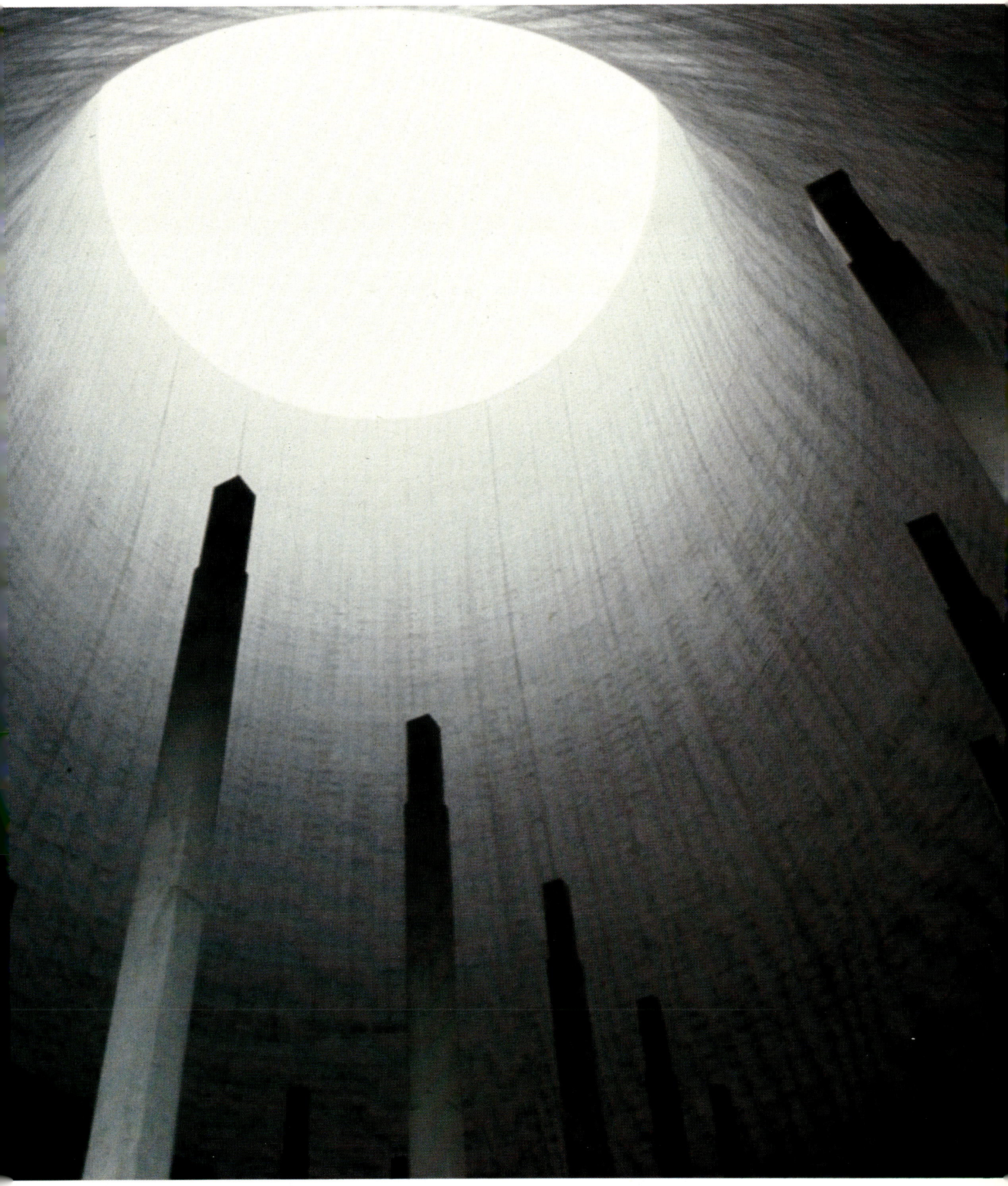

DAS KERNKRAFTWERK CHOOZ B

Ein nuklearer Goliath

stellung des Druckgefäßes und der Leitungen für das Kühlwasser des Primärkreislaufs muß unter höchsten Qualitätskriterien erfolgen. Sorgfalt hat sich bisher bezahlt gemacht.

Im Westen gab es bei kommerziell betriebenen Kernreaktoren noch keinen GAU, einen großen anzunehmenden Unfall. Im Innern des Druckgefäßes befinden sich die Brennstäbe. Jeder ist rund 4,3 Meter lang und etwa 1 Zentimeter dick. Im Innern jedes Stabes befinden sich Uranoxidpellets, deren Anteil an spaltbarem Uran-235 künstlich auf ungefähr 3 Prozent erhöht wurde. Die Brennstäbe sind zu Brennstoffkassetten vereinigt, von denen jede 264 Stäbe enthält. Zwischen ihnen befinden sich Abstandshalter. Chooz B verfügt über 205 solcher Brennstoffkassetten und damit über 54 120 Brennstäbe. Die Brennstoffkassetten nehmen den unteren Teil des Druckgefäßes ein und sind von einer zylindrischen Hülle umgeben. Wasser wird in Röhren auf den Boden des Druckgefäßes geleitet und fließt dann in den Zwischenräumen zwischen den Brennstäben nach oben. Es nimmt dabei Wärme auf und wird dann zum Wärmeaustauscher und zum sekundären Wasserkreislauf geleitet.

Der Druckwasserreaktor ist eine sehr kompakte Maschine, denn die gesamte Wärme wird auf verhältnismäßig geringem Raum erzeugt. Es ist deswegen von lebenswichtiger Bedeutung, daß der Kühlkreislauf niemals unterbrochen wird. Im gegenteiligen Fall könnte es zu einer Überhitzung des Reaktors und zur Kernschmelze kommen. Die Kühlung muß auch nach einem Abschalten des Reaktors funktionsfähig bleiben, denn durch den radioaktiven Zerfall entsteht weiterhin sehr viel Wärme. Druckwasserreaktoren müssen also auch über Kühlsysteme für den Notfall verfügen. Sie müssen unabhängig vom normalen Kühlsystem funktionieren und jederzeit betriebsfähig sein.

Die Kühltürme haben die Aufgabe, den Wasserdampf nach dem Durchtritt durch die Gasturbinen abzukühlen. Die Ingenieure machen sich dabei den Kamineffekt zunutze: Luft tritt am unteren Ende ein und steigt nach oben. Versprühtes Warmwasser erwärmt die Luft und lädt sie gleichzeitig mit Feuchtigkeit auf. Deswegen haben Kühltürme meist eine große Fahne aus Wasserdampf.

Das Kühlwasser des Sekundärkreislaufs gelangt in den Fluß Meuse und hebt dessen Temperatur um rund 1 °C. Die Betreiberin Electricité de France behauptet, diese Erwärmung sei zu gering, um meßbare Auswirkungen auf die Tier- und Pflanzenwelt des Flusses zu haben.

Weitere entscheidende Elemente der Anlage Chooz B sind die Gasturbinen, welche die Energie des Heißdampfes in elektrischen Strom verwandeln. Die hier verwendeten, mit einem Gewicht von 3200 Tonnen, gehören zu den größten und erreichen eine Leistung von 1400 Megawatt.

Am einen Ende befindet sich die Gasturbine, in der sich der gespannte Heißdampf in einer Reihe von Schaufeln entspannt. Die Turbine wird dadurch in eine Drehbewegung versetzt. Am anderen Ende der Maschine ist an der gleichen Stelle der Stromgenerator befestigt. Er erreicht 1500 Umdrehungen pro Minute.

Für die Fertigstellung von Chooz B sind zehn Jahre veranschlagt. Die Kosten sollen sich – auf das Preisniveau von 1985 bezogen – auf 15 000 Millionen Francs belaufen. Beim Bau sind 1600 Menschen beschäftigt.

Der Normalbetrieb wird 500 bis 550 Arbeitskräfte erfordern. Mit den Arbeiten wurde im Juli 1982 begonnen. Der erste Reaktor soll 1991 ans Netz gehen, der zweite 1993.

Kühltürme sind ein gemeinsames Merkmal von Kohle- und Kernkraftwerken. Kernkraftwerke an der Küste entledigen sich ihrer Abwärme einfach dadurch, daß sie heißes Wasser ins Meer entlassen, wo es relativ geringe ökologische Auswirkungen hat. Kernkraftwerke an Flüssen können dies nicht tun, weil das Flußwasser sofort lauwarm würde und die ökologischen Schäden nicht abzusehen wären.

TRIUMPHE DER BAUTECHNIK

Die Pfeiler, die das Fundament eines Kühlturmes (unten) bilden, tragen Rippen, um Turbulenzen zu vermeiden. Sie sehen im Verhältnis zum Kühlturm sehr zerbrechlich aus. Der Wärmeaustauscher nimmt den gesamten Boden des Kühlturms ein.

Die Reaktoren sind von einem doppelwandigen Sicherheitsgefäß (oben) umgeben, dem sogenannten Containment. Es soll im Falle eines Lecks oder gar einer Kernschmelze verhindern, daß radioaktive Partikel in die Umwelt gelangen.

Teil eines dampfangetriebenen Generators (rechts). Ein Sekundärkreislauf treibt mit Heißdampf eine Gasturbine an. Jeder Generator enthält 5600 U-förmige Röhren.

Der Sicherheitsbehälter über einem Druckwasserreaktor ist doppelwandig aufgebaut und wird von einem Stahlgerippe verstärkt. Pro Reaktor, Betriebsgebäude und zugehörigem Kühlturm müssen mindestens 200 000 m³ Beton vergossen werden.

187

Die Nutzung der Sonnenwärme

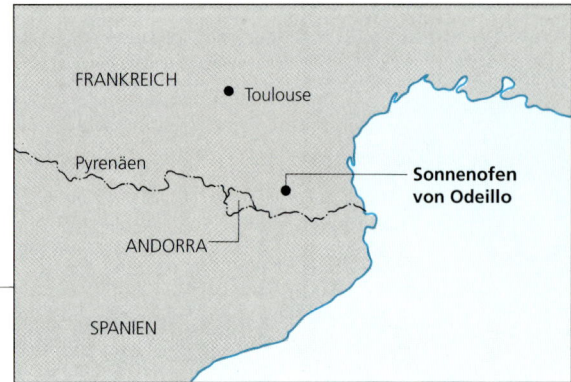

Zahlen und Daten

Die größte Anlage zur Nutzung der Sonnenenergie in Europa

Bauherr: Centre National des Recherches Scientifique

Betriebsaufnahme: 1970

Material: Glas

Spiegelfläche: rund 1900 m²

Der Turm vor dem festen Parabolspiegel beherbergt den Sonnenofen, in dem die fokussierten Sonnenstrahlen eintreffen.

Die Energie, die von der Sonne her auf die Erde eintrifft, übertrifft um ein Vielfaches das, was wir Menschen Energie brauchen. Allein die Sonnenenergie, die auf die Straßen der Vereinigten Staaten fällt, ist mehr als doppelt so groß wie die gesamte Energie, die auf der Welt mit Hilfe von Kohle und Erdöl erzeugt wird. Die Sonnenenergie ist allerdings nicht sehr zuverlässig. An einem sonnigen Tag können auf einen Quadratmeter Boden 1300 Watt einstrahlen. Bei bedecktem Himmel ist es dann nur noch der fünfte Teil davon.

Um die Sonnenenergie effizient nutzen zu können, muß man sie konzentrieren. Dieses Prinzip ist schon seit der Antike bekannt. Eine Legende erzählt, Archimedes habe die römische Flotte im Jahr 214 v. Chr. bei Syrakus dadurch besiegt, daß er mit einem System von Spiegeln Sonnenstrahlen auf sie lenkte und sie in Brand setzte. Die Athener und die Azteken zündeten ihre heiligen Feuer mit Hilfe konkaver Spiegel an, und zahllose Camper tun dies heute noch mit Konvexlinsen. Im 18. Jahrhundert kochte der Schweizerische Naturforscher Horace Bénédict de Saussure ein Süppchen, indem er die Sonnenstrahlen über eine Reihe von Linsen in einem Ofen konzentrierte. Der berühmte französische Chemiker Antoine Lavoisier baute 1772 einen Sonnenofen und verwendete dazu zwei Linsen, die er auf einem hölzernen Gestell montierte. Damit konnte er Temperaturen über 1500 °C erreichen.

Eine solche Nutzung der Sonnenenergie scheint die Franzosen seit jeher zu faszinieren. Im Jahre 1945 bat das französische Centre National des Recherches Scientifique (CNRS) den Chemiker Félix Trombe, der sich auf die Untersuchung höchstschmelzender Stoffe spezialisiert hatte, diese Materie gründlich zu untersuchen. Er verwendete eine alte Radarschüssel mit einem Durchmesser von 1,8 Meter, versilberte sie auf der Innenseite, damit sie Licht- und Wärmestrahlen reflektierte, und erreichte Temperaturen von über 3000 °C. Seine Untersuchungen führten schließlich dazu, daß ein Labor in der Befestigungsanlage von Mont-Louis in den westlichen Pyrenäen errichtet wurde. Ganz in der Nähe, bei Odeillo, bauten die Franzosen dann einen der erfolgreichsten und beeindruckendsten Sonnenöfen. Er nahm 1970 seinen Betrieb auf.

Beim Sonnenofen von Odeillo sind eine Reihe flacher Spiegel an einem Abhang so angeordnet, daß sie die Sonnenstrahlen auf einen Parabolspiegel mit einem Durchmesser von 42 Meter reflektieren. Auf acht Terrassen stehen 63 bewegliche Planspiegel (Heliostate). Sie lassen sich in der Waagrechten und Senkrechten bewegen und folgen dem Lauf der Sonne, so daß die Strahlen stets zum festen Parabolspiegel geworfen werden. Die Bewegung der Planspiegel erfolgt hydraulisch und automatisch unter der Kontrolle eines Computers.

Der Parabolspiegel ist fest montiert und fokussiert die Sonnenstrahlen auf einen Punkt. Es ist eine Eigenschaft von Parabolspiegeln, daß sie parallel einfallende Sonnenstrahlen so reflektieren, daß sie sich alle in einem Punkt treffen. Den Abstand zwischen dem Spiegel und diesem Punkt nennt man Brennweite. Beim Sonnenofen von Odeillo beträgt sie 17,7 Meter. Der Parabolspiegel setzt sich aus 9500 kleineren Spiegeln (Facetten) mit einer Gesamtfläche von etwa 1900 m² zusammen. Jeder dieser quadratischen Einzelspiegel hat eine Seitenlänge von 45 Zentimeter. Der Kollektorofen, in dem sich die Sonnenstrahlen sammeln, befindet sich in einem Turm, der im Abstand der Brennweite vom Parabolspiegel liegt. Die gesamte Sonnenwärme konzentriert sich natürlich nicht an einem einzigen Punkt, sondern auf einem Gebiet mit einem Durchmesser von rund 40 Zentimeter. Dort entstehen allerdings

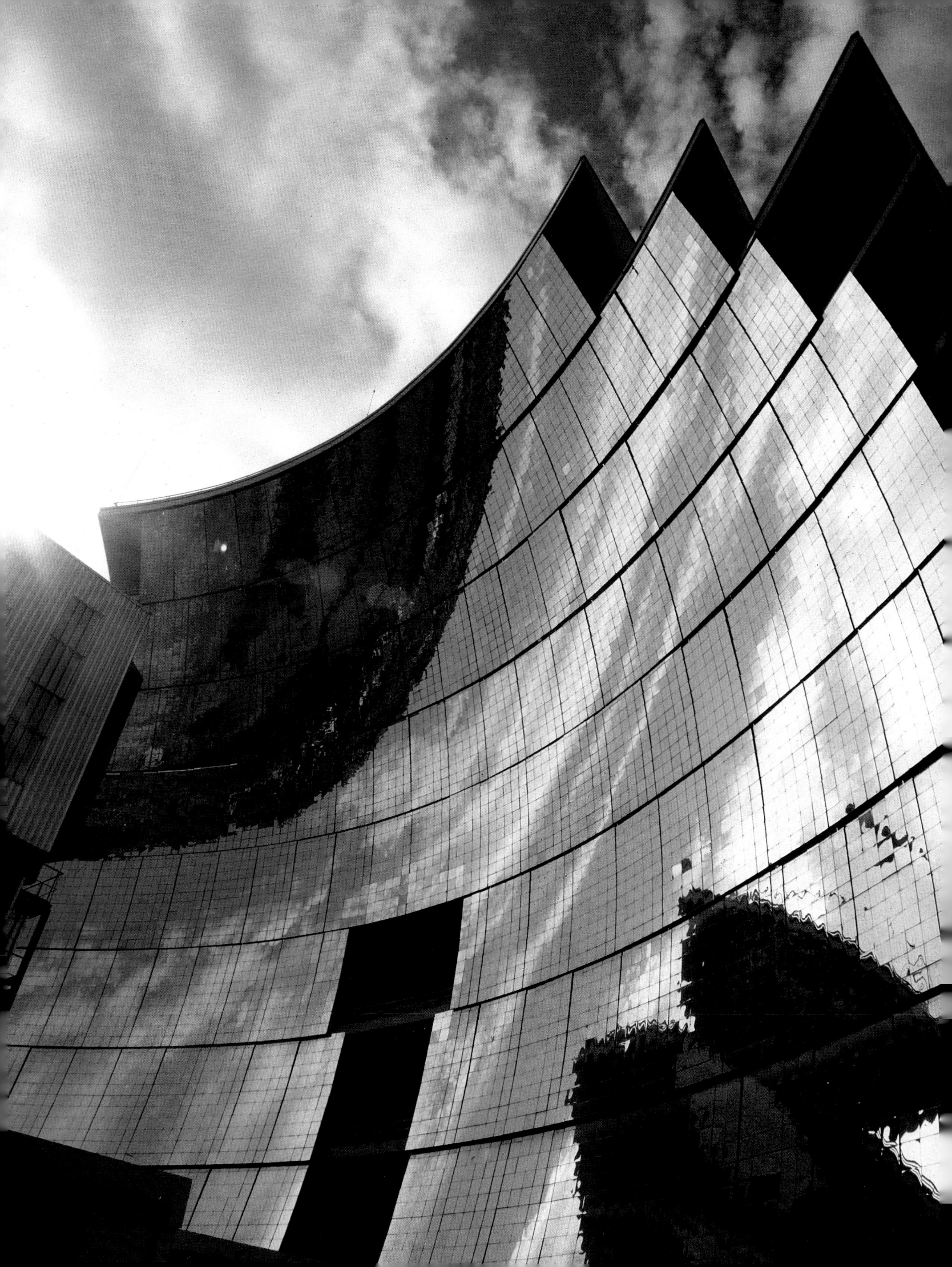

DER SONNENOFEN VON ODEILLO

Die Nutzung der Sonnenwärme

Temperaturen bis zu 3800 °C. Weil die Luft in den Pyrenäen sauber ist und wenige Schmutzteilchen enthält, lagert sich auf den Spiegeln kaum etwas ab, und das wenige, das zurückbleibt, wird von Frost und Schnee entfernt. Die Heliostate müssen nur alle zwei Jahre einmal gereinigt werden. Den Parabolspiegel putzte man in den ersten sechzehn Jahren nur zweimal. Der Sonnenofen ist im Jahr für ungefähr 1200 Stunden in Betrieb, die Hydraulik und Elektronik erfordert nur geringe Wartungsarbeiten.

Die Vorteile des Sonnenofens sind die Intensität der Hitze und die große Reinheit. Im Gegensatz zu anderen Heizverfahren besteht nicht die Gefahr einer Verschmutzung. Man kann dort zum Beispiel reine Stoffe wie Halbleiter aus Vanadiumoxid produzieren, welche die Firma Kodak für bestimmte fotografische Filme verwendet. In Odeillo sind auch Forschungen über die Widerstandsfähigkeit von Materialien gegenüber plötzlichen Temperaturänderungen möglich. Mit Hilfe besonderer gekühlter Blenden kann man innerhalb einer Zehntelsekunde die Wärmezufuhr ein- und ausschalten. Die Wärmekacheln am amerikanischen Space Shuttle und Beschichtungsmaterialien an Raketen wurden vor ihrem Einsatz auf diese Weise überprüft.

Natürlich kann man die konzentrierte Sonnenwärme zur Dampf- und damit Stromerzeugung nutzen. Man könnte auf diese Weise Kohle-, Öl- oder Kernkraftwerke ersetzen. In der Nähe von Odeillo befindet sich ein Kraftwerk mit einer Leistung von 2,5 Megawatt. 200 halbkreisförmig angeordnete Spiegel reflektieren das Sonnenlicht auf einen 100 Meter hohen Turm. Es handelt sich dabei um das größte sonnenbetriebene Kraftwerk in Europa. Im kalifornischen Barstow steht allerdings eine viel größere Anlage mit der Bezeichnung Solar I.

Die 1818 Spiegel von Solar I fokussieren das Sonnenlicht auf ein Siedegefäß an der Spitze eines 77,7 Meter hohen Turms. Solar I, das 1982 den ersten Test durchlief, erreicht eine Leistung von 10 Megawatt und kostete 141 Millionen Dollar. Die Anlage befindet sich in der Mohave-Wüste, wo es im Jahr über 300 Tage ohne Bewölkung gibt. Die Anlage beansprucht allerdings 40 Hektar Land, und das zeigt, wieviel Land Solarkraftwerke ganz allgemein brauchen, selbst unter idealen Bedingungen. Wollte man den gesamten Energiebedarf der Vereinigten Staaten auf diese Weise decken, müßte man den größten Teil der Wüsten mit solch riesigen Kraftwerken bebauen. Länder mit viel weniger Sonneneinstrahlung, wie Großbritannien, hätten gar nicht genügend Platz für diese Anlagen. Im Gegensatz zum Sonnenofen von Odeillo hat die Anlage in Barstow keinen Parabolspiegel. Statt dessen lenken ihre Spiegel das Licht direkt auf das Siedegefäß oben am Turm, das aus einer Reihe von Röhren besteht, die zur besseren Absorption der Energie schwarz gestrichen sind und in denen eine Flüssigkeit fließt. Bei den einfachsten Anlagen handelt es sich um Wasser, das durch die Wärme in Dampf verwandelt wird. Der Heißdampf erzeugt dann in Gasturbinen elektrische Energie. Man kann aber auch geschmolzene Salze verwenden, weil sie sich als Wärmespeicher sehr gut eignen. Damit entfällt das Problem, daß hoch oben auf dem Turm Heißdampf entsteht. Die Salze werden von den konzentrierten Sonnenstrahlen aufgeheizt und fließen über Röhren in den Boden, wo sie ihre Wärme in Wärmeaustauschern an Wasser weitergeben. Erst dann entsteht Heißdampf, der Turbinen antreibt.

Die Anlage von Barstow erwies sich als sehr erfolgreich. Nach ihrem Vorbild wurden in den Vereinigten Staaten eine ganze Reihe weiterer Sonnenkraftwerke gebaut.

Wenn man einen kommerziell bedeutsamen Teil der benötigten Energie mit Hilfe der Sonnenstrahlen gewinnen will, muß man riesige Spiegel aufstellen. Landschaften werden dadurch nicht zu ihrem Vorteil verändert, was zu Protesten von Landschaftsschützern führt. Mit den steigenden Kosten für fossile Brennstoffe bildet die Sonnenenergie aber eine zunehmend attraktive Alternative.

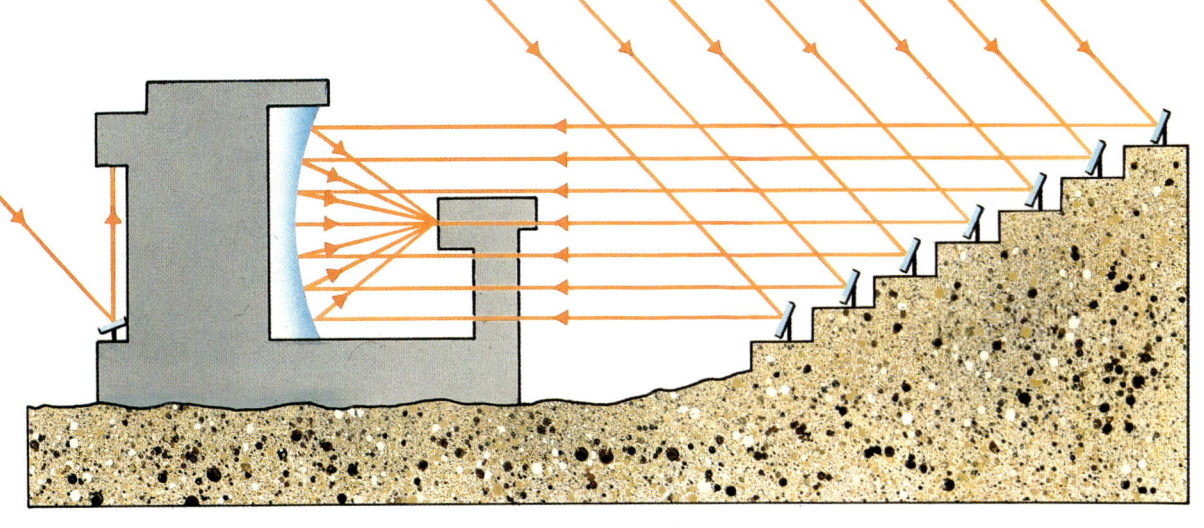

Die Intensität der Sonnenstrahlen im Brennpunkt des Parabolspiegels liegt beim 12 000fachen der normalen Sonneneinstrahlung. Diese Zahl gilt für Maximalkapazität. Bei Durchschnittsbedingungen erfolgt die Konzentration um das 2000fache.

Die terrassenförmig angelegten Planspiegel oder Heliostate (rechts) werfen das Sonnenlicht auf den parabolischen Hauptspiegel. Sie nehmen sehr viel Platz ein und haben eine Gesamtfläche von ungefähr 2800 m². Jeder Heliostat mißt 7,3 auf 6,0 Meter.

Die Nutzung der Sonnenenergie in den gemäßigten Breiten wird dadurch erschwert, daß viele Tage bewölkt oder bedeckt sind. Die Sonne strahlt jedoch so viel Energie ab, daß man ihr Potential ausgiebig erforschen sollte. In zwei Wochen trifft auf die Erde so viel Sonnenenergie ein, wie die Erde von Anfang an Reserven an Kohle, Öl und Gas besaß.

VIERTES KAPITEL

Leistungen der Tiefbautechnik

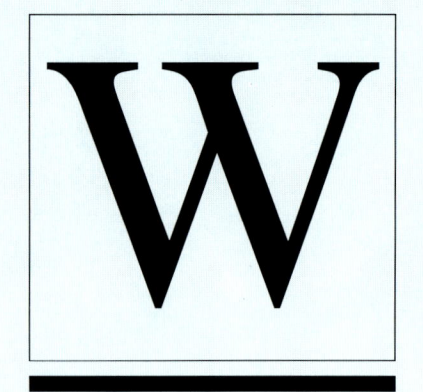

Wir wissen mehr über die Oberfläche des Mondes als über die Erdkruste in 15 Kilometer Tiefe. Trotz aller sichtbaren Erfolge der Technik ist die Erdkruste für uns ein unbekanntes Territorium, in das wir nur in seltenen Fällen eingedrungen sind. Der Erdmantel und der Erdkern, die unter der Kruste liegen, sind uns noch viel weniger bekannt. Die tiefsten Bohrungen reichen nicht weiter als 15 Kilometer und sind ungeheuer schwierig. In den sechziger Jahren hatte man versucht, eine Bohrung bis zur Mohorovicic-Diskontinuität vorzutreiben. Dort geht die Erdkruste in den Mantel über. Doch man mußte die Versuche aufgeben, weil die Kosten ins Unermeßliche zu steigen drohten.

Diese Erfahrung ist den Tunnelingenieuren sehr vertraut. Der Ärmelkanal, der Großbritannien vom europäischen Festland trennt, ist nun untertunnelt. Die Kosten für dieses gigantische Bauwerk mußten jedoch immer wieder revidiert werden, und daran wird sich auch bis zur endgültigen Inbetriebnahme des Tunnels nichts ändern. Es gab wohl noch keinen Tunnel auf der Welt, der gebaut wurde, ohne die Kosten erheblich zu überschreiten. Die Japaner stellten den längsten Eisenbahntunnel in den achtziger Jahren mit riesigen unvorhergesehenen Kosten fertig. Da der Bau aber so viel Zeit in Anspruch genommen hatte, übernahmen Luftverkehrsgesellschaften in der Zwischenzeit den größten Teil des Verkehrs. Infolge der riesigen Baukosten blieb dann kein Geld mehr für den Bau jener überschnellen Züge übrig, welche die Passagiere von den Luftlinien wieder hätten abwerben können. Es ist schier unmöglich, hier einen Weg zu finden, der allen Anfordernissen gerecht wird.

Die unterirdische Welt – nirgendwo wird ihre bedrohliche Natur deutlicher als in den Katakomben. Dort wurden zur Zeit des frühen Christentums die Toten wie in einem Archiv zur Ruhe gebettet. Ähnlich unheimliche Gefühle würden wir in den langen Tunneln der größten unterirdischen Fabrik im Harz bei Nordhausen empfinden. Dort mußten während des Dritten Reichs Zwangsarbeiter aus den eroberten Ländern die erste ballistische Rakete mit der Bezeichnung V2 fertigen. Im Vergleich dazu erscheinen die Tunnel des größten Teilchenbeschleunigers der Welt beim CERN, dem europäischen Laboratorium für Teilchenphysik in Genf, als friedlich und erholsam. Mit Hilfe einer riesenhaften Maschine im Untergrund versuchen Wissenschaftler, die grundlegende Natur der Materie zu entschlüsseln. Winzige Teilchen, deren Kleinheit man sich gar nicht mehr vorstellen kann, werden auf phantastische Geschwindigkeiten beschleunigt und dann aufeinander losgelassen. Die Forscher beobachten, wie sie untereinander reagieren und ziehen daraus ihr Schlüsse. Dieses Konzept ist mindestens so merkwürdig wie die alten Mythen, mit denen man einst den Ursprung der Welt erklären wollte.

Leistungen der Tiefbautechnik
Die Katakomben
Die V2-Fabrik in Nordhausen
Der Large Electron-Positron Collider
Der Seikan-Tunnel
Bedeutende Tunnel

Ein unterirdisches Mausoleum

Zahlen und Daten

Die Begräbnisstätten der römischen Urchristen stellen eines der größten unterirdischen Labyrinthe dar.

Bauzeit: 2. bis 5. Jahrhundert

Anzahl der Anlagen: 42

In den römischen Außenbezirken liegt ein unterirdisches bienenwabenartiges System von Gängen, in denen die frühen Christen begraben wurden. Diese Katakomben gehen auf eine Zeit zurück, in der es gefährlich war, Christ zu sein. In den Katakomben liegen die Überreste einiger früher Päpste und von christlichen Märtyrern, die den Verfolgungen zum Opfer gefallen waren. Daneben wurden hier auch einfache Christen bestattet, Männer und Frauen. Sie alle teilten die Überzeugung, daß das Begraben von Toten eine christliche Pflicht ist, die mit der Auferstehung in Verbindung stehe.

Die Grabarbeiten an den Katakomben wurden während mehrerer Jahrhunderte durchgeführt. Sie waren die Aufgabe einer Gruppe von Männern mit der Bezeichnung Fossores. Die Spuren ihrer Pickel, mit denen sie die Gänge in das weiche Gestein schlugen, sind bis auf den heutigen Tag zu sehen. In der Mitte des 3. Jahrhunderts stand die Kirche unter einem sehr starken Druck. Damals müssen sehr viele Männer als Fossores gearbeitet haben, um ein solches Labyrinth von Tunneln zu schaffen. Es sind ungefähr vierzig verschiedene Katakombenanlagen bekannt; die meisten liegen nahe an Hauptstraßen, die in die Stadt führen. Die Gesamtlänge der Gänge ist schwer anzugeben, da sie wie in einem Irrgarten hin und her führen und auch auf verschiedenen Niveaus liegen. Jedenfalls summiert sich ihre Länge auf viele Kilometer.

Die Fossores führten ein Leben in Kälte und Dunkelheit. Sie schlugen enge Stollen in das Gestein und hatten nur Tote als Gesellschaft – keinesfalls eine Aufgabe für furchtsame Menschen. Gelegentlich erhielten sie den Auftrag, größere Räume im Untergrund mit einer Seitenlänge von 3 Meter und mehr herauszuschlagen. Sie dienten dann als Krypten für jeweils eine Familie. Es besteht kaum ein Zweifel, daß einige Fossores ihr Einkommen dadurch aufbesserten, daß sie aus älteren Gräbern Wertsachen stahlen.

Als später verschiedene Eroberer über Rom hinwegzogen, gerieten die Katakomben in Vergessenheit. Über Hunderte von Jahren hinweg erhielten sie keinen »Besuch«. Zu Beginn des 17. Jahrhunderts wurden sie von Antonio Bosio wiederentdeckt, der den größten Teil seines Lebens vom 20. Lebensjahr an damit verbracht haben soll, Katakomben aufzuspüren. Er machte sich vom Zentrum in Rom auf den Weg und verbrachte ganze Tage damit, nur nach Katakombeneingängen Ausschau zu halten. Immerhin entdeckte er ungefähr dreißig Anlagen, und er veröffentlichte seine Ergebnisse in einem Buch mit dem Titel »Roma Sotterranea« (»Unterirdisches Rom«). Eigentliche archäologische Studien folgten dann im 19. Jahrhundert. Im Jahr 1854 teilte der Archäologe G. B. de Rossi Papst Pius IX. mit, er habe die Gräber der frühen Päpste entdeckt, doch Pius glaubte ihm nicht. Die Inschriften ließen jedoch keinen Zweifel daran, daß die letzten Ruhestätten von fünf Päpsten aus dem 3. Jahrhundert gefunden worden waren.

Katakomben sind allerdings nicht ein ausschließlich christliches Bauwerk. Man kann sie überall im Mittelmeergebiet finden, besonders auf Malta, Sizilien, in Ägypten, Tunesien und im Libanon. Die Tatsache, daß Christus nach seinem Tod am Kreuz in einem Felsengrab mit einem Stein davor bestattet wurde, führte wohl zur Ausbreitung dieser Begräbnisform unter seinen Anhängern.

Ein weiterer Grund war ohne Zweifel die Gefahr, die von Verfolgungen drohte. Unter Kaiser Valerian beispielsweise durften die Christen keine Friedhöfe besuchen, und alle Begräbnisse innerhalb der Mauern Roms waren ohnehin verboten. Um die sterblichen Überreste der christlichen Märtyrer aufzubewahren, entnahm man sie gewöhnlichen Gräbern und versteckte sie in Katakomben, wo Störungen viel weniger wahrscheinlich waren. Diese Begräbnisstätten wurden dann zu Pilgerzentren, und auch gewöhnliche Christen äußerten den Wunsch, nach ihrem Tod den sterblichen Überresten ihrer Märtyrer möglichst nahe zu sein.

Ein weiterer Grund mag die Enge des zur Verfügung stehenden Raumes gewesen sein. Sie begünstigte ein System von Grabstätten, die immer weiter in den Fels vorgetrieben wurden. Schließlich wollten die noch lebenden Christen den Jahrestag des Begräbnisses bei ihren Toten verbringen und mit ihnen die Eucharistie feiern. Für eine verfolgte Kirche war dies natürlich in Katakomben einfacher als auf einem Friedhof. Es besteht aber kein Grund zur Annahme, die Katakomben hätten als geheime Versammlungs- und Kultstätten gedient. Die größten Räume der Katakomben fassen nicht mehr als vierzig Menschen, und im 3. Jahrhundert gab es in Rom schon mindestens 50 000 Christen. Unterirdische Gottesdienste wären nicht sehr bequem gewesen.

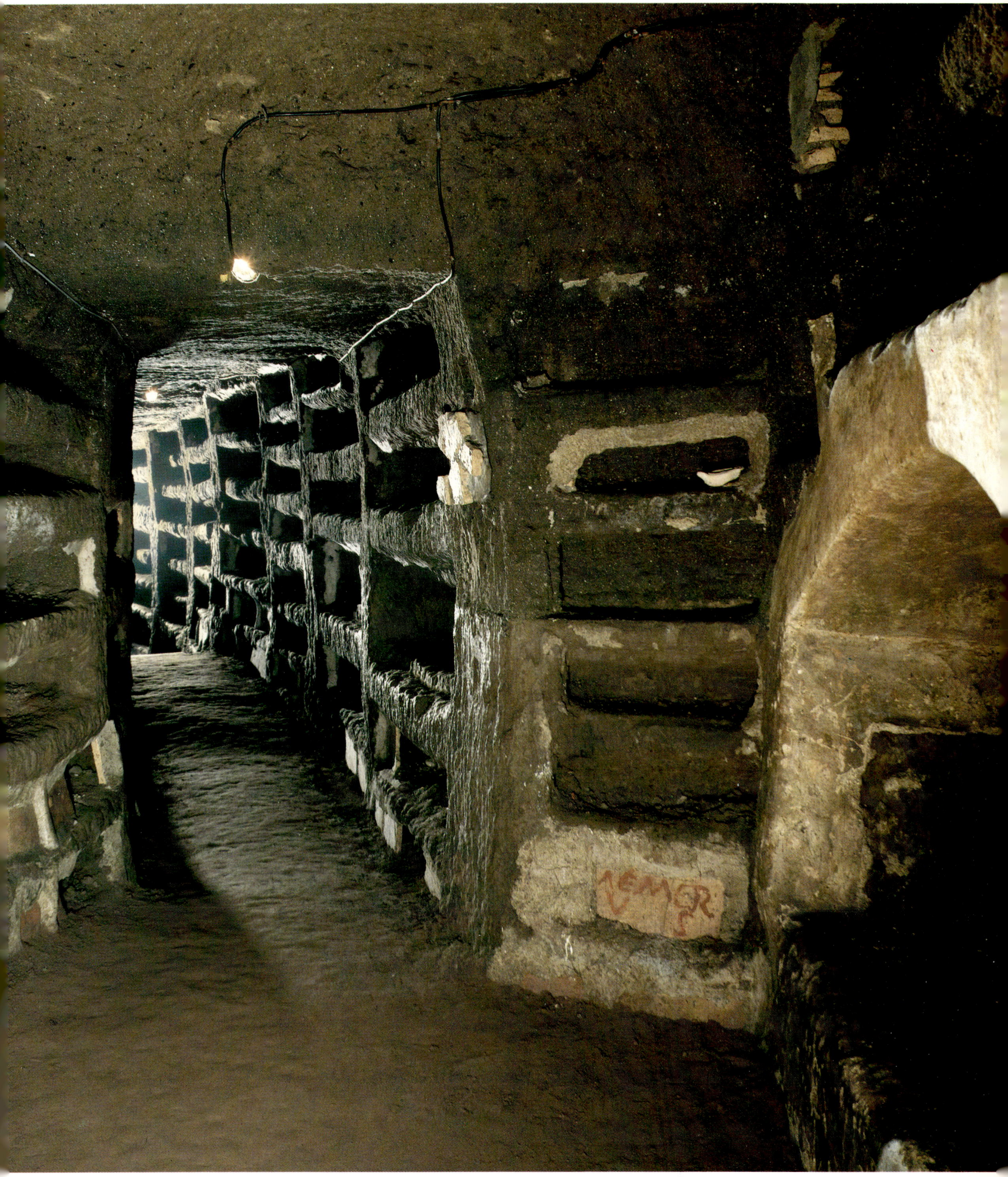

DIE KATAKOMBEN

Ein unterirdisches Mausoleum

Die Katakomben des heiligen Calixtus (rechts) waren die Begräbnisstätten der Bischöfe von Rom. Ihren Namen haben sie nach Calixtus, den Papst Zephyrinus zum Aufseher gemacht hatte. Calixtus selbst wurde nach achtzehnjähriger Tätigkeit zum Papst gewählt. Die Katakomben liegen auf fünf Ebenen und enthalten viele Fresken. Die Krypta weist griechische Inschriften über die Märtyrer unter den Päpsten des 3. bis 4. Jahrhunderts auf.

Das Columbarium in der Vigna Codini (oben) hat im größten Raum Platz für 500 Aschenurnen. »Columbarium« bedeutet ursprünglich Taubenschlag. Die Ähnlichkeit einer solchen Begräbnisstätte mit einem echten Taubenschlag führte zu dieser Bezeichnung. »Columba« ist das lateinische Wort für die Taube.

Der Untergrund um Rom war ideal für den Bau von Tunneln, denn er besteht aus einem weichen Tuff, der auch abgebaut wurde und die Grundlage für einen widerstandsfähigen Mörtel bildete, den die Römer beim Bau verwendeten. Oft nahm eine Katakombe ihren Anfang an einem Hügelabhang, wo Steinbrucharbeiter Tuff abgebaut hatten. Man grub einen Gang direkt in den Hügel und schnitt dann rechtwinklige Seitengänge ein. Dann schlugen die Fossores noch Gänge in den Fels, die parallel zum Hauptgang verliefen. Sie waren 2 bis 3 Meter hoch und 0,9 bis 1,2 Meter breit und unterschiedlich im Höhenniveau.

Damit etwas Sonnenlicht eindringen konnte, wurden Lichtschächte gegraben. Benachbarte Katakomben besaßen oft Verbindungsgänge und bildeten schließlich ein Labyrinth, in dem man sich leicht verirren konnte.

Die einfachsten Gräber waren Nischen, die in mehreren Reihen übereinander in die Wände eines Ganges gegraben wurden und die für mehrere Verstorbene Platz hatten. Die Körper der Toten wurden, in zwei Leinenschichten gehüllt, hineingeschoben. Das Fach wurde mit Ziegeln verschlossen. Solche Gräber bezeichnen die Forscher als Luculi. In die Wand gearbeitete, mit Bogen versehene Senkgräber werden Arcosolia genannt. Es gab auch Grabkammern oder Cubicula, in denen die Mitglieder einer Familie begraben wurden. Längs der Gänge waren Öllämpchen in den Wänden einzementiert. Parfümfläschchen sorgten für eine Verbesserung der Luft. Bisweilen kittete man in der Wand nahe einem Grab auch ein Kinderspielzeug oder eine Münze ein. Die meisten Gräber sind übrigens später von Räubern geöffnet worden.

Das wenige, das wir über die Fossores wissen, stammt von Gemälden auf den Katakombenwänden. Sie trugen eine kurze Tunika, eine Lampe an einer Kette mit einem Haken, mit dem man sie aufhängen konnte. Sie besaßen auch einen Korb, in dem sie das

LEISTUNGEN DER TIEFBAUTECHNIK

Im Jahre 1955 entdeckten Arbeiter beim Bau eines Hauses eine Katakombe in der Nähe der Via Latina (links). Sie geht auf die Zeit zwischen 320 und 360 zurück und gehörte reichen Familien. Einige Fresken zeigen Themen, die in Katakomben bisher noch nicht angetroffen wurden, zum Beispiel aus der griechischen Mythologie. Das Gemälde in einem Cubiculum zeigt Hercules, wie er Alcestis nach ihrer Errettung aus dem Hades ihrem Ehemann Admetus zurückgibt.

aus dem Fels herausgehackte Material wegtragen konnten. Die Fossores hielten sich nicht nur für gewöhnliche Totengräber, sondern hatten auch einen Status, der dem der Priester nahe kam. Unter ihnen gab es auch Künstler, die die Katakomben mit einfachen Skulpturen und Gemälden ausschmückten. Sie sind weniger als Kunstwerke denn als Zeitzeugen bedeutsam. In späterer Zeit, als Rom von Eindringlingen heimgesucht wurde, holten die christlichen Bewohner die Reste der Märtyrer aus den Katakomben und bewahrten sie in Kirchen und Basiliken auf. Im Jahre 609 beispielsweise sollen 28 Wagenladungen davon zur Kirche Sancta Maria ad Martyres transportiert worden sein. Die Invasion der Langobarden 756 richtete enorme Schäden an den Friedhöfen außerhalb Roms an, so daß Papst Paul I. (757–767) dazu aufrief, noch mehr Überreste in die Kirchen der Stadt zu schaffen.

Papst Paschalis I. (817–824) ließ die Relikte von 2300 Märtyrern in die Kirche Santa Prassede überführen. Zu jener Zeit waren die Katakomben schon fast leer, und sie gerieten in Vergessenheit. Vom 9. Jahrhundert bis zur Zeit von Bosio im 17. Jahrhundert blieben sie fast ungestört.

Die Gemälde, die uns in den Katakomben erhalten blieben, sind deswegen von Bedeutung, weil sie fast die einzigen Reste frühchristlicher Kunst zur Zeit der Christenverfolgungen darstellen.

Kirchen aus jener Zeit gibt es nicht mehr und nur die einfache Dekoration in den Katakomben überlebte. Viele Gemälde stellen Szenen aus dem Alten Testament dar, den Sündenfall, die Arche Noah und das Opfer Abrahams an Isaak sind besonders häufige Themen.

Es gibt auch viele neutestamentliche Szenen, etwa die Taufe Jesu und Darstellungen seiner Wunder. Weitaus am häufigsten ist die Auferweckung des Lazarus. Dieses Thema tauchte mindestens fünfzigmal in den Katakomben auf, was an einer Begräbnisstätte nur allzu verständlich ist. Das größte wissenD

Die Katakomben der Heiligen Marcellinus und Petrus enthalten die meisten Gemälde. Darstellungen des Sündenfalls sind häufig, nicht nur auf Gemälden, sondern auch auf Sarkophagen und auf Glasbechern. Ein Gemälde in den Katakomben der Via Latina zeigt, wie Adam und Eva von Gott aus dem Paradies vertrieben werden. Die Darstellung erfolgte im frühen Christentum ohne irgendwelche Hemmungen.

197

DIE V2-FABRIK VON NORDHAUSEN

Eine Fabrik im Berg

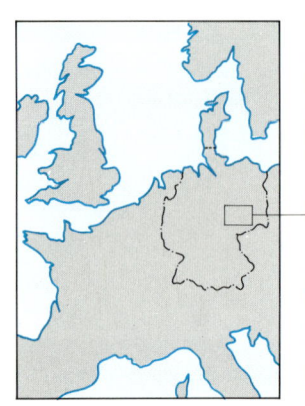

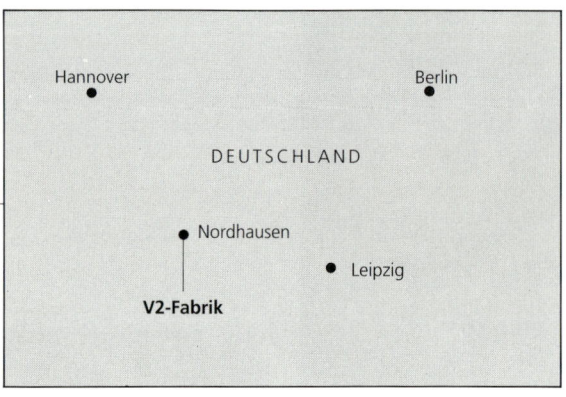

Zahlen und Daten

Die größte unterirdische Fabrik der Welt

Bauherr: Das dritte Reich

Bauzeit: 1936–1942

Länge der Tunnel: 11 Kilometer

Oberfläche: 36 Hektar

Am Abend des 8. September 1944 riß eine Explosion ohne Vorwarnung ein 6 Meter tiefes Loch mitten in die Staveley Road in den Londoner Vororten Brentford und Chiswick. Drei Menschen kamen ums Leben, ein junger Soldat, der die Straße entlanggegangen war, und auch ein dreijähriges Kind. Sie waren die allerersten Opfer einer ballistischen Rakete, der V2. Sie war von einer mobilen Plattform in einer Vorortstraße Den Haags während der deutschen Besetzung abgefeuert worden. Sechzehn Sekunden nach der ersten Explosion landete eine zweite V2 in Epping, tötete und verletzte aber niemanden.

Die V2 war die Geheimwaffe, von der Hitler hoffte, daß sie ihm den Sieg bringen würde. Zusammen mit der V1 wurde sie in einer ungewöhnlichen unterirdischen Fabrik im südlichen Harz gefertigt. Geschützt von einer 60 Meter dicken Gesteinsschicht blieben diese Tunnel bei Nordhausen unbeschädigt und unangreifbar, weil die Eingänge auch von der Luft aus kaum zu erkennen waren. Am Ende des Krieges wurde das Gebiet jedoch von den Truppen der ersten amerikanischen Armee überrannt. Bis zu diesem Zeitpunkt hatte die Fabrik den weitaus größten Teil der 1403 V2-Raketen gefertigt, die auf London gerichtet worden waren. Viele weitere schossen die Deutschen auf Ziele in Belgien. Die Anlage in Nordhausen ist heute noch die größte unterirdische Fabrik, die jemals gebaut wurde.

Die Arbeiten begannen 1936, als im Zuge der deutschen Kriegsvorbereitungen die staatlich kontrollierte Öllagerfirma Wirtschaftliche Forschungs-GmbH Pläne für ein Depot unter dem Kohnstein in der Nähe von Nordhausen ausarbeitete. Das Gestein war Anhydrit (Kalziumsulfat) und damit ideal geeignet, denn es ist trocken, weich, leicht zu bearbeiten und doch stark genug für lange Galerien ohne jegliche Stützen. Das abgebaute Material verwendete man als Rohstoff für die Produktion von Zement, Schwefel und Schwefelsäure. Der ganze Komplex war 1942 fertig und bestand aus zwei ungefähr parallelen, 160 Meter voneinander entfernten Stollen, die in den Hügel hinein verliefen. Jeder Stollen war etwas über 1,6 Kilometer lang, 10,5 Meter breit und 7,5 Meter hoch. In Abständen von ungefähr 36 Meter waren die Stollen durch 43 Quergalerien verbunden, deren Anordnung man mit den Sprossen einer Leiter vergleichen kann. Jeder Nebenstollen war ungefähr 9 Meter breit und 6,5 Meter hoch. Die insgesamt 11,3 Kilometer Stollen nahmen eine Fläche von 36 Hektar ein. Riesige zylindrische Tanks in den Seitengalerien speicherten Treibstoff. 1943 wurden sie jedoch auf Geheiß des Ministeriums für Rüstung und Kriegsproduktion entfernt, da der ganze Komplex ausschließlich der Waffenerzeugung dienen sollte.

Nach den erfolgreichen Luftangriffen der Alliierten auf Hamburg, die Kugellagerfabriken in Schweinfurt und das Forschungszentrum in Peenemünde, wo die V-Waffen entwickelt wurden, benötigte man eine bombensichere Fabrik, und dafür war das unterirdische System bei Nordhausen geradezu ideal. Die südliche Hälfte des Komplexes wurde der Mittelwerk-GmbH für die Herstellung und Montage der V1-Waffen (ohne Flügel) und der V2-Raketen (ohne Gefechtsköpfe) zur Verfügung gestellt. Den nördlichen Teil übernahm die Firma Junkers für die Montage der Triebwerke Jumo 004, die in die Messerschmidt 262 eingebaut werden sollten, und der Jumo-213-Kolbenmotoren für die älteren Focke-Wulf-190-Jäger.

Dazu waren nur wenige Veränderungen notwendig. Man legte eine Leitung von einem nahegelegenen Kraftwerk aus und errichtete eine 23 Meter hohe Halle, in der man fertige V2-Raketen senkrecht für die Prüfung der elektrischen Bauteile aufstellen konnte. Die Arbeitskräfte holten sich die Deutschen von August bis September 1943 aus mehreren Konzentrationslagern.

Gegen Ende Oktober war alles im Berg verschwunden. Die Gefangenen, überwiegend Franzosen, Russen und Polen, aber auch politische Gefangene aus Deutschland, wurden in drei dunklen, feuchten, staubigen Sälen einquartiert. Sie schliefen in Kojen, von denen jeweils vier übereinanderlagen, und mußten täglich zwölf Stunden fernab von jeglichem Tageslicht schuften. Während die eine Schicht arbeitete, waren die dreckigen Kojen mit den bereits benutzten Decken Schlafstätten der Männer der anderen Schicht. Es gab keine Toiletten; dafür standen halbierte Karbidfässer zur Verfügung. Bis zu einer Wasserstelle mußten die Gefangenen 800 Meter gehen.

Rüstungsminister Albert Speer, der die Anlage im Dezember besuchte, schrieb später seine Eindrücke in seinen »Erinnerungen« nieder, die er nach dem Krieg veröffentlichte: (Propyläen, Berlin 1969, S. 380)

»Die Verhältnisse für diese Häftlinge waren in der Tat barbarisch, und ein Gefühl tiefer Betroffenheit und persönlicher Schuld erfaßt mich, sooft ich bis heute daran denke. Wie ich von den Aufsehern nach Ablauf der Besichtigung erfuhr, waren die sanitären Bedingungen ungenügend, Krankheiten weit verbreitet, hausten die Gefangenen an ihren Arbeitsstätten in feuchten Höhlen, und daher war die Sterblichkeit unter den Häftlingen außerordentlich hoch.«

Speer befahl den Bau eines Konzentrationslagers im

Eine teilweise montierte V2 wird von einem amerikanischen Soldaten studiert, nachdem General Omar Bradley am 11. April 1945 Nordhausen eingenommen hat. Hitler hatte zwar die Zerstörung der Anlage angeordnet, doch blieb sie nach der Evakuierung der Spezialisten und Arbeiter nahezu unberührt.

Eine Fabrik im Berg

Freien, und die Bedingungen wurden dadurch besser. Immer mehr Gefangene wurden nach Nordhausen verschickt, bis hier ungefähr 20000 Menschen Sklavenarbeit verrichteten. Die SS verbot strikt jeglichen Kontakt zwischen den Gefangenen und den deutschen Arbeitern. Draußen wußte niemand, was in dem unterirdischen Werk vor sich ging.

Am Neujahrstag 1944 lieferte Nordhausen die ersten drei V2-Raketen aus. Ende Januar waren siebzehn weitere fertig. Dann schossen die Produktionszahlen in die Höhe. Im Juni wurden 250 Raketen fertiggestellt. Die Produktion der V1 begann später, im Juli 1944, mit immerhin 300 Stück in jenem Monat. Die V2 war eine sehr komplexe Waffe, die V1 hingegen simpel und billig. Beide erfüllten jedoch ihre schreckliche Aufgabe auf effiziente Weise, und sicherlich war es Galgenhumor, wenn man sich in London fragte, welche von beiden denn schlimmer sei. Den Motor der V1 konnte man hören, bis er aussetzte; dann folgte ein banges Warten auf die Explosion. Die V2 hingegen traf ohne jegliche Vorwarnung ein. Eine beherzte Frau aus Streatham in London meinte, die V2 sei wie ein Blitzschlag. »Wenn sie einschlägt, ist man entweder tot oder sie hat nicht getroffen«, meinte sie. Der Schriftsteller James Lees-Milne, der in Chelsea wohnte, hielt die V2 für viel schlimmer als die V1, weil es keinerlei Warnung gab: »Man wartet auf sie und erschrickt beim leisesten Knall, bei unerwartetem Lärm zu Tode, etwa bei der Fehlzündung eines Autos oder schon dann, wenn jemand eine Tür zuschlägt.«

Die Eingänge und Belüftungsschächte der Fabrik waren sehr gut getarnt. Die Raketen wurden in den Tunneln auf Eisenbahnwaggons oder Lastwagen geladen und mit Segeltuch bedeckt. Die Züge fuhren dann über das deutsche Eisenbahnnetz zu den Abschußrampen nahe am Ärmelkanal. Durch diese Vorsichtsmaßnahmen blieb die Anlage vor allen Aufklärern verborgen. Den einzigen Hinweis darauf erhielten die westlichen Alliierten von einem deutschen Kriegsgefangenen im Spätsommer 1944. Die Amerikaner hatten vor, die Eingänge und Belüftungsschächte mit riesigen Napalmbomben anzugreifen. Das entstehende Feuer sollte dann alle Menschen im Innern ersticken. Der Plan wurde dann aber verworfen – zum Glück für die Sklavenarbeiter in Nordhausen.

Im Dezember 1944 produzierten die Arbeiter insgesamt 1500 V1 und 850 V2. Nun wurde sogar erwogen, die Fläche für die Produktionsstätten zu versechsfachen. Man begann mit dem Bau neuer Stollen, die eine Anlage zur Verflüssigung von Sauerstoff aufnehmen sollten. Eine zweite Fabrik sollte Flugzeugmotoren fertigen, eine dritte synthetischen

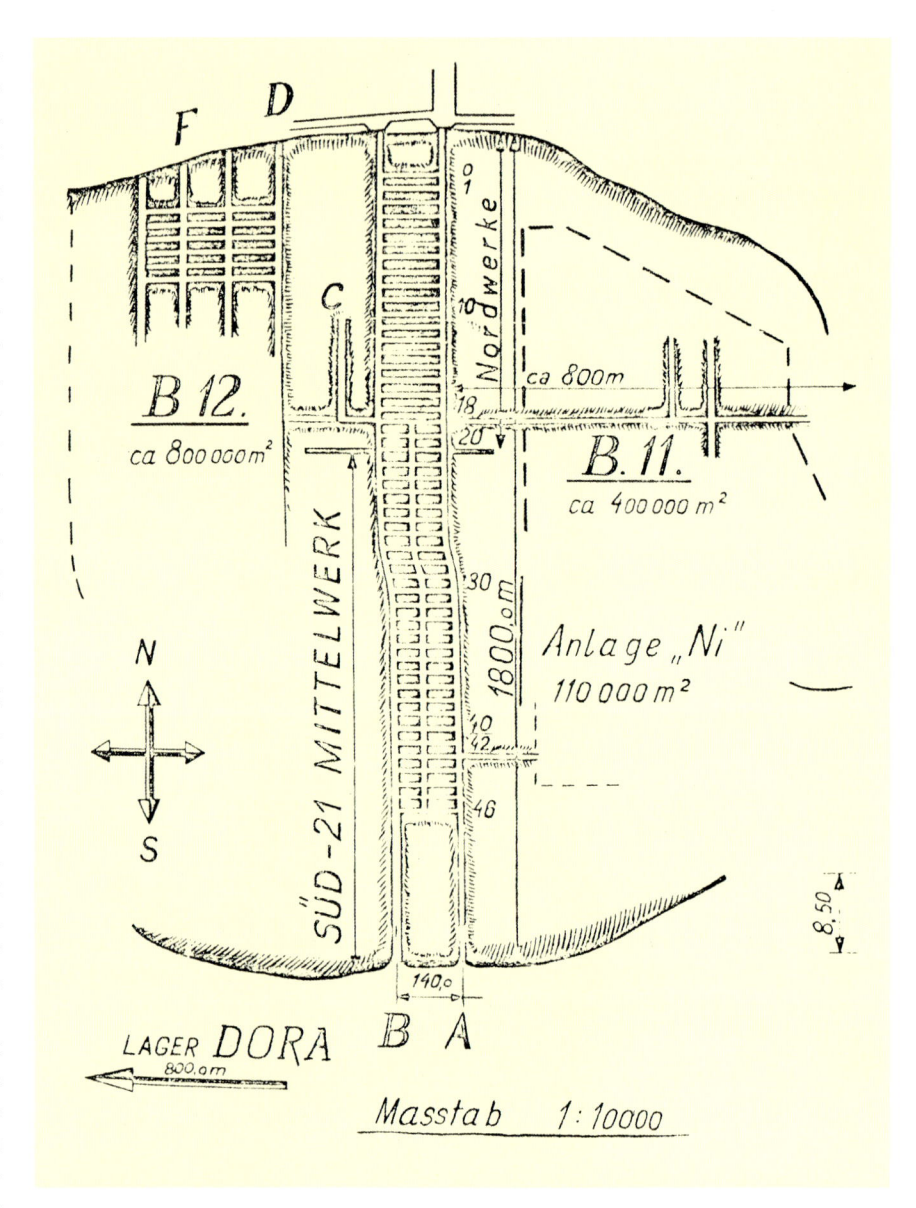

Die Mittelwerk-GmbH baute Komponenten für die V-Waffen und montierte sie. Die Fabrik bei Niedersachswerfen in der Umgebung von Nordhausen bestand aus zwei parallelen Tunneln, die sich quer durch den Hügel zogen. In jedem befanden sich Eisenbahngleise für den Nachschub und den Abtransport der fertig montierten Raketen.

Kraftstoff produzieren. Doch alle diese Pläne scheiterten. Am 11. April 1945 nahmen amerikanische Truppen das Gebiet ein. Sie blieben ungefähr sechs Wochen lang, untersuchten die Fabrik und ihre Produkte sehr genau und übergaben dann alles der Roten Armee. Nordhausen lag im Bereich der Sowjetzone.

Hätte die V2 den Ausgang des Krieges beeinflussen können, wenn sie früher eingesetzt worden wäre? 1403 Raketen schossen die Deutschen auf London. Dabei wurden 2754 Menschen getötet und weitere 6532 verletzt. In den letzten Kriegsmonaten richteten die Deutschen noch viel mehr V2-Raketen auf Ziele in Belgien, davon allein 1214 auf Antwerpen. Die Ingenieure, die für die V2 verantwortlich zeichneten, darunter auch Wernher von Braun, gelangten nach dem Krieg in die Vereinigten Staaten.

LEISTUNGEN DER TIEFBAUTECHNIK

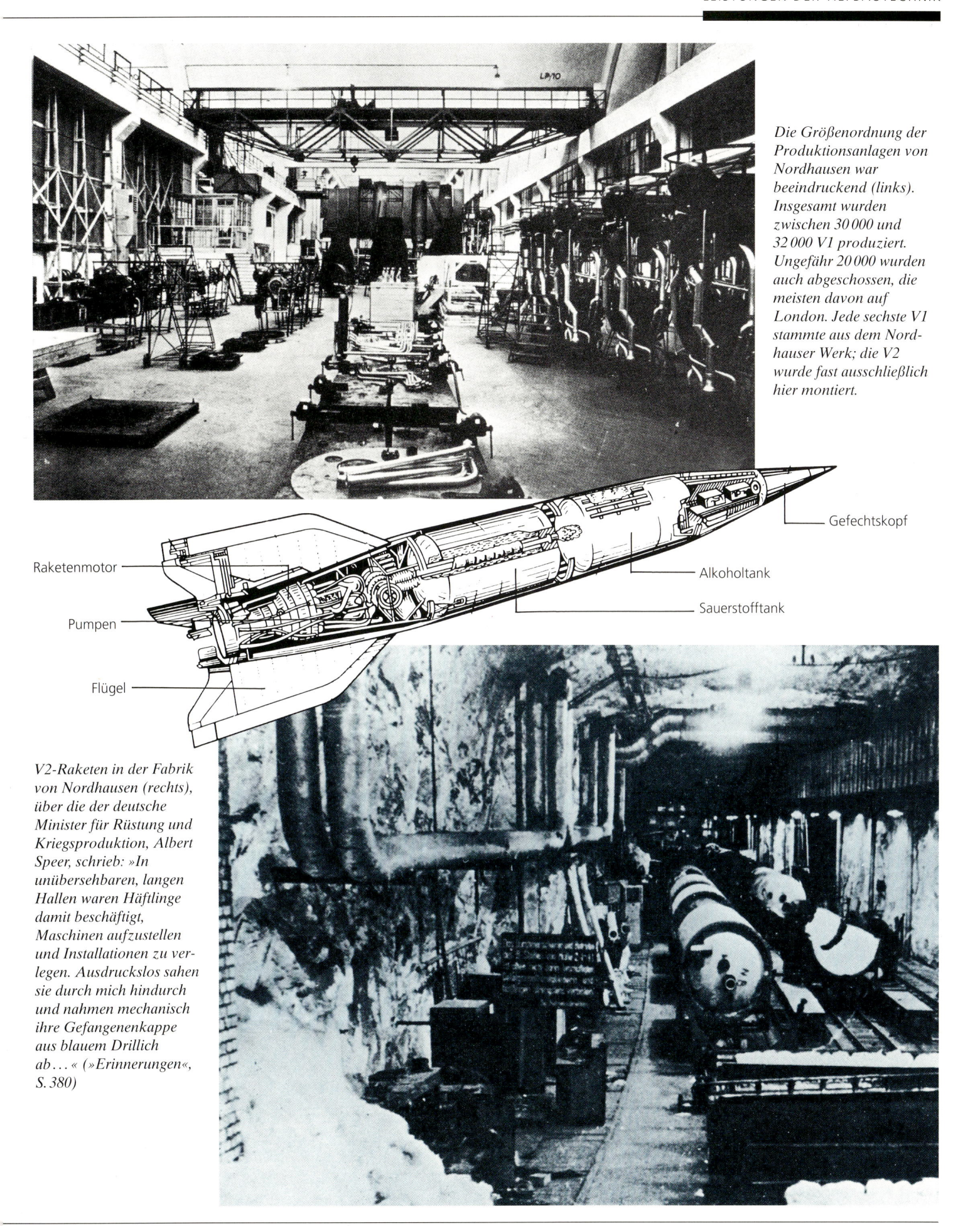

Die Größenordnung der Produktionsanlagen von Nordhausen war beeindruckend (links). Insgesamt wurden zwischen 30 000 und 32 000 V1 produziert. Ungefähr 20 000 wurden auch abgeschossen, die meisten davon auf London. Jede sechste V1 stammte aus dem Nordhauser Werk; die V2 wurde fast ausschließlich hier montiert.

Raketenmotor
Pumpen
Flügel
Gefechtskopf
Alkoholtank
Sauerstofftank

V2-Raketen in der Fabrik von Nordhausen (rechts), über die der deutsche Minister für Rüstung und Kriegsproduktion, Albert Speer, schrieb: »In unübersehbaren, langen Hallen waren Häftlinge damit beschäftigt, Maschinen aufzustellen und Installationen zu verlegen. Ausdruckslos sahen sie durch mich hindurch und nahmen mechanisch ihre Gefangenenkappe aus blauem Drillich ab...« (»Erinnerungen«, S. 380)

201

DER LARGE ELECTRON-POSITRON COLLIDER

Ein riesenhafter Tunnel für Kollisionen

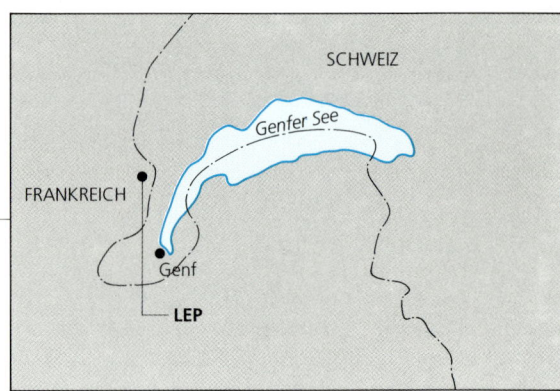

Zahlen und Daten

Das größte wissenschaftliche Instrument der Welt

Bauherr: Europäisches Laboratorium für Teilchenphysik (CERN)

Bauzeit: 1983–1989

Länge des Tunnels: 27,4 Kilometer

Kosten: 1,13 Milliarden Schweizer Franken

Die Größenordnung der Apparate (gegenüberliegende Seite), die zum LEP gehören, kann man an den Detektoren in den Experimentierhallen erkennen. Sie stehen dort, wo die Teilchen aufeinandertreffen. Der Detektor für das Experiment L3 ist zum größten Teil von einem Magneten umgeben, der 6500 Tonnen Stahl enthält. Das Experiment DELPHI enthält den größten supraleitfähigen Magneten der Welt. Das Jahresbudget für LEP, in das sich 450 Physiker aus 39 Institutionen teilen, liegt nahe bei 200 Millionen Dollar.

Das größte wissenschaftliche Instrument der Welt liegt in einem 27,4 Kilometer langen Tunnel an der Grenze zwischen Frankreich und der Schweiz. Die Maschine heißt Large Electron-Positron Collider, abgekürzt LEP. Sie beschleunigt Elementarteilchen bis in Bereiche nahe der Lichtgeschwindigkeit und läßt sie dann miteinander kollidieren. Die Forscher schauen dann zu, was geschieht. In einem Tunnel mit einem Durchmesser von 3,6 Meter liegen hintereinander 4600 große Magnete, welche die Teilchenströme durch eine Vakuumröhre lenken. Über 60 000 Tonnen technisches Gerät machen diese Maschine aus, die 70 Megawatt Elektroenergie braucht – soviel wie eine große Stadt. Auf der Erdoberfläche ist von der riesenhaften Konstruktion aber kaum etwas zu sehen.

Teilchenphysiker brauchen diese Riesenmaschine, um die kleinsten Elementarteilchen zu untersuchen, aus denen das Universum besteht. Einst glaubte man, das Atom sei das kleinste Teilchen. Doch dann bewiesen Physiker, daß Atome aus noch viel kleineren Teilchen bestehen, den Elektronen, Neutronen, Protonen und anderen. Es ist nicht möglich, Atome wie mit einem Skalpell zu spalten oder sie in einem Riesenmikroskop zu betrachten. Nur gewaltige Kräfte vermögen die Bindungen zwischen den Elementarteilchen zu lockern. Neue Entdeckungen gelangen den Forschern, indem sie Atome zertrümmerten, die daraus hervorgegangenen Teilchen mit größtmöglicher Geschwindigkeit aufeinander losließen und beobachteten, welche Reaktionen stattfanden. Je größer die relative Geschwindigkeit der Teilchen, um so aufschlußreicher sind die Reaktionen bei einem Zusammenstoß. Die ersten Teilchenbeschleuniger wurden in den dreißiger Jahren gebaut. Seither wurden sie immer größer, und die Teilchenenergie nahm parallel zur Geschwindigkeit der beschleunigten Teilchen zu. Im LEP werden zwei unterschiedliche Teilchen in entgegengesetzte Richtungen beschleunigt. Dann läßt man sie frontal aufeinanderprallen.

Es war J. J. Thomson, der in den neunziger Jahren des vergangenen Jahrhunderts an der Universität von Manchester die Elektronen entdeckte, sehr leichte Teilchen mit einer negativen elektrischen Elementarladung. Das Positron, das elektrisch positiv geladene Antiteilchen des Elektrons, fand Carl Anderson am California Institute of Technology im Jahr 1932.

Weil beide Teilchen eine elektrische Ladung tragen, kann man sie mit Magneten steuern und mit Hilfe von Hochfrequenzfeldern beschleunigen.

Im LEP werden Bündel beider Teilchen in einer Hochvakuumröhre beschleunigt. Aufgrund ihrer verschiedenen Ladung fliegen sie in entgegengesetzter Richtung, bis sie – wie das die Forscher ja wollen – aufeinanderprallen. Bei der Kollision vernichten sie sich gegenseitig, für den winzigen Bruchteil einer Sekunde hohe Energie freisetzend – jenem Augenblick ähnlich, in dem das Universum entstand. Unmittelbar darauf tritt die Energie wieder in Form von Materie und somit von Elementarteilchen auf. Aber für diese winzige Zeitspanne stellen die Wissenschaftler die Bedingungen auf, die sie zu erforschen suchen.

Beschleuniger müssen groß sein, denn wenn Partikel enge Kreise beschreiben, verlieren sie sehr schnell Energie und werden langsamer. Je größer die eingesetzte Energie, um so größer muß also auch der Beschleuniger sein. Das bedeutet auch höhere Kosten. Schon längst kann sich eine einzelne Universität oder gar eine Nation einen modernen Beschleuniger nicht mehr leisten. Deswegen taten sich bereits 1954 zwölf europäische Länder zusammen und gründeten das CERN (Conseil européen pour la recherche nucléaire), um sich in die Kosten zu teilen. Zwei weitere Länder stießen später zu dieser Organisation, die ihren Sitz in Genf hat. Heute heißt sie offiziell »Europäisches Laboratorium für Teilchenphysik«, doch unter der Abkürzung CERN ist sie bis heute weltweit bekannt.

Mit der Planung für den LEP begann man in den späten siebziger Jahren, als man nämlich feststellte, daß man eine größere Maschine brauchte, um mit den Amerikanern Schritt halten zu können. Die Zustimmung dafür erfolgte im Dezember 1981, und mit den Bauarbeiten begann man im September 1983. Im August 1989 produzierte die Anlage ihre ersten Zusammenstöße zwischen Elektronen und Positronen.

Der LEP wurde aus mehreren Gründen unterirdisch angelegt. Zunächst besaß man auf diese Weise ein stabiles sicheres Fundament für eine Maschine, die trotz ihrer Größe mit außergewöhnlicher Genauigkeit ausgerichtet sein muß. Es gab besonders in der Umgebung von Genf nur wenige Gebiete, die so

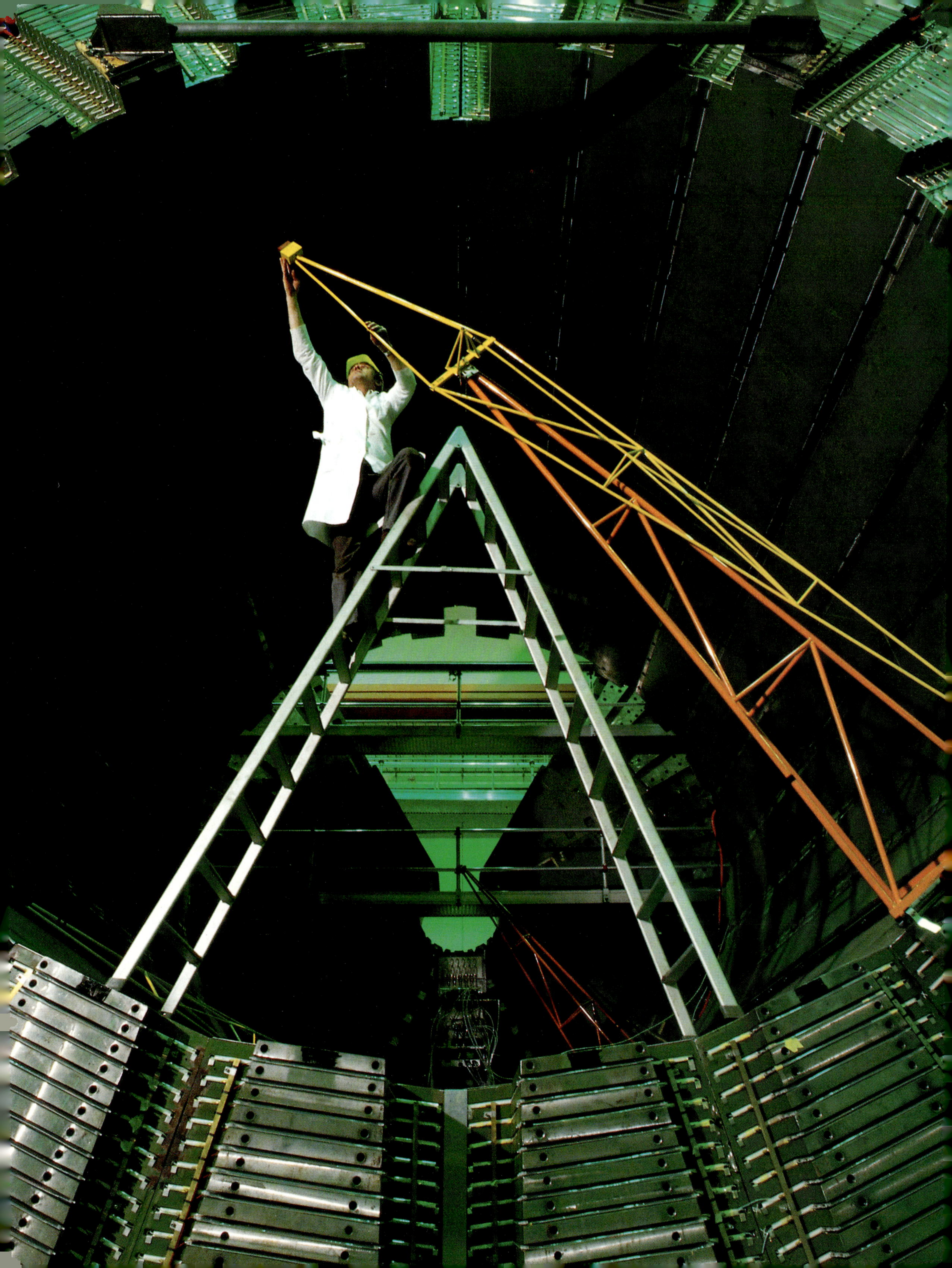

DER LARGE ELECTRON-POSITRON COLLIDER

Ein riesenhafter Tunnel für Kollisionen

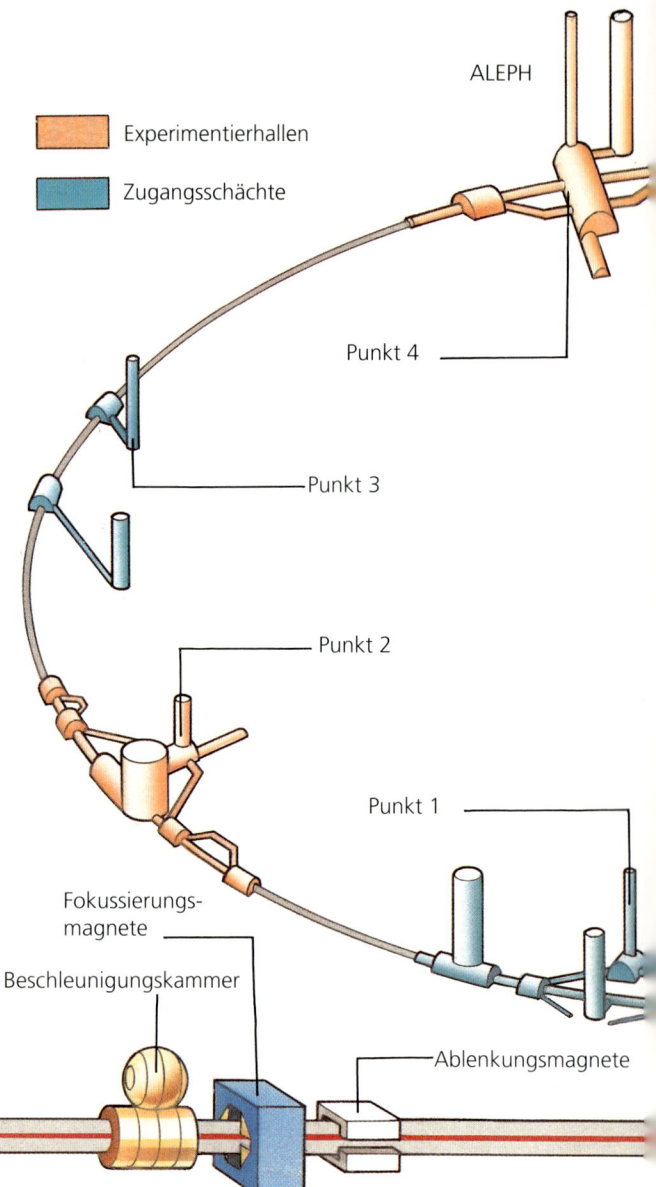

Die Lage von LEP (oben). Der Tunnel wurde eingezeichnet. Die Grenze zwischen Frankreich und der Schweiz ist durch eine punktierte Linie angegeben. Die Schweiz liegt am unteren Bildrand. Der kleine Kreis im Inneren des LEP-Rings (links) gibt den Ring des Super-Protonensynchrotrons an. Es gehört zu einem der drei Beschleuniger, die vor dem Baubeginn von LEP errichtet wurden.

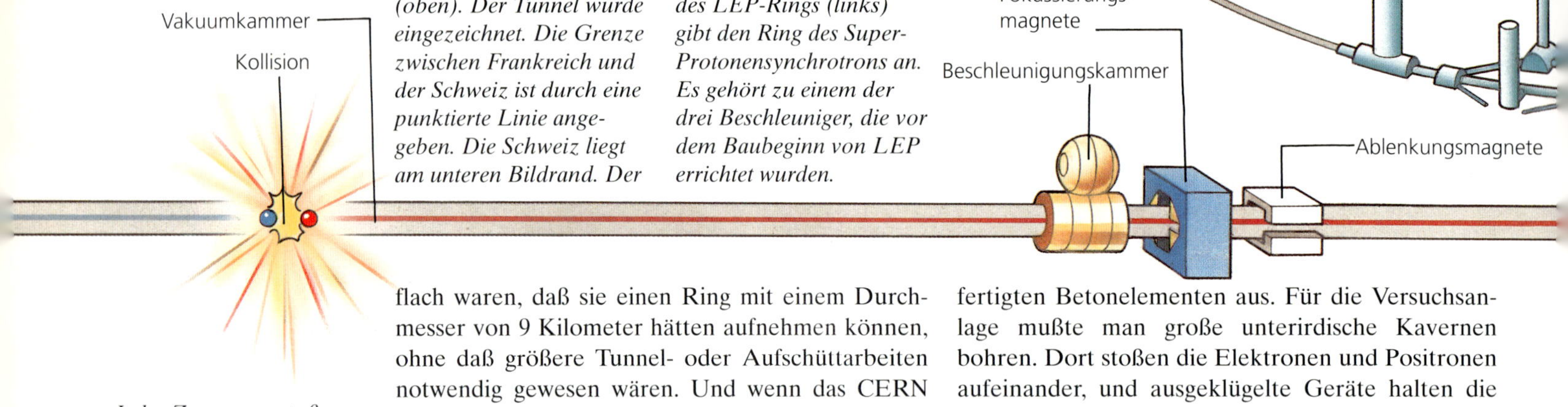

Jeder Zusammenstoß zwischen Elektronen und Positronen liefert so viel Informationen, daß man damit ein Telefonbuch füllen kann. Die Detektoren und Hochgeschwindigkeitsrechner sind jedoch so ausgefeilt, daß sie nur ungewöhnliche, interessante Daten für die Analyse speichern. In der Vakuumröhre werden die Elektronen beschleunigt, abgelenkt und fokussiert.

flach waren, daß sie einen Ring mit einem Durchmesser von 9 Kilometer hätten aufnehmen können, ohne daß größere Tunnel- oder Aufschüttarbeiten notwendig gewesen wären. Und wenn das CERN seine Maschine ins Erdreich verlegte, konnte es sicher sein, daß die lokalen Behörden die Bewilligung nicht versagen würden.

Der LEP befindet sich in einem schmalen Streifen Land zwischen dem Genfer See und dem Jura. Der Tunnel ist annähernd kreisförmig. Er besteht aus acht geradlinigen Abschnitten mit je 500 Meter Länge und acht bogenförmigen Abschnitten zu je 2740 Meter. Der größte Teil des Kanals wurde mit Vollausbruch-Tunnelfräsmaschinen gegraben. Durch 18 Schächte ließ man sie in das Tunnelniveau hinunter, das sich in einer Tiefe von 49–146 Meter unter der Erdoberfläche befindet.

Die Bohrmaschinen wurden während der Arbeiten von einem Laserstrahl geführt. Den Hohlraum, den sie zurückließen, kleidete man mit vorgefertigten Betonelementen aus. Für die Versuchsanlage mußte man große unterirdische Kavernen bohren. Dort stoßen die Elektronen und Positronen aufeinander, und ausgeklügelte Geräte halten die Ereignisse dabei fest. Insgesamt wurden 1,4 Millionen Kubikmeter Abraum in der Nähe des Tunnels abgelagert. Schließlich legte man Oberboden darüber, und das Land konnte wieder landwirtschaftlich genutzt werden.

Nach der Fertigstellung des Tunnels baute man die Röhre ein, in der die Teilchen fliegen, sowie die Magnete zur Ablenkung und Fokussierung. Da die Teilchen bei ihrem Flug mit keinen Materieteilchen zusammentreffen dürfen, muß die Röhre vollständig unter Vakuum gesetzt werden. Die Elektronen und Positronen legen während der Beschleunigung über hundertmal die Entfernung zwischen Erde und Sonne zurück. Es ist also dringend notwendig, auch die letzten Spuren von Luft aus dem Tunnel herauszuholen. Der Teilchenstrahl fliegt übrigens im In-

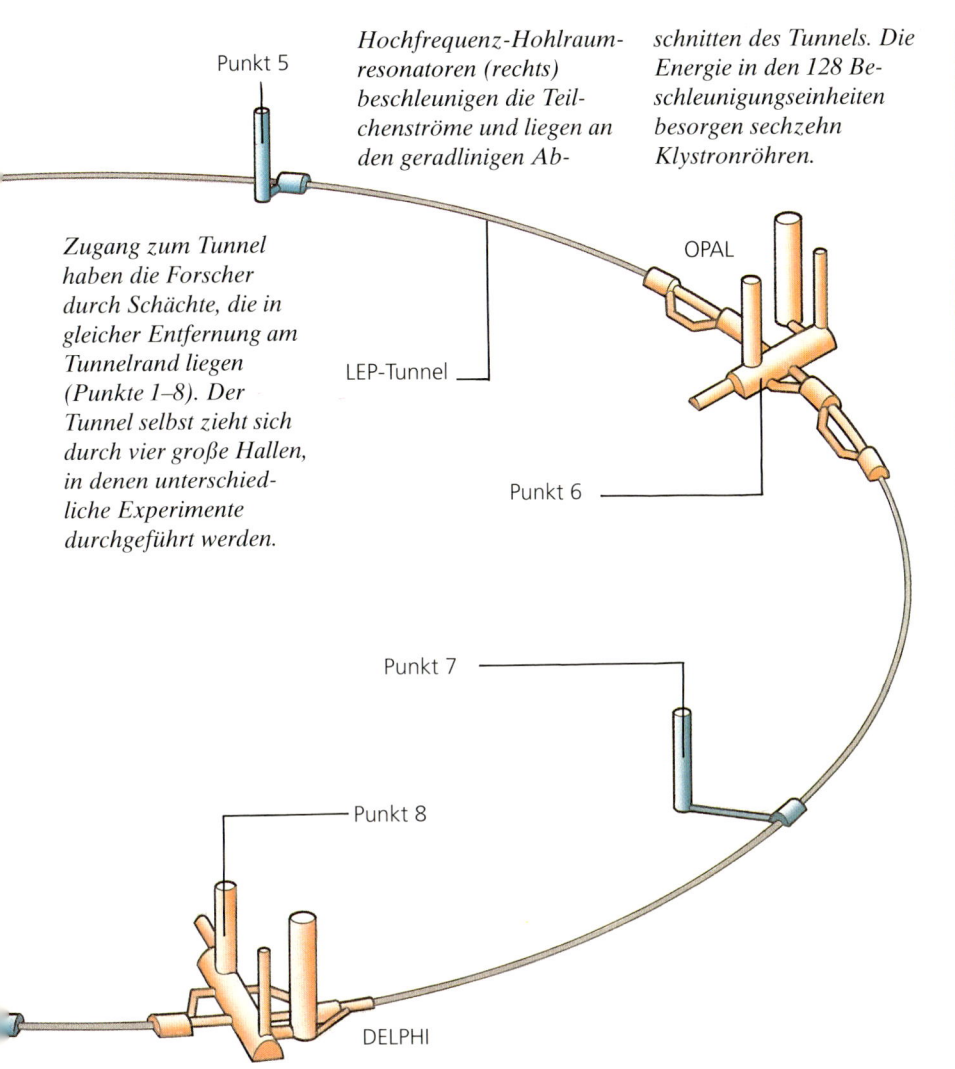

LEISTUNGEN DER TIEFBAUTECHNIK

Punkt 5

Hochfrequenz-Hohlraumresonatoren (rechts) beschleunigen die Teilchenströme und liegen an den geradlinigen Abschnitten des Tunnels. Die Energie in den 128 Beschleunigungseinheiten besorgen sechzehn Klystronröhren.

Zugang zum Tunnel haben die Forscher durch Schächte, die in gleicher Entfernung am Tunnelrand liegen (Punkte 1–8). Der Tunnel selbst zieht sich durch vier große Hallen, in denen unterschiedliche Experimente durchgeführt werden.

OPAL
LEP-Tunnel
Punkt 6
Punkt 7
Punkt 8
DELPHI

nern einer ovalen Röhre. Pumpen sorgen für die Aufrechterhaltung des Höchstvakuums.

Längs der gesamten Röhre befinden sich 3368 Dipolmagnete, die den Teilchenstrahl ablenken und auf Kurs halten. 816 Quadrupolmagnete bündeln den Strahl. Zusätzlich gibt es 128 Beschleunigungseinheiten. Insgesamt besteht diese Anlage aus 14 000 Tonnen Stahl und 1200 Tonnen Aluminium. Zu ihrem endgültigen Bestimmungsort gelangten die Apparaturen über eine Einschienenbahn. Mit äußerst genauen Meßinstrumenten legte man die Position der Magnete fest. Die Genauigkeit betrug ein zehntel Millimeter.

Die Detektoren, mit denen man die Kollisionen aufzeichnet, sind selbst riesige, über neun Meter lange Maschinen, die quer über der Vakuumröhre sitzen. Vier solche Detektoren sind vorhanden, und jeder davon wurde von einem ganzen Team von Wissenschaftlern konstruiert. Der Detektor für das Experiment mit der Bezeichnung L3 beispielsweise ist so groß wie ein fünfstöckiges Gebäude und buchstäblich mit Elektronik vollgestopft.

Der LEP wurde zeitig fertiggestellt und kostete 1,13 Milliarden Schweizer Franken – nur fünf Prozent mehr als der Voranschlag. Innerhalb von wenigen Wochen nach der Betriebsaufnahme dokumentierte der Beschleuniger seine Bedeutung, indem den Forschern der Nachweis gelang, daß die gesamte Materie nur aus drei Familien subatomarer Partikel besteht. Der Beweis für dieses sogenannte Standardmodell war eine glänzende Rechtfertigung für den Aufwand, mit dem diese größte Maschine der Welt errichtet worden ist. Der LEP stellt einen weiteren Schritt zum Heiligen Gral der Physiker dar, zu einer allumfassenden Theorie, einer Theory of Everything (TOE). Sie will erklären, wie die vier fundamentalen Naturkräfte zwischen den elementaren Teilchen wirken und miteinander zusammenhängen. Gelänge dies, hätten sich die Physiker aber selbst brotlos gemacht.

Der lineare Vorbeschleuniger (oben) liefert die Elektronen und Positronen, die erst gespeichert und dann in das Protonensynchrotron (PS) und an das Super-Protonensynchrotron eingespeist werden. Sie beschleunigen die Teilchen und geben sie dann an den LEP-Ring weiter, wo eine Beschleunigung auf viel höhere Geschwindigkeiten erfolgt.

DER SEIKAN-TUNNEL

Eine Eisenbahn unter dem Meer

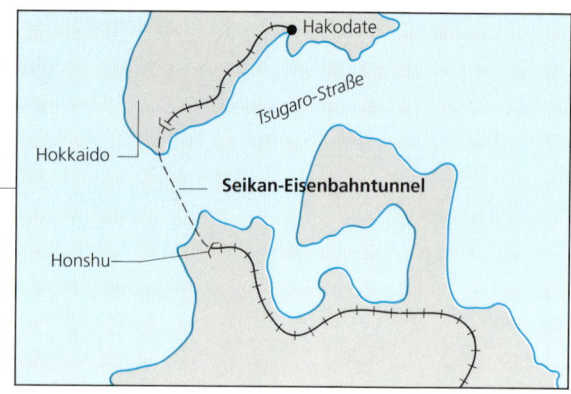

Zahlen und Daten

Der längste und teuerste Tunnel der Welt

Bauherr: Japanische Eisenbahnen

Bauzeit: 1971–1988

Länge: 55 Kilometer

Mindesttiefe unter dem Meer: 84 Meter

Der längste und bislang teuerste Tunnel der Welt liegt völlig trocken, sauber und kaum gebraucht unter der Tsugaro-Straße zwischen den japanischen Inseln Honshu und Hokkaido. Nur fünfzehn Züge passieren täglich diesen außergewöhnlichen, fast 55 Kilometer langen Tunnel. Sein Bau war nur unter allergrößten Schwierigkeiten möglich. Die Arbeiten dauerten mehr als doppelt so lange wie vorgesehen, und die Kosten erreichten das Zehnfache des Voranschlags. Die Fertigstellung war »eine technische Leistung ohnegleichen auf der Welt«, wie der japanische Transportminister bei der Einweihung im März 1988 meinte. Doch während die Arbeiter den Tunnel gruben, nahmen die Reisenden das Flugzeug. Als die ersten Züge durch den Tunnel rollten, waren die Flugverbindungen zwischen den beiden Inseln so gut etabliert, daß heute nur noch wenige Menschen den Zug benutzen.

Der Tunnel stellt mindestens teilweise die Erfüllung eines Wunsches dar, den japanische Ingenieure seit 1936 hegen. Sie wollten nämlich alle japanischen Inseln mit Eisenbahnlinien verbinden. Ursprünglich sollte die Linie noch weiter nordwärts bis zur Insel Sachalin und schließlich bis nach Korea reichen, das damals eine japanische Kolonie war. Doch Sachalin

Die Tsugaro-Straße ist für ihr extremes Wetter und die heftigen Strömungen berüchtigt, so daß sie mindestens achtzig Tage im Jahr geschlossen bleiben muß. Der Verlust von fünf Fährschiffen während eines Taifuns im Jahre 1954 führte dazu, daß man mit den ersten Abklärungen begann, ob der Bau eines Tunnels möglich sei. Im Vordergrund die Baustelle von Tappi.

fiel im Zweiten Weltkrieg an die Sowjetunion, und Korea wurde unabhängig. So veränderte man die Pläne und wollte die vier japanischen Hauptinseln miteinander verbinden. Die beiden letzten Bauwerke in diesem Plan waren der Seikan-Tunnel und die Seto-Brücke. Die beiden verbinden die größte japanische Insel Honshu mit Hokkaido im Norden bzw. mit Shikoku im Süden. Die vierte Insel Kiushu ist über den Kanmon-Tunnel, der 1942 eröffnet wurde, bereits mit Honshu verbunden. Nach dem Verlust von fünf Fährschiffen und von 1430 Menschenleben während eines Taifuns in der Tsugaro-Straße, die an ihrer engsten Stelle nur fünfzehn Meilen breit ist, begann man mit Vorarbeiten über die technische Machbarkeit eines Tunnels.

Im Verlauf dieser Arbeiten merkte man, daß die Aufgabe sehr schwierig sein würde. Die japanischen Gesteine sind geologisch jung und voller Klüfte und Verwerfungen. Sie sind gleichzeitig stabil und porös und enthalten damit viel Wasser – das Schlimmste für einen Tunnelbauer. Die Bedingungen in der Meeresstraße erschweren die Forschungen, so daß den Ingenieuren der Japan National Railway weniger Informationen als erhofft zur Verfügung standen. Im März 1964 grub man von Hokkaido aus einen ersten Schacht. Zwei Jahre darauf teufte man in Honshu einen schrägen Schacht ab. Dabei wollte man einen geologischen Überblick gewinnen und gleichzeitig das Tunnelbohrverfahren entwickeln. Die Abschnitte sollten überdies als Eingänge für den Haupttunnel dienen.

Diese Erkundungsschächte zeigten, daß man den Ausbruch nur vornehmen konnte, wenn man das Gestein zuvor behandelte, so daß es stabiler wurde und weniger Klüfte aufwies. Dies geschah durch das sogenannte Versteinen. In das Gestein vor der Ortsbrust bohrte man dünne Löcher, die in Form eines Kegels in verschiedene Richtungen ausstrahlten. In diese Löcher pumpte man eine dünnflüssige Mischung aus Zement und anderen Mitteln unter derart hohem Druck ein, daß sie in alle kleinen Spalten eindrang und sie versiegelte. Dann erst erfolgte der Ausbruch des vorbehandelten Gesteins. Ohne diese zeitraubende, sorgfältige Vorbereitung wäre der Tunnel schon zu Beginn der Arbeiten überflutet worden.

Weniger als die Hälfte der 55 Kilometer des Tunnels liegen unter dem Meer, doch dieser Abschnitt erwies sich zwangsläufig als der schwierigste. Um das Eindringen von Meerwasser zu verhindern, wurde der Tunnel mehr als 90 Meter unter dem Meeresboden entlanggeführt. Die Arbeiter konnten nur jeden dritten oder vierten Tag den Tunnel vorantreiben, die restliche Zeit mußten sie das Gestein verfestigen. Die Japaner gruben einen Pilottunnel vor dem Haupt- und Servicetunnel, um frühzeitig vor schwierigen Gesteinsverhältnissen gewarnt zu sein. Noch vor dem Vortrieb gewannen sie Bohrkerne zur ersten Information.

Trotz dieser Vorsichtsmaßnahmen gab es mindestens vier größere Wassereinbrüche. Die schlimmsten waren 1976 und 1977, als bis 80 Tonnen Wasser pro Minute eindrangen und die Arbeiter zu einem schnellen Rückzug zwangen. Bei einem dieser Unfälle im Mai 1976 wurden über 3 Kilometer des Wartungsstollens und 1,6 Kilometer des Haupttunnels überflutet, was die Arbeiten um Monate verzögerte. Am Ende umging man mit dem Servicetunnel das schwierigste Gebiet. Für den Bau des Haupttunnels mußte man weitere spezielle Verfahren und zusätzliche Versteinungsarbeiten einsetzen. Selbst heute, da der Tunnel fertig und ausgekleidet ist, sorgen vier voneinander unabhängige Pumpensysteme dafür, daß er trocken bleibt. Ohne sie würde der Tunnel innerhalb von 78 Stunden mit Wasser vollaufen! Die Eigenschaften der Gesteine machten es unmöglich, Vollausbruch-Tunnelfräsmaschinen wie im Kalk des Ärmelkanaltunnels zu verwenden. Statt dessen waren die Ingenieure gezwungen, das Gestein mit Sprengstoffen zu lockern und dann die Bruchstücke wegzutransportieren.

Wegen der Länge des Tunnels mußte man besondere Maßnahmen für die Belüftung und die Brandverhütung ergreifen. Über Schrägschächte wird zu beiden Seiten des Tunnels Luft hineingepumpt. Sie fließt durch den Pilottunnel in die Mitte des Haupttunnels und verläßt ihn dann an den beiden Eingängen. Eine leichte stete Brise mit einer Geschwindigkeit von ungefähr 3 Kilometer/Stunde reicht aus, um die Luft im Tunnel frisch zu halten und eine Überhitzung durch die Züge zu verhindern. Im Wartungstunnel, der in den untermeerischen Abschnitten parallel zum Haupttunnel verläuft, ist der Luftdruck etwas höher, so daß Luft von diesem in den Haupttunnel und nicht umgekehrt fließt. Bei einem Brand könnte das lebensrettend sein.

Bricht Feuer aus, ist der Zugführer gehalten, möglichst schnell den Tunnel zu verlassen. Wegen der

Der Tunnel verfügt über zwei Schmalspurgleise (1064 Millimeter), kann aber auf Normalspur (10 432 Millimeter) umgerüstet werden. Das wollte man eigentlich für die Schnellzüge (Shinkansen) tun. Da man vorläufig auf den Bau dieser schnellen Linie verzichtete, entzog man dem Tunnel den Grund für seine Existenz. Die Zeitersparnis ist nämlich nicht so groß, daß die Eisenbahn anderen Transportmitteln Konkurrenz machen könnte.

DER SEIKAN-TUNNEL

Eine Eisenbahn unter dem Meer

Länge könnte sich dies aber als unmöglich erweisen. Aus diesem Grund wurden zwei unterirdische Nothaltestellen errichtet. Die Passagiere können dort den Zug verlassen und über Verbindungsstollen in den Servicetunnel gelangen. Gebläse sorgen dafür, daß Rauch möglichst entfernt wird, und eigene Generatoren tauchen die Station in helles Licht.

Im ganzen Tunnel befinden sich vier Wärmedetektorsysteme und Löschanlagen. Sie sollen bei einem Brand frühzeitig warnen und ihn sofort bekämpfen. Ein großer Teil dieser Anlagen wurde erst nach einem katastrophalen Feuer in einem anderen japanischen Eisenbahntunnel eingebaut. Im November 1972 waren dabei dreißig Menschen getötet und sehr viele mehr verletzt worden. »Das ist nun wohl der sicherste Tunnel unter dem Meer auf der ganzen Welt«, behauptete der Projektleiter Shuzo Kitagawa.

Sicher mag der Tunnel sein, profitabel ist er gewiß nicht. Die Gesamtkosten beliefen sich auf 6,5 Milliarden Dollar. Der Kostenvoranschlag des Jahres 1971 sprach von 783 Millionen! Mit den Kosten für die Finanzierung und durch Unvorhergesehenes kamen schließlich 8,3 Milliarden Dollar zusammen. Während die Kosten stiegen, verringerte sich die potentielle Brauchbarkeit des Tunnels. In den zehn Jahren von 1975 bis 1984 ging die Anzahl der Passagiere auf den Fährschiffen um fünfzig Prozent zurück. 1986, also kurz vor der Eröffnung des Tunnels, nahmen für die Reise zwischen Tokio und der Hauptstadt von Hokkaido, Sapporo, nur 185 000 Menschen den Zug oder das Fährschiff. 4,5 Millionen Passagiere hingegen – das 25fache – benutzten das Flugzeug, das für diese Reise nur 90 Minuten benötigt. Die Entscheidung, auf die superschnellen Züge zu verzichten, verringerte weiterhin die Chance, diesen Trend umzukehren. So wurde sogar darüber debattiert, den Tunnel aufzugeben und ihn als Erdölreservoir oder gar für die Pilzzucht zu nutzen. Das hätte aber der Stolz der Japanese National Railway nie zugelassen. So stellte sie den Tunnel fertig und eröffnete ihn. Der Schuldendienst und die Betriebskosten machen für die nächsten dreißig Jahre jährlich 67 Millionen Dollar aus.

Die tagsüber verkehrenden Züge konnten dem Luftverkehr zwischen Tokio und Sapporo nicht zusetzen. Die Nachtzüge mit ihren Schlafwagen erwiesen sich jedoch als erfolgreicher. In jeder Richtung passieren den Tunnel pro Nacht drei Züge mit je zwölf Wagen. Die Reisenden können auf Bildschirmen in jedem Wagen sehen, welche Strecke des Tunnels sie bereits zurückgelegt haben und in welcher Tiefe unter dem Meeresspiegel sie sich befinden. Die größte Tiefe liegt bei 240 Meter.

Stellenweise konnte man mit Vollausbruch (rechts) arbeiten, doch im allgemeinen waren Sprengstoffe notwendig. Nach dem Sprengen wurde die Oberfläche mit Spritzbeton verfestigt. Dann erfolgte der Ausbau mit Doppel-T-Trägern und einer 60 bzw. 90 Zentimeter dicken Betonschicht.

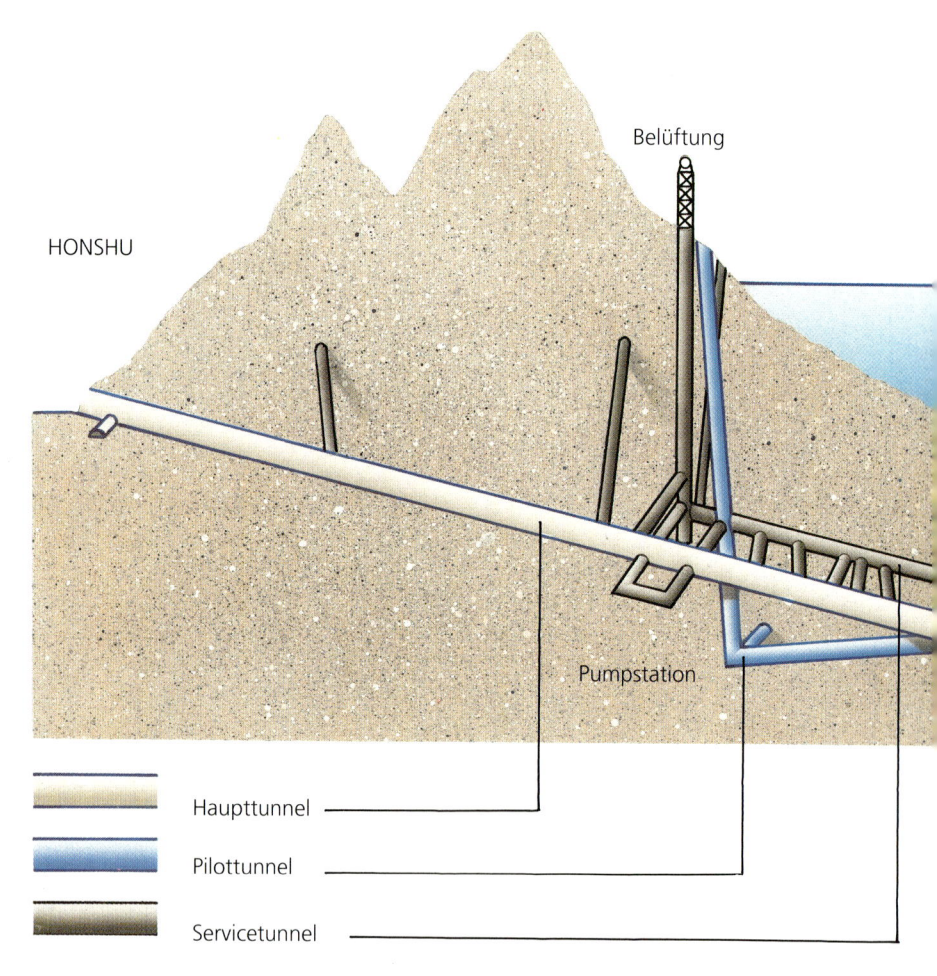

Zwei verschiedene Schächte verbanden die Baustellen von Tappi und Yoshioka mit den Tunneln. In den vertikalen Schächten transportierte man Maschinen, Materialien und Spritzbeton, ferner das Personal, das im Haupt- und im Servicetunnel arbeitete. Durch Schrägschächte gelangten die Arbeiter zum Pilottunnel. Sie dienten auch dem Transport des Abraums sowie der größten Maschinen, der Entwässerung und Bewetterung. Sie stellen einen Zugang für die Wartung und in Notfällen dar. Die senkrechten Schächte waren für Abgase bestimmt und dienen heute als Abzug für Rauchgase, die bei einem Feuer im Tunnel entstehen.

LEISTUNGEN DER TIEFBAUTECHNIK

Eine Schmalspurbahn im Haupttunnel transportierte Wasser, Beton, Pumpen und Generatoren in die Vortriebszone und sorgte für den Abtransport des Abraums. Die Sicherheitsmaßnahmen im Tunnel umfassen ein Feueralarmsystem, eine Funktelefonverbindung und Lautsprecher.

Tsugaro-Straße

Belüftung

HOKKAIDO

Pumpstation

Schräge Schächte für die Wartung

Notausgänge

Schmalspur

Normalspur

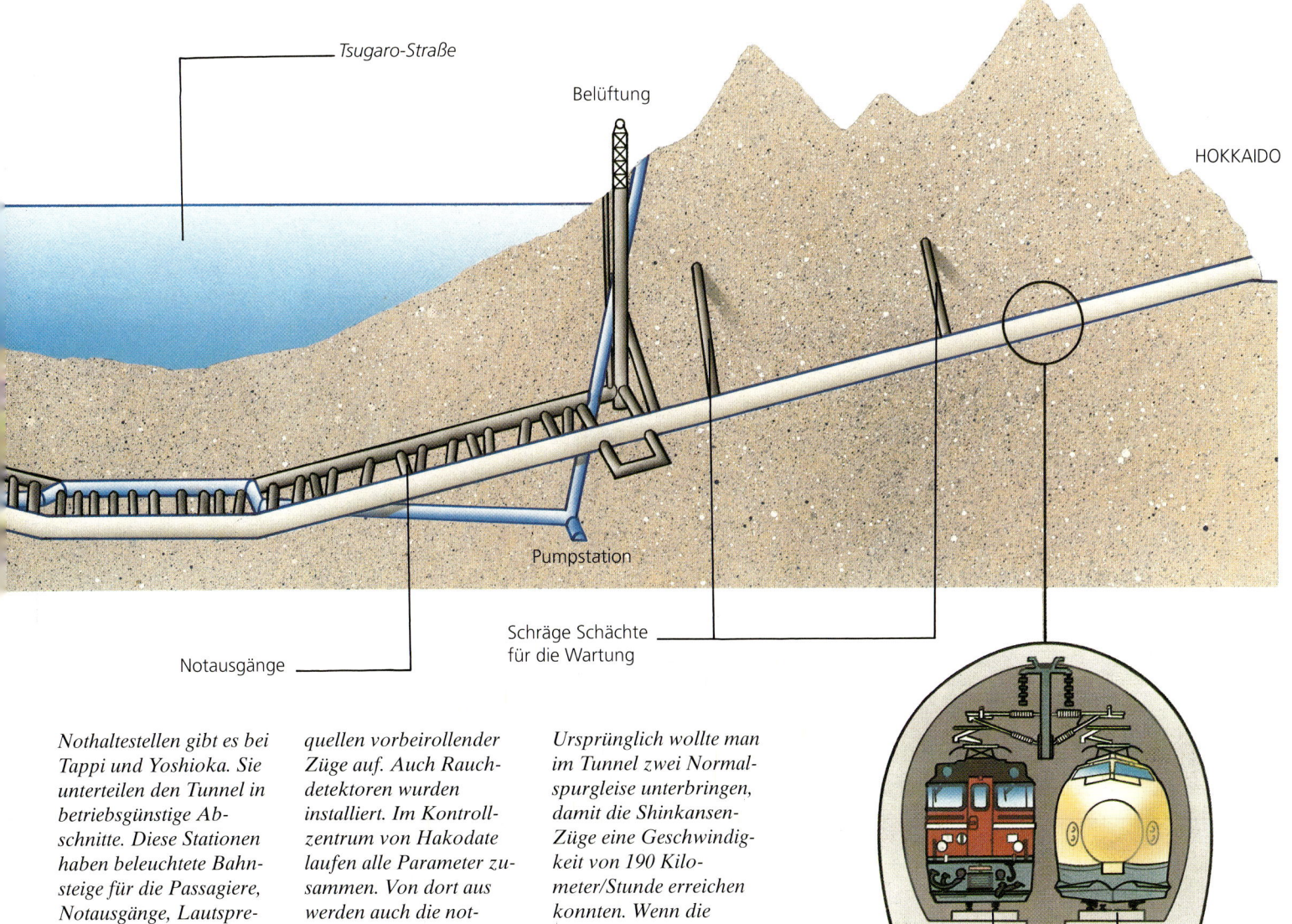

Nothaltestellen gibt es bei Tappi und Yoshioka. Sie unterteilen den Tunnel in betriebsgünstige Abschnitte. Diese Stationen haben beleuchtete Bahnsteige für die Passagiere, Notausgänge, Lautsprecheranlagen, Telefone, Rauch- und Feuerbekämpfungsanlagen. Infrarotredektoren neben den Gleisen spüren Hitzequellen vorbeirollender Züge auf. Auch Rauchdetektoren wurden installiert. Im Kontrollzentrum von Hakodate laufen alle Parameter zusammen. Von dort aus werden auch die notwendigen Maßnahmen ergriffen. Das Betriebspersonal muß regelmäßig den Katastropheneinsatz üben.

Ursprünglich wollte man im Tunnel zwei Normalspurgleise unterbringen, damit die Shinkansen-Züge eine Geschwindigkeit von 190 Kilometer/Stunde erreichen konnten. Wenn die finanzielle Situation es zuläßt, will man dies nachholen.

209

Bedeutende Tunnel

Die ersten Tunnel bauten die Babylonier und Ägypter für die Gräber ihrer Herrscher. Man nimmt auch an, daß bereits im 20. Jahrhundert v. Chr. ein kleiner Tunnel unter dem Euphrat hindurch gebaut wurde.

Viele Jahrhunderte lang wurden Tunnel praktisch nur für den Bergbau und bei der Belagerung von Festungen gebaut. Das 18. Jahrhundert mit seinem intensiven Kanalbau übertraf dann alle bisherigen Rekorde auch beim Bau von Tunneln. Parallel zur Eisenbahn entwickelte man die Schildbauweise beim Tunnelbau und führte die Verwendung von Druckluft ein.

Alle größeren Gebirgszüge, über die wichtige Verkehrslinien führen, sind heute untertunnelt. Die Zukunft des Tunnelbaus liegt zur Zeit in Projekten wie dem Kanaltunnel. Er wird etwas länger werden als der vergleichbare Seikan-Tunnel.

Der Rove-Tunnel, Canal de Marseille au Rhône

Der längste Kanaltunnel der Welt (rund 7 Kilometer) wurde 1928 eröffnet. Er verbindet den Hafen von Marseille mit der Rhône bei Arles. Auf dem Kanal können auch hochseetüchtige Schiffe fahren, denn der Tunnel ist 22 Meter breit und 11 Meter hoch. Die Arbeiten daran begannen 1911 am südlichen Ende, am Nordende im Jahr 1914. Der Ausbruch des Ersten Weltkrieges brachte sie zum Stillstand, bis dann deutsche Kriegsgefangene daran arbeiten mußten. Im Jahre 1916 erfolgte der Durchstich, doch die Ausbauarbeiten erfolgten nur langsam. Beim Rove-Tunnel fiel doppelt soviel Abraum an wie beim Simplon-Tunnel, was natürlich mit dem Tunnelquerschnitt zu tun hat. 1963 fiel ein Tunnelabschnitt ein, so daß er seither für den Verkehr geschlossen ist.

Der Malpas-Tunnel, Canal du Midi

Obwohl mit 161 Meter Länge verhältnismäßig kurz, hält der Malpas-Tunnel in Südwestfrankreich doch mehr Rekorde als jeder andere: Es war der erste Kanaltunnel, der gebaut wurde (Baujahr 1681). Er war gleichzeitig der erste Tunnel, der dem Transport diente, und er wurde als erster mit Hilfe von Schießpulver gegraben und stellte somit einen großen Durchbruch in der Technikgeschichte dar. Der Canal du Midi war der erste große europäische Kanal, der den Atlantik mit dem Mittelmeer verband. Auf seiner Länge von 238 Kilometer verfügt er über 119 Schleusen und führt bis in 189 Meter Höhe.

LEISTUNGEN DER TIEFBAUTECHNIK

Der Tunnel unter dem Ärmelkanal von Folkstone nach Sangatte

Die Idee eines Tunnels unter dem Ärmelkanal ist schon fast zwei Jahrhunderte alt. Den ersten Vorschlag machte 1802 ein französischer Bergbauingenieur. Aufgrund eines Planes der siebziger und achtziger Jahre des vergangenen Jahrhunderts wurden Probegrabungen durchgeführt, bis sie die britische Regierung einstellen ließ. 1973 begann man erneut mit Vorarbeiten, gab sie aber bald wieder auf.

Im Januar 1986 erhielt das Konsortium Eurotunnel die Konzession für den Bau eines Eisenbahntunnels. Er wird zwei Röhren mit einem dazwischenliegenden Wartungstunnel umfassen. Die Gesamtlänge wird 49,4 Kilometer betragen, davon 38 Kilometer unter dem Meer. Die Bohrarbeiten durch die wassergesättigten Kalkschichten stellen die größte Herausforderung an die Leistungsfähigkeit der Tunnelbauer dar. Hinter den japanischen Vollausbruch-Bohrmaschinen befindet sich eine Vorrichtung, die verhindert, daß bei einem Wassereinbruch der ganze Tunnel überflutet wird. Dahinter folgt ein Zylinder, in dem die Abschnitte für den Ausbau durch Bolzen verbunden werden. Wenn sich der Zylinder vorwärts bewegt, bleibt zwischen dem Kalkgestein und dem Ausbau ein Zwischenraum übrig, der unter hohem Druck mit Zement gefüllt wird.

FÜNFTES KAPITEL

Astronomische Bauwerke

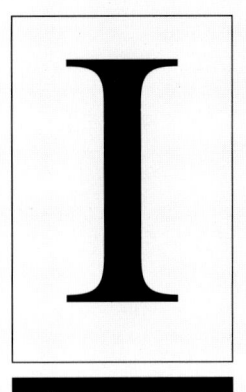

Im 17. Jahrhundert wurden die ersten Teleskope gebaut. Anfänglich waren es primitive Instrumente, mit deren Hilfe man allerdings schon viel mehr Objekte am Himmel erkennen konnte als mit bloßem Auge. Für jedes neue Himmelsobjekt, das entdeckt wurde, blieben jedoch noch Tausende verborgen. Die physikalischen Grenzen der Teleskope und das verschwommene Bild, das sich durch die Erdatmosphäre ergibt, erwiesen sich im Laufe der Zeit als immer stärker frustrierende Hindernisse.

Zunächst umging man diese Schwierigkeiten einfach durch den Bau größerer Teleskope. Und man stellte sie auf Bergspitzen, wo die Atmosphäre am dünnsten und die Luft am reinsten ist, etwa wie die Europäische Südsternwarte. Isaac Newton hatte als erster Teleskope gebaut, die Spiegel anstelle von Linsen enthielten. Seither wurden die Spiegel der Teleskope immer größer. Damit verschoben sie die Wahrnehmungsgrenze immer weiter hinaus.

Eine Beobachtungsstation außerhalb der Erdatmosphäre, wie es das Hubble Space Telescope darstellt, eröffnet allerdings völlig neue Wege. Mit ihrer Hilfe wird man Sterne untersuchen können, die man bisher nur als nicht unterscheidbaren Teil einer Sterngruppe wahrnehmen konnte. Schwachleuchtende Objekte, unvorstellbar weit entfernt, wird das menschliche Auge auf diese Weise erstmals sehen können. Die Ergebnisse dieser Forschungen werden die Astronomen dann mit Befunden kombinieren, über die sie nun dank riesiger, höchstempfindlicher Radioteleskope verfügen, die auch Signale exotischer Objekte wahrnehmen, wie es etwa Quasare und Pulsare sind. An erster Stelle steht hier das Very Large Array, eine wahrlich nichtssagende Bezeichnung für ein bemerkenswertes Instrument, das auf einer Hochebene in New Mexico gebaut wurde.

Die Suche nach neuen Erkenntnissen brachte die Wissenschaftler unterschiedlichster Forschungsrichtungen dazu, immer größere und damit teurere Instrumente zu bauen. Doch in keinem Fach sind dramatische Entwicklungen wahrscheinlicher als in der Astronomie, die gegenwärtig wohl in einer ihrer produktivsten Phasen steht.

Astronomische Bauwerke
Das Hubble Space Telescope
Das Very Large Array
Die Europäische Südsternwarte

DAS HUBBLE SPACE TELESCOPE

Eine kosmische Zeitmaschine

Zahlen und Daten

Geplant war das auflösungsstärkste Teleskop der Welt.

Koordination: Marshall Space Flight Center, Huntsville, USA

Bauzeit: 1977–1985

Länge: 13 Meter

Durchmesser: 4,30 Meter

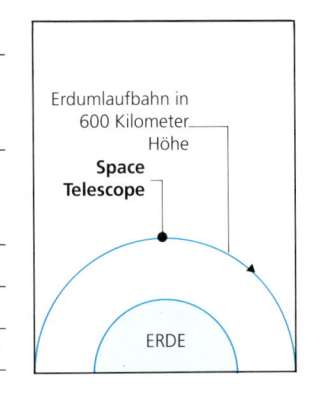

Der komplexe Satellit von der Größe eines Eisenbahnwaggons mußte fünf Jahre auf seinen Start warten. Die Verzögerung entstand durch die Katastrophe der Challenger im Jahr 1986. Das Hubble Space Telescope, von dem hier die Rede ist, wurde während der Wartezeit intensiv (aber nicht ausreichend) getestet und sicher in einem Reinraum im Kennedy Space Center in Florida aufbewahrt. Es war in mehrere Plastikfolien eingehüllt, in die Reinluft geblasen worden war. Der Start am 24. April 1990 hätte den Beginn einer neuen Ära der Astronomie darstellen sollen, seitdem Galileo Galilei sein erstes einfaches Teleskop vor 400 Jahren auf die Gestirne des Himmels gerichtet hatte. Leider kam dann manches anders als erwartet.

Das Hubble Space Telescope sollte den Astronomen einen unverstellten Blick auf das Universum gewährleisten. Da es im Weltraum seine Bahn zieht, ist es den störenden Einflüssen der Erdatmosphäre nicht mehr ausgesetzt. Es beobachtet die Himmelsobjekte im Bereich des sichtbaren Lichts, des Infrarots und des Ultravioletts. Es kann Himmelskörper sehen, deren Entfernung zu groß oder deren Lichtintensität zu gering ist, um noch von der Erde aus wahrgenommen zu werden. Mit seiner ungeheuren Reichweite nimmt das Space Telescope Dinge wahr, die vor 14 Milliarden Jahren geschehen sind, als das Universum noch jung war. Das Weltraumteleskop sieht Himmelskörper, deren Licht noch ein Fünfundzwanzigstel dessen beträgt, was auf der Erde als Grenze der Wahrnehmung gilt. Damit wird eine zehnfach genauere Durchforschung des Universums möglich.

Die Astronomen wissen seit Jahrzehnten, daß man außerhalb unserer Erdatmosphäre einen viel besseren Blick auf das Universum hat als von der Erde aus. Das Blinken der zahllosen Sterne am Himmelsgewölbe wird von atmosphärischen Störungen verursacht. Sie brechen die Lichtstrahlen, bevor sie in unser Auge treffen. Sterne von der Erdoberfläche aus zu betrachten gleicht einer Vogelbeobachtung vom Boden eines Schwimmbeckens aus.

Die ersten Vorschläge für ein Weltraumteleskop sind älter als die gesamte Raumfahrt. Sie gehen auf den deutschen Raumfahrtpionier Hermann Oberth zurück, der bereits 1923 viele Konzepte der Weltraumforschung entwickelt hatte.

Im Jahr 1962 empfahl die amerikanische National Academy of Sciences die Entwicklung eines großen Weltraumteleskops. Andere Gremien schlossen sich 1965 und 1969 dieser Forderung an. Der Start zweier Satelliten, die den Weltraum beobachten sollten, durch die NASA in den Jahren 1968 und 1972 regte die Arbeiten daran weiterhin an. Doch erst die Entwicklung des Space Shuttle schuf die Möglichkeit, ein wirklich großes Teleskop in den Weltraum zu schießen. Die europäische Weltraumorganisation ESA beteiligte sich ab 1975 am Projekt. Die Finanzierung war 1977 gesichert, und das Teleskop wurde 1985 fertiggestellt.

Das Weltraumteleskop ist im wesentlichen ein großes optisches Teleskop, wie es auch auf der Erde funktionieren würde. Im Gegensatz zu Galileis Pionierinstrument verwenden moderne Teleskope aber heute Spiegel statt Linsen, um das Licht zu bündeln. Große Teleskope haben einen Spiegeldurchmesser bis 6 Meter. Sie sammeln Licht bei der denkbar größten Apertur (nutzbaren Eintrittsöffnung), und

Das Space Shuttle war entscheidend wichtig für das Weltraumteleskop. Die »Discovery« brachte das Teleskop in den Orbit. Astronauten werden es mindestens alle fünf Jahre zu Wartungsarbeiten aufsuchen.

nehmen damit auch die am weitesten entfernten Objekte wahr. Der Spiegel des Hubble Space Telescope hat einen Durchmesser von 2,4 Meter und besteht aus einer speziellen Glaskeramik, deren Form bei Temperaturschwankungen konstant bleibt. Die Perkin-Elmer-Corporation (heute Hughes Danburry Optical Systems) brauchte 4 Millionen Arbeitsstunden, um die zwei dünnen Glasplatten des Spiegels – sie werden durch eine zwischen ihnen angebrachte wabenförmige Gitterstruktur formstabil gehalten – zu fertigen. Die Krümmung sollte auf fünf hunderttausendstel Millimeter genau sein. Auf die Größe der Erde übertragen würde dies bedeuten, daß die Erdoberfläche keine Unregelmäßigkeiten aufweisen darf, die höher sind als 30 Zentimeter. Das Auflösungsvermögen, also die Fähigkeit, zwei Lichtquellen getrennt darzustellen, sollte so groß sein, daß das Teleskop die Scheinwerfer eines 4000 Kilometer weit entfernten Autos noch getrennt wahrnimmt. Das hätte ein größeres Auflösungsvermögen bedeutet als bei jedem anderen astronomischen Instrument. Wahrscheinlich aufgrund eines Programmierfehlers schlich sich aber eine zu große sphärische Aberration ein. Der Fehler wurde auf der Erde nicht entdeckt, weil die (lächerlich geringen) Kosten für eine optische Überprüfung des Spiegelsystems nicht im Budget vorgesehen waren.

Der Hauptspiegel ist von einer reflektierenden Aluminiumschicht bedeckt und im Inneren eines Zylinders montiert. Er wirft das Licht auf einen zweiten

Das Spiegelsystem sollte so genau sein, daß ein Laserstrahl, von ihm ausgehend, eine Münze in einer Entfernung von 650 Kilometer noch treffen könnte, obwohl das Teleskop mit einer Geschwindigkeit von 27 000 Kilometer/Stunde um die Erde fliegt.

Eine kosmische Zeitmaschine

Das Teleskop ist in eine mehrschichtige Metallfolie eingepackt. Sie soll das Sonnenlicht reflektieren und eine Überhitzung vermeiden. Zwei Solarpaneele mit je 24 000 Solarzellen sorgen für den benötigten elektrischen Strom. Sechs Batterien speichern den Strom für die Flugphasen, in denen die Sonne von der Erde verdeckt wird.

Spiegel, der einen Durchmesser von 30 Zentimeter aufweist und sich in einem Abstand von rund 4,90 Meter befindet. Dieser zweite Spiegel reflektiert das Licht durch ein rund 60 Zentimeter breites Loch in der Mitte des Primärspiegels auf eine Bildebene, in der die wissenschaftlichen Instrumente angeordnet sind.

Es gibt fünf Instrumente: Zwei Kameras, zwei Spektrographen und ein Photometer. Mit der Wide Field Camera (Weitwinkelkamera) kann man größere Felder erfassen, Planetenaufnahmen gewinnen und neue Planetensysteme um junge Sterne herum suchen. Die Faint Object Camera (Kamera für lichtschwache Objekte) nimmt einen noch viel schmaleren Ausschnitt auf. Ihr Gesichtsfeld beträgt nur ein Vierzigstel dessen, was die Kamera für ein größeres Feld aufzuweisen hat. Dafür kann sie aber bis zu den Grenzen unseres Universums sehen. Viele Himmelskörper, die man von der Erde aus kaum wahrnehmen kann, sollten mit Hilfe dieser Kamera als große Objekte sichtbar werden.

Die beiden Spektrographen analysieren das Licht der betrachteten Himmelsobjekte. Jedes Atom gibt nämlich Licht ganz bestimmter Wellenlängen ab. Anhand der Spektrallinien können Astronomen genau sagen, welche Elemente in den untersuchten Himmelskörpern vertreten sind. Der Faint Object Spectrograph (Spektrograph für lichtschwache Objekte) wird die chemischen Eigenschaften von Kometen untersuchen und die Zusammensetzung erdnaher Galaxien mit denen ferner Galaxien vergleichen.

Der High Resolution Spectrograph (Spektrograph mit hoher Wellenlängenauflösung) wird die chemische Zusammensetzung, die Temperatur und die Dichte interstellarer Gase und die Atmosphären der Planeten unseres eigenen Sonnensystems untersuchen.

Das letzte Instrument mit der Bezeichnung High Speed Photometer (Photometer mit hoher Zeitauflösung) mißt die Helligkeit der Himmelsobjekte, hält Ausschau nach Hinweisen auf Schwarze Löcher und kartiert die Sterne nach ihrer Größe.

Alle diese Messungen soll ein Gerät durchführen, das 13 Meter lang ist und einen Durchmesser von 4,3 Meter aufweist. Es wiegt knapp über 11 Tonnen. Das Teleskop selbst ist von mehreren Schichten aus Metallfolie umgeben, die den größten Teil des Sonnenlichtes reflektieren und eine Überhitzung vermeiden sollten. Das Space Shuttle plazierte das Weltraumteleskop in einem Orbit in rund 600 Kilometer Höhe. Die beiden flogen ein paar Tage lang nebeneinander. Dabei konnten die Wissenschaftler des Shuttles überprüfen, daß alle Systeme richtig funktionierten, bevor sie zur Erde zurückkehrten. Die Bodenkontrollstation brauchte dann allerdings noch mehrere Monate, um alle Systeme zu aktivieren, die Spiegel auszurichten und die exakte Erdumlaufbahn zu bestimmen. Erst dabei bemerkten sie den Krümmungsfehler.

Um den Abbildungsfehler des optischen Systems auszugleichen und das Teleskop auf seine maximale Auflösung zu fokussieren, ist jetzt vorgesehen, das Teleskop mit Vorsatzoptiken auszurüsten. Dies wird aber nicht vor 1993 möglich sein, und auch dann wird das Gerät wohl immer noch nicht Aufnahmen der erhofften Qualität liefern. Zur Zeit bearbeiten die Wissenschaftler die gelieferten Bilder mit Hilfe von Computern und erreichen gute Auflösungen.

Space Shuttle

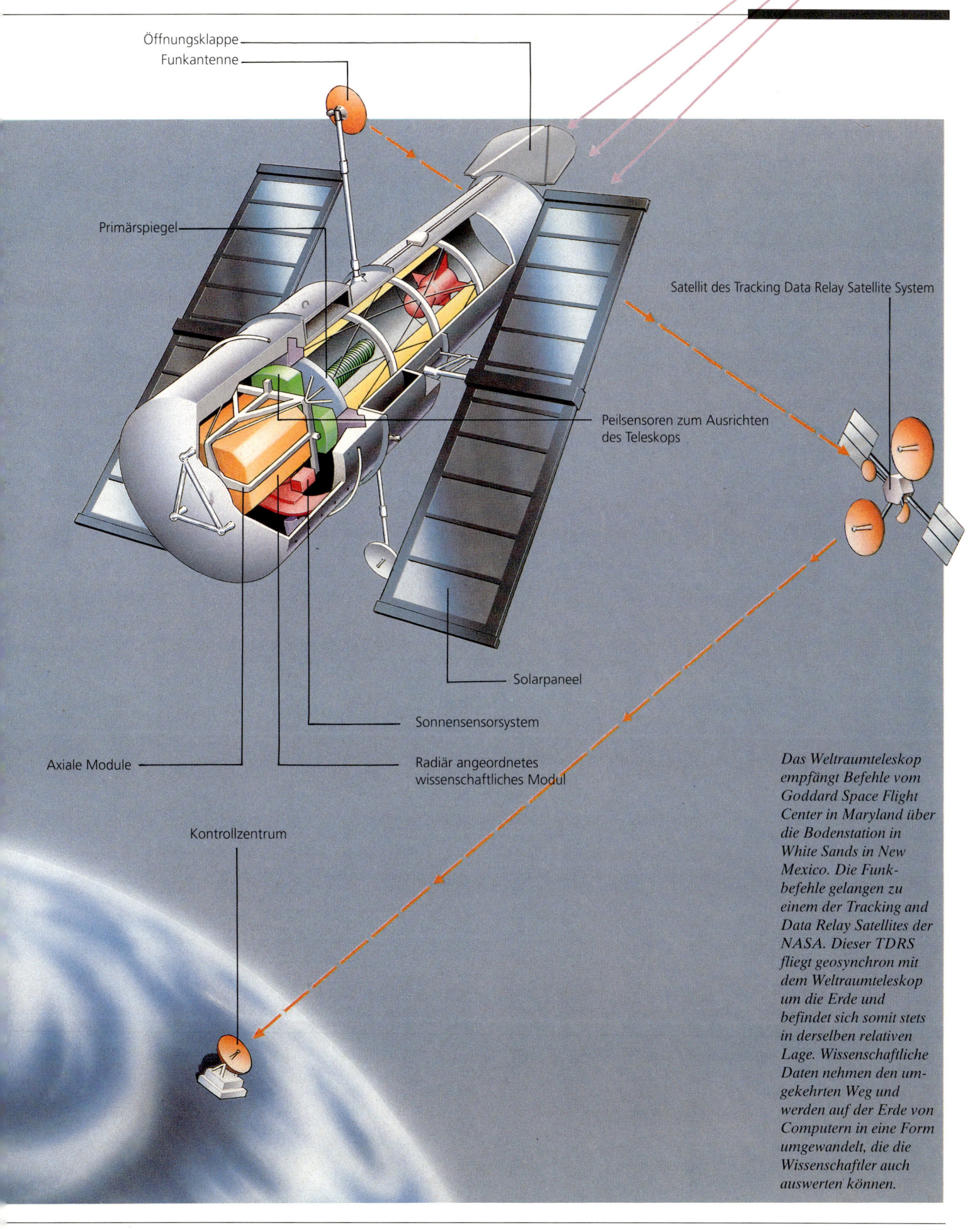

ASTRONOMISCHE BAUWERKE

- Öffnungsklappe
- Funkantenne
- Primärspiegel
- Satellit des Tracking Data Relay Satellite System
- Peilsensoren zum Ausrichten des Teleskops
- Solarpaneel
- Sonnensensorsystem
- Axiale Module
- Radiär angeordnetes wissenschaftliches Modul
- Kontrollzentrum

Das Weltraumteleskop empfängt Befehle vom Goddard Space Flight Center in Maryland über die Bodenstation in White Sands in New Mexico. Die Funkbefehle gelangen zu einem der Tracking and Data Relay Satellites der NASA. Dieser TDRS fliegt geosynchron mit dem Weltraumteleskop um die Erde und befindet sich somit stets in derselben relativen Lage. Wissenschaftliche Daten nehmen den umgekehrten Weg und werden auf der Erde von Computern in eine Form umgewandelt, die die Wissenschaftler auch auswerten können.

Das raffinierteste Radioteleskop

Das leistungsfähigste Radioteleskop der Welt steht auf einer Hochebene in New Mexico. Von diesem abgelegenen ruhigen Fleck aus durchmustert es den Himmel und empfängt Radiowellen von Sternen, Galaxien und anderen exotischen Objekten. Dabei entstehen »Bilder«, die so scharf wie die Fotografien der besten optischen Teleskope sind. Die detaillierten Bilder einiger der vielen Millionen Radioquellen am Himmel helfen uns insbesondere, die Naturkräfte zu verstehen: Dazu gehören beispielsweise gekrümmte Filamente, die Millionen von Lichtjahre lang sind, ferner Objekte von derartiger Dichte, daß kein Licht aus ihnen austreten kann, dünne Streifen quer durch den Weltraum, in denen riesige Energiemengen transportiert werden, und die schwache Hintergrundstrahlung des Himmels – sozusagen das letzte Echo des Urknalls, der vor ungefähr 15 Milliarden Jahren stattfand.

Die Radioastronomie wurde in den dreißiger Jahren von Karl Jansky begründet, der als Ingenieur bei den Bell Telephone Laboratories arbeitete. Er versuchte, die Quellen der Knack- und sonstigen Störgeräusche herauszufinden, die bei transatlantischen Radioübertragungen auftreten. Mit primitiven Geräten stellte er fest, daß Radiosignale aus dem Zentrum der Milchstraße kamen. Nach dem Zweiten Weltkrieg baute man viel empfindlichere Geräte und durchmusterte den Himmel nach Radioquellen. Man wollte herausfinden, ob diese mit sichtbaren Objekten identisch sind, und ihre Feinstruktur ergründen. Da die Signale sehr schwach im Vergleich mit terrestrischen Radiowellen sind, wurden große schüsselförmige Parabolantennen notwendig. Die erste wurde 1957 fertiggestellt; es ist das Jodrell-Bank-Teleskop (Durchmesser 76 Meter) in Cheshire, England.

Je größer der Durchmesser der Schüssel, um so empfindlicher die Antenne, und um so genauer kann die Lage des Objekts am Himmel bestimmt werden. Es gibt aber technische Obergrenzen für die Größe einer Parabolantenne, besonders wenn diese sehr genau ausgerichtet und gesteuert werden muß. Schon früh in der noch jungen Geschichte der Radioastronomie bemerkten die Forscher, daß sich eine sehr große Antenne simulieren ließ, wenn sie die Signale mehrerer kleiner voneinander entfernt stehender Antennen miteinander kombinierten.

Das Very Large Array in New Mexico ist die modernste Anlage dieser Art. Es stellt eines der vier Teleskope dar, die das amerikanische National Radio Astronomy Observatory (NRAO) betreibt, und besteht aus 27 Antennen, die auf drei radiären, in Form eines Y angeordneten Schienen liegen. Jede Antenne hat einen Durchmesser von 25 Meter. Die parabolische Oberfläche aus Aluminiumpaneelen weist eine Höchstabweichung von der Idealform von 0,5 Millimeter auf. Die beweglichen Teile der Antenne, also die Schüssel, wiegt 100 Tonnen, während die Gesamtstruktur auf über 235 Tonnen kommt. Jede der 27 Antennen läßt sich mit einer Genauigkeit von 20 Bogensekunden auf irgendeinen Punkt am Himmel ausrichten. Das entspricht dem hundertachtzigsten Teil des Monddurchmessers.

Zwei der drei radiären Schienengleise sind 21 Kilometer lang, die Interferometer-Basislinie, während das dritte weniger als 20 Kilometer lang ist. Auf jedem Gleisabschnitt sind neun Teleskope angeordnet. Sie können auf den Schienen verschoben werden, was dieselben Auswirkungen hat wie die Objektiveinstellung bei einer Kamera. Es sind vier unterschiedliche Anordnungen der Teleskope möglich. Bei der Konfiguration A sind sie auf der ganzen Länge der Schienen verteilt; damit erhält man die größte Auflösung, wenn man kleine intensive Radioquellen beobachten will. Bei der Konfiguration D stehen alle Teleskope im Zentrum in einem Umkreis von rund 1200 Meter. Man untersucht auf diese Weise große diffuse Radioquellen mit niedriger Auflösung, aber mit hoher Empfindlichkeit. Die Konfigurationen B und C liegen dazwischen.

Wenn eine Parabolantenne bewegt werden soll, holt sie ein spezielles Gefährt vom Sockel herunter und transportiert sie zum Gleis und setzt sie dann mit einer Genauigkeit von wenigen Millimeter auf einen anderen Sockel. Mit zwei Transportern braucht man zwei Wochen, um die Konfiguration des Teleskops völlig umzustellen. Die Umrüstung geschieht in regelmäßigen Abständen, so daß das Very Large Array alle fünfzehn Monate wieder dieselbe Konfiguration aufweist.

Die ersten Entwürfe für das Very Large Array gehen auf die frühen sechziger Jahre zurück. Die NRAO stellte 1967 einen ersten Antrag für die Finanzierung. Der Kongreß stimmte 1972 zu, und die Arbeiten begannen 1974. Die gesamte Anlage war

Zahlen und Daten

Das größte und empfindlichste Radioteleskop der Welt

Bauherr: National Radio Astronomy Observatory/USA

Material: Aluminium

Durchmesser der Parabolantennen: 25 Meter

Gewicht einer Parabolantenne: 100 Tonnen

Alle 27 Schüsseln sind auf dasselbe Objekt am Himmel ausgerichtet. Das erste Synthesteleskop aus zwei Schüsseln wurde 1959 vom California Institute of Technology in der Nähe von Bishop, Kalifornien, gebaut. Ein Synthesteleskop aus drei Parabolantennen, das bei Cambridge in England 1963 errichtet wurde, entdeckte vier Jahre darauf die Pulsare. Es handelte sich um Radioquellen, die alle paar Sekunden Strahlungsimpulse aussenden.

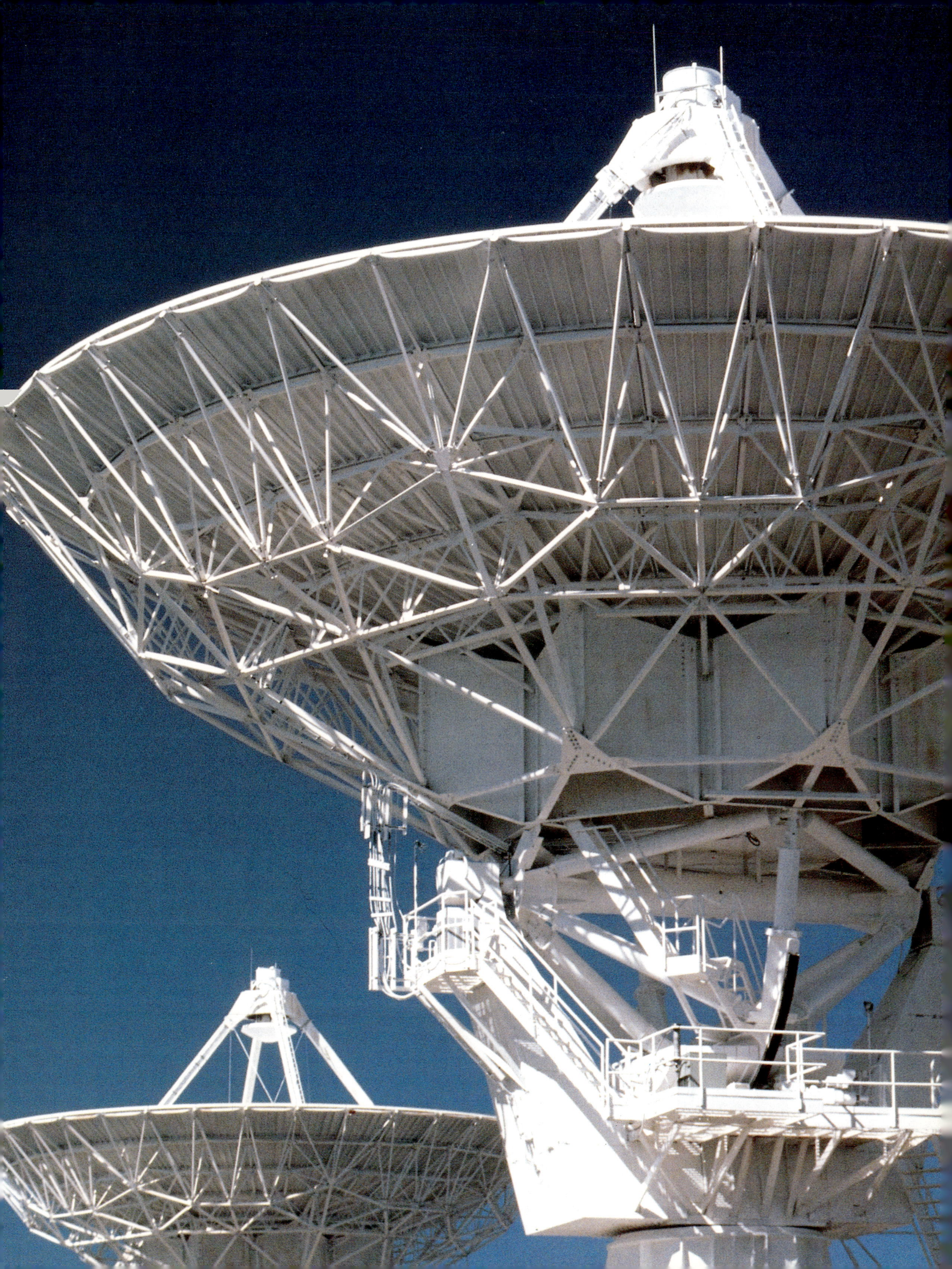

DAS VERY LARGE ARRAY

Das raffinierteste Radioteleskop

1981 fertig. Jede Parabolantenne kostete 1,15 Millionen Dollar, und das gesamte Radioteleskop wurde für 78,6 Millionen Dollar gebaut, was nahe beim Kostenvoranschlag lag.

Die Anlage steht auf der ideal gelegenen Hochebene von San Augustin, 80 Kilometer westlich von Socorro in New Mexico. Wegen der Meereshöhe von 2100 Meter und des Wüstenklimas gibt es nur wenige störende Wolken. Berge rings um die Anlage verhindern Interferenzen mit anderen zivilen und militärischen Radioquellen. Der Boden ist flach, was es leicht macht, die Antennen zu transportieren. Die Anlage befindet sich so weit im Süden, daß 85 Prozent des Nachthimmels sichtbar werden. Die empfangenen Radiowellen aller 27 Antennen werden zunächst um das Einmillionenfache verstärkt und dann in Wellenleiter eingespeist, die den Gleisen entlang zum Kontrollgebäude in der Mitte der Anlage führen. Hier werden die Signale von einem Computer zu einem Bild kombiniert.

Einige Wellenanteile treffen um den Bruchteil einer Sekunde später ein, weil sie von weiter außen gelegenen Antennen empfangen werden. Diese Laufzeitdifferenzen würden das Bild zerstören, doch werden sie automatisch korrigiert. Danach laufen alle Daten in den Korrelator und in den Computer zur Analyse.

Der Eichcomputer untersucht die Daten erst auf mögliche Defekte hin, zum Beispiel auf Streusignale von Satelliten oder Radiogeräten. Solche werden automatisch entfernt. Die bereinigten Signale werden dann mit Hilfe der Fourier-Transformation bearbeitet. Mit ihr verwandelt man die Signale in ein Bild, ähnlich wie eine Linse Licht zu einem Bild sammelt. Das Radiobild wird im Computer als Zahlensequenz auf einem Koordinatensystem gespeichert. Jede Zahl gibt die Stärke des Signals an, jede Stelle

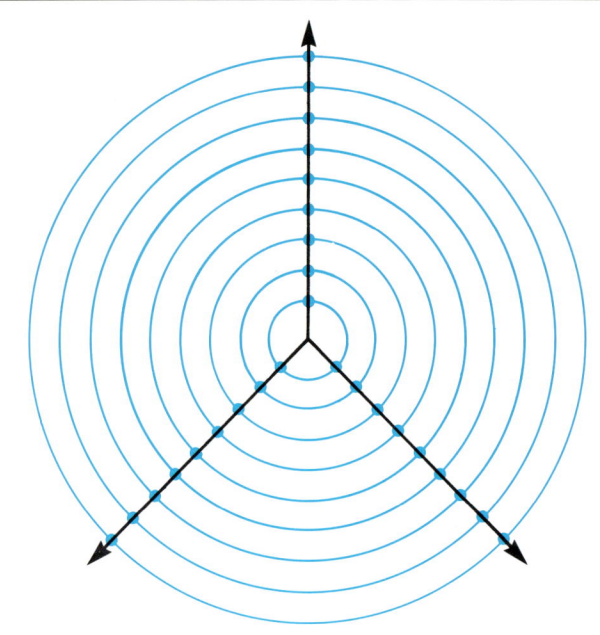

Radiowellen (links) werden von der gekrümmten Oberfläche der Parabolantenne zu einem zweiten Subreflektor im Brennpunkt der Schüssel zurückgeworfen und gelangen von dort in den Radioempfänger..

Die 27 Antennen sind auf drei geraden Gleisen angeordnet und elektronisch verbunden.. Damit ergibt sich die Empfindlichkeit eines Radioteleskops mit einem Durchmesser von 32 Kilometer.

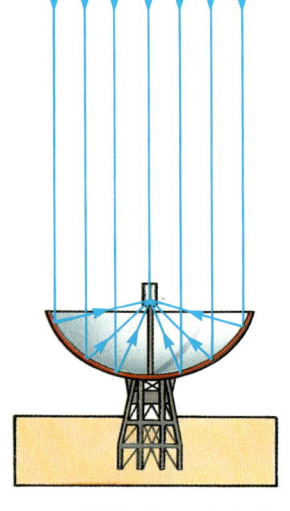

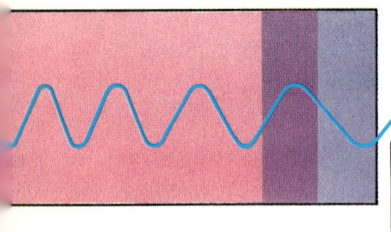

Die elektromagnetischen Wellen (oben) reichen von den Gammastrahlen mit den kürzesten Wellenlängen bis zu den niederfrequenten Langwellen. Einen winzigen Ausschnitt daraus bildet das sichtbare Licht mit dem Farbspektrum.

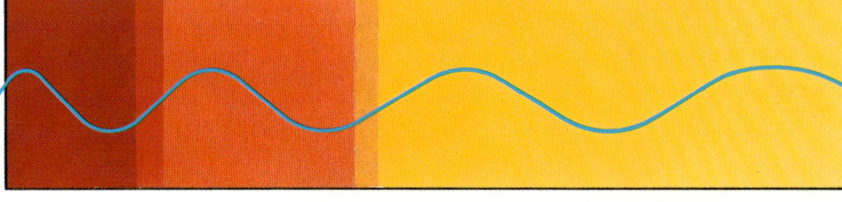

Sichtbares Licht

Die Radiostrahlung von Cassiopeia A (rechts) entstammt einer kugelförmigen Gaswolke, die durch eine Explosion expandiert.

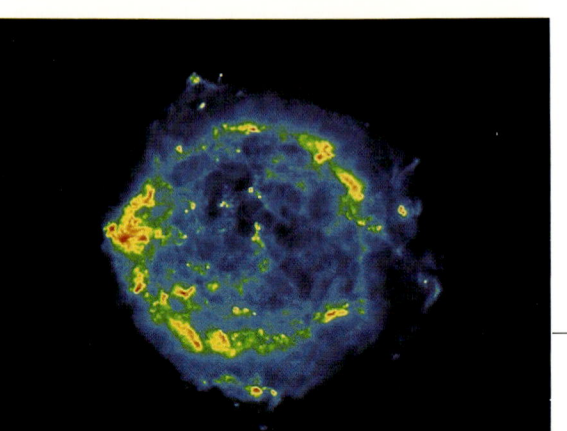

Durch eine leichte Drehung des asymmetrischen Subreflektors (oben) kann man die Signale auf einen von sechs Empfängern richten. Diese sind auf unterschiedliche Wellenlängen empfindlich. An der Basis der Parabolantenne befinden sich Motoren, welche die Schüssel so führen, daß die Auswirkungen der Erdrotation ausgeglichen werden.

ASTRONOMISCHE BAUWERKE

Die Synchronisierung der Signale der 27 Antennen ist eine der wichtigsten Aufgaben des VLA. Die Laufzeiten der Signale von der Quelle bis zum Korrelator dürfen sich nicht um mehr als den milliardsten Teil einer Sekunde unterscheiden. Da die Teleskope aber viele Kilometer auseinanderliegen können, kommen Unterschiede bis zu einem Zehntausendstel einer Sekunde zustande.

im Koordinatennetz entspricht einer ganz bestimmten Stellung am Himmel. Auf einem Monitor werden die Zahlen in Bilder umgesetzt.

Um ein klares Bild zu erhalten, ist eine weitere Verarbeitung notwendig. Zunächst ist noch eine Menge Hintergrundrauschen von anderen Radiosignalen vorhanden. Es erscheint wie ein Schneesturm auf dem Monitor. Dann treten Verzerrungen aufgrund der Tatsache auf, daß die 27 Antennen nur einen kleinen Ausschnitt aus dem Gebiet des gesamten Array bedecken. Das läßt sich korrigieren, bis man ein Bild erhält, das genauso aussieht, als hätte es eine Antenne produziert, welche die Gesamtfläche des VLA bedeckt. Schließlich gibt es auch bei Radioquellen etwas Entsprechendes wie das Flimmern der Sterne, also Störungen durch atmosphärische Bedingungen, die sich ebenfalls korrigieren lassen. Die Daten werden am Ende auf Magnetband gespeichert. Die Forscher können die Bilder noch weiter verbessern, indem sie die Magnetbänder von Supercomputern mit Hilfe bestimmter Programme bearbeiten lassen.

Das Very Large Array funktioniert mit Ausnahme von ein paar wenigen Ferientagen 24 Stunden am Tag. Astronomen aus den USA und aus dem Ausland stellen Anträge zur Benutzung des Instruments. Diese werden von einem Komitee beurteilt. Im positiven Fall erhält der Forscher eine bestimmte Beobachtungszeit zugeteilt. Im Durchschnitt sind es pro Projekt acht Stunden.

Die Astronomen treffen einen Tag vor dem Beginn ihres Experiments ein, um sicherzugehen, daß alles richtig vorbereitet wurde. Zuvor mußten sie eine Liste der zu beobachtenden Radioquellen mit den entsprechenden Beobachtungszeiten erstellen und auch angeben, bei welchen Wellenlängen die Beobachtung zu erfolgen hat.

Die eigentliche Beobachtung wird von einem Computer überwacht. Am Ende reist der Astronom mit den Magnetbändern zurück in sein Labor, wertet die Ergebnisse aus und bereitet dann eine Veröffentlichung vor.

Über 700 Astronomen benutzen das Very Large Array jedes Jahr. Die Bilder, die sie mit nach Hause nehmen, sind nicht mehr so verschwommen wie in den frühen Jahren der Radioastronomie. Sie zeigen Objekte, die sich in unvorstellbarer Entfernung befinden.

DIE EUROPÄISCHE SÜDSTERNWARTE

Musterung des Himmels

Zahlen und Daten

Das zur Zeit beste optische Teleskop der Welt

Bauherr: Europäische Südsternwarte

Bauzeit: von 1964 an

Meereshöhe: 2380 Meter

Anzahl der Teleskope: 15

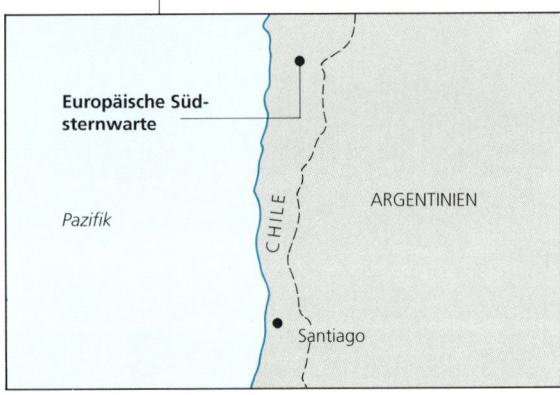

Auf einem hohen Berg in der chilenischen Atacama-Wüste, 600 Kilometer nördlich von San Diago, steht eine Anzahl von Gebäuden, die ebenso merkwürdig aussehen wie manche Überreste der Inka oder Azteken in Lateinamerika. An den Abhängen des Berges befinden sich fünfzehn Teleskope in silbern glänzenden Gebäuden mit weißen Kuppeln. Mit ihrer Hilfe studieren Astronomen aus acht europäischen Ländern den Nachthimmel weit weg von jeder Luftverschmutzung und dem heute allgegenwärtigen künstlichen Licht, das die optische Astronomie in Europa immer schwieriger macht.

Den Nachthimmel von der Oberfläche der Erde zu beobachten, hat einige Nachteile. Selbst die sauberste Luft führt dazu, daß die Lichtstrahlen von den Sternen beim Durchtritt durch die Atmosphäre abgelenkt werden. Dadurch entsteht das Funkeln oder Blinken der Sterne. Überdies wird heute die nächtliche Umwelt immer stärker von Kunstlicht »verschmutzt«. Das alte Royal Observatory, das 1675 in Greenwich bei London gebaut wurde, mußte bereits ab 1850 mit diesen Schwierigkeiten kämpfen.

In unseren Tagen käme es niemandem mehr in den Sinn, ein Teleskop mitten in einer Stadt oder auch nur in deren Umgebung zu bauen. Eine Hochburg der beobachtenden Astronomie wurde die Mauna-Kea-Region auf Hawaii in 4000 Meter Höhe. Das Kitt-Peak-Observatorium in Arizona/USA befindet sich auf fast 2100 Meter Höhe. Die Nationen, die der ESO angehören, nämlich Belgien, Dänemark, Deutschland, Frankreich, Italien, die Niederlande, Schweden und die Schweiz, wählten als Beobachtungsort La Silla, einen langen Bergrücken in fast 2400 Meter Höhe in der absolut leeren Atacama-Wüste.

Wegen der großen Meereshöhe ist die Luft hier dünn. Das bedeutet, daß die Lichtstrahlen von Sternen und Galaxien insgesamt einen kürzeren Weg durch die Atmosphäre zurücklegen müssen. Damit wird das Flimmern verringert. Regen und Wolken sind in dieser Region ungewöhnliche Erscheinungen, so daß La Silla jedes Jahr über 300 klare Nächte hat. Zwischen den Tages- und Nachttemperaturen gibt es nur geringe Unterschiede. Das ist ein großer Vorteil, weil sich die Instrumente bei Temperaturschwankungen ausdehnen bzw. zusammenziehen.

Die Lage auf der Südhalbkugel ist auch deswegen wünschenswert, weil der größte Teil der optischen Astronomie – mindestens bis vor kurzem – am Nordhimmel durchgeführt wurde. Von der Südhalbkugel aus hat man jedoch den besten Blick auf unsere Milchstraße und die zu ihren unmittelbaren kosmischen Nachbarn gehörenden Magellanschen Wolken. Die Kombination all dieser Faktoren ergibt, daß La Silla eine der besten Sternwarten der Welt darstellt. Nach Meinung vieler Astronomen werden dort die bislang schärfsten Bilder vom Nachthimmel aufgenommen.

Unter den fünfzehn Teleskopen in La Silla sind alle bis auf eines optische Instrumente. Acht davon wurden von der ESO finanziert, der Rest von einzelnen Mitgliedsstaaten. Die einzige Ausnahme bildet ein Radioteleskop mit der Bezeichnung SEST (Swedish-ESO Submillimetre Telescope). Die Parabolantenne hat einen Durchmesser von 15 Meter. Seit 1987 empfängt sie sehr kurze Radiowellensignale. Das Instrument hat eine besonders günstige Lage, weil solche Wellen in der europäischen Atmosphäre normalerweise von Wasserdampf absorbiert werden. Durch die trockene Atmosphäre von La Silla kommen sie jedoch durch und ermöglichen die Beobachtung von Molekülen im interstellaren Raum.

Das ohne Zweifel interessanteste Gerät ist in La Silla das New Technology Telescope (NTT), das im März 1989 seinen Betrieb aufnahm. Wie der Name verrät, verwendet es neue Verfahren zur Gewinnung von Bildern. Zur Zeit stellt es das fortschrittlichste astronomische Gerät dar.

Alle großen modernen Teleskope enthalten konkave Glasspiegel. Guß und Schleifen solcher riesigen Glastücke sind eine Kunst für sich. Das Glas wird auf 1600 °C erhitzt, gegossen und dann unglaublich

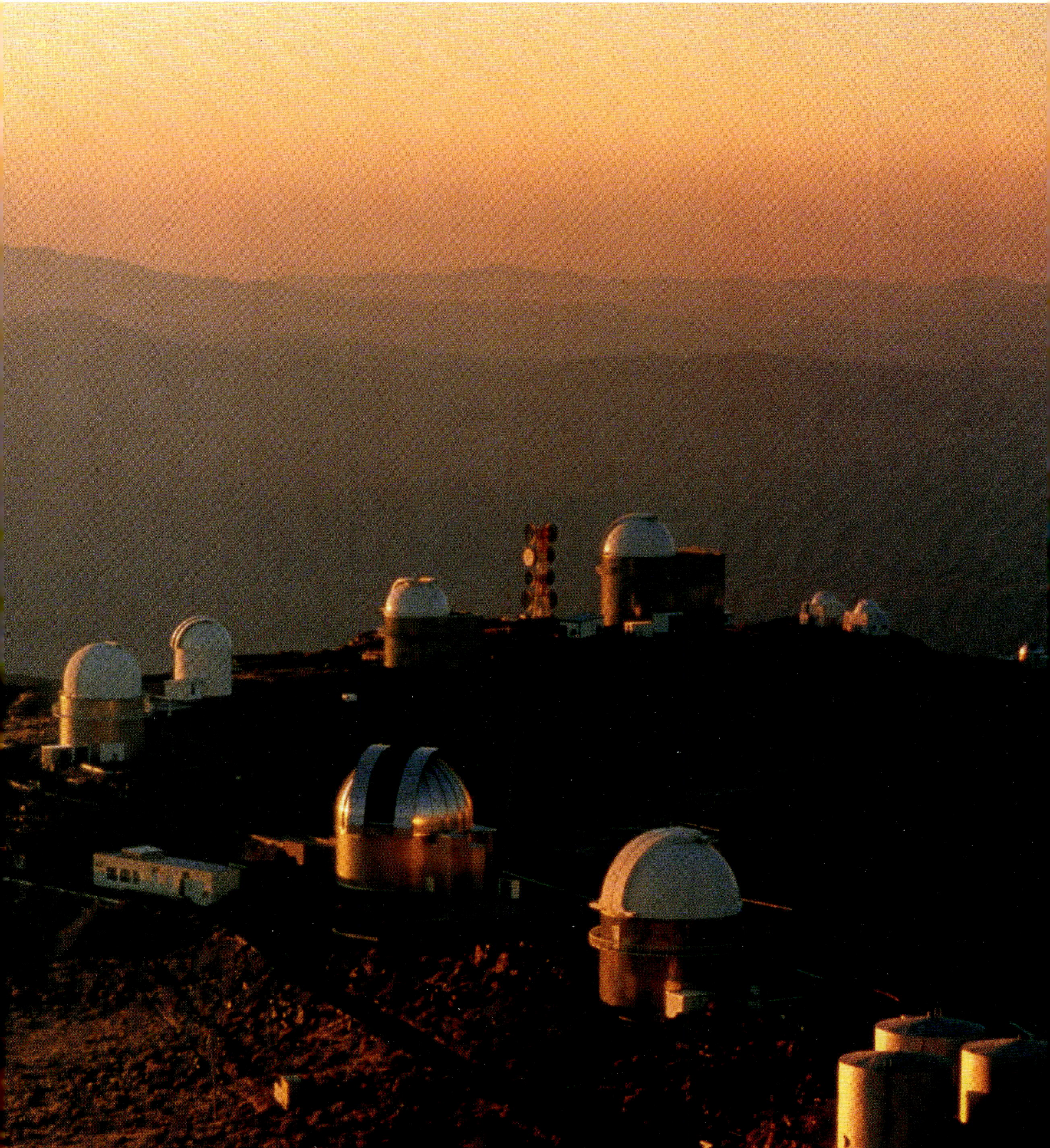

DIE EUROPÄISCHE SÜDSTERNWARTE

Musterung des Himmels

Die Luft um La Silla ist außergewöhnlich klar. Damit dies so bleibt, hat die ESO in der Umgebung 770 km² gekauft. Damit will die Organisation verhindern, daß zum Beispiel Bergbaubetriebe die kristallene Klarheit der Luft trüben. In der Umgebung gibt es keine Städte, die die Luft verschmutzen und mit ihrem Kunstlicht die Beobachtungen beeinträchtigen. Diese beiden Faktoren stellen heute die Hauptprobleme für europäische und amerikanische Sternwarten dar.

langsam abgekühlt – bis sechs Monate lang –, um Spannungen zu vermeiden. Fast ein weiteres Jahr vergeht dann durch weitere Wärmebehandlungen, und für das Schleifen muß man gar mehrere Jahre ansetzen. Dabei entstehen am Ende ungeheuer schwere Spiegel. Wenn sie ihre Stellung ändern, kommt es deswegen zu Spannungen und Verformungen. Ein Spiegel, der – auf dem Rücken liegend – eine perfekte Form zeigt, verliert einen Teil seiner Vollkommenheit, wenn er schräg gehalten wird.

Der Spiegel des NTT besteht aus Zerodur, einer Glaskeramik. Er muß nur noch halb so dick wie ein konventioneller Spiegel derselben Größe sein (weniger als 25 Zentimeter). Dadurch halbiert sich das Gewicht von 12 auf 6 Tonnen. Um zu verhindern, daß sich der Spiegel verformt, was bei dieser geringen Masse unweigerlich der Fall wäre, wird er von einem einzigartigen aktiven System gestützt.

Unter dem Spiegel befinden sich 75 bewegliche und 3 feste Stempel, die von hinten Druck auf die Glaskeramikscheibe ausüben können, der von einem Computer gesteuert wird. Er analysiert das Licht von einem Stern, registriert die Abweichungen vom Idealbild und verändert danach mit Hilfe der »Aktuatoren« an der Spiegelrückseite die Form der Spiegelfläche, bis ein perfektes Bild gefunden ist. Die beim Betrieb auftretenden Deformationen infolge Lageveränderung, thermischer Effekte und Windbelastung machen vielleicht nur einige wenige hundert-

Das größte der konventionellen Teleskope in La Silla hat einen Durchmesser von 3,6 Meter und ist seit 1976 im Einsatz. Es befindet sich unter der größten Kuppel an der höchsten Stelle der Anlage (rechts). Das NTT hat ihm nun den Rang abgelaufen.

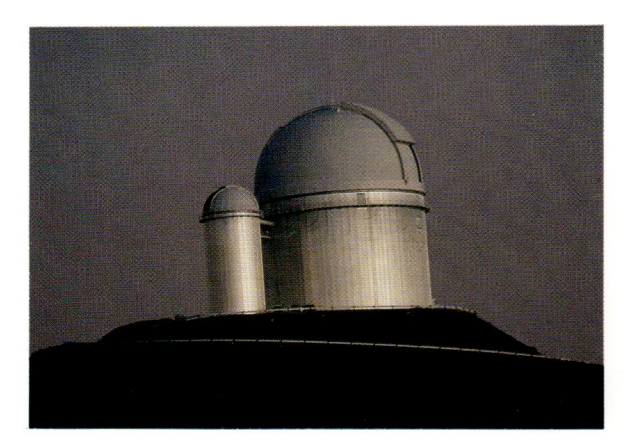

tausendstel Millimeter aus. Wenn man diese winzigen Fehler aber korrigiert, hat das große Auswirkungen auf die Abbildungsgüte. Dadurch erhält man Bilder von Sternen und anderen Himmelsobjekten, die mindestens dreimal so scharf sind wie die bisher produzierten.

Das NTT liegt auf einer dünnen Ölschicht, die nur zwei hundertstel Millimeter dick ist. Dadurch kann sich der Spiegel um die senkrechte Achse drehen. Die Öltemperatur wird auf 0,1°C konstant gehalten, um zu verhindern, daß Wärme an die Umgebung abgegeben wird und die Atmosphäre um das Instrument herum gestört wird. Die Form des Gebäudes, in dem sich das Teleskop befindet, wurde so gewählt, daß Turbulenzen möglichst ausgeschaltet werden.

ASTRONOMISCHE BAUWERKE

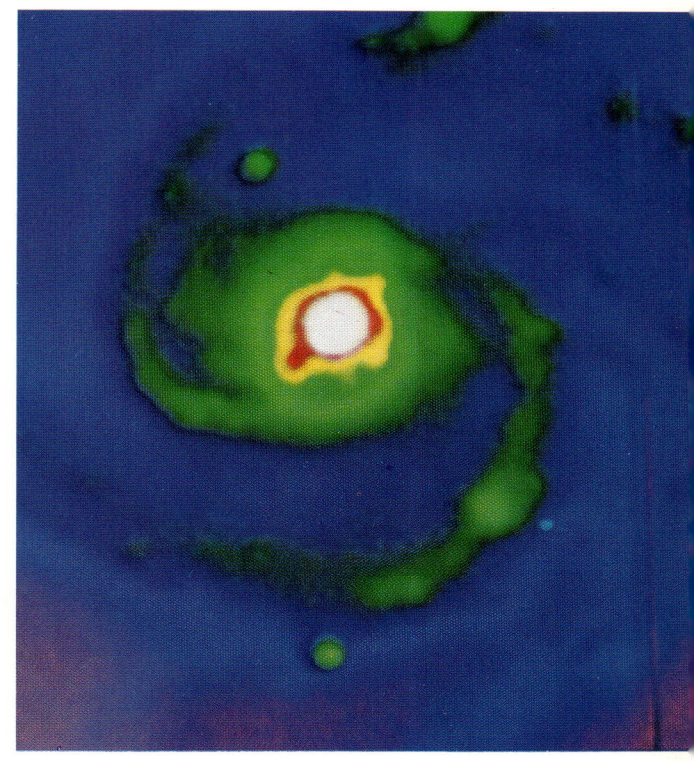

Ein Spiralnebel zeigt, was für scharfe Bilder man mit dem New Technology Telescope der ESO aufnehmen kann. Als erstes Gerät löst es kugelförmige Cluster in einer Entfernung von 700 000 Lichtjahren in einzelne Sterne auf. Damit kann man vor allem Gas- und Staubwolken besser untersuchen.

Die ungeheure Größe und das Gewicht der umfangreicheren Teleskope von La Silla machen eine Mechanik mit hoher Präzision erforderlich, um die Geräte nach dem Lauf der Gestirne ausrichten zu können. Besonders bedeutsam ist das bei langen Belichtungszeiten. Das NTT verfügt über ein Computerprogramm, das die beste Ausrichtung und Nachführung des Instruments unter allen jetzigen Teleskopen ermöglicht.

Computer richten das auf einem Kugellager um seine Achse drehbare achteckige Gebäude mit der NTT aus und berücksichtigen dabei auch die winzigen Verformungen während der Bewegung. Deswegen kann man das Teleskop genauer auf das Beobachtungsobjekt ausrichten als jeden seiner Vorgänger.

Mit all diesen Raffinessen gelang es, die bisher besten Bilder von Sternen und Galaxien aufzunehmen. Das NTT stellt aber keineswegs das letzte Wort in der Teleskoptechnologie dar. Für die Zukunft sind noch größere und noch raffiniertere Geräte mit einem Spiegeldurchmesser von annähernd 10 Meter geplant. Das erste davon ist ein amerikanisches Gerät, das nach seinem Sponsor, William Keck, benannt wurde. Es steht auf dem Mauna Kea auf Hawaii in 4145 Meter Höhe. Die Amerikaner planen für 1992 auch ein eigenes nationales New Technology Telescope mit einem Durchmesser von 16,1 Meter. Sein Auflösungsvermögen soll so groß sein, daß man mit ihm noch Objekte von Pfenniggröße in einer Entfernung von 1600 Kilometer wahrnehmen könnte.

Der nächste Schritt der ESO sieht die Entwicklung einer »adaptiven« Optik vor. Die Forscher wollen dies mit einem kleinen Spiegel am Teleskop bewerkstelligen, der einen hellen Stern in der Nähe des zu untersuchenden Objekts benutzt, um die infolge der Luftunruhe verursachten Bildverzerrungen zu messen. Der Hauptspiegel wird dann anhand der am Vergleichsstern gewonnenen Daten schnell und automatisch verformt, um die Verzerrungen zu kompensieren. Das Ziel sind Bilder mit bisher unerreichter Schärfe. Tests haben gezeigt, daß die Methode funktioniert. Der nächste Schritt besteht nun darin, diese adaptive Optik in ein Teleskop wie das NTT einzubauen.

Noch weiter in der Zukunft liegt das nächste ESO-Projekt, das Very Large Telescope oder VLT, für das bereits 232 Millionen Dollar vorgesehen sind.

Lexikon

Monumentale Standbilder

Amerika

Crazy Horse Memorial, Custer, South Dakota, USA

Das Denkmal ist ein Tribut an die nordamerikanischen Indianer und liegt 27 Kilometer vom Mount Rushmore entfernt. Wie auch die dortige Skulpturengruppe wurde es aus Granit geschlagen. Mit dem kolossalen Projekt begann 1947 der Bildhauer Korczak Ziolkowski, der Gutzon Borglum am Mount Rushmore geholfen hatte. Das Denkmal soll die größte Statue der Welt werden. Ziolkowski und der Sohn des Häuptlings Crazy Horse, der 1876 General Custer bei Little Big Horn geschlagen hatte, hatten 1940 den Standort ausgewählt. Crazy Horse war 1877 von einem amerikanischen Soldaten trotz Waffenstillstands getötet worden. Die Skulptur zeigt den Häuptling zu Pferd. Sie wird 171,5 Meter hoch und 195,5 Meter lang sein.

Gateway Arch, St. Louis, Missouri, USA

Der gigantische Bogen am Ufer des Missouri, 1966 gebaut, soll die Lage von St. Louis als Tor zum Westen symbolisieren. Der Entwurf geht auf Eero Sarinen zurück. Technisch gesehen, handelt es sich um eine doppelwandige Konstruktion in Schalenbauweise, 192 Meter hoch. Die äußere Wand besteht aus 6 Millimeter dickem rostfreiem Stahl, die innere aus Flußstahl mit einer Dicke von 10 Millimeter. Der untere Teil des Zwischenraums zwischen den beiden Stahlwänden wurde mit Beton gefüllt, der obere mit einem porösen Versteifungsmaterial. Im Querschnitt stellt der Bogen ein hohles gleichseitiges Dreieck dar. Aufzüge im Innern führen zu einer Besucherplattform ganz oben.

San Jacinto Column, bei Houston, Texas, USA

Die Säule ist mit 174 Meter Höhe eine der größten der Welt. Sie wurde 1936–1939 am Ufer des San Jacinto River erbaut und soll an die Schlacht erinnern, die hier 1836 zwischen den Texanern unter Sam Houston und mexikanischen Truppen stattfand. Die Betonsäule ist mit hellen Marmorplatten verkleidet, mißt 14,3 Meter im Quadrat an der Basis und verjüngt sich bis zur Besucherplattform auf 9 Meter im Quadrat. Ganz oben befindet sich ein großer Stern, der fast 198 Tonnen wiegt.

Europa

Hadrianswall, Cumbria und Northumberland, England

Die wichtigste Verteidigungslinie der Römer in Großbritannien gegen Invasionen der Pikten und Skoten im Norden war der Hadrianswall. Er wurde zwischen 122 und 130 auf Geheiß des Kaisers Hadrian erbaut und verbindet natürliche Stützpunkte, etwa den Solway Firth im Westen, wo der Wall aus Torf bestand, bis zur Tyne-Mündung im Osten, wo er aus grauen Steinen errichtet war und eine Höhe von über 4 Meter erreichte. Auf dem gesamten Verlauf von 117 Kilometer lagen in regelmäßigen Abständen Befestigungen, Kastelle und Signaltürme. Die Besatzung betrug 18 000 Mann.

Im Norden des Walls befand sich ein über 8 Meter breiter und 1 Meter tiefer Graben. Im Süden schloß sich an die Mauer das Vallum an, ein 6 Meter breiter Graben mit flachem Boden. Er verlief zwischen 3 Meter hohen Torfmauern, die als Straße dienten. Die Römer gaben den Hadrianswall 383 auf, als Rom selbst von den Goten angegriffen wurde. Ein Teil davon und 17 Befestigungsanlagen, besonders das Fort von Vercovium in der Nähe von Housesteads, können heute noch besichtigt werden.

Stonehenge, Salisbury Plain, Wiltshire, England

Die Bauarbeiten an diesem megalithischen Denkmal begann um 2800 v. Chr., also zur Zeit des beginnenden Pyramidenbaus in Ägypten, und dauerten rund 1500 Jahre. Offensichtlich diente das Bauwerk als eine Stätte des Sonnenkults, wahrscheinlich war es auch ein primitives astronomisches Observatorium.

Das eigentliche »Bauwerk«, dessen Ruinen wir heute bewundern, besteht aus einem Ring von Steinmonolithen. Sie sind 4,80 Meter hoch, wiegen bis 26 Tonnen und sind über mächtige Oberschwellen kontinuierlich miteinander verbunden. Dieser Steinring umschließt einen Kreis aus 4 Tonnen schweren dunklen Sandsteinen aus den rund 225 Kilometer entfernten walisischen Preseli-Bergen in Südwest-Wales, ferner eine hufeisenförmige Anordnung von fünf Gruppen zu drei Steinen und eine weitere hufeisenförmige Gruppe aus dunklem Sandstein. In der Mitte steht der Altarstein aus blaugrünem walisischen Sandstein. Die Gruppen zu je drei Steinen setzen sich aus zwei aufrechten Steinen und einem Sturz zusammen. Die Stücke sind über genau gearbeitete Zapfen und Löcher miteinander verbunden.

Leistungen der Architektur

Amerika

Fabrik von Boeing, Everett, Seattle, Washington, USA

Die Fertigungsgebäude der Boeing Company liegen in den Außenbezirken von Seattle in Everett und stellen die größten der Welt dar. Bei ihrer Inbetriebnahme im Jahre 1968 umschlossen sie ein Volumen von 5,66 Millionen Kubikmeter; das waren 1,66 Millionen Kubikmeter mehr als im hochaufragenden Montagegebäude des Kennedy Space Center. 1980 wurde die Anlage auf ein Volumen von 8,2 Millionen Kubikmeter erhöht, um auch die Produktion der Boeing 767 zu ermöglichen. Heute werden unter diesem großen Dach auch Teile der Boeing 747 und 767 gebaut.

Fallingwater, Bear Run, Pennsylvania, USA

Die Wohngebäude des amerikanischen Architekten Frank Lloyd Wright (1869–1959) gehören zu den bemerkenswertesten ihrer Art. Unter ihnen ist Fallingwater wohl am berühmtesten geworden. Erbaut wurde das Haus zwischen 1935 und 1937 für Edgar Kaufmann, den Besitzer von Kaufmann's Department Store in Pittsburgh. Es war das erste Gebäude, das Wright mit Beton baute. Ockerfarbene Betongeschosse kragen weit über einen Wasserfall vor, und Glasscheiben bilden die senkrechten Linien zwischen diesen Betonebenen. Hier spiegelt sich der »organische« Gebrauch des Betons durch Wright wider. Er verankerte sein Bauwerk über roh behauene Steinmauern mit dem umgebenden Fels. Das Haus weist allerdings erhebliche technische Mängel auf und muß deshalb immer wieder restauriert werden.

Las Vegas Hilton, Nevada, USA

Las Vegas Hilton, das größte Hotel der Welt, befindet sich auf einem 25,5 Hektar großen Gelände und hat 3174 Zimmer und Suiten. Es enthält vierzehn internationale Restaurants, ein Spielcasino mit mächtigen Kronleuchtern, einen 4500 m^2 großen Ballsaal und einen fast dreimal so großen Konferenzraum. Auf dem Dach befindet sich ein bemerkenswertes 4 Hektar großes Erholungsgelände mit beheizbarem Schwimmbecken (Fassungsvermögen fast 1,6 Millionen Liter), sechs Tennisplätzen, einem Golfplatz mit achtzehn Löchern, ferner Anlagen für Tischtennis, Federball und Shuffleboard. Einundzwanzig Aufzüge sorgen für den Transport der Gäste, die von 3600 Bediensteten mit größtem Luxus umsorgt werden.

Machu Picchu, Peru

Die Geschichte der Wiederentdeckung dieser verlorenen Inkastadt tief in den Waldgebieten der Anden im Jahre 1911 durch Hiram Bingham ist eine der romantischsten der ganzen Archäologie. Die Lage der Stadt auf einer Höhe von 2431 Meter ist einzigartig; sie ist von hohen Bergen und tiefen Tälern umgeben. Die Berghänge sind so steil, daß man sie terrassieren mußte, nicht nur für landwirtschaftliche Zwecke, sondern auch um zu verhindern, daß die Erosion den Boden wegträgt. Das Wasser gelangte Kilometerweit über Aquädukte in die Stadt, und diese funktionierten noch, als Bingham sie entdeckte.

Die Steinmetzarbeiten an den Tempeln und Häusern von Machu Picchu sind so sorgfältig durchgeführt wie in Cuzco, wo man zwischen zwei Blöcke nicht einmal die Schneide eines Messers stecken kann. Über die Geschichte von Machu Picchu sind sich die Forscher noch uneins.

Das Stadion von Maracana, Rio de Janeiro, Brasilien

Das größte Fußballstadion der Welt wurde zur rechten Zeit für das Weltcupfinale zwischen Brasilien und Uruguay im Juli 1950 fertiggestellt. Das Maracana-Stadion weist 155 000 Sitzplätze und weitere 50 000 Stehplätze auf. Die Spieler sind von den Zuschauern durch einen 1,5 Meter tiefen und 2,10 Meter breiten Graben getrennt.

Das Pentagon, Arlington County, Virginia, USA

Das Pentagon ist das größte Bürogebäude der Welt und das Hauptquartier der drei Streitkräfte der Vereinigten Staaten. Es wurde 1941 bis 1943 gebaut und hat fünf Stockwerke. Eine der Seiten des gleichseitigen Fünfecks ist 281 Meter lang. Das Gebäude bedeckt unter Einschluß des Hofes 13,8 Hektar und bietet insgesamt 343 700 m² klimatisierte Bürofläche. Das reicht für 30 000 Angestellte aus. Das Pentagon wurde aus Stahl und Stahlbeton mit Marmorverkleidung gebaut und besteht aus fünf konzentrischen Ringen mit zehn speichenartigen Korridoren, die diese Ringe untereinander verbinden. Der Komplex umfaßt auch in Tiefgeschossen umfangreiche Einkaufsmöglichkeiten sowie einen Hubschrauberflugplatz.

Europa

Alhambra, Granada, Spanien

Von außen gesehen, läßt die Alhambra überhaupt nicht vermuten, daß sie innen so reich und elegant verziert ist. Mit der Umwandlung der alten Festung von Alcazába in einen Palast begann man 1238. Fast 250 Jahre lang blieb die Alhambra die Residenz und der Harem der moslemischen Herrscher in Spanien. Der schöpferische Genius der Mauren, so nannte man die in Spanien herrschenden Araber damals, stand im 14. Jahrhundert in voller Blüte, wie die Hallen, Säulenreihen, Arkaden, schattigen Höfe, Wasserbecken und Brunnen, die aus jener Zeit stammen, uns vor Augen führen.

Der Islam verbietet die Darstellung Gottes und der Lebewesen. So widmeten sich Architekten und Künstler vor allem dem Gebiet der abstrakten und geometrischen Muster. Hier brachten wie es zu vollendeter Meisterschaft. Sie zeigt sich vor allem bei den glasierten Fliesen und den Stuckarbeiten. Das Stalaktitengewölbe im Saal der beiden Schwestern ist das größte und wohl auch das schönste der von arabischen Künstlern geschaffenen Gewölbe dieser Art.

Carcassonne, Aude, Frankreich

Die mittelalterliche Stadt liegt auf dem Rücken eines steilen, inselartigen Hügels. Die ersten Siedlungsspuren gehen auf das 5. Jahrhundert v. Chr. zurück. Türme, die die Westgoten 485 bauten, sind heute noch zu sehen. Berühmt wurde Carcassonne allerdings vor allem durch seine mittelalterlichen Befestigungsanlagen, die schönsten in Europa. Im 12. Jahrhundert begannen die Grafen mit dem Bau der Burg und der Befestungsanlagen. Nach 1247 ließ König Ludwig IX. ihn weiterführen. Auf ihn geht zum Beispiel der äußere Mauerring zurück. Sein Sohn Philipp III. fügte weitere Anlagen hinzu, vor allem die prächtige Porte Narbonnaise und die Tour du Tréseau.

Im Jahr 1355 fand sogar der gefürchtete Eduard III., die Festung sei uneinnehmbar. Ende des 17. Jahrhunderts wurden die Wehrmauern jedoch aufgegeben und zerfielen langsam. In der Mitte des 19. Jahrhunderts wurden sie von dem berühmten Architekten Viollet-le-Duc restauriert.

Castell Coch, South Glamorgan, Wales

Das Gebäude entwarf William Burges für den dritten Marquis von Bute. Er baute es in den späten siebziger Jahren des vergangenen Jahrhunderts. Castell Coch ist den Schöpfungen des Bayernkönigs Ludwig II. vergleichbar: Beide Männer hatten längst überholte architektonische Vorstellungen und errichteten anachronistische Gebäude. Nur dem Namen nach handelte es sich beim Castell Coch um die Restaurierung eines Schlosses, das seit dem 16. Jahrhundert zerfallen dalag. In Wirklichkeit verbindet das Castell Coch die äußere Erscheinung eines walisischen Kastells aus dem 13. Jahrhundert mit einer überbordenden viktorianischen Dekorationslust im Innern. So sind zum Beispiel fast alle Oberflächen an den Gewölben des großen Salons über und über mit Darstellungen aus der Natur, mit Szenen aus den Fabeln von Äsop und der griechischen Mythologie dekoriert.

Es kommt nicht oft vor, daß die Vorstellungen des Architekten so sehr mit denen des Bauherrn übereinstimmen, wie es zwischen Burges und dem Marquis von Bute der Fall war. Auch beim Cardiff Castle arbeiteten die beiden zusammen, und so entstanden als Ergebnis dieser Symbiose zwei unvergleichliche Gebäude.

Notre Dame du Haut, Ronchamp, Frankreich

Die Wallfahrtskirche von Ronchamp bei Belfort, die Le Corbusier zwischen 1950 und 1955 errichtete, stellt einen der ungewöhnlichsten Kirchenbauten dar. Sie besteht aus Stahlbeton und zeigt von allen Gesichtswinkeln eine überaus interessante Silhouette. Das muschel- oder kissenartige Dach und die drei oben abgerundeten Türme bilden die Hauptmerkmale. Tiefeingelassene Glasfenster mit unterschiedlicher Größe und Form lassen das Licht in den Innenraum fluten, der auf den ersten Blick mit seinen vielen Winkeln verwirrend anmutet.

Das Kolosseum, Rom, Italien

Das Kolosseum befindet sich am südöstlichen Ende des Forum Romanum. Das große ovale flavische Amphitheater hat seinen Namen nach einer riesigen Statue von Kaiser Nero, die in der Nähe stand. Im Kolosseum fanden Kämpfe zwischen Gladiatoren und wilden Tieren statt. Kaiser Vespasian begann im Jahr 75 mit dem Bau, und sein Sohn Titus konnte das Gebäude dann fünf Jahre später einweihen. Sein längster Durchmesser beträgt 189 Meter; damit ist es das imponierendste aller römischen Gebäude. Die Außenwand ist fast 49 Meter hoch und weist vier Stockwerke auf. Die ersten drei zeigen Arkaden mit dorischen, ionischen und korinthischen Säulen, während das oberste Stockwerk nur korinthische Pfeiler und Fenster aufweist. Im Kolosseum fanden unge-

Lexikon

fähr 45 000 Menschen einen Sitzplatz. Ein raffiniertes System von Gängen sorgt dafür, daß das Amphitheater rasch besetzt bzw. verlassen werden kann. Unter der Arena mit den Ausmaßen 87,5 x 54,9 Meter befinden sich Lagerräume und Tierkäfige.

Escorial, Umgebung von Madrid, Spanien

Philipp II. baute 1563–1584 den Escorial im Gedenken an den Sieg der Spanier über die Franzosen bei St. Quentin im Jahr 1557. Der rechteckige Komplex, 50 Kilometer nordwestlich von Madrid, mißt 235 auf 160 Meter und umfaßt die große, dem Heiligen Laurentius geweihte Kirche und ein Mausoleum, in dem alle spanischen Könige mit Ausnahme von Alfonso XIII. (gest. 1941) beigesetzt wurden. Zum Escorial gehören auch ein Kloster, ein Gymnasium, Wohnräume und Büros sowie mehrere Höfe.

Die massiven, düsteren Gebäude, die von Juan Bautista de Toledo begonnen und von Juan Herrera vollendet wurden, bestehen aus grauem Granit und wirken beeindruckend, aber nicht besonders schön. Die große, nüchterne Kirche von San Lorenzo zeigt den Grundriß eines griechischen Kreuzes, wobei Haupt- und Querschiff gleich lang sind. Die monumentale Kuppel ist 18 Meter weit und 97,5 Meter hoch. Heute beherbergt der Escorial eine großartige Sammlung von Gemälden, seltenen Büchern und Manuskripten.

Fonthill Abbey, Wiltshire, England

Das heute verschwundene Landhaus von Fonthill war eines der phantastischsten Gebäude in einem Land, in dem kein Mangel an exzentrischen Schöpfungen herrscht. Der Bauherr William Beckford hatte ein Riesenvermögen geerbt, das vor allem auf Plantagen in Westindien zurückging. Als Bewunderer der Gotik gab Beckford James Wyatt den Auftrag, ein hohes Gebäude zu errichten, das den Vergleich mit der benachbarten Kathedrale von Salisbury nicht zu scheuen brauchte. Elf Jahre lang bauten zwei Gruppen von je 500 Arbeitern rund um die Uhr das kreuzförmige Gebäude und stellten es schließlich 1808 fertig.

Der Hauptteil maß 95 auf 76 Meter. Die Decke der großen Halle war 24 Meter hoch, und es gab auch zwei lange Galerien. Die wenigen Besucher, die der verschlossene Beckford zuließ, staunten aber vor allem über den Turm über der Vierung. Der achteckige Kirchturm erhob sich 84 Meter in die Höhe, doch er führte schließlich zum Untergang des Gebäudes. Die Ungeduld Beckfords, der sein Haus fertig haben wollte, und die Skrupellosigkeit des Bauunternehmers führten dazu, daß an den Fundamenten gespart wurde. So fiel der Turm 1825 in sich zusammen. Doch zu dieser Zeit hatte Beckford schon alles verkauft. Das Gebäude wurde nicht wieder errichtet, und innerhalb von dreißig Jahren nach der Fertigstellung waren die letzten Reste davon verschwunden.

Hagia Sophia, Istanbul, Türkei

Die große byzantinische Kirche Hagia Sophia (»Heilige Weisheit«) bildet im überaus geschäftigen modernen Istanbul noch einen Ort der Geruhsamkeit und Heiterkeit. Diese Sophienkirche, Hauptwerk der byzantinischen Baukunst, wurde von 532 bis 537 unter Kaiser Justinian errichtet. Es handelt sich um die dritte Kirche an dieser Stelle. Die vier Minarette an den Ecken des mächtigen Baus wurden später hinzugefügt. Der Innenraum mit einer Oberfläche von 8200 m² und die Kuppel mit ihrem Durchmesser von über 30 Meter wirken in höchstem Maße beeindruckend.

Justinian importierte roten Porphyr, edlen grünen Serpentin, gelben und weißen Marmor und beschäftigte viele Bildhauer und Mosaikkünstler, um die schönste Kirche der damaligen Christenheit zu schaffen. Als Konstantinopel 1453 in die Hand der osmanischen Türken fiel, wurde die Hagia Sophia in eine Moschee umgewandelt. Die Türken verbargen die Mosaiken hinter einer Schicht Mörtel. Seit 1934 ist die Kirche ein vielbesuchtes Museum.

Herrenchiemsee und Neuschwanstein, Bayern, Deutschland

Einige der phantastischsten und reichsten Gebäude der Welt ließ der exzentrische romantische König Ludwig II. von Bayern errichten. Er war auch der größte Gönner von Richard Wagner.

Herrenchiemsee wurde auf der größten der drei Inseln im Chiemsee gebaut und war das Versailles des Bayernkönigs. Den Grundstein legte Ludwig 1878, und als er 1886 starb, waren nur der zentrale Bereich und ein Teil eines Flügels fertiggestellt. Doch bereits diese Gebäude enthielten einige der auffälligsten Objekte, die jemals für einen Palast hergestellt wurden: den größten Armleuchter aus Porzellan, gefertigt in Meißen; einen größeren Spiegelsaal als in Versailles; Vorhänge, von denen jeder über 50 Kilogramm wiegt und eine Tür mit Schmuckplatten aus Meißen in den Paneelen.

Im Gegensatz dazu ist Neuschwanstein ein fiktives mittelalterliches Kastell. Es wurde auf einer Bergspitze erbaut, von der man aber über sechs Meter wegsprengen mußte, um eine ebene Fläche zu bekommen. Es ist vor allem diese einmalige Lage, die dieses Märchenschloß, umgeben von Bergspitzen, so bemerkenswert macht. Die Arbeiten begannen 1869 und waren bei Ludwigs Tod noch nicht beendet. Außer traditionell gehaltenen Räumen ließ Ludwig auch ein künstliches Grotto mit Wasserfall und Lichteffekten einbauen.

Knole, Kent, England

Von weitem – über den 400-Hektar-Park hinweg – betrachtet, ähnelt das »Landhaus« von Knole einer mittelalterlichen Stadt. Wahrscheinlich ist es das Haus (im Gegensatz zu einem Palast) mit der größten Anzahl von Räumen, nämlich 365. Mit dem Bau begann 1456 der Erzbischof von Canterbury Thomas Bourchier. Testamentarisch überließ er das Gebäude dem Erzbistum Canterbury. Heinrich VIII. zwang Erzbischof Cranmer, ihm das Haus zu schenken, und vergrößerte es beträchtlich. Er fügte wahrscheinlich die 104 Meter lange imposante Westfront hinzu. Dieser Gebäudeteil sollte das enorme Gefolge aufnehmen, das den Monarchen und die Minister begleitete. Die große Halle, die erst als Speisesaal für den gesamten Haushalt gedacht war, mißt 29 auf 10 Meter. Die sogenannte Cartoon Gallery ist mit 41 Meter sogar noch länger.

Der Schiefe Turm, Pisa, Italien

Mit dem Bau dieses runden romanischen Turms, der als Campanile für das nahegelegene Baptisterium dient, begann Bonanno Pisano im Jahre 1174. Der 54,5 Meter hohe Turm besteht aus weißem Marmor und umfaßt acht Stockwerke mit Bogenarkaden. Bereits nach der Fertigstellung des ersten Stockwerks geriet er aus der Vertikalen, wahrscheinlich weil sich der Schwemmboden unter ihm setzte oder weil die Fundamente unzureichend waren. Bei den folgenden Stockwerken wollte man die Schräglage ausgleichen, indem man die Pfeiler auf der Südseite länger machte als auf der Nordseite. Auch der Glockenstuhl, der erst 1350 fertig wurde, mußte in einem bestimmten Winkel auf das Gebäude aufgesetzt werden. Die schwersten Glocken hingen an der Nordseite. Dennoch wurde der Turm immer schiefer. Heute ist er etwas über 5 Meter aus der Senkrechten geraten.

Lincoln Cathedral, England

Die Lincoln Cathedral gilt als das feinste Beispiel früher englischer Architektur. Der zentrale Turm erreichte eine Höhe von 160 Meter. Deswegen galt die Kathedrale von 1307 an als das höchste Bauwerk der Welt, höher als die Cheops-Pyramide in Ägypten; doch 1548 fiel der Turm bei einem Sturm zusammen. Der Reisende und Schriftsteller William Cobbett hielt die Kathedrale für »das schönste Gebäude auf der ganzen Welt«. Es steht hoch oben auf einem Hügel und beherrscht damit Lincoln; eine ähnliche Lage weist nur noch die Kathedrale von Durham auf.

Die Bauarbeiten begannen um 1075 unter Bischof Remigius. 1092 wurde die Kathedrale geweiht. Im 12. Jahrhundert nahm die Kathedrale bei einem Erdbeben Schaden und mußte unter dem Bischof St. Hugh neu gebaut werden. Damit begann man um 1190. Ihre Berühmtheit verdankt die Kathedrale vor allem Hunderten von Statuen an der Außenfassade, den Skulpturen am Lettner und im Chor und ihrer Bibliothek, die auf Christopher Wren zurückgeht. Die Spitzen, die einst auf den kleineren westlichen Türmen standen, wurden im 18. Jahrhundert entfernt, obwohl die Stadtbevölkerung heftig dagegen protestierte.

Nat-West Tower, Old Broad Street, London, England

Das höchste vorkragende Gebäude der Welt und das größte Bürogebäude in Großbritannien ist der über 180 Meter hohe Turm der National Westminster Bank in der City von London. Er verfügt über drei Erdgeschosse und 49 Stockwerke. Diese ruhen auf Stützen aus Stahl und Beton, die vom zentralen Turm aus vorkragen. Das Bauwerk wurde von Richard Seifert entworfen und 1979 fertiggestellt.

Palmenhaus, Kew Gardens, London, England

Nachdem Königin Victoria das Lilienhaus von Joseph Paxton in Chatsworth (siehe Seite 64) besucht hatte, sollte in den Royal Botanical Gardens in Kew ein ähnliches Gebäude errichtet werden. Den Auftrag dazu erhielten die beiden Architekten Decimus Burton und Richard Turner. Burton hatte Paxton beim Gebäude in Chatsworth geholfen, und Turner hatte zum Palmenhaus des Botanischen Gartens in Belfast beigetragen. 1844 begannen die Arbeiten am Palmenhaus, das mit 110 Meter Länge, 30 Meter Breite in der Mitte und eine Höhe von 19 Meter das längste seiner Art werden sollte. Säulen aus Gußeisen trugen das gekrümmte Stabwerk der Wände und Dächer. Ein getrenntes Heizgebäude sorgte für die Wärme, die unterirdisch in Form von Heißwasser herantransportiert wurde.

Parthenon, Athen, Griechenland

Der Parthenon wurde 447–438 v. Chr. als Tempel für die Göttin Athene errichtet. Er weist eine rechteckige Basis mit den Maßen 72,5 x 30,8 Meter auf. Säulenreihen an allen vier Seiten umschließen die beiden rechteckigen Räume des Naos. Darin befanden sich der Staatsschatz und die große Statue der Athene aus Gold und Elfenbein. Die Dachneigung war gering, und zu beiden Enden befindet sich ein dreieckiges Tympanon. Diese starren geometrischen Formen werden aber durch subtile Veränderungen belebt. Deswegen ist der Parthenon das vollkommenste aller griechischen Gebäude. Alle horizontalen Linien sind in der Mitte etwas höher als an den Enden, und die in der Mitte leicht verdickten Säulen sind ganz leicht nach innen gekippt.

Der Tempel besteht aus Marmorblöcken, die so genau aufeinanderpassen, daß kein Mörtel notwendig war. Als Schmuck besaß der Tempel vor allem Reliefs am Gebälk und im Tympanon. Doch die Skulpturen sind fast vollständig verschwunden. Sie stehen heute in Museen außerhalb Griechenlands. Der Tempel war übrigens zur Zeit der Griechen nicht weiß wie heute, sondern in kräftigen Farben bemalt.

Petra, Jordanien

Im Jahre 1812 entdeckte der Schweizer J. L. Burckhardt die antike Stadt Petra, »eine rosarote Stadt, halb so alt wie die Zeit«. Sie war vom 2. Jahrhundert v. Chr. bis zum 4. Jahrhundert, also rund ein halbes Jahrtausend lang, die Hauptstadt des nabatäischen Reiches. Petra ist eine der bemerkenswertesten archäologischen Stätten, einesteils wegen der Lage, denn die Stadt ist ringsherum von Bergen umgeben, anderenteils wegen der wundervollen nabatäischen Bildhauerarbeiten und wegen der Gebäude, welche die Römer nach der Annexion der Stadt im Jahr 106 n. Chr. bauten. Nach Petra gelangt man durch eine enge, 800 Meter lange Schlucht, den Siq. Er verläuft zwischen fast senkrechten, rund 100 Meter hoch aufragenden Felswänden. Dieser Zugang war nicht einzunehmen und brauchte nur von einer Handvoll Soldaten verteidigt werden.

Unter den Nabatäern gab es die besten Steinbildhauer aller Zeiten. Das Schatzhaus oder El-Khazneh ist das spektakulärste Beispiel für diese Behauptung. Der Besucher bekommt es als erstes am Ende des Siq zu sehen. Das in griechischem Stil gehaltene Gebäude wurde aus rosarot bis orangefarbenem Gestein herausgehauen und stellt wahrscheinlich einen Tempel dar. Die nabatäischen Gebäude, aus dem Fels herausgemeißelt, wurden von überhängendem Gestein beschützt und sind viel besser erhalten als spätere römische Gebäude. Unter diesen ist das Amphitheater noch im besten Zustand. Es konnte einst über 3000 Zuschauer auf 33 Sitzreihen aufnehmen. Die römische Stadt war über 3 Kilometer lang und umfaßte drei Märkte, Tempel, ein Forum, Bäder, Sportstätten, Säulengänge, viele Geschäfte und Privathäuser.

Pompeii, Neapel, Italien

Pompeii wurde im 5. Jahrhundert v. Chr. gegründet und stand erst unter griechischem Einfluß. Doch um 79 n. Chr., als es beim Vesuvausbruch zerstört wurde, war es zu einer Stadt mit 25 000 Einwohnern, zu einer Sommerfrische für reiche Römer geworden. Die systematischen Ausgrabungen begannen erst 1748, und ein Drittel der Stadt liegt immer noch unter der Lava begraben.

Die bisher freigelegten Villen, Tempel, Bäder, öffentlichen Gebäude, das Forum und das Amphitheater sind hauptsächlich im römischen Stil gehalten. Sie sind aus Ziegeln erbaut, mit Marmor oder Mörtel verkleidet. Einige Gebäude, zum Beispiel das Haus der Vettier, enthalten viele Fresken. Auf den gepflasterten Straßen kann man deutlich die Spuren der Wagenräder erkennen. Trittsteine ermöglichen den Fußgängern ein Überqueren der bevölkerten Straße. Die Gebäudereste und archäologischen Funde von Pompeii machen es uns möglich, ein eindrucksvolles Bild vom Leben in jener Zeit zu gewinnen.

Centre Pompidou, Paris, Frankreich

Den Entwurf für dieses riesige Museum schufen Richard Rogers und Renzo Piano. Es wurde 1975 seiner Bestimmung übergeben und ist seither eines der umstrittensten modernen Gebäude. Das Centre Pompidou hat keine normale Fassade. Es besteht aus gigantischen Stahlträgern und Streben, die mit hellen Farben wie Rot, Blau und Gelb bemalt sind. Man sieht sie deutlich durch die Glaswände hindurch, ebenso die außen gelegenen Treppen und die verbindenden Galerien.

Der Bau besteht aus fünf Stockwerken, die ungefähr 110 Meter lang und 49 Meter breit sind. Ein Mehrzwecksaal im Erdgeschoß hat eine Oberfläche von 1144 m². Das Centre Pompidou beherbergt ein Museum für zeitgenössische Kunst mit 37 460 m² Ausstellungsfläche, ferner ein Zentrum für industrielles Design, ein Institut für Akustik, eine Kinemathek, eine Bibliothek sowie ein Restaurant.

Lexikon

Der Ponte Vecchio, Florenz, Italien

Taddeo Gaddi baute 1345 den Ponte Vecchio. Er war die erste Brücke im Westen, deren Bögen kleiner waren als Halbkreise. Das bedeutete, daß weniger Pfeiler notwendig waren, um die Brücke zu stützen. Dank dieser Konstruktion konnten Boote und vor allem das Hochwasser die Brückenbögen leichter passieren, was sehr wichtig war, denn der Arno führt im Frühjahr sehr viel Schmelzwasser. Zu beiden Seiten der Straße über die Brücke befindet sich eine zweistöckige Galerie. Das obere Stockwerk diente als Korridor, der die Büros der herrschenden Medici-Familie, die Uffizien, mit dem Palazzo Pitti auf der anderen Seite des Arno verband. Zu ebener Erde befinden sich noch heute Geschäfte der Juweliere sowie der Gold- und Silberschmiede.

Der Hradschin, Prag, Tschechoslowakei

Der Hradschin wurde um 850 als hölzerne Burg gegründet. Heute stellt er den größten Burgkomplex der Welt dar und ist wie der Kreml in Moskau eher eine Ansammlung von Gebäuden denn eine Festung. Die Burg zeigt eine unregelmäßig längliche Form, gruppiert sich um drei Höfe und nimmt eine Fläche von über 7 Hektar ein. Der Besucher betritt den Hradschin durch das Matthias-Tor, gelangt nach dem Passieren von Bauten der Architektur des frühen 20. Jahrhunderts zurück zu Barock, Renaissance und Gotik, dann zum weißen Turm und zum Turm Daliborka aus dem Hochmittelalter.

Am meisten beeindruckt vielleicht der gotische Veitsdom. Er wurde 1344 von Matthias von Arras errichtet und stellt die dritte Kirche an jener Stelle dar. Die erste gründete um 930 Fürst Wenzel der Heilige, heute der Patron des Landes. Mindestens seit 894 war der Hradschin offizieller Sitz und Krönungsort der tschechischen Könige. Noch heute wird der Präsident im großen spätgotischen Wladislaw-Saal (Länge 62 Meter, Breite 16 Meter, Höhe 13 Meter) in sein Amt eingeführt.

Der Royal Pavilion, Brighton, Sussex, England

Der Royal Pavilion war ursprünglich ein kleines Landhaus. Während einer Zeitspanne von über 35 Jahren, von 1786–1821, wurde sehr viel daran geändert und hinzugefügt, um die Grillen des Prinzen von Wales, des späteren Königs Georg IV., zu befriedigen. Die phantastischen Spitztürme und Kuppeln, die sehr an die islamische Architektur in Indien errinnern, gehen auf das Jahr 1815 zurück. Sie sind das Werk von John Nash, der als erster beim Hausbau – natürlich mit Ausnahme von Fensterrahmen und Kaminen – für strukturelle wie dekorative Zwecke Gußeisen einsetzte.

So erstaunlich das Äußere erscheint, das Innere ist noch wunderbarer, denn Nash fügte einen Bankettsaal mit hoher Kuppel und ein Musikzimmer hinzu und dekorierte beides mit wilder Extravaganz. Große Drachen ringeln sich an den Wänden des Musikzimmers und der tiefroten und blauen Decke. Alles ist mit Vergoldungen geschmückt. Und im exotisch bemalten Bankettsaal hängt ein Kronleuchter mit Juwelen, der mindestens eine Tonne wiegt.

St. Paul's Cathedral, Ludgate Hill, London, England

Der Grundstein für das Meisterwerk von Christopher Wren wurde im Jahre 1675 gelegt. Die Fertigstellung der Kathedrale dauerte jedoch bis 1710. Die drei Schiffe und der Chor sind 141 Meter lang und 31 Meter breit. Über der Vierung erhebt sich eine Kuppel mit einem Durchmesser von 137 Meter und einer Höhe von 66,5 Meter. Sie ist innen mit Mosaiken bedeckt und wird von Säulen gestützt. Diese waren ursprünglich aus Steinen errichtet und im Innern mit lockerem Gestein gefüllt. In den dreißiger Jahren preßte man jedoch flüssigen Beton hinein. Das trug wahrscheinlich dazu bei, daß die Kathedrale den Bombardierungen des Zweiten Weltkrieges widerstand.

Die Kuppel besteht aus drei Schalen. Über der innersten befindet sich eine konische Ziegelstruktur, welche die Dachstreben der äußersten, mit Blei überzogenen Kuppelschale trägt. Den Abschluß der Kuppel bildet eine Laterne mit einer Kolonnade und einem großen goldenen Kreuz, das bis in eine Höhe von 111 Meter reicht.

An der Westfront stehen zwei Türme, die beide 68 Meter hoch sind. Im südlichen Turm hängt die 17 Tonnen schwere Glocke, Great Paul genannt, die größte in ganz England.

Das Schloß von Versailles, Versailles, Frankreich

Das Schloß von Versailles wurde an der Stelle eines königlichen Jagdhauses errichtet. Es stellt das triumphalste und ehrgeizigste Bauwerk Ludwigs XIV. und seiner Architekten Le Van, Le Brun und Hardouin-Mansart im klassischen Stil dar. Mit dem Bau wurde 1661 begonnen, und die Arbeiten dauerten fünfzig Jahre. Das riesige Schloß und der Garten nehmen eine Oberfläche von über 2400 Hektar ein. Die Westfront zum Garten hin ist 670 Meter lang und wurde zu einem großen Teil 1669 von Le Van gebaut 1678 verwandelte Hardouin-Mansart die offene Terrasse in den prächtigsten Raum des ganzen Schlosses, den 72,5 Meter langen Spiegelsaal. Siebzehn große bogenförmige Fenster entsprechen siebzehn Bögen, die mit Spiegeln ausgelegt sind. Zwischen den Fenstern und den Spiegeln stehen Pfeiler aus rotem Marmor. Vergoldeter Stuck bildet den Rahmen für die bemalte Decke. Der Saal war einst mit Einrichtungsgegenständen und Armleuchtern aus Silber und prächtigen Teppichen ausgestattet. Sie sollten mit ihrer Pracht die Herrschaft König Ludwigs XIV. symbolisieren.

Schloß Windsor, Berkshire, England

Das Schloß Windsor, mit dessen Bau bereits Wilhelm der Eroberer 1067 begonnen hatte, ist heute das größte noch bewohnte Schloß der Welt. Im Grundriß ähnelt es einer Acht, und die Schutzmauern erstrecken sich über eine Länge von 800 Meter. Der massive zylindrische Zentralturm, der die Silhouette bestimmt, wurde von Heinrich I. erbaut. Er verwendete dabei als erster Stein. Die Höhe des Turmes ist seither auf 30 Meter angewachsen, und auch die Außenfassade wurde neu gestaltet. Gegen Ende der Regierungszeit Edwards III. war das Schloß primär keine militärische Festung mehr, sondern hauptsächlich eine Residenz. Spätere Monarchen veränderten und vergrößerten das Schloß, doch in seiner heutigen Form läßt es den Ursprung aus dem Mittelalter noch deutlicher erkennen. Die berühmteste der späteren Hinzufügungen ist die Saint George's Chapel, mit deren Bau unter Edward IV. begonnen wurde.

Die übrige Welt

Angkor Wat, Angkor, Kambodscha

Der Tempel von Angkor Wat ist einer der größten religiösen Komplexe der Welt. Er bedeckt ungefähr 2,5 km². Der Tempel wurde von 1113–1150 unter König Suryavarnam II. errichtet und war als dessen Grabstätte gedacht. Angkor Wat ist dem Gott Vishnu geweiht und stellt die hinduistische Kosmologie dar.

Der große Tempel, von einem Graben umgeben, symbolisiert die Ozeane. Man gelangt zu ihm über einen 300 Meter langen Damm. Ein prächtiges Tor in der Außenmauer erlaubt den Zugang zu fünf konzentrischen, rechtwinkligen Höfen mit Türmen in Form von Lotosblüten. Der größte ist über 60 Meter hoch. Die fünf zentralen Türme stellen die Spitzen des Berges Meru dar, den Mittelpunkt des Universums. Die Höfe sind untereinander durch Säulengänge mit wunderschönen Skulpturen und Flachreliefs verbunden. Es sind darauf Szenen aus heiligen Hindu-Legenden dargestellt.

Chandigarh, Punjab, Indien

Le Corbusiers Vorstellungen von der idealen Stadt fanden mindestens teilweise ihren Ausdruck in der Verwaltungshauptstadt des Punjab, in Chandigarh, die 1951 gegründet wurde. Le Corbusier entwarf dafür die wichtigsten Gebäude: das Parlament, den Gerichtshof und das Staatsministerium. Ihre massiven Dimensionen machen sie zu angemessenen Symbolen der Regierungsgewalt. Sie erwiesen sich aber als nicht besonders funktionell, nicht zuletzt wegen der großen Entfernungen zwischen ihnen, denn lange Wege sind im heißen Punjab wenig komfortabel. Die radikale Abkehr von der nationalen architektonischen Tradition war von Premierminister Nehru zu Beginn der indischen Unabhängigkeit ausdrücklich gewollt worden. Die neuen Gebäude sollten »symbolisch sein für die Freiheit Indiens«.

Fatehpur Sikri, Uttar Pradesh, Indien

Im Jahr 1569 baute der indische Großmogul Akbar eine Moschee und ein Grab zu Ehren des Einsiedlers Salim Chisti, weil dieser ihm die Geburt eines Sohnes, des späteren Herrschers Jahangir, vorausgesagt hatte. Dann wurden öffentliche Gebäude und Paläste errichtet, und die Stadt, die von zinnenbewehrten Mauern umgeben ist, blieb bis 1588 Akbars Hauptstadt. 1605 mußte sie aus Wassermangel völlig aufgegeben werden.

Fatehpur Sikri ist aus weichem rosafarbenem Sandstein gebaut, der leicht zu bearbeiten war. Die Stadt blieb fast unverändert und stellt ein schönes Beispiel für die exquisite Architektur der Mogulzeit dar. Am bemerkenswertesten sind das Buland Darwaza (Siegestor) mit seinen riesigen Elefantenstatuen, die feine Fassade der Freitagsmoschee (Jami Masjid), Salims marmornes Mausoleum mit dem feinen Flechtwerk, dem Email und den Einlegearbeiten in Perlmutt und schließlich die Paläste Jodh Bai und Birbal.

Great Zimbabwe, Zimbabwe

Das größte steinerne Denkmal in Afrika außerhalb Ägyptens ist ein Ruinenkomplex im Landesinneren, 370 Kilometer von der Hafenstadt Sofala am Indischen Ozean entfernt. Es ist unter dem Namen Great Zimbabwe bekannt und liegt auf einem felsigen Hügel. Eine Befestigungsanlage, von den Archäologen »Akropolis« genannt, liegt über den Ruinen im Tal innerhalb des Great Enclosure, einer im Halboval sich über 253 Meter hinziehenden Trockensteinmauer. Sie ist 4,8 bis 10,5 Meter hoch, an der Basis mindestens 1,20 Meter dick und besteht aus blaugrauem Granit, der zubehauen und dann wie Ziegel ausgelegt wurde. Im Innern befinden sich weitere Mauern, die schmale Durchgänge, drei Plattformen, mehrere »Räume« und einen soliden konischen Steinturm bilden.

Die Erbauer von Great Zimbabwe und der Zweck der Siedlung sind unbekannt. Man nimmt aber eine Gründung im 10. Jahrhundert an. Wahrscheinlich handelte es sich um einen Umschlagplatz für Gegenstände aus Eisen und für schwarze Sklaven, die nachher nach Arabien transportiert wurden.

Hauptquartier der Hong Kong and Shanghai Banking Corporation, Hongkong

Dieses Meisterwerk technisch innovativen Bauens wurde von Norman Forster entworfen und im Jahre 1986 errichtet. Es besteht aus drei auch äußerlich unterschiedlichen Türmen. Das zentrale Gebäude mit seinen 47 Stockwerken erreicht eine Höhe von 179,8 Meter. Das ganze Gebäude hängt über einem ebenerdigen offenen Platz an acht ungeheuren Stahltürmen, die mit Aluminium verkleidet sind. Diese Stahlstruktur wird in fünf vertikale Zonen unterteilt, innerhalb derer Böden aus Leichtstahl und Beton übereinandergestapelt sind und an Streben hängen, die wie riesige Kleiderbügel aussehen. Diese »Stapel« wurden hauptsächlich aus Modulen zusammengesetzt, die in den USA, Großbritannien und Japan vorgefertigt wurden.

An der Südfront des Gebäudes befindet sich ein computergesteuertes »Sunscoop« aus 24 Spiegeln. Es folgt dem Lauf der Sonne und reflektiert deren Strahlen an die Decke des 45 Meter hohen zentralen Atriums. Von hier flutet das Licht durch das ganze Gebäude.

Hoysaleswara-Tempel, Halebid, Karnataka (Mysore), Indien

Ungefähr 250 Jahre lang, bis 1326, regierte in diesem Gebiet Südindiens die Hoysala-Dynastie. Den Höhepunkt ihrer Macht erreichte sie unter Bittiga (1110-1152), der nach seiner Bekehrung zum Hinduismus den Namen Vishnuvardhana annahm. Der bemerkenswerteste Tempel, den er zu Ehren dieser neuen Religion errichten ließ, ist der Hoysaleswara-Tempel bei Halebid, der ehemaligen Hauptstadt. Das kleine, flache sternförmige Gebäude ist an und für sich nicht besonders beeindruckend. Den Höhepunkt des Hoysala-Stils stellen jedoch die zahlreichen Skulpturen dar, die jede freie Fläche des Tempels bedecken. Sie wurden aus weichem Speckstein geschnitten, der danach an der Luft erhärtete. Dargestellt sind Szenen aus dem Leben der Prinzen, Jagdepisoden, Tiere, Vögel und vor allem Musiker und tanzende Mädchen sowie Szenen aus dem Leben der Bauern.

Es findet sich dort auch eine riesige Statue des Jain-Gottes Gommateshwara und eines Nandi, des Stiers, der den Hindugott Shiwa auf dem Rücken trägt.

Neu-Delhi, Indien

Die City von Neu-Delhi auf der rechten Seite des Jumna-Flusses wurde nach Plänen von Edwin Lutyens und Herbert Baker zwischen 1912 und 1928 errichtet. Neu-Delhi sollte damals anstelle von Kalkutta die Rolle der Hauptstadt und des Verwaltungszentrums von Britisch-Indien übernehmen. Die breiten Straßen sind symmetrisch angelegt, um einen freien Blick auf schöne Regierungsgebäude und historische Monumente zu gewährleisten, darunter auch das Indien-Tor, ein Denkmal für die 1914 bis 1918 gefallenen indischen Soldaten. Von diesem Bogen führt eine breite Allee, der Raj Path, zu einem prächtigen Palast aus Marmor und Sandstein. Es war ursprünglich der Palast des Vizekönigs; seit der Unabhängigkeit dient er als offizielle Residenz für den indischen Präsidenten.

Im Süden der Stadt wurde 1948 Mahatma Gandhi ermordet.

Polonnaruwa, nahe Sigiriya, Sri Lanka

Die alte Stadt Polonnaruwa, in prächtiger Lage neben einem See, war einst die schönste auf Sri Lanka, das früher Ceylon hieß. Bereits 368 wurde Polonnaruwa königliche Residenz und war während des 8. Jahrhunderts die Hauptstadt der Insel. Die bedeutendste Periode ihrer Existenz fällt mit der Regierungszeit des berühmtesten singhalesischen Königs, Parakrama Bahu I. (1164–1197), zusammen. Die wichtigsten Ruinen datieren denn auch aus dieser Zeit. Am beeindruckendsten ist der 51,8 Meter lange Jetawanarama-Tempel, dessen Wände eine Höhe von 24,4 Meter und eine Dicke von 3,6 Meter erreichen, sowie die riesige liegende Buddha-Statue.

Potala-Palast, Lhasa, Tibet

Der mächtige Potala-Palast steht auf einem Hügelabhang über der tibetischen Hauptstadt Lhasa. Seine tausend Fenster und die

Lexikon

glänzenden goldenen Dächer sind meilenweit zu erkennen. Über 300 Jahre lang, bis zur chinesischen Annexion im Jahre 1951, war er festungsähnlicher Schutzort des geistlichen Führers Tibets, des Dalai-Lama. Heute ist er weitgehend ein Museum.

Der äußere weiße Palast, der 1648 vollendet wurde, umschließt den roten Palast, der aus dem Jahre 1694 stammt. Dieser stellt das religiöse Zentrum des Komplexes dar und umfaßt Versammlungshallen, Büchereien für die buddhistischen Manuskripte, Kapellen, Schreine sowie die beeindruckende 15 Meter hohe Stupa des fünften Dalai-Lama, der den Potala gegründet hatte.

Taj Mahal, Agra, Indien

Der Taj Mahal ist eines der bekanntesten Gebäude der Welt, eine persönliche Huldigung, ein Denkmal der Liebe, die der Großmogul Shah Jahan für seine Gemahlin Mumtaz Mahal empfand. Sie war 1631 gestorben, nachdem sie in den siebzehn Jahren ihrer Ehe mit dem Herrscher vierzehn Kinder geboren hatte. Die Arbeiten am Gebäude begannen noch im selben Jahr.

In den darauffolgenden zwanzig Jahren mühten sich 20 000 Männer und Frauen ab, um die Pläne eines Architekten, dessen Identität noch unbekannt ist, in ein helles weißes Mausoleum umzusetzen. Geschickte Handwerker wurden aus ganz Asien hierher geholt. Elefanten und Ochsen schleppten zahllose Marmorblöcke auf einer sechzehn Kilometer langen Rampe aus gestampfter Erde zum Bauplatz. Die Oberflächen des Taj wurden mit Einlegearbeiten aus Edel- und Halbedelsteinen geschmückt, doch wurden sie in den Wirren des 18. Jahrhunderts gestohlen. Die 67 Meter hohe Kuppel bietet einen imposanten Anblick.

Shwedagon-Pagode, Rangun, Burma

In einem »Nest Hunderter kleiner Pagoden", auf einem 5,5 Hektar großen Hügel, der die Stadt Rangun dominiert, befindet sich die Shwedagon-Pagode, der prächtigste buddhistische Schrein in Burma.

Der Legende zufolge wurde die erste Pagode im 6. Jahrhundert v. Chr. errichtet. Die heutige Stupa, die auf das Jahr 1768 zurückgeht, wurde von König Hsibyushin errichtet. Der glockenförmige zentrale Körper steht auf einer Reihe rechteckiger und achteckiger Terrassen. Er erhebt sich bis in eine Höhe von 91 Meter und ist vergoldet. Ganz oben befindet sich ein vergoldetes *hti*, ein »Schirm«, an dem Glocken aus Gold und Silber hängen. Ihn überragen eine Wetterfahne mit Edelsteinen und eine Kugel mit 4000 Diamanten.

Triumphe der Bautechnik

Amerika

Chesapeake Bay Bridge-Tunnel, Virginia, USA

Nach nur 42monatigen Bauarbeiten und einem Kostenaufwand von 200 Millionen Dollar wurde dieser Verkehrsweg, der Brücke und Tunnel miteinander kombiniert, im April 1964 freigegeben. Er ist 27,4 Kilometer lang und verbindet Norfolk mit der Spitze von Cape Charles. Um die Schiffahrt in der Chesapeake-Bucht nicht zu behindern, baute man tief unter dem wichtigsten Schiffahrtsweg zwei 1,6 Kilometer lange Tunnel mit einem Durchmesser von je 7,3 Meter. Sie verbinden zwei künstliche Inseln, die beide 450 Meter lang sind. 20 Kilometer des Verkehrsweges liegen auf 9,4 Meter breiten vorgefertigten Betonpfeilern, die 7,5 Meter über dem mittleren Niedrigwasser stehen und 6 Meter hohen Wellen widerstehen können.

Golden Gate Bridge, San Francisco, USA

Obwohl die Brücke schon über fünfzig Jahre alt ist, gilt sie immer noch als eines der größten Meisterwerke der Bautechnik. Als Joseph Strauß 1930 seine Entwürfe abschloß, galten sie damals der Brücke mit der längsten Spannweite (1280 Meter). Erst 1964 wurde sie von der Verrazano Narrows Bridge in New York überflügelt, die eine Spannweite von 1298 Meter erreicht.

Beim Bau wurden über 100 000 Tonnen Stahl, 530 000 m³ Beton und 130 000 Kilometer Kabel verwendet. Die Gesamtlänge mit den Zufahrten beträgt 11,3 Kilometer. Die Türme sind 227,4 Meter hoch. Es gibt auch zwei Stützpiers, von denen der größere 30 Meter unter den Meeresspiegel reicht. Bei Niedrigwasser befindet sich die Fahrbahn 67 Meter über der Wasseroberfläche.

Das größte Problem beim Bau der Golden Gate Bridge bildeten wegen der starken Gezeiten die Fundamente. Tiefseetaucher konnten täglich nur 4 x 20 Minuten arbeiten, wenn bei Gezeitenwechsel das Wasser verhältnismäßig ruhig war. Es mißlangen mehrere Versuche, Senkkästen anzubringen, innerhalb derer man die Piers für die Brücke hätte bauen können. Statt dessen sahen sich die Ingenieure gezwungen, einen Kofferdamm zu bauen, der mit Hilfe von Pumpen trocken gehalten werden mußte. Die Brücke kostete 35 Millionen Dollar. Sie wurde im Mai 1937 der Öffentlichkeit übergeben.

Quebec-Brücke, Kanada

Die Brücke mit der größten Auslegerspannweite (548,6 Meter) führt über den St.-Lawrence-Fluß an einer Stelle, wo dieser etwas mehr als 400 Meter breit ist, während er sonst eine normale Breite von 3,2 bis 4,8 Kilometer erreicht. Eine Brücke, die vordem hier gestanden hatte, war zusammengestürzt. 1899 begann man mit dem Bau der heutigen Brücke, doch die Probleme häuften sich. Warnungen vor einer übermäßigen Durchbiegung während der Arbeiten wurden ignoriert, bis die Brücke 1907 zusammenfiel und dabei 75 Arbeiter tötete. Eine ungenügende Zahl von Bolzen in einem der Kragarme und das Einknicken einer Strebe waren die Ursachen.

Der neue Entwurf sah eine viel stärkere, 1006 Meter lange Brücke und die Verwendung von 150 Prozent mehr Stahl vor. Trotzdem kam es 1916 noch einmal zu einer Katastrophe, als ein Kragarm bewegt werden sollte und ein Gußstück brach. Der 195 Meter lange und 5000 Tonnen schwere Kragarm fiel in den Fluß, wobei dreizehn Arbeiter ums Leben kamen. Der dritte Versuch führte schließlich zum Erfolg, und 1917 eröffnete ein Zug den Brückenbetrieb. 1929 fügte man eine Fahrbahn für Autos hinzu.

Niagara-Hängebrücke, Niagara-River, USA und Kanada

Unter den ersten heftigen Winden werde sie zusammenbrechen, wurde der 1855 dem Schienen- und Fußgängerverkehr übergebenen ersten modernen Hängebrücke bei Niagara prophezeit. Daß die Doppeldeckerbrücke mit ihrer Hauptspannweite von 250,2 Meter sich als sicher erwies, ist das Verdienst von John A. Roebling, der erkannt hatte, daß eine Hängebrücke nicht nur stark, sondern auch stabil sein muß. Stärke gewann sie durch zwei 25,6 Zentimeter dicke Kabel zu beiden Seiten, von denen jedes eines der 3 Meter breiten Decks trug. Für die Stabilität sorgten 64 Verankerungen und Holzstreben zwischen den Decks. Die Eisenkabel allerdings rosteten nach und nach, und 1897 wurde Roeblings Hängebrücke durch eine Stahlbogenbrücke ersetzt. Diese wiederum machte später der Rainbow-Brücke Platz.

Second Lake Washington Bridge, Seattle, Washington, USA

Die längste Schwimmbrücke der Welt – mit einer Gesamtlänge von 3839,3 Meter und einem schwimmenden Abschnitt von 2291,5 Meter – ist die Lacey-V.-Murrow-Brücke. Sie wurde 1963 fertiggestellt und überquert den Lake Washington auf der Interstate 90. Der See war hier mit 45 Meter zu tief, als daß man eine konventionelle Brücke hätte bauen können. Da es aber weder Strömungen noch Eisbildung gibt, war eine Ponton-Brücke die ideale Lösung. Jeder der 25 Pontons aus Stahlbeton ist 106,7 Meter lang, 18,3 Meter breit und im Innern in wasserdichte Kammern unterteilt. Der Verkehrsweg führt auch über drei Trägerbrücken aus Stahlbeton, unter denen kleine Schiffe hindurchfahren können.

Europa

Southend Pier, Essex, England

Der längste Pier der Welt wurde für ein Seebad gebaut, das schon zu Beginn des 19. Jahrhunderts sehr beliebt war. Mit dem Bau des ersten noch hölzernen Piers begann man 1829; 1846 verlängerte man ihn von 549 Meter auf 2 Kilometer. 1887 baute ihn die Firma Arrol Brothers nach den Plänen von J. Brunlees fast völlig neu. Der neue Pier war nun 2012 Meter lang und wurde bei weiteren Gelegenheiten vergrößert, bis er schließlich auf eine Länge von 2134 Meter kam.

Piers hatten damals zwei Hauptaufgaben: Erstens sollten sie es den Sommerfrischlern möglich machen, auf einem Spaziergang gesündere Meeresluft zu atmen, und zweitens sollten sie Vergnügungsdampfern zum Besuch des Badeortes eine Anlegestelle bieten, ohne daß die Passagiere mit Ruderbooten an Land gebracht werden mußten. Viele Piers hatten damals auch ein Theater oder mindestens ein Café und Kaufläden. Beim Southend Pier führte eine elektrische Schmalspureisenbahn zum Pavillon am Ende des Piers, wo sich eine Station der Küstenwache mit Rettungsbooten befand.

Die Eisenbahnbrücke über den Firth of Forth, Five, Schottland

Der elegante Entwurf für eine Ausleger-Eisenbahnbrücke über den Firth of Forth geht auf John Fowler und Benjamin Baker zurück, der auch das röhrenförmige Schiff für den Transport des Londoner Obelisken gebaut hatte. Die Brücke über den Firth of Forth war die erste größere in Europa, bei der man von Stahl Gebrauch machte. Mißerfolge bei einigen niederländischen Eisenbahnbrücken hatten nämlich dazu geführt, daß das Handelsministerium die Verwendung dieses Metalls für Brücken untersagte – ein Verbot, das bis zum Jahre 1877 bestand. Die drei Pfeiler tragen 307 Meter lange Kragarme, die durch zwei je 106,7 Meter lange Einhängefelder miteinander verbunden sind. Auf diese Weise entstand eine Spannweite von 521,2 Meter. Im Jahre 1889 wurde die Brücke eingeweiht. Bis zur Inbetriebnahme der Quebec-Brücke 1917 hielt sie den Rekord für die größte Spannweite.

Royal Albert-Brücke, Saltash, Devon, England

Die letzte große Arbeit des brillanten, vielseitigen Ingenieurs Isambard Kingdom Brunel war der Viadukt der Cornwall Railway über das Ästuar des Tamar-Flusses. Vom technischen Standpunkt aus war das Bauwerk deswegen bemerkenswert, weil zum erstenmal in größerem Umfang Druckluft verwendet wurde, um Wasser aus einem Senkkasten zu entfernen, damit die Arbeiter in ihm unterhalb des umgebenden Wassers die Fundamente errichten konnten.

Brunel entwickelte das Prinzip, das seiner früheren kleineren Brücke bei Chepstow zugrundelag, weiter und entwarf eine Doppelauslegerbrücke. Die zentralen Ausleger sind eine Kombination zwischen einer Bogen- und einer Hängebrücke. Der obere Gurt besteht aus einem großen ovalen schmiedeeisernen Zylinder, von dem zwei Ketten herabhängen, die den unteren Gurt bilden. Jeder der Kragarme war 138,7 Meter lang und wog rund 1077 Tonnen. Sie wurden am Flußufer gebaut und dann schwimmend in Position gebracht. Brunel konnte die Eröffnung im Mai 1859 nicht selber erleben, da er schwer krank war. Vier Monate später war er tot.

Der Pontcysyllte-Äquadukt, Shropshire, England

Thomas Telford wagte sich bei seinem Äquadukt über das Dee Valley auf neues Gebiet vor, weil er für die Wanne des Kanals und den Treidelpfad einen neuen Werkstoff verwendete – Gußeisen. Als man 1795 mit den Bauarbeiten begann, waren schon nach Abraham Darbys Pionierbrücke des Jahres 1779 bei Ironbridge eine Reihe weiterer Bogenbrücken aus Gußeisen errichtet worden. Telford setzte die Kanalwanne aus keilförmigen Abschnitten zusammen. Diese wurden untereinander über Flansche festgeschraubt, und die einzelnen Keile bildeten gleichzeitig auch die Bögen, die auf gemauerten Pfeilern ruhten. Selbst nach dem Bau eines Dammes zu beiden Seiten waren noch 19 Kragarme zu je 16,2 Meter notwendig, um das Tal zu überbrücken. Der Äquadukt erreichte damit eine Gesamtlänge von 306,9 Meter. Die Eröffnung fand 1805 statt. Noch heute fahren Boote auf dem Ellesmere-Kanal über den Äquadukt.

Afsluitdijk, Zuider Zee, Niederlande

Die Zuider Zee entstand im 13. Jahrhundert, als die Nordsee vordrang und sich ihre Wassermassen mit denen eines Sees vermischte. Jahrhundertelang versuchten die Niederländer, das überflutete Land zurückzugewinnen. In großem Maßstab war dies aber nur durch eines der größten Bauwerke der Welt möglich, nämlich den 32,6 Kilometer langen und 7,6 Meter hohen Afsluitdijk. Es handelt sich um einen Damm, der 1927 bis 1932 errichtet wurde. Er entstand in zwei Teilen und unterteilte die Zuider Zee in das Ijsselmeer und die Waddenzee.

In seichten Gebieten errichtete man aus Geschiebelehm zwei Aufschüttungen und pumpte Sand in den Zwischenraum. Die Seiten des Dammes wurden mit Reisigbündeln und Steinen ausgelegt. In zwei tieferen Gebieten mußten die Niederländer erst Sohlendämme bauen, die sich 3,5 Meter tief unter dem durchschnittlichen Wasserspiegel erstreckten. Die Dammkrone ist auf Meereshöhe 89 Meter breit.

Vier Polder mit insgesamt 1790 km² wurden bereits für die Landwirtschaft und sogar für die Bebauung gewonnen. Mit der Fertigstellung eines fünften Polders, des Markerwaard, wollen die Niederländer weitere 400 km² trockenlegen. Damit wird das Ijsselmeer zu einem Süßwassersee mit einer Oberfläche von 1400 km².

Thames Barrier, Themse, Woolwich, London

Quer über die Themse – 520 Meter lang und 32 Meter hoch – stellt dieses Bauwerk die größte Gezeitenschranke für einen Fluß dar. Nach fast dreizehn Jahren der Planung und der Bautätigkeit wurde sie 1984 von Königin Elisabeth II. eingeweiht. Die Schranke soll flußnahe Gebiete vor einer Überflutung durch die Nordsee bewahren. Sie besteht aus zehn beweglichen Stahlschützen, neun Pfeilern und zwei Widerlagern. Vier große hochklappbare Sektorwehre, jedes 60 Meter breit und mit einem Gewicht von über 1300 Tonnen, überspannen die Hauptschiffahrtskanäle. Dazu kommen zwei 31,4 Meter lange nach oben bewegliche Sektorwehre und neben den Widerlagern vier sich senkende Segmentverschlüsse.

Wenn die hochklappbaren Segmentwehre geöffnet werden, drehen sie sich um rund 90 Grad, bis ihre gekrümmte Oberfläche in einer entsprechend geformten Aussparung am Flußboden Platz findet. Die flache Oberfläche ist dann mit dem Gewässerboden bündig. Die Wehre werden von einem hydraulischen System bewegt.

Lexikon

Tower-Brücke, Themse, London

Die vielleicht bekannteste Ansicht von London zeigt die neugotische Tower-Brücke über die Themse. Sie ist die erste Brücke, der themseaufwärtsfahrende Schiffe begegnen. Horace Jones und John Wolfe Barry entwarfen und bauten die Tower-Brücke zwischen 1886 und 1894. Sie besteht aus Eisen, ist mit Portland-Stein und grauem Granit ausgekleidet und umfaßt zwei hochklappbare Teile mit Gegengewichten sowie zwei hängende Abschnitte, welche die beiden 62,5 Meter hohen Türme mit dem Ufer verbinden. Jedes der beiden beweglichen Brückenteile besteht aus vier 30 Meter langen Hauptträgern mit Querverstrebungen und wiegt rund 1100 Tonnen. Ursprünglich wurden sie hydraulisch bewegt. Das Öffnen dauerte ungefähr sechs Minuten. Heute braucht man für das Hochklappen nur noch 90 Sekunden. Es erfolgt elektrisch. Fußgänger können die Brücke auf luftiger Höhe überqueren, selbst wenn sie hochgeklappt ist.

Der Äquadukt von Karthago, Tunesien, Nordafrika

Mit einer Länge von 140,8 Kilometer ist dies der längste antike Äquadukt. Die Römer bauten ihn während der Regierungszeit von Kaiser Hadrian (117–138). Über den Äquadukt gelangte Wasser von den im Binnenland gelegenen Quellen von Zaghouan in riesige unterirdische Zisternen, welche die Karthager bei Maalaka draußen vor der Stadt schon vor den Römern angelegt hatten.

Die Pfeiler in einem Abstand von ungefähr 4,5 Meter, die den Äquadukt tragen, waren 4,5 Meter hoch und 3,60 Meter breit. Der Kanal selbst war innen 90 Zentimeter breit und 1,80 Meter hoch. Berechnungen zufolge hatte er eine Kapazität von über 30 Millionen Liter pro Tag.

»The Giant Peter«, Himeji Central Park, Hyogo, Japan

Die größten Riesenräder der Welt sind heute der »Giant Peter« und sein Gegenstück in Tsukuba, ebenfalls Japan. Beide können 384 Menschen aufnehmen und haben einen Durchmesser von 85 Meter. Das sind 8,8 Meter weniger als beim ersten Riesenrad, das George W. Ferris 1893 in Chicago gebaut hatte.

Kariba-Dam, Sambesi, Sambia und Zimbabwe

In einiger Entfernung flußabwärts von den Victoria-Fällen schießt der riesige Strom Sambesi durch die Kariba-Schlucht. Heute steht dort eine der größten Talsperren der Welt. Mit einer Höhe von 128 Meter ist diese Bogenstaumauer die vierthöchste Afrikas. An der Krone erreicht sie eine Gesamtlänge von 579 Meter. Der Damm wurde 1955 bis 1959 gebaut und das Wasser erstmals 1963 aufgestaut. Ungefähr 50 000 Menschen, die an den Ufern des Sambesi gewohnt hatten, mußten ihre Heimat verlassen und sich an den Ufern des Kariba-Sees niederlassen. Dieser wurde 282 Kilometer lang und an der breitesten Stelle 51,5 Kilometer weit. Vor dem Aufstauen mußten auch Tausende wilder Tiere in Sicherheit gebracht werden. Das Kraftwerk am Kariba-Dam liefert fast den gesamten Strom für Sambia und bedient auch einen großen Teil Zimbabwes.

Das Wasserrad von Mohammadieh, Hamah, Syrien

An steilen Flußufern wie etwa bei Hamah am Asi (Orontes) ist es möglich, Wasser mit Hilfe eines großen Wasserrades oder einer Noria hochzuheben. Das Wasserrad von Mohammadieh gehört zu einer ganzen Reihe von Wasserrädern, die noch aus römischer Zeit stammen. Es hat einen Durchmesser von 39,9 Meter und ist das größte auf der ganzen Welt. Das unterschlächtige Wasserrad ist sehr leicht gebaut – aus Holz – und trägt außen eine Reihe von Schöpfgefäßen. Wenn die Gefäße in den Fluß eintauchen, füllen sie sich. Oben geben sie das kostbare Naß in einen Äquadukt ab, der es zur Bewässerung auf die Felder leitet.

Der Nurek-Damm, Vakhsh-Fluß, Tadschikistan, UdSSR

Der höchste Damm der Welt ist diese Erdaufschüttung mit Lehmkern nahe an der Grenze zu Afghanistan. Die Bauarbeiten, die 1962 begonnen hatten, dauerten bis 1980 an. Der Damm ist 299,9 Meter hoch und weist an der Krone eine Länge von 649,2 Meter auf. Er wurde so ausgelegt, daß er starken Erdbeben, die in dieser Region häufig auftreten, widerstehen kann. Der Damm staut eine Wassermasse von rund 58 000 m³. Es dient der Stromerzeugung und der Bewässerung von über einer Million Hektar Land im Amu-Darja-Gebiet.

Leistungen der Tiefbautechnik

Europa

Tunnel unter der Themse, London, England

Der Tunnel, der Wapping mit Rotherhithe verbindet, kann einige historische Rekorde für sich verbuchen: Er war der erste Unterwassertunnel und der erste, der mit einem Vortriebsschild gebaut wurde. Dieses Verfahren wurde dann allgemein angewandt. Der Tunnelschild hat die Aufgabe, das Dach und die Seiten so lange zu schützen, bis der Aufbau vollendet ist. Gleichzeitig erleichtert er die von Hand auszuführenden Arbeiten. Diese Neuentwicklungen gehen auf Marc Brunel und seinen noch bedeutenderen Sohn Isambard Kingdom Brunel zurück, der bereits im Alter von zwanzig Jahren leitender Ingenieur war.

Die Brunels begannen im März 1825 mit den Arbeiten, indem sie in Rotherhithe einen Schacht bauten, in den der Vortriebsschild installiert wurde. Die Arbeiten schritten allerdings langsamer voran als vorhergesehen, teilweise wegen der schwierigen Bodenverhältnisse, die auch das Arbeiten im Tunnel zu einer gesundheitsgefährdenden Aufgabe machten. Zwei Überschwemmungen setzten alles unter Wasser. Bei der zweiten wäre der jüngere Brunel beinahe verunglückt. Weil schließlich kein Geld mehr vorhanden war, mußten die Arbeiten eingestellt werden. Ein Regierungskredit ermöglichte nach sieben Jahren die Wiederaufnahme der Arbeiten. Marc Brunel hatte inzwischen den Vortriebsschild verbessert. 1843 gelang der Durchstich nach Wapping. Der Tunnel wurde zu einer Touristenattraktion; es fanden dort Kunstausstellungen und Märkte statt, und gleichzeitig konnten Fußgänger unter der Themse hindurchgehen. Jedoch die hohen Kosten und der geringe Ertrag zwangen die Gesellschaft 1865 dazu, den Tunnel an die East London Railway zu verkaufen, die ihn für dampfbetriebene Züge nutzte. Heute fahren elektrische Untergrundbahnen immer noch durch die beiden Tunnel.

Untergrundbahn, Moskau, UdSSR

Moskau hat mit einer Gesamtlänge von 212 Kilometer die drittlängste Untergrundbahn der Welt. Der erste Abschnitt wurde in offener Bauweise errichtet und 1935 eröffnet. Die Bauleute arbeiteten damals im wesentlichen mit Pickel und Schaufel. Während des

Zweiten Weltkrieges dienten die 25,5 Kilometer der Bevölkerung als Schutz vor Luftangriffen, wie dies auch bei der Londoner Untergrundbahn der Fall war. Während des Krieges baute man weiter und eröffnete 1943 den ersten tiefgelegenen Abschnitt. Weitere Linien wurden zwischen 30 und 48 Meter Tiefe angelegt, tiefer als sogar die tiefsten Abschnitte in London.

Die Moskauer Untergrundbahn erlangte Berühmtheit dank der prächtigen Ausstattung einiger Haltestellen und ihrer Weiträumigkeit. Einige Stationen sind mit Marmor, Stuck, Leuchtern und Fresken geschmückt. Obwohl die Moskauer Untergrundbahn mit 2,5 Milliarden Passagieren pro Jahr sicherlich die am stärksten frequentierte Metro der Welt ist, ist sie wahrscheinlich auch die sauberste: Abfälle oder Graffiti an den Wänden sind kaum zu sehen.

Astronomische Bauwerke

Europa

Das William Herschel Telescope,
La Palma, Kanarische Inseln

Das William Herschel Telescope in rund 2400 Meter Höhe oberhalb der Nebelzone auf der vulkanischen Insel La Palma ist das drittgrößte Teleskop mit einem einzelnen Spiegel. Seinen Namen hat es nach einem britischen Astronom deutscher Herkunft, der von 1738 bis 1822 lebte. Die Bauarbeiten dauerten zwölf Jahre und kamen 1987 zum Abschluß.

Der 17 Tonnen schwere Spiegel hat einen Durchmesser von 4,42 Meter und besteht aus einer besonderen Glaskeramik, die sich bei Temperaturschwankungen nicht verzieht und deren Oberfläche bis zu einer Genauigkeit von einem zehntausendstel Millimeter geschliffen wurde. Am Ende wurde darauf eine Aluminiumschicht mit einem Gesamtgewicht von 0,49 Gramm aufgedampft. Das Teleskop ist so empfindlich, daß es eine Kerzenflamme in einer Entfernung von 160 000 Kilometer entdecken könnte. Die Astronomen können auf diese Weise Informationen über unvorstellbar weit entfernte Himmelskörper gewinnen.

Das wichtigste Instrument darunter ist der Spektrograph, der das eintreffende Licht in seine Einzelfarben auflöst. Durch die Verschiebung optischer Spektrallinien, der sogenannten Rotverschiebung, können Astronomen berechnen, wie schnell sich der beobachtete Himmelskörper von uns entfernt.

Bibliographie

Beaver, Patrick. *A History of Tunnels* Peter Davies, 1972.
Beaver, Patrick. *The Crystal Palace* Hugh Evelyn, 1977.
Bergere, Thea und Richard. *The Story of St Peter's* Frederick Muller, 1966.
Boyd, Alastair. *The Essence of Catalonia* André Deutsch, 1988.
Briggs, Asa. *Iron Bridge to Crystal Palace* Thames and Hudson, 1979.
Coe, Michael D. *Mexico* Thames and Hudson, 1962.
Conti, Flavio. *Heiligtümer aus Stein – Bauwerke in Stahl* Bertelsmann-Lexikon-Verlag, 1978.
Conti, Flavio. *Monumente der Menschheit – Symbole der Macht* Bertelsmann-Lexikon-Verlag, 1979.
Cossons, Neil und Barrie Trinder. *The Iron Bridge* Moonraker Press, 1977.
David, A. Rosalie. *The Egyptian Kingdoms* Elsevier, 1975.
Descharnes, Robert and Clovis Prevost. *Gaudi* Bracken Books, 1971.
Fasani, Leone. *Illustrierte Weltgeschichte der Archäologie* Südwest, 1979/1983.
Fedden, Robin and John Thomson. *Crusader Castles* John Murray, 1957.
Fryer, Jonathan. *The Great Wall of China* New English Library, 1975.
Garlinski, Josef. *Deutschlands letzte Waffen im 2. Weltkrieg* Motorbuch Verlag, 1978.
Gladstone Bratton, F. *A History of Egyptian Archaeology* Robert Hale, 1967.
Gorringe, Henry H. *Egyptian Obelisks* C. H. Yorston, 1885.
Habachi, Labib. *The Obelisks of Egypt* Dent, 1977.
Hagen, Victor W. von. *Sonnenkönigreiche. Azteken, Inka, Maya* Knaur-Taschenbuch.
Hayden, Richard Seth and Thierry W. Despont. *Restoring the Statue of Liberty* McGraw-Hill, 1986.
Hayward, R. *Cleopatra's Needles* Moorland, 1978.
Hopkins, H. J. *A Span of Bridges* David & Charles, 1970.
Hughes, Quentin. *Military Architecture* Hugh Evelyn, 1974.
Hunter, C. Bruce. *A Guide to Ancient Mexican Ruins* University of Oklahoma Press, 1977.
Joyce, Thomas A. *Mexican Archaeology* Philip Lee Warner, 1914.
Kamil, Jill. *Luxor: A Guide to Ancient Thebes* Longman, 1973.
Koepf, H. *Baukunst in fünf Jahrtausenden* Kohlhammer, 1986.
Lawrence, T. E. *Crusader Castles* Oxford, 1988.
Longmate, Norman. *Hitler's Rockets: The Story of the V2* Hutchinson, 1985.
Louis, Victor und Jennifer. *The Complete Guide to the Soviet Union* Michael Joseph, 1976.

Macadam, Alta. *Blue Guide: Rome and environs* A. & C. Black, 1989.
MacFarquhar, Roderick. *The Forbidden City* Reader's Digest, 1972.
Mackay, Donald A. *The Building of Manhattan* Harper & Row, 1987.
Masson, Georgina. *The Companion Guide to Rome* Collins, 1985.
Meyer, Karl E. *Teotihuacan* Reader's Digest, 1973.
Murname, William J. *The Penguin Guide to Ancient Egypt* Allen Lane, 1983.
Norwich, John J. (Hrsg.) *Weltarchitektur. Von der Zyklopenmauer zur Stahlarchitektur* Westermann, 1979.
Norwich, John J. (Hrsg.) *Die Architektur der Welt* Parkland-Verlag, 1987.
Rice, B. Lewis. *Epigraphia Carnatica* Mysore Government Central Press, 1889.
Romer, John. *Romer's Egypt* Michael Joseph/Rainbird, 1982.
Ruffle, John. *Heritage of the Pharaohs* Phaidon, 1977.
Sanders, Catharine, Chris Stewart und Rhonda Evans. *The Rough Guide to China* Routledge and Kegan Paul, 1987.
Sandstrom, Gosta. *The Crossing of the Alps* Hutchinson, 1972.
Sandstrom, Gosta. *The History of Tunneling* Barrie & Rockliffe, 1963.
Scarre, Chris (Hrsg.) *Weltatlas der Archäologie* Südwest, 1990.
Sivin, N. (Hrsg.) *Bildatlas China* Südwest, 1989.
Sivaramamurti, C. *Panorama of Jain Art* Times of India, 1983.
Smith, Rex Alan. *The Carving of Mount Rushmore* Abbeville Press, 1985.
Speer, Albert. *Erinnerungen* Propyläen, 1969.
Stierlin, Henri. *Ancient Mexican Architecture* Macdonald, 1968.
Stierlin, Henri. *Architektur der Welt* 2 Bde. Hirmer, 1977.
Stott, Carole. *Astronomy in Action* George Philip, 1989.
Thompson, J. Eric. *Mexico before Cortez* Charles Scribner's Sons, 1933.
Thompkins, Peter. *Mysteries of the Mexican Pyramids* Thames and Hudson, 1976.
Tupper, H. *To the Great Ocean* (Trans-Siberian Railway) Secker & Warburg, 1965.
Wassermann, Charles. *Canadian Pacific. Die Geschichte der großen Eisenbahn* Herbig, 1979.
Watkin, David. *A History of Western Architecture* Barrie & Jenkins, 1986.
Yarwood, Doreen. *The Architecture of Europe* Batsford, 1974.
Young, Richard. *The Flying Bomb* Ian Allan, 1978.
Zewen, Luo, Dick Wilson, J.P. Drege und H. Delahaye. *The Great Wall* Michael Joseph, 1981.

Register

A

Abidjan 118, 119
Abu Simbel 40
Adobe 42
Afsluitdijk 233
Ägypten 12, 13, 14, 38–41, 46, 47, 164, 210
Akbar, der Großmogul 231
Albert, Prinz 64, 233
Alexander III., Kaiser 146
Alexander der Große 13, 14
Alexander, General Sir James 14
Algerien 80
Alhambra 227
Alling, Abigail 125
Alpen 160–163
Aluminium 90, 93, 120, 231
Amenhotep III. 41
Amphitheater 229
Amun-Tempel 38–41
Anderson, Carl 202
Anden 227
Angkor Wat 230
Aquädukte 233, 234
Archimedes 188
Armstrong, Sir William 154
Arup und Partner 102
Astrachan 140
Assuan 12, 38
A. T. & T. Building, N. Y. 82
Athener 188
Atomkraft 184–7
Augustine, Margaret 122
Australien 98–103, 174
Azteken 42, 188

B

Babel, Turm von 45
Babylon 45, 210
Badaling 133
Bahubali, Statue des 20–23, 231
Baikalsee 147, 148
Baker, Benjamin 233
Baker, Herbert 231
Bandar Seri Begawan 116
Barry, Charles 64
Barcelona 70–73, 74, 75
Bartholdi, Frédéric-Auguste 24, 26
Basilika der Friedenskönigin 118–121
Bass, Edward 122
Beardsley, Aubrey 70
Beatrix, Königin 156
Bechtel 114, 116
Beckford, William 228
Bedloe's Island 24
Behnisch und Partner 94
Beibars, Sultan 50
Beijing 58–63
Bell, Telefon 218
Belus, Zikkurat von 45
Bennelong Point 98, 102
Benevent 164
Bernini 52, 54, 55, 57
Beton, 32, 70, 85, 86, 93, 94, 96, 98, 102, 103, 104, 108, 121, 137, 150, 151, 153, 156, 158, 159, 168, 170, 171, 176, 178, 180, 187, 204, 211, 226, 227, 230, 232, 244, 234
Bingham, Hiram 227
Biosphere II 122–125
Betonite 170
Bishop Rock, Leuchtturm 112
Boeing Werk, Seattle 226
Boileau, L.-C. 80
Bond Centre 69
Borglum, Gutzon 26, 28–31
Bosio, Antonio 194
Bosporus, Brücke 170
Boswell, James 132
Bourchier, Thomas 228
Boxeraufstand 63, 132
Bradley, General Omar 199
Bramante, Donato 52, 57
Brasilien 154, 155, 227
Braun, Wernher von 200
Breschnew, Leonid 35
Brindisi 164
Britannien 64–69, 112, 113, 114, 154, 166–169, 170–173, 174, 180–183, 192, 211, 218, 222, 226, 227, 228, 229, 230, 233, 234
British Columbia 142, 144
Brücken 166–175, 232–234
Brunei 114–117
Brunel, Isambard Kingdom 64, 68, 233, 234
Brunel, Marc 234
Brunlees, J. 233
Brüssel 141
Buddhismus, Architektur 232
Burckhardt, J. L. 229
Burgar Hill 180
Burges, William 227
Burma 232
Burton, Decimus 229
Buto, Graf von 227

C

Cabrelli, Pierre 118
Cesari, Giuseppe 56
Cahill, Joseph 98, 103
Caisson, Senkkästen 170, 232, 233
California 182, 190
California Institute of Technologie 202, 218
Calixtus, Papst 196
Capua 164
Carcassone 227
Casa Batllò, Barcelona 74
Cass Gilbert 85
Cassiopeia A. 220, 221
Chamundaraya, König 22, 23
Chandigark 231
Charleroi 141
Chatsworth 64, 229
Cheopspyramide 44, 46, 47
Chesapeake Bay Bridge-Tunnel 232
Chevrier, Henri 16
Chiang Kai-shek 63
Chicago 82
Chile 80, 165, 222–225
China 16–19, 128–133, 140
Cholula 42–45
Chooz B Kernkraftwerk 184–187
Chrysler Building, N. Y. 82, 86, 87, 88, 89
Citicorp Centre, N. Y. 82, 86
Citroën 78
Cixi, Kaiserin 58, 62, 63
Clemens VIII., Papst 56
Clemens XIV., Papst 55
Cleopatra, Königin 13–14
Cleopatra, Nadeln der 12–15
Coalbrookdale 166–69
Cobbett, William 228
Cochin-China 80
Columbia, Fluß 150, 152
Columbarium 196
Cortés, Hernan 44, 45
Cranmer, Erzbischof 228
Culebra-Cut 134, 137
Curtis and Davis, Architekten und Planer 104
Curtis, Nathanael C. 104

D

Dalai Lama 232
Darby, Abraham I. 166
Darby, Abraham II. 166
Darby, Abraham III. 166, 167
Deutschland 94–97, 198–201, 228
Devonshire, Herzog von 64, 68
Disney, Walt 90, 93
Djoser 46
Dolerit 12, 13
Dorman Long 174
Druckwasserreaktor 184
Druckluft 162
Dschingis-Chan 132
Dumas, Alexandre 75

E

Eagle Pass 144, 145
Edward III., von England 230
Edward IV., von England 230
Eiffel, Gustave 24, 76, 78, 79, 80, 81, 175
Eiffelturm 76–79, 108
Eisenbahn 142–149, 160–162, 174, 175, 192, 206–209, 211, 233, 234
Eiserne Brücken 166–169
Elisabeth II., von England 103, 233
Empire State Building, N. Y. 82, 84, 84, 87
Epcot 90–93
Engelbach, Reginald 12
Escorial 228
Euphrat 154, 210
Europäisches Laboratorium für Teilchenphysik (CERN) 202
Europäische Weltraum-Agentur 214
Europäische Südsternwarte 222–225
Eurotunnel 211

F

Fahrstuhl 78, 79, 82, 84, 89, 94, 97, 110, 111
Fallingwater 226
Fatehpur Sikri 231
Favre, Louis 160
Flatiron Building, N.Y. 82, 89
Fleming, Sir Sandford 144
Florida 90–93
Fonthill-Abtei 228
Forth-Eisenbahnbrücke 233
Fowler, John 233
Fox u. Partner 170
Frankreich 76–79, 134, 184–191, 202–205, 210, 211, 227, 229
Fuller, Buckminster 123

G

Gaddi, Taddeo 230
Galileo 214
Gandhi, Mahatma 231
Garabit-Viadukt 81, 175
Gatun-See 134, 136, 137
Gaudi y Cornet, Antonio 70–75
Gauguin, Paul 134
Geil, William Edgar 133
Georg IV., von England 230
Georg V., von England 144
Georgas, Col. William 134, 139
Geschönen 160
»Giant Peter« 234
Gilbert, Bradford Lee 82
Giseh 47
Glas 64, 66, 67, 86, 94, 96, 101, 102, 122, 188, 215, 222, 226, 229, 235
Glasfaser 93, 183
Gobi, Wüste 128
Goddard Space Flight Center 217
Goethals, George Washington 139
Goethe, Johann Wolfgang 57
Golden Gate Bridge 232
Gommateshwara, siehe Bahubali
Gotik 70, 84, 85, 228, 230
Gounod, Charles 76, 78
Grand-Coulee-Damm 150–153
Grandpa's Knob 180
Granit 10, 20, 28–30, 38, 121, 161, 174, 228
Grevelingen, Damm von 156–158
Griechenland 229
Griechische Mythologie 197
Große Seto-Brücke 174
Große Mauer, China 16, 128–133
Großer Kanal 140
Guatemala 46
Gubeikou 133
Gutenberg, Johann 90
Gußeisen 64, 67, 80, 82, 233

H

Hadrianswall 226
Hagia Sophia 228
Harz, Gebirge 198–201
Hatschepsut, Königin 41
Hawaii 225
Heliopolis 12, 13, 14, 38
Heliostats' 188, 191
Heinrich I. von England 230
Heinrich VIII. von England 228
Herodot 140
Herrenchiemsee 228
Hitler, Adolf 78
Hokkaido 206
Hongkong 69, 231
Houphonët-Boigny, Félix 118-121
Hoysaleswara-Tempel 231
Hsibyushin, König 232
Hsien Feng 62
Hubble-Weltraum-Teleskop 212, 214–217
Hudson, Fluß 84, 88
Huexotzingo 44
Hulbert, Charles 166
Humber-Brücke 170-3
Humboldt, Alexander v. 44–45
Huang Wu 58
Hunt, Richard Morris 24
Hydroenergie 150–155, 234

I

Inka 227
Indien 20–23, 231, 232
Ipswich 69
Irak 46, 140
Irokesen, Indianer 87
islamischer Stil 114, 117, 227, 230
Istana Nurul Iman 114–117
Istanbul 14
Isthmus von Darien 134
Itaipù, Talsperre 155
Italien 160–164, 194–197, 227, 228, 229

J

Jaina-Religion 20–23
Jansky, Karl 218
Japan 113, 174, 192, 206–209, 234
Jennissei, Fluß 146, 147
Jerusalem 48, 50
Jiayuguan 128
Jodrell-Bank-Teleskop 218
Johannes II., Papst 107
Johnson, Samuel 132
Jones, Horace 234
Jordanien 229
Julius II., Papst 52, 57
Justinian, Kaiser 228

K

Kalkstein 38, 40, 47, 226
Kambodscha 230
Kanada 108–111, 142–145, 232
Kanada, Pacific Railway 142–145
Kanal, Marseille/Rhone 210
Kanäle der Welt 134–141, 210
Kanaltunnel 211
Kanarische Inseln 235
Kanmon-Tunnel 206
Karnak (Theben) 38–41
Kariba-Damm 234
Karthago, Aquädukt 234
Katakomben 194–197
Keck, William 225
Kelchkapitell 40
Keller, Dale 116
Kennedy Space Center 214
Kicking Horse Pass 143
Kiushu 206
Koechlin, Maurice 76
Kolumbien 134
Konfuzius 60
Korea 206
Krak des Chevaliers 48–51
Kreuzritter 48–51
Kristallpalast 64–68
Kublai Khan 132

L

La Sagrada, Familie 70–73
La Silla 222
Lake Washington Bridge 233
Lamb, William 84
Large Electron-Positron Collider 202–205
Las Vegas Hilton 226
Laser 162–163
Lattimor, Owen 128
Lavoisier, Antoine 188
L'Enfant, Pierre 112
Le Brun 230
Le Corbousier 227, 230
Le Vau 230
Lees-Milne, James 200
Leo X., Papst 52, 56
Libanon 41
Leuchtturm 112
Lincoln Cathedral 46, 228
Lindsay, William 133
Lhasa 231
Locsin, Leandro 114, 116, 117
Luculi 196
London 12, 13, 14, 15, 64–67, 198, 200, 229, 230, 233, 234
Louisiana Superdome 104–107
Ludwig IX. von Frankreich 227
Ludwig XIV. von Frankreich 230
Ludwig II. von Bayern 227
Luiz-I-Brücke, Porto 175
Lutyens, Edwin 231

M

Macdonald, John A. 142
Machu Picchu 227
Mackenzie, Alexander 142
Mackerras, Sir Charles 103
Maderna, Carlo 57
Magellansche Wolken 222
Magnete 202, 204
Mahamastakabhisheka 22, 23
Malpas-Tunnel 210
Mandschu-Kaiser 58, 62
Manhattan 82–89
Mansart, Jules Hardouin 230
Mao Zedong 63
Maracana Stadion 227
Marmor 116, 117, 118, 121, 227, 228, 229, 230, 231
Marine Tower, Yokohama 113
Marshall Space Flight Center 214
Mary, Königin 144
Matthias von Arras 230
Maupassant, Guy de 76
Maya 47
Meng Tian 128
Mexiko 42–45, 47
Michelangelo 10, 52, 54, 56, 57, 90
Ming-Dynastie 56, 60, 62
Miraflores-See 136, 137
Mogul-Architektur 231–232
Mohammadieh, Wasserrad 234
Mohave-Wüste 190
Mohawk, Indianer

Morris, William 72
Moskau 146, 234
Moskauer Metro 234
Mount Rushmore, Nationaldenkmal 28–31
Mumtaz Mahal 231–232
München, Olympia-Stadion 94–97
Mussolini, Benito 55

N

Nabatäer 229
Nanjing 58
Napoleon Bonaparte 14, 140
Nash, John 230
NASA 214, 217
Nat-West Tower, London 229
Nero, Kaiser 141
Neuschwanstein 228
Niederlande 156–159, 233
Neu-Delhi 231
New Orleans 104–107
New York 11, 12, 14, 24–27, 28, 82–89
Newton, Isaac 212
Niagara-Brücke 232
Nikolaus II., Kaiser 149
Nikolaus V., Papst 52
Nil 12, 13, 38
Nizza, Observatorium 81
Nordhausen, V-2-Fabrik 198–201
Nordsee 176
Norwegen 176–179
Nougier, Emile 76
Nuestra Señora de los Remedios 42
Nun 38
Nurek-Damm 234

O

Ob, Fluß 149
Obelisk 12–15
Oberth, Hermann 214
Omar-Ali-Saifuddin-Moschee 116
Onyx 117
Orkney, Windgenerator 180–3
Ostankino-Turm 110
Ostrea, Schiff 159
Ost-Schelde 156–158
Ostsee 140
Otis, Elisha 82, 89

P

Pagode 232
Palmenhaus, Kew Gardens 229
Pan-Am Building, N.Y. 89
Pan-American Highway 165
Panama 134, 137, 138, 165
Panamakanal 80, 134–139
Parakrama Bahu I. 231
Paranà, Fluß 155
Paris 14, 24, 26, 76–79, 80
Park Güell 74, 75
Parsons, Charles 154
Parthenon 229
Paschalis I. 197
Paul III., Papst 52
Paxton, Joseph 64–67, 69, 229
Pearce, Peter 122, 123
Peenemünde 198
Peking 53–58
Pentagon 227
Petersdom, Rom 52, 54, 55, 56–57, 118
Petra 229
Pfaffensprung-Tunnel 160
Philipp II. von Spanien 228
Philipp III. von Frankreich 227
Philipp, Captain Arthur 98
Philippinen 80
Photometer 216
Piano, Renzo 229
Pisa, Schiefer Turm 228
Pisano, Bonanno 228
Pius VI., Papst 55
Pius IX., Papst 194
Polonnaruwa 231
Pompeii 229
Pompidou Centre 229
Pontcysyllte-Aquädukt 233
Ponte Vecchio 230
Portugal 175
Potala 231
Prager Burg 230
Praxiteles 10
Pritchard, Thomas Farnolls 166, 168
Pulitzer Building, N.Y. 82
Pulitzer, Joseph 24
Pulsare 218
Putnam, Palmer 180
Puyi 62
Pylone 41
Pyramiden 42–47

Q

Quarz 38
Qin Shi Huang-ti 16–19, 128
Quianlang 58
Quebec Bridge 232
Quetzalcoatl 42

R

Radioastronomie 218
Radio-Teleskop 218–221, 222
Ramses I. 40
Ramses II. 40
Ramses III. 41
Raphael 52, 56, 57
Raymond of St.-Gilles 48
Re, Sonnengott 38
Remingius, Bischof 228
Roebling, John A. 232
Rogers Pass 143, 145
Rogers, Major A.B. 142–143
Rogers, Richard 229
Rolls-Royce 116
Römer 194–197, 226, 229, 234
Rom 12, 52–55, 164, 194–197
Roosevelt, Franklin 150
Roosevelt, Theodore 134, 138, 139
Rotterdam 156
Rove Tunnel 210
Royal Albert-Brücke 233
Royal Pavillion, Brighton 230
Rußland 80

S

St.-Gotthard-Paß 160-3
St. Joseph 70
St. Pankraz 69
St. Paul's Cathedral, London 118, 230
Sachalin 206
Sambia 234
San Francisco 232
San Jacinto Column 226
Sandstein 38, 40, 226, 231
Sandys, George 14
Sarinen, Eero 226
Schaar 156, 159
Schießpulver 132, 210
Schleusen 135–141, 156, 210
Schöllenen, Schlucht 160
Schweiz 160–163, 202–205
Seiffert, Richard 229
Seikan-Tunnel 206–209
Seti I. 40
Seto-Brücke 206
Sender 112, 113
Severn-Brücke 170
Severn, Fluß 166–169
Seyrig, T. 175
Shah Jahan 232
Shinkansen, Eisenbahn 207, 208, 209
Shikoku 206
Shrarana Belgola 20
Shwedagon-Pagode 232
Sixtinische Kapelle 52, 57, 90
Sixtus V., Papst 54
Smith, Donald A. 144
Sneferu 47
Sonnenenergie 188–191, 216
Sowjetunion 32–35, 144–149, 234
Spanien 70–73, 227, 228
Spektrograph 216, 235
Speer, Albert 199, 201
Sphinx 40
Sri Lanka 231
Stalin, Joseph 32
Stalingrad, Wolgograd 32–5
Statfjord B, Ölplattform 176–179
Stephenson, Robert 64
Stevens, John Frank 139
Stonehenge 226
Stoney-Flußbrücke 145
Süddakota 28–31
Southend Pier, England 233
Suezkanal 140
Sultan von Brunei 114–117
Sunderland 230
Suryavarnam II. 230
Suwarov, General 160
Sverdrup & Parcel und Vereinigung 104
Sydenham Hill 68
Sydney-Hafen-Brücke 174
Sydney, Opernhaus 98–103
Syrien 48, 154, 234

T

Taiping Zhenjun 128
Taiwan 63
Taj Mahal 231, 232
Teilchenphysik 202–205
Television City, N.Y. 88
Telford, Thomas 233
Teotihuacán 42, 44, 46
Terracotta-Armee 16, 18, 84, 85
Thackeray, William 66
Themse-Wehr 233
Themse-Tunnel 234
Theben, Karnak 13, 38–41
Theorie of Everything 205
Thomson, J.J. 202

Tian Meng 128
Tiananmen-Platz 60, 63
Tianjin 140
Tibet 231
Tigris, Fluß 154
Tihal 46
Tirard, M. 76
Titus, Kaiser 227
Tocantins, Fluß 154
Toronto 108–111
Tower-Brücke, London 234
Tower Building, N. Y. 82
Transsibirische Eisenbahn 146–9
Trombe, Felix 188
Trump Tower, N. Y. 88
Tschernobyl 184
Tsugaro-Straße 206
Tucurui-Talsperre 154
Tunguska, Fluß 155
Tunesien 234
Tunnel, Schildbauweise 210
Tunnel 142, 143, 144, 160–163, 194–197, 198, 202, 205, 206–209, 210–211, 232, 234
Turbinen 153, 154
Türkei 228
Turner, Richard 229
Tuthmosis III. 12, 13

U

UNESCO 167
UNICEF 120
Universität von Arizona 124
Universität von Hawaii 124
Universität von Manchester 202
Ur 46
Urban II., Papst 48
USA 12, 14, 24–27, 28–31, 82–93, 104–107, 122–125, 134, 150–153, 165, 182, 214–217, 218–221, 225, 226, 227, 232, 233
Utzon, Jørn 98, 101, 102, 103
Uxmal 47

V

V-1- und V-2-Raketen 198–201
Valerian, Kaiser 194
Van Horne, Cornelius 142, 144, 145
Vatikan 52–55, 120
Veerse-Damm 156
Verbotene Stadt 58–63
Verrazano-Narrows-Brücke 170, 232
Versailles, Schloß von 230
Very Large Array 218–21
Vespasian, Kaiser 227
Via Appia 164
Victoria, von England 64, 66, 229
Viollet-le-Duc, Eugène-Emmanuel 24, 27, 72, 229

W

Wladiwostok 146
Wolga, Fluß 32–35
Wolgograd 32–35
Wutschetitsch, Jewgenij 32–35
Warschau, Television-Sendemast 112
Washington 28, 112
Washington, Monument 76, 112
Wasseruhr 62
Weltraumfähre 214, 216
Weltausstellung 64–68
Wenzeslav, Prinz 230
Wei Chung-Hsien 62
Westschelde 156
Western Union Building, N. Y. 82
William I., von England 230
William-Herschel-Teleskop
Willis Faber Dumas Offices, Ipswick 69
Wind Energy Group 180
Windgenerator 180–183
Windwiderstand 110, 178
Windkanal-Tests 106
Windmühlen 180–183
Windsor, Schloß 230
Witte, Sergius 146
Woolworth Building, N. Y. 84, 85
World Trade Center, N. Y. 82, 84, 88
Weltkrieg II. 32
Wren, Christopher 229, 230
Wright, Frank Lloyd 226
Wyatt, James 228

X

Xi'an 16

Y

Yamoussoukro 118-121
Yanzhai 16
Yokohama 113
Yung Lo 58

Z

Zentralpark N.Y. 88
Zhu Yuanzhang, Kaiser 132
Zikkurat 45, 46
Zobel Enrique 114, 116
Zuider See 156, 233
Zimbabwe 231, 234

Bildnachweis

Abkürzungen:

l = links; *r* = rechts; *M* = Mitte; *o* = oben; *u* = unten

13 Ancient Art and Architecture Collection; **14, 15** The Illustrated London News; **17** The Photo Source; **18** Topham Picture Source; **19***l, or* u. *Mr* Marc Riboud/The John Hillelson Agency; **19***ur* Bruce Coleman Inc; **20–23** Alex Webb/Magnum; **24** Robert Harding Picture Library; **25** Richard Laird/Susan Griggs Agency; **26** UPI/Bettmann; **27** The Image Bank; **28** UPI/Bettmann; **29** The Image Bank; **30, 31** UPI/Bettmann; **33** Mark Wadlow/USSR Photo Library; **34** V. Shustov/Novosti; **35***ol* u. *r* Tass; **35***u* USSR Photo Library; **38** Ancient Art and Architecture Collection; **39, 40** Robert Harding Picture Library; **41** John P. Stevens/Ancient Art and Architecture Collection; **42–43** David Hiser Photographers Aspen; **44** Loren McIntyre; **45***l* Werner Forman Archive; **45***r* Hutchison Library; **46***ol* Robert Harding Picture Library; **46***or* Ancient Art and Architecture Collection; **46***u* Tony Morrison/South American Pictures; **47***o* E. Streichan/The Photo Source; **47***u* Tony Morrison/South American Pictures; **49** Ancient Art and Architecture Collection; **50** Robert Harding Picture Library; **51** Topham Picture Source; **52, 53** The Image Bank; **54***o* Tony Stone Associates; **54***u* Stephanie Colasanti; **55** Robert Harding Picture Library; **56***o* The Image Bank; **56***u* Mischa Scorer/Hutchison Library; **57** Scala; **58–59** Marc Riboud/The John Hillelson Agency; **60** George Gerster/The John Hillelson Agency; **62, 63** Stephanie Colasanti; **65** Guildhall Library/Bridgeman Art Library; **66, 67** Ann Ronan Picture Library; **68***ol* Mary Evans Picture Library; **68***or* The Mansell Collection; **69***ol* Sefton Photo Library; **69***or* Mary Evans Picture Library; **69***u* Architectural Association; **70** Robert Harding Picture Library; **71** Ancient Art and Architecture Collection; **72** Topham Picture Source; **73, 74***or* Robert Harding Picture Library; **74***u* The Image Bank; **75** Robert Harding Picture Library; **76** Stephanie Colasanti; **77** Robert Harding Picture Library; **78***M* Ann Ronan Picture Library; **78***ul* u. *r* Hulton-Deutsch Collection; **78–79** Ann Ronan Picture Library; **79***r* Mary Evans Picture Library; **79***ul, M* u. *r*, **80***ol* Hulton-Deutsch Collection; **80***or* u. *u*, **81** Roger-Viollet; **84** The Image Bank; **85** Angelo Hornak; **86, 87** UPI/Bettmann; **88** The Illustrated London News; **89** UPI/Bettmann; **90–91** Alan Smith/Tony Stone Associates; **92***o* Bruce Coleman Inc; **92***u* Rene Burri/Magnum; **93***o* Bruce Coleman Inc; **93***u* Art Seitz/Gamma Liaison/Frank Spooner Pictures; **95** Bavaria/Lauter; **96** Bavaria/Hans Schmied; **97***o* Bavaria/Martzik; **97***M* Susan Griggs Agency; **97***u* Bavaria/Holl; **98, 99** The Image Bank; **102** Popperfoto; **103***l* The Image Bank; **103***r* Robert Harding Picture Library; **105***o* Bruce Coleman Inc; **105***u* Mike Powell/All-Sport; **106***o* Andrea Pistolesi/The Image Bank; **106***u* The Image Bank; **109** Canadian National Tower; **110***o* Panda Associates Photography; **110***u* Canapress Photo Service; **112***l* Robert Harding Picture Library; **112***r* The Image Bank; **113***l* Orion; **113***r* Northern Picture Library; **114** S. Tucci/Gamma/Frank Spooner Pictures; **115** Mike Yamashita/Colorific!; **116***ol* u. *r* Gamma/Frank Spooner Pictures; **116***u* Mike Yamashita/Colorific!; **117** Gamma/Frank Spooner Pictures; **118** Sophie Elbaz/Gamma/Frank Spooner Pictures; **119***o* Associated Press; **119***u* Associated Press/Topham Picture Source; **120***l* Gamma/Frank Spooner Pictures; **123, 124, 125** Peter Menzel/Colorific!; **128** Marc Riboud/The John Hillelson Agency; **129** Georg Gerster/The John Hillelson Agency; **130** Sally und Richard Greenhill; **132, 133***o* Georg Gerster/The John Hillelson Agency; **133***u* Anthony J. Lambert; **134–135** Gilles Mermet/Gamma/Frank Spooner Pictures; **135***u* Mary Evans Picture Library; **136***o* Colin Jones/Impact Photos; **136***u* Marion Morrison/South American Pictures; **137** Bruce Coleman Inc; **138** The Illustrated London News; **139** UPI/Bettmann; **140***o* Robert Harding Picture Library; **140***u* The Mansell Collection; **141***l* Paul Slaughter/The Image Bank; **141***r* Hugh McKnight Photography; **142–143** Canadian Pacific Corporate Archives; **144** The Mansell Collection; **145***o* Anthony J. Lambert; **145***M* u. *u* Canadian Pacific Corporate Archives; **147***o* Philip Robinson/John Massey Stewart; **147***u* Mark Wadlow/USSR Photo Library; **148***o* Roger-Viollet; **148***u*, **149***ol* John Massey Stewart; **149***or* Roger-Viollet; **149***u* Topham Picture Source; **150–151** Bruce Coleman Inc; **152, 153** UPI/Bettmann; **154***o* Leslie Garland; **154***u* The Image Bank; **155** Bruno Barbey/Magnum; **156–158, 159***o* u. *Ml* Gamma/Frank Spooner Pictures; **159***Mr* u. *u* ANP Foto; **160–161** Anthony J. Lambert; **161** Key Color; **162** Prisma; **163** Key Color; **164** Ancient Art and Architecture Collection; **165***l* Geoff Tompkinson/Aspect; **165***r* Lee E. Battaglia/Colorific!; **167** Robert Harding Picture Library; **168** Ancient Art and Architecture Collection; **169***l* Michael Holford; **169***r* Robert Harding Picture Library; **170–171** The Photo Source; **172***ol* James Austin; **172***ur* Leslie Garland; **174** Robert Harding Picture Library; **175** The Photo Source; **177–179** Norwegian Contractors; **181–183** Charles Tait; **184–185** B. Clech/Sodel; **186** M. Brigand/Sodel; **187***ol* J. F. Le Cocguen/Sodel; **187***or* u. *u* P. Berenger/Sodel; **188** Goutier/Jerrican; **189, 190, 192***M* Adam Woolfitt/Susan Griggs Agency; **191***u* Goutier/Jerrican; **194–195** Scala; **196** Roger-Viollet; **197** Scala; **203** Ivazdi/Jerrican; **204, 205** CERN; **206–209** Seikan Corporation; **210***o* Roger-Viollet; **210***u* Hugh McKnight Photograph; **211** R. Kalyar/Magnum; **214** Science Photo Library; **214–216** Kermani/Gamma Liaison/Frank Spooner Pictures; **220***o* The Image Bank; **220***u* Science Photo Library; **221** The Image Bank; **222–223** Alexis Duclos/Gamma/Frank Spooner Pictures; **224, 225** Gamma/Frank Spooner Pictures.

Verzeichnis der Kunstwerke

Craig Austin: 27*r*
Trevor Hill 50–51, 66–67, 130–131, 162–163, 168–169, 179.
Andrew Popkiewicz: 31
Simon Roulstone: 15, 27*M* u. *Mu*, 41, 45, 55, 61, 73, 93, 100–101, 106–107, 111, 125, 204–205, 208–209, 220.
Paul Selvey: 108, 130*ol*, 136–137, 170, 172–173, 191, 216–217.

Alle Landkarten stammen von der Technical Art Services Ltd.